胡玉缙著作集

# 四庫全書總目提要補正

子部

胡玉缙 撰

王欣夫 輯

上海書店出版社

# 四庫全書總目提要補正卷二十七

## 子部

### 儒家類一

**孔子家語十卷**

考漢書藝文志有孔子家語二十七卷，顔師古注云："非今所有家語"，禮樂記稱"舜彈五弦之琴以歌南風"，鄭注，"其詞未聞"，孔穎達疏，載肅作聖證論，引家語阜時解慍之詩以難康成，又載馬昭之説，謂家語王肅所增加，非鄭所見，故王柏家語考曰："四十四篇之家語，乃王肅自取左傳、國語、荀、孟、二戴記割裂織成之，孔衍之序，亦王肅自爲也。"獨史繩祖學齋佔畢曰："大戴一書，雖列之十四經，然其書大抵雜取家語之書分析而爲篇目，其公冠篇載成王冠祝辭，內有先帝及陛下字，周初豈曾有此，家語止稱王字，當以家語爲正"云云，今考"陛下離顯先帝之光曜"已下，篇內已明云孝昭冠辭，繩祖誤連爲祝雍之言，殊未之考。蓋王肅襲取公冠篇爲冠頌，已誤合孝昭冠辭於成王冠辭，故删去先帝、陛下字，竄改王字，家語襲大戴，非大戴襲家語，就此一條，亦其明證，其割裂他書，亦往往類此，反覆考證，其出於肅手無疑。特其流傳已久，且遺文軼事，往往多見於其中，故自唐以來，知其僞而不能廢也。　此本則毛晉所校刊，較之坊刻，猶爲近古者矣。

沈欽韓兩漢書疏證云："隋志二十一卷，王肅解，有孔安國後序，卽出肅手，並私定家語以難鄭學。王制疏，'先儒以爲肅之所作，未可足信'，案肅惟取婚姻、喪祭、郊禘、廟祧，與鄭不同者羼入家語，以矯誣聖人，其他固已有之，未可竟謂肅所造也。"玉縉案：范家相證僞十一卷，孫志祖疏證六卷，陳士珂疏證十卷，皆歷舉其襲取之迹，今考左傳杜預序云："左邱明受經於仲尼"，孔疏引"沈氏云：'嚴氏春秋引觀周篇云：'孔子將修春秋，與左邱明乘如周，觀書於周史，歸而修春秋之經，邱明爲之傳，共爲表裏'，"今家語有觀周篇而無此文，是襲取尙有遺漏，尤爲作僞之明證。　瞿氏目錄有影鈔宋本，云："汲古毛氏刻此書，得一宋本，闕卷首至卷二凡十六葉，因參用通行本，故注字脫落顚倒最多，此本完善無譌，足以訂正甚多，相傳有毛斧季校宋本，覈之一一脗合。"玉縉案：近時劉世珩有覆宋本，字大悅目，惟汲古閣祕本書目所稱北宋蜀大字本爲東坡所藏，有東坡折角玉印者，陸氏儀顧堂題跋，以瑗字爲孝宗爲皇子時原名，書中瑗字缺避，謂非北宋刊，字亦圓潤，非顏、歐體，疑爲紹興監本，東坡印亦甚劣，其爲後人僞造無疑，子晉殆爲所愚耳。

## 荀子二十卷

漢人或稱曰孫卿，則以宣帝諱詢，避嫌名也。漢志儒家載荀卿三十三篇，王應麟考證謂當作三十二篇，劉向校書序錄稱孫卿書凡三百二十三篇，以相校除重複二百九十篇，定著三十三篇，爲十二卷，題曰新書。 考劉向序錄，卿以齊宣王時來游稷下，後仕楚，春申君死而卿廢，然史記六國年表載春申君之死，上距宣王之末，凡八十七年，史記稱卿年五十始游齊，則春申君死之年，卿年當一百三十七矣，於理不近。晁公武讀書志謂史記所云年五十爲年十五之譌，意其或然。宋濂荀子書後，又以爲襄王時游稷下，亦未詳所本？總之，戰國時人爾，其生卒年月已不可確考矣。 其中最爲口實者莫過於非十二子及性惡兩篇，王應麟困學紀聞，據韓詩外傳所引，卿但非十子而無子思、孟子，以今本爲其徒李斯等所增，不知子思、孟子，後來論定爲聖賢耳，其在當時，固亦卿之曹偶，是猶朱、陸之相非，不足訝也。 至其以性爲惡，以善爲僞，誠未免於理未融，然卿恐人恃性善之說，任自然而廢學，因言性不可恃，當勉力於先王之敎，故其言曰："凡性者天之所就也，不可學，不可事，禮義者聖人之所生也，人之所學而能，所事而成者也。不可學，不可事，而在人者謂之性，可學而能，可事而成，之在人者謂之僞，是性、僞之分也。"其辨白僞字甚明，楊倞注亦曰："僞，爲也。凡非天性而人作爲之者皆謂之僞，故僞字人旁加爲，亦會意字也"，其說亦合卿本意。後人昧於訓詁，誤以爲眞僞之僞，遂譁然掊擊，謂卿蔑視禮義，如老、莊之所言，是非惟未睹其全書，即性惡一篇，自篇首二句以外亦未竟讀矣。 唐書藝文志以倞爲楊汝士子，而宰相世系表則載楊汝士三子，一名知溫，一名知遠，一名知至，無名倞者，表、志同出歐陽修手，不知何以互異？意者倞或改名，如溫庭筠之一名岐歟？

謝墉刊荀子自序後云："荀卿又稱孫卿，自司馬貞、顏師古以來，相承以爲避漢宣帝諱，故改荀爲孫。考漢宣帝名詢，漢時尚不諱嫌名，且如後漢李恂與荀淑、荀爽、荀悅、荀彧俱書本字，詎反於周時人名而改稱之，若然，則左傳自荀息至荀瑤多矣，何不改耶？蓋荀音同孫，語遂移易，如荆軻在衞，衞人謂之慶卿，而之燕，燕人謂之荆卿，又如張良爲韓信都，潛夫論云：'信都者，司徒也，俗音不正，曰信都，或曰申徒，或勝屠，然其本一司徒耳'，荀之爲孫，正如此比。" 胡元儀撰郇卿别傳，又爲考異云："謝駁郇卿之稱孫卿不因避諱，足破千古之惑，以爲俗音不正，若司徒、信都則仍非也，郇卿爲郇伯之後，以國爲氏，又稱孫者，蓋郇伯公孫之後，以孫爲氏也。王符潛夫論志姓氏篇云：'王孫氏、公孫氏國自有之，孫氏者，或王孫之班，或公孫之班也'，是各國公孫之後，皆有孫氏矣。郇也，孫也，皆氏也，如陳完奔齊，史記稱田完，陳恆見論語，史記作田常，陳仲子見孟子，郇卿書陳仲、田仲互見，田駢見郇卿書，吕覽作陳駢，陳、田皆氏，故兩稱之，推之荆卿之稱慶卿亦是類耳。若以俗語不正，二字同音，遂致移易爲言，尚未達其所以然之故也。" 王先謙前漢書補注云："荀書議兵篇稱孫卿子，此自著其字也。國策、風俗通並作孫卿，卿者，尊美之稱，劉向云：'蘭陵人喜字爲卿，以法孫卿也'，若今人自稱甫矣。" 汪中述學云："劉向敍錄云云，讀書志謂史記所云年五十爲年十五之譌，然顏之推家訓勉學篇，荀卿五十始來游學，之推所見史記古本已如此，未可遽以爲譌字也。且漢之張蒼，唐之曹憲，皆百有餘歲，何獨於卿而疑之。” 台州本唐仲友序云：“卿以齊襄王時游稷下，距孟子至齊五十年矣。”玉縉案：此爲宋濂所本，實不足據。又卿之年歲，汪中以爲百餘歲，胡元儀以爲八十餘，疑汪說爲近。 黄式三儆居集讀謝校荀子云：“性惡篇言‘塗之人可以爲禹’，言‘仁義法正，人皆有可以知之質，可以能之具’。解蔽篇云：‘草木有生而無知，禽獸有知而無義，人有生、有知、有義最爲天下貴’，此與性善之說無以異，而暢論性惡以勸人學。禮論云：‘性者，本始樸材也，僞者，文理隆盛也，性、僞合，然後聖人之名一，性、僞合而天下治。’正名篇云：‘慮積焉，能習焉，而後成謂之僞’，然則荀卿之所謂僞，非詐僞之謂也。” 述學云：“古刻叢鈔載唐故銀青光祿大夫使持節蔚州諸軍事行蔚州刺史兼御史中丞馬公墓志銘，其文則楊倞所作，題云：‘朝請大夫使持節汾州諸軍事守汾州刺史楊倞撰’，結銜校荀子加詳。其書馬公卒葬年月云：‘以會昌四年三月十日卒，以其年七月十日葬’，據此，則楊倞爲唐武宗時人。” 郝懿行荀子補注與李璋煜月汀比部論楊倞書云：“來示意倞或改名，余謂志、表互異，當由史氏未詳，故闕然弗備，若依馬、班史法，於表、志中書本名及改名，如漢劉更生爲劉向之例，斯無不合矣。唐書倞不立傳，當由仕宦未達，無事實可詳，故志、表闕略而僅存其名，千載下遂不知倞爲何人？要亦史筆之疏耳。汪容甫據古刻叢鈔載馬公墓志銘，其文則楊倞所作，又據志載會昌四年，定爲武宗時人，然則此恐別一楊倞，若藝文志注荀子之人，止題大理評事，而無朝請大夫以下銜者，蓋非一人可知矣。汪孟慈深以此說爲不然，因言藝文志但云汝士子，安知不有兩汝士也。余無以應之，請質諸月汀。" 王昶金石萃編載郎官石柱題名，倉部郎中內有楊倞，王昶考云："兩書無傳"，近勞格考云："石刻唐馬公紓墓誌銘，'朝請大夫使持節汾州諸軍事守汾州刺史楊倞撰。'古刻叢鈔會昌四年。會要，'長慶三年正月，刑部又請奏大理司直楊倞等詳正勑格。' 沈亞之送韓北渚赴江西序，'北渚賓仕於江西府，其友相與訊其將處者爲誰歟？曰：有弘農生倞耳，夫弘農愼引其道不欺者也，北渚之往，吾無虞其類之患。' 沈下賢集九。新書藝文志，楊倞注荀子二十卷，原注，'汝士子，守大理評事，序末題元和十三年十二月。' 案倞新表失載，郝懿行疑撰馬紓墓誌者別一楊倞，汪喜孫疑有兩楊汝士，似俱非。"玉縉案：元和十三年，下距會昌四年凡二十六年，官階當有遷移，沈亞之登元和十年進士第，所載韓北渚稱弘農生倞，當在元和十三年前，倞未爲評事時，諸所言倞，自是一人。　又案：陸氏儀顧堂續跋宋槧纂圖互注荀子跋云："勸學篇'青出之藍'，不作'青取之於藍'；'聖人循焉'，不作'聖人備焉'；'玉在山而木潤'，不作'草木潤'；'君子如嚮矣'，不作'如響矣'"云云，其文甚詳，頗可備考。　郝懿行與王伯申侍郎論孫卿書云："近讀孫卿書而樂之，其學醇乎醇，其文如孟子，明白宣暢，微爲繁富，益令人入而不能出，頗怪韓退之謂爲大醇小疵，豈以孟道性善，荀道性惡，孟氏尊王賤霸，荀每王、霸並衡，以是爲疵，非知言也。孟遵孔氏之訓，不道桓、文之事，荀矯孟氏之論，欲救時世之急，王霸一篇，剴切錞于，沁人肌骨，假使六國能用其言，可無暴秦幷吞之禍，因時無王，降而思霸，孟、荀之意，其歸一耳。至於性惡、性善，非有異趣，性雖善，不能廢教，性卽惡，必假人爲，爲與僞古字通，其云人之性惡，其善者僞也，僞卽爲耳。孟、荀之恉，本無不合，惟其持論，各執一偏，準以聖言'性相近'，卽兼善惡而言，言'習相遠'，乃從學染而分，後儒不知此義，妄相毁詆，閣下深於理解，願得一言以祛所蔽。孫卿與孟，時勢不同，而願得所藉手，救弊扶衰，其道一也。本圖依託春申，行其所學，迨春申亡而蘭陵歸，知道不行，發憤著書，其恉歸意趣，盡在成相一篇，而託之瞽矇之詞，以避患也。楊倞注大體不誤，而中多未盡，往往喜加'或曰'云云，知其持擇未精，亦由詁訓未明，不知古書假借之義，故動多窒礙，欲復稍加訂正以存本來。"玉縉案：此所以有補注之作。陳澧東塾讀書記云："荀子書開卷卽曰'學不可以已，青取之於藍而青於藍，冰水爲之而寒於水'，然則所謂學不可以已者，欲求勝於前人耳。其非十二子，實專攻子思、孟子，黄東發云：'欲排二子而去之，以自繼孔子之傳也'，日鈔卷五十五。故其非十子，但曰它囂、魏牟也，陳仲、史鰌也，墨翟、宋鈃也；愼到、田駢也，惠施、鄧析也，獨於子思、孟子，則曰子思、孟軻之罪也，且非子思、孟子之語，亦倍多於它囂之等。韓詩外傳取此篇而删其非子思、孟子之語，困學紀聞遂謂非子思、孟子者，爲韓非、李斯之流託其師說以毀聖賢，此欲爲荀子回護耳。然又云：'直哉史魚，以爲盜名可乎？'則亦不能回護矣。其言曰：'案飾其辭而祗敬之曰：此眞先君子之言也，楊倞注云：先君子，孔子也。子思唱之，孟軻和之，世俗之溝猶瞀儒，嚾嚾然不知其所非也，遂受而傳之，以爲仲尼、子游爲玆厚於後世。'據此，則當時儒者，皆深信子思、孟子得孔子之傳矣，尙可排而去之乎？"

## 孔叢子三卷

其書文獻通考作七卷，今本三卷，不知何人所併？晁公武讀書志云："漢志無孔叢子，儒家有孔臧十篇，雜家有孔甲盤盂書二十六篇，其獨治篇鮒或稱孔甲，意者孔叢子卽孔甲盤盂，連叢卽孔臧書。"案漢書藝文志顏師古注，謂"孔甲黃帝之史，或云夏后孔甲，似皆非"，則孔叢非盤盂。又志於儒家孔臧十篇外，詩賦家別出孔臧賦二十篇，今連叢有賦，則亦非儒家之孔臧，公武未免附會。朱子語類謂"孔叢子文氣軟弱，不似西漢文字，蓋其後人集先世遺文而成之者。"陳振孫書錄解題亦謂"案孔光傳，孔子八世孫鮒，魏相順之子，爲陳涉博士，死陳下，則固不得爲漢人，而其書記鮒之沒，則又安得以爲鮒撰"，其說當矣。隋書經籍志論語家有孔叢七卷，注曰："陳勝博士孔鮒撰"，其序錄稱"孔叢、家語並孔氏所傳仲尼之旨"，則其書出於唐以前，然家語出王肅依託，隋志旣誤以爲眞，則所云孔叢出孔氏所傳者亦未爲確證，朱子所疑，蓋非無見。即如"舜典'禋于六宗',何謂也? 子曰:'所宗者六,皆潔祀之也,埋少牢於泰昭,所以祭時也;祖迎於坎壇,所以祭寒暑也;主於郊宮,所以祭日也;夜明,所以祭月也;幽禜,所以祭星也;雩禜,所以祭水旱也,禋于六宗,此之謂也,'"其說與僞孔傳、僞家語並同,是亦晚出之明證也。其中第十一篇,即世所傳小爾雅,注疏家往往引之,然皆在晉、宋以後,惟公羊傳疏所引賈逵之說,謂"俗儒以六兩爲鋝"。正出此書,然謂之俗儒,則非漢藝文志之小爾雅矣。又水經注引孔叢子曰:"夫子墓塋方一里,在魯城北六里泗水上,諸孔邱封五十餘所,人名昭穆,不可復識,有銘碑三所,獸碣具存"云云,今本無此文,似非完帙。然其文與全書不類,且不似孔氏子孫語,或酈道元誤證,抑或傳寫有譌,以他書誤題孔叢歟?

黃彭年陶樓文鈔重刊嘉祐足本孔叢子序云:"孔叢子一書,隋書經籍志始著錄,注'陳勝博士孔鮒撰',晁公武因漢志無孔叢子,欲以儒家孔臧十篇當之,又牽合附會以爲即孔甲盤盂書,李燫、王謨紛紛辨詰。考書中紀鮒之歿,固不得謂鮒書,又有紀延平、延光中事,亦安得謂爲孝武時之孔臧書也。陳振孫以爲'孔氏子孫記其先世系言行之書',蓋近之矣。考詰墨篇以孔子卒時證白公作亂之事,斥墨子爲虛造,而雜訓篇記子思從夫子於鄭之語,以年考之亦不合,不幾鄰而效之乎?其書王、霸雜用,如欲以無用之貨弱人之國,因疑非聖人之言,至欲割地賂秦以爲繆毒功,則雖縱横之士亦羞舉其說,謂孔氏之徒而出此，恐不然也。在隋以前，惟水經注泗水篇引孔叢之文，其文亦與全書不類，他書未有援引者。朱子謂'孔叢文氣不似西漢'，予則謂多魏、晉以後人語，如僞孔傳、僞家語之類。然古昔名言至論，亦往往存於其中，故司馬光作通鑑，楊簡作先聖大訓，多采取之。又中有小爾雅一書，猶弟子職之存於管子，亦考古者所不廢。隋志作七卷，晁、陳志、錄及文獻通考所記並同，明鍾惺去連叢子及詰墨，併爲四卷，小爾雅不知何人併爲三卷？何氏叢書復併爲上下二篇，足本之傳於世者甚寡，宋嘉祐中，宋咸注成表進本尤不易覯，錢遵王得空居閣藏本，尚是從元人所錄重錄者，陳君襄夔迺得宋槧本而什襲藏之，近復重雕以廣其傳。" 玉縉案：宋咸注本，阮元揅經室外集已著錄。又公羊傳疏引賈逵所稱俗儒，乃斥今文尚書歐陽、夏侯說，詳經部小學類小爾雅下，其說陸德明書音義已引，不始於徐彥。

## 新語二卷

漢書藝文志儒家陸賈二十七篇，蓋兼他所論述計之，隋志則作新語二卷，此本卷數與隋志合，篇數與本傳合，似爲舊本。然漢書司馬遷傳稱"遷取戰國策、楚漢春秋、陸賈新語作史記。" 楚漢春秋，張守節正義猶引之，今佚不可考，戰國策取九十三事，皆與今本合，惟是書之文，悉不見於史記。王充論衡本性篇引陸賈曰："天地生人也，以禮義之性，人能察己，所以受命則順，順謂之道"，今本亦無其文。又穀梁傳至漢武帝時始出，而道基篇末乃引穀梁傳曰，時代尤相牴牾，其殆後人依託非賈原本歟？考馬總意林所載，皆與今本相符，李善文選注於司馬彪贈山濤詩引新語曰：“楩梓仆則爲世用”，於王粲從軍詩引新語曰：“聖人承天威，承天功，與之爭功，豈不難哉？”於陸機日出東南隅行引新語曰：“高臺百仞”，於古詩第一首引新語曰：“邪臣之蔽賢，猶浮雲之鄣日月”，於張載雜詩第七首引新語曰：“建大功於天下者，必垂名於萬世也”，以今本核校，雖文句有詳略異同，而大致亦悉相應，似其僞猶在唐前。惟玉海稱“陸賈新語，今存於世者，道基、術事、輔政、無爲、資賢、至德、懷慮纔七篇”，此本十有二篇，乃反多於宋本，爲不可解？或後人因不完之本補綴五篇以合本傳舊目也。今但據其書論之，則大旨皆崇王道，黜霸術，歸本於修身用人，其稱引老子者，惟思務篇引“上德不德”一語，餘皆以孔氏爲宗，所援據多春秋、論語之文，漢儒自董仲舒外，未有如是之醇正也。中多闕文，亦無可校補。

玉縉案：漢志“陸賈二十三篇”，此作二十七，誤。又遷傳云，“據左氏、國語采世本、戰國策述楚漢春秋”云云，不言取陸賈新語，惟高似孫子略云：“班固稱太史公取戰國策、楚漢春秋、陸賈新語作史記”，提要蓋襲其誤而不一覈，遂謬以爲遷傳也。嚴可均有改正刪補本，鐵橋漫稾載其自序云：“崇文總目、郡齋讀書志、直齋書錄解題皆不著錄，王伯厚漢藝文志考證云：‘今存道基、雜事、輔政、無爲、資賢、至德、懷慮七篇’，蓋宋時此書佚而復出，出亦不全，至明弘治間，莆陽李廷梧字仲陽，得十二篇足本，刻版於桐鄉縣治，後此有姜思復本、胡維新本、子彙本、程榮、何鏜叢書本皆祖李廷梧。或疑明本十二篇，反多於王伯厚所見，恐是後人因不全之本補綴五篇以合本傳篇數，今知不然者，羣書治要載有八篇，其辨惑、本行、明誡、思務四篇，皆非王伯厚所見，而與明本相同。文選張載雜詩注，引'建大功於天下者必垂名於萬世也'，古詩'行行重行行'注，引'邪臣之蔽賢，猶浮雲之鄣日月'，今在辨惑篇。王粲從軍詩注，引'聖人承天威，承天功，與之爭功，豈不難哉'，今在本行篇。意林所載'衆口毁譽，浮石沈木，羣邪相抑，以直爲曲'，今在辨惑篇。'玉斗酌酒，金椀刻鏤，所以夸小人，非厚己也'，今在本行篇。足知多出五篇，是隋、唐原本。至論衡本性篇引陸賈曰：'天地生人也，以禮義之性，人能察己，所以受命則順，順謂之道'，今十二篇無此文，論衡但云'陸賈'，不云'新語'，或當在漢志之二十三篇中。又穀梁傳孝武始立學，非陸賈所預見，今此道基篇引穀梁傳曰：'仁者以治親，義者以利尊'，乃是穀梁舊傳，故今傳無此文，因知瑕丘江公所受於魯申公者，其本復經改造，非穀梁赤之舊也。" 論衡案書篇云："新語陸賈所造，董仲舒相被服焉，皆言君臣政治得失，言可采行，事美足觀，鴻智所言，參貳經傳，雖古聖之言，不能過增。" 丁氏藏書志有盧文弨校明刊本，云："如道基篇，'分苞燒殖，''殖'改'埴'；術事篇，'取其致要'，'致'改'至'；'疋夫'改'匹夫'；'或訛尔心'，'或'改'式'；輔政篇，'巧者近亡'，'亡'改'仁'；'遏賢君者刑'，'遏'改

'遇';辨惑篇,'秦王不能自信其自','自'改'目';'異河而出','河'改'門';'資執第七','執'改'質'。"

## 新書十卷

又陳振孫書錄解題稱"首載過秦論,末爲弔湘賦,且略節誼本傳於第十一卷中",今本雖首載過秦論,而末無弔湘賦,亦無附錄之第十一卷,且併非南宋時本矣。

陸氏儀顧堂題跋云:"新雕賈誼新書十卷,目後有'建寧府陳八郎書鋪印'一行,蓋南宋麻沙本也。校以正德九年陸宗相本、何元朗本、何鏜漢魏叢書本,卷七諭誠篇,'是以國士畜我,我故國士爲之報',何鏜本作'是以國士遇我,我故國士報之',下奪'故曰士爲知己死,女爲悅己容,非宂言也,在主而已'二十四字。何元朗本'舉被而爲禮'下,惟存墨釘。退讓篇,'梁大夫有宋就者爲邊縣令'云云至'楚王媿',凡三百九十二言,何鏜本刪削改易,祇存二百六十四言,何元朗本則全缺。正德陸宗相本,'國士報之'下缺二十餘字,誤接退讓篇'使者曰否'云云,而缺其篇首三百餘字,'使'字上又衍'大'字,想所據宋本有缺頁,遂連爲一耳。後來諸本,多從陸宗相本出,故缺文亦相類也。"玉縉案:明刊本陸本最善,何元朗本最劣,近盧氏抱經堂本,卽據建本校宋潭本。

## 鹽鐵論十二卷

昭帝始元六年,詔郡國舉賢良文學之士,問以民所疾苦,皆請罷鹽鐵榷酤,與御史大夫桑弘羊等建議相詰難,寬集其所論,爲書凡六十篇,篇各標目,實則反覆問答,諸篇皆首尾相鬻。後罷榷酤，而鹽鐵則如舊，故寬作是書，惟以鹽鐵爲名，蓋惜其議不盡行也。　而言皆述先王，稱六經。　明嘉靖癸丑華亭張之象爲之注，雖無所發明，而事實亦粗具梗概，今並錄之，以備考核焉。

顧廣圻思適齋集代張古餘鹽鐵論考證後序云："漢書傳贊，謂'始元鹽鐵，當時頗有其議文，至宣帝時，汝公推衍增廣條目，著數萬言成一家之法'，今讀其書，所以相詰難者大抵本羣經諸子而爲語，歷世差久，觀者茫昧，不得其辭。如毀學篇，'昔李斯與包邱子俱事荀卿'，包邱子者，浮邱伯也，漢書楚元王交傳，'俱受詩於浮邱伯，伯者，孫卿門人也'，注，服虔曰；'浮邱伯，秦時儒生'，是其證。散不足篇，'庶人卽草蓐索經'，索經者，以索爲經，鄭注公食大夫'皆卷自末'云：'末經所終'，韓詩外傳、說苑雜言，皆云'孔子困於陳、蔡之間，席三經之席'，是其證。備胡篇，'春秋貶諸侯之後'，謂公羊春秋刺諸侯戍人而後至者，襄五年冬戍陳，十年戍鄭虎牢，傳皆云'孰戍之？諸侯戍之，曷爲不言諸侯戍之？離至，不可得而序，故言我也。'何休五年注云：'離至，離別前後至也。'又云：'乃解怠前後至，故不序，以刺中國之無信'，是其證。取下篇，'是以有履畝之稅，碩鼠之詩作也'，履畝碩鼠爲一事，當出三家詩之序，公羊宣十五年傳云：'稅畝者何？履畝而稅也。'又云：'什一行而頌聲作矣'，正爲碩鼠詩而言，三家詩、公羊皆今文，宜其說之相近，潛夫論班祿云：'履畝稅而碩鼠作'，是其證。又潛夫論下云：'賦斂重而譚告通，班祿頗而傾父刺，行人乏而繇蠻諷'，皆上見序，下見詩，今本譌舛，致不可讀。結和篇，'閭里常民，尙有梟散'，梟散者，貴賤也。韓非子外儲說左下，'博貴梟，勝者必殺梟，殺梟者，是殺所貴也，儒者以爲害義'，戰國楚策，唐且見春申君章，'夫梟棊之所以能爲者，以散棊佐之也，夫一梟之不勝五散亦明矣，今君何不爲天下梟，而令臣等爲散乎?'是其證。鄭注考工記'有博立梟棊也'。詔聖篇，'春秋原罪，甫刑制獄'，制獄者，哀矜折獄也，乃今文尙書說，大傳曰：'聽訟雖得其指，必哀矜之，死者不可復生，絕者不可復續也。'書曰：'哀矜折獄'，故次公與春秋原罪並言，論語'片言可以折獄者'，釋文云：'魯讀折爲制'，漢書刑法志曰：書云：'伯夷降典，折民惟刑'，言制禮以止刑，其說亦本諸大傳，是其證。伏生、次公及班孟堅，皆讀折爲制者，今本大傳作哲，漢書作悊，非也。此類皆證驗明白，然知之者或寡矣。" 又代古餘重刻鹽鐵論幷考證序云："鹽鐵論自明嘉靖中爲張之象所亂，卷第割裂，字句踳謬，盧學士羣書拾補已嘗言之。近因顧千里得弘治十四年江陰令新淦涂禎依嘉泰壬戌本所刻，及其後錫山華氏活字所印，細爲校讀，知張之象之不可據，在盧所云外者甚多，而盧又時出己見，頗有違失，亦未可全據也。" 瞿氏目錄有明弘治間涂禎刊本十卷，云："是本從宋嘉泰本翻雕，雲間張氏注本，改爲十二卷，竄亂舊第，字句亦多踳駁，今陽城張氏重刻本，悉依涂氏之舊。"又有舊鈔本，云："從錫山華氏活字本傳錄，亦十卷。"

## 新序十卷

此本雜事五卷，刺奢一卷，節士二卷，善謀二卷，即曾鞏校定之舊。崇文總目云："所載皆戰國、秦、漢間事"，以今考之，春秋時事尤多，漢事不過數條，大抵採百家傳記以類相從，故頗與春秋內外傳、戰國策、太史公書互相出入。高似孫子略謂"先秦古書，甫脫燼劫，一入向筆，採擷不遺，至其正紀綱，迪敎化，辨邪正，黜異端，以爲漢規監者盡在此書"，固未免推崇已甚，要其推明古訓以衷之於道德仁義，在諸子中猶不失爲儒者之言也。　葉大慶考古質疑摘其昭奚恤對秦使者一條，所稱司馬子反在奚恤前二百二十年，葉公子高令尹子西在奚恤前一百三十年，均非同時之人，又摘其誤以孟子論好色好勇爲對梁惠王，皆切中其失。

汪之昌青學齋集有是書書後云："本書十篇，雜事居首，舜耕稼陶漁外，若刺奢篇，桀作瑤臺，紂爲鹿臺，節士篇，述伯成子高在堯、舜、禹時事，繼以桀爲酒池，紂作炮烙之刑，皆唐、虞、三代間事，其他亦春秋時事居多，崇文總目云云，亦非其實。高似孫子略云云，考開卷引舜事，證以孔子'孝弟之至通於神明光於四海'之文，並引孔子居闕黨、仕魯國諸事，以爲'其身正不令而行'之證。刺奢篇，宋子罕告荊士尹條，以'修之於廟堂之上而折衝於千里之外'孔子之語爲折衷。晉宣子觴魯獻子條，特引孔子所云'孟獻子之富可著於春秋'。節士篇，齊攻魯求岑鼎條，引孔子云：'大車無輗，小車無軏，其何以行之哉？'又明見論語。是向撰新序，大致闡明聖訓，俾見此書者無惑於他歧。且綜全書而論，自首篇至第九篇，率稱舉唐、虞以迄戰國時事，其第十篇則始漢高之入咸陽，終主父偃之削宗室，莫非當代故實，意在鑒戒甚明。” 玉縉案：摘新序、說苑之誤者，考古質疑外，如黄朝英靖康緗素雜記、王應麟困學紀聞、顧炎武日知錄、虞兆漋天香樓偶得諸書，皆有若干條。朱一新無邪堂答問云：“劉子政作新序、說苑，冀以感悟時君，取足達意而止，不復計事實之舛誤。蓋文章體製不同，議論之文，源出於子，自成一家，不妨有此。” 瞿氏目錄有校宋本，云：“間有小注，明刻所無，如卷十善謀篇，‘守戰南陽守齮保宛城’下，注云：‘史作與南陽守齮戰犨東，破之，南陽守齮走保城守宛。’又‘休牛於桃林’下，注云：‘史作放牛桃林之陰，示天下不復輸積。’又‘雍齒與我有故’下，注云：‘漢書音義曰：“未起時有故怨。”’又‘深入伐國墮城’下，注云：‘漢史作以飽待飢，正治以待其亂，定舍以待其勞，故按兵覆來伐國墮城。’又‘正遺人獲也’下，注云：‘漢史作不至千里人馬乏食，兵法曰：“遺人獲也。”’全書改正譌奪處甚多。” 陸氏儀顧堂題跋有宋本新序跋，大率襲其說。又云：“曾序末有‘亦足以知臣之志者’，鞏集作‘亦足以知臣之考其失者，豈好辨哉？’小注二十五字。卷三樂毅條，‘順庶孽’下，有‘史作餘敎未衰，執政任事之臣，修法令，慎庶孽’小注十九字。卷十沛公條，‘張子房之謀也’下，有‘楚雖無疆，漢史作楚唯無疆’小注十一字。漢五年條，‘功’下‘子房’上，無‘張’字，有‘一作張子房之謀也’小注八字。高皇帝五年條,'卒爲建信侯'下,有'封之二千戶'正文五字。" 又何允中本跋云:"新序原本三十卷,至宋仁宗時祗存十篇,藝文類聚、太平御覽所引,多有出於今本之外者,皆三十篇中逸文,盧抱經羣書拾補已搜輯無遺。羣書治要比今本多四條,一爲'孟子見齊宣王於雪宮'至'未之有也'凡九十五字;一爲'齊有田巴先生者'至'斯齊國治矣'一百七十八字;一爲'臧孫行猛政'至'退而避位'凡五百八十九字;一爲'子路治蒲'至'其民不擾也'一百四十一字,與類聚、御覽所引大同小異,亦皆三十篇中逸文也。" 玉縉案:嚴可均輯佚文凡五十二條,在全漢文中。

## 說苑二十卷

其書皆錄遺聞佚事足爲法戒之資者,其例略如詩外傳。葉大慶考古質疑,摘其趙襄子賞晉陽之功孔子稱之一條,諸御己諫楚莊王築臺引伍子胥一條,晏子使吳見夫差一條,晉太史屠餘與周桓公論晉平公一條,晉勝智氏後闔廬襲郢一條,楚左史倚相論越破吳一條,晏子送曾子一條,晉昭公時戰郯一條,孔子對趙襄子一條,皆時代先後,邈不相及。又介之推、舟之僑並載其龍蛇之歌,而之僑事尤舛。黄朝英緗素雜記亦摘其固桑對晉平公論養士一條,新序作"舟人古乘對趙簡子",又楚文王爵筦饒一條,新序作"楚共王爵筦蘇"。二書共出向手,而自相矛盾,殆捃拾衆說,各據本文,偶爾失於參校也。

汪之昌青學齋集有是書書後云:"曾鞏謂此向采傳記百家所載行事之迹,以爲此書奏之,欲以爲法戒,古書容多傳聞異辭，在向要必各有所據。觀於邶風燕燕詩，鄭君箋詩則作者莊姜，禮坊記注則作者定姜，詁經不嫌並存異義，況此書主在規戒，俾見者會其義理，人名時代，固在所後矣。以書例論，或述往事，證以古經，則韓詩外傳之體也。或舉經文，而下己意申戒之，與春秋繁露之體相近，自是西京時制作無疑。" 吳氏拜經樓藏書題跋記有咸淳乙丑所刻二十卷，並載孫志祖跋云："取以校叢書程氏榮刻本，其立節篇云：'比干殺身以成其忠，尾生殺身以成其信，伯夷、叔齊殺身以成其廉'，程本脫尾生句，則與下文舉忠、舉信、舉廉之語不應。又復思篇，蘧伯玉得罪於衞君一則，程本所無，此舊刻之可寶。然予尚有疑者，晁氏郡齋讀書志敍說苑篇目，避宋孝宗諱，易敬愼爲法誡，而此本不易。且李善文選注及太平御覽諸書所引說苑，間出今二十五篇之外，王厚齋南宋人也，撰困學紀聞，引'晉靈公造九層臺，荀息上書求見'云云，此本亦無之，則是書之闕佚者多矣。"又載黃丕烈跋云："卷四立節篇，有'尾生殺身以成其信'一句，卷六復恩篇，多木門子高一條，自明天順本以下皆無之，則信稱善本矣。惟是卷六陽貨得罪條，多'非桃李也'四字，余本爲然，與紹弓盧學士羣書拾補引御覽合，此猶失之，其他與余本異者亦復彼善於此。" 玉縉案：咸淳爲度宗年號，在孝宗後，孫所見不避者當是翻舊本耳，不必疑也。所多一條，瞿氏目錄載其文曰："蘧伯玉得罪於衞君，走而之晉，晉大夫有木門子高者，蘧伯玉舍其家。居二年，衞君赦其罪而反之，木門子高使其子送之,至於境,蘧伯玉曰:'鄙夫之子反矣',木門子高後得罪於晉君,歸蘧伯玉,伯玉言之衞君曰:'晉之賢大夫木門子高得罪於晉君,願君禮之',於是衞君郊迎之,竟以爲卿。" 丁氏藏書志有明刊校宋本,云:"立節篇,校添'尾生殺身以成其信'一句,復恩篇,晉趙盾舉韓厥條,'欲誅趙氏'下,多'初趙盾在'四字。楚莊王賜羣臣酒,陽虎得罪,北見簡子兩條,均不缺。"玉縉案:明楚府刊大字本,多"初趙盾在時"五字,與宋本同,而楚莊、陽虎兩條仍缺,見陸氏儀顧堂題跋。又嚴可均輯佚文凡二十四條,在全漢文中。

**法言集注十卷**

考自漢以來,有侯芭注六卷,宋衷注十三卷,李軌解一卷。至光之時,惟李軌、柳宗元、宋咸、吳祕之注尙存,故光裒合四家,增以己意,原序稱"各以其姓別之",然今本獨李軌注不署名,餘則以宗元曰、咸曰、祕曰、光曰爲辨,蓋傳刻者所改題也。

楊氏楹書隅錄有北宋本十三卷,音義一卷,並載顧廣圻跋云:"揚子法言通行者,世德堂五臣音注十卷本,其源出纂圖互注,乃宋、元之間建安書坊中人所爲,併合改竄,皆非復各家眞面目也。何義門學士獨校李軌注十三卷,云'絳雲舊藏,序篇在末卷',予往嘗借臨得之,今年石研齋主人出示新得此書,爰請見借,覆校一過,是正極多。又以溫公序文,合諸最後名銜,知爲呂夏卿校定,於治平二年國子監鏤板印行,其音義別爲一卷,在全書之後名銜之前，不題撰人名氏，今無可考。溫公云：‘多引天復本’，未知天復何謂？以予考之，唐昭宗紀元天復盡四年，厥後王建於蜀仍稱之，然則天復本者，蓋謂彼時之蜀本，逮溫公日而已無有存焉者，故不質言之。纂圖互注無此音義，何校亦未寫出，眞祕笈已。”據此，則李軌注乃十三卷，非一卷，提要蓋沿隋志之誤。是書秦恩復已有仿刻本，詳余所撰未收書目續編。至纂圖互注本，乃依宋監本，故卷首宋咸題名上冠以聖宋字，有勝於李本者數處，詳瞿氏目錄，今略之。瞿氏云：‘溫公集注十三卷，全本不得見，尤可惜！’是提要本全非舊第也。陸氏儀顧堂續跋宋槧纂圖互注揚子法言跋云：“司馬公法言注十三卷，本名集四家注，見宋史藝文志，故直齋書錄李軌注法言解題，有建寧四注不同之言。振孫寶慶時人，是理宗初建寧已有刊本，至景定時，龔士卨刊入六子全書，改題纂圖互注，而集四家注之名遂不可見矣。提要未及李、宋、吳三人仕履里貫，案李軌字弘範，晉尚書祠部郎中，都亭侯，撰周易尚書音云云及法言注，見隋書經籍志。柳宗元注法言十三卷，見新唐書藝文志。宋咸字貫之，建陽人，天聖二年進士，官至都官郎中，著有易訓云云及法言廣志十卷。吳祕福建甌寧人，景祐元年進士，累官司封員外郎侍御史云云，改知舒州，著有周易通神太玄箋及揚子注，見閩書。” 玉縉案：黃式三儆居集有讀李注法言一首，辨李注及音義之失，文繁不錄。傅增湘藏園羣書題記校宋本揚子法言跋，歷舉纂圖互注本勝於世德本數處，亦不錄。

## 潛夫論十卷

瞿氏目錄有明初重刊宋本，云："今以新安程本相校，勝處甚多，如三式篇，'稷卨'不誤'稷禹'；德化篇，'砥㣿'不誤'砥礪'；氏姓篇，'賜禹姓姒氏'，不誤'似氏'；'則不能故也'，不誤'改也'；'王孫氏'不誤'五孫'；'蓋須朐之女也'不誤'言也'，略舉什一，足徵舊本之可貴矣。"玉縉案：此本當是卷端第一行但標王符二字之本。

## 申鑒五卷

明正德中，吳縣黃省曾爲之注，凡萬四千餘言，引據博洽，多得悅旨。

案省曾時，適有奸臣心迹如曹操者竊弄威柄，遂憤激而爲注，故多得悅旨也。其書有王鏊、何孟春、喬宇諸序跋。陸氏儀顧堂題跋云："黃注本，以羣書治要所引校勘一過，知今本奪落甚多。政體篇，'民作基'下。奪'制度以綱之，事業以紀之'兩句，'無或詐僞'下脫'淫巧'二字，'外無異望慮其'下，脫'有罪惡者無'五字，'則賢臣不用'下脫'賢臣不用'四字，'上不訪'下，脫'下'字，'不諫'下脫'上'字，雜言上，'君子三鑒'下，脫'鑒乎前，鑒乎人，鑒乎鏡'三句，雜言下，'或曰進諫'條後，脫'或問天子守在四夷有諸'至'一言之冠襲於膝下患之甚矣'，凡一百七十五字。此外如傅子帝範注，困學紀聞所引，亦尚有可補此本之缺者。是書刊於正德中，當時宋本必多，省曾意在作注以抒寄託，不暇訪求善本，故譌奪如此耳。"

## 中論二卷

而晁公武讀書志、陳振孫書錄解題並作二卷，與今本合，則宋人所併矣。曾鞏校書序云："始見館閣中論二十篇，及觀貞觀政要太宗稱嘗見幹中論復三年喪篇，今書獨闕。又考之魏志，文帝稱幹著中論二十餘篇，乃知館閣本非全書。"而晁公武又稱"李獻民所見別本，實有復三年制、役二篇"，李獻民者，李淑之字，嘗撰邯鄲書目者也。是其書在宋仁宗時尚未盡殘闕，鞏特據館閣不全本著之於錄，相沿既久，所謂別本者不可復見，於是二篇遂佚不存。

陸氏儀顧堂題跋云："中論二卷，明弘治黃華卿刊本，校以羣書治要：法象篇，'行必有檢故'下，脫'言必有防行必有檢'八字。修本篇，'不宿義'下，脫'爲言而不行斯寢道矣行而不時斯宿義矣'十七字。賞罰篇，脫'天地之間含氣而生者'至'亦萬代不刊之道也'云云，凡四百三十餘字。'昔之聖王，判爲禮法'至'不亦遠乎'，凡五百四十餘字。案曾鞏序云云，'今觀天地之間'云云一篇，所言皆三年制服之事，即貞觀政要所稱復三年喪篇也。'昔之聖王'云云一篇，所言皆力役之事，即晁氏所謂制役篇也。後有重刊是書者，宜採治要補此二篇，則中論爲完書矣。"

**傅子一卷**

其有永樂大典未載而見於他書所徵引者，復蒐輯得四十餘條。

案困學紀聞十云："傅子謂管子書過半是後之好事者所加，輕重篇尤鄙俗"，此本漏引。陳漢章謹案：馬總意林所引，亦多未蒐輯。

**中說十卷**

晁公武讀書志。嘗辨通以開皇四年生，李德林以開皇十一年卒，通方八歲，而有德林請見，歸援琴鼓蕩之什門人皆沾襟事。關朗以太和丁巳見魏孝文帝，至開皇四年通生，已相隔一百七年，而有問禮於朗事。薛道衡以仁壽二年出爲襄州總管，至煬帝卽位始召還，又隋書載道衡子收初生，卽出繼族父儒，及長不識本生，而有仁壽四年通在長安見道衡，道衡語其子收事。洪邁容齋隨筆又辨唐書載薛收以大業十三年歸唐，而世家有江都難作，通有疾，召薛收共語事。王應麟困學紀聞亦辨唐會要載武德元年五月始改隋太興殿爲太極殿，而書中有隋文帝召見太極殿事。皆證以史傳，牴牾顯然。今考通以仁壽四年，自長安東歸河汾，卽不復出，故世家亦云："大業元年，一徵又不至"，而周公篇內乃云"子遊太樂，聞龍舟五更之曲"，阮逸注曰："太樂之署，煬帝將遊江都作此曲"，隋書職官志曰："太常寺有太樂署"，是通於大業末年復至長安矣。其依託謬妄，亦一明證。考楊炯集有王勃集序，稱"祖父通，隋秀才高第，蜀郡司戶書佐，蜀王侍讀，大業末，退講藝於龍門，其卒也門人謚之曰文中子"，炯爲其孫作序，則記其祖事必不誤。杜牧樊川集首有其甥裴延翰序，亦引文中子曰："言文而不及理，王道何從而興乎"二語，亦與今本相合，知所謂文中子者，實有其人，所謂中說者，其子福郊、福時等纂述遺言，虛相夸飾，亦實有其書。第當有唐開國之初，明君碩輔不可以虛名動，又陸德明、孔穎達、賈公彥諸人，老師宿儒，布列館閣，亦不可以空談惑，故其人其書，皆不著於當時，而當時亦無斥其妄者，至中唐以後，漸遠無徵，乃稍稍得售其欺耳。

黄式三儆居集讀文中子中說云："讀書志已駁此三事矣，阮逸序責房玄齡不能揚師之教。考史，玄齡卒於貞觀戊申，年七十一，則生於開皇前四年戊戌，齒長於文中子六歲，即據史開皇庚申，高孝基典選得房玄齡，年十八，則房公生於開皇三年，齒亦長於文中子一歲，其舉進士，在文中子獻策之前三年，房公能不挾長，不挾貴，師文中子於生前，其既死也，乃不能揚於後乎？杜淹、陳叔達，皆書中所指爲及門之弟子也，而史載隋文帝惡杜淹之僞隱，流之江表，事在開皇初，則淹著名於文中子初生之時。陳叔達爲陳宣帝之子，其封義陽王於大建戊戌，在開皇前三年，然則此書所列弟子之名，等諸烏有子虛而已。抑其書之謬有不合於人情者，其論學也云'志仁義不如遺道德'，其論經也云'九師興而易道微，三傳作而春秋散'，其本洪範讜議而以三教可一也，謂晉亂非老、莊之辠，梁亡非釋迦之辠，幷言詩、書盛而秦滅，非仲尼之辠，秦燔經而滅，乃言經盛而滅，以爲異端之援。其謬尤有顯且大者，程伊川稱其書有格言，而續之者亦勦入其說，是果文中子之掩瑕乎？抑續者羼入之乎？關子明之易傳，與文中子中說、元經，或謂皆阮逸所僞作，阮逸字天隱，宋天聖中進士，假眞售僞，何所樂而爲之。" 朱一新無邪堂答問一云："中說非通自著，蓋爲其徒姚義、薛收等所綴輯，本書後序固明言之，洪氏容齋隨筆、王氏揮麈後錄皆疑阮逸僞作，逸他書今猶可考，安能爲此，其所僞者乃元經，非中說也。”玉縉案：陸龜蒙笠澤叢書送豆盧處士謁宋丞相序、皮日休文藪文中子碑，又司空圖一鳴集文中子碑及三賢贊，皆推尊通，提要云：“中唐以後，稍稍得售其欺”，殆指此，然非篤論也。瞿氏目錄有元刊本，云：“此較宋刻本多釋音，前列王氏世系年表，謂‘文中子出漢徵君霸之後’，題‘文中子纂事河汾繫子王壬’當是其裔孫所纂也。”惜不能得此本而一觀其年表何如耳？　李慈銘荀學齋日記云：“文中子之書謬妄可笑，前人論之已詳，提要謂其書爲福畤等所纂云云，尤爲定論，近人俞理初云：‘中說，短書也，王凝父子，謂凝與福畤等，古稱叔姪亦曰父子，後漢書蔡邕傳等可證。夸誕可憐人也’，二語亦斷定，余謂此書所造事實之妄不足復論，其言亦無一精實之理，其文亦十九支離可笑，宋人雖陋，何至稱重是書，蓋由其中如周公篇云：‘劉炫見子談六經，唱其端，終日不竭，子曰：“何其多也”，炫曰：“先儒異同，不可不述也”，子曰：“一以貫之可矣，爾以尼父爲多學而識之耶？”’此等議論，深便空疏不學之徒，爲伊川門下賤儒所深喜，故轉相表彰。至阮逸之注尤陋，洪容齋謂卽逸所僞撰，亦未嘗徧觀之言。如事君篇，‘或問湘東王兄弟，子曰：“貪人也，其文繁”，注以“湘東王爲南齊世祖之子子建，與兄竟陵王子良，隋郡王子隆，皆有集傳世”，不知子建被殺時年僅十三，安得有集，子良雖傳云“有內外文筆數十卷”，而云“雖無文采，多有勸戒”’，內者謂釋典也。此湘東王自指梁元帝兄弟也。又周公篇，‘太原府君曰:"温子昇何人也?"子曰:"險人也,智小謀大,永安之事, 同州府君常切齒焉, 則有由也"',注謂'永安切齒事,未詳?' 案温子昇與孝莊帝密謀誅爾朱榮, 嘗手抱詔書,遇榮詭對,魏書及北史本傳皆言之甚悉, 而逸俱不能知, 他可見矣。至子昇始終爲魏室忠臣, 而通言如是,則亦其妄謬之一端。魏相篇云:'嚴子陵釣於湍石, 爾朱榮控勒天下,故君子不貴得位',以爾朱與子陵相衡,其支蔓牽綴無聊可見。又如周公篇云:'詩、書盛而秦世滅,非仲尼之罪也,虛玄長而晉室亂,非老、莊之罪也,齋戒修而梁國亡,非釋迦之罪也',秦焚詩、書,何反云盛,以三句文例推之,秦爲周字之誤, 顯然可見, 而逸亦不能知,妄注云:'秦不用詩、書致滅',則文義不可通,倘得謂之自撰自注耶?然容齋之識,高出王厚齋輩多矣。"玉縉案:以爾朱與子陵並言,蓋仿論語千駟章而失之。

# 四庫全書總目提要補正卷二十八

## 儒家類二

### 太極圖說述解一卷通書述解一卷西銘述解一卷

而太極圖末附載辨戾一條，乃以朱子所論太極陰陽，語錄與注解互異，而考定其說。蓋注解出朱子之手，而語錄則門人之所記，不能無譌，端得於朱子者深，故能辨別微茫，不肯雷同附和，所由與依草附木者異也。

張惠言易圖條辨云："朱子發漢上易圖云：'陳摶以太極圖授种放，放傳穆修，修傳周敦實，敦實傳二程先生'，太極圖爲希夷所傳，朱子發之言必非無徵，道家以之言丹，而周子取之以論易，則改水火爲兩儀，改三五歸一爲二五妙合，毛大可之說，不足以駁之。胡朏明據道藏之圖，以爲今圖係後人所改，證之漢上易圖，則至爲確鑿，蓋朱子所定也。易以陰陽爲體，動靜爲用，陰陽相並俱生，分而迭用，太極圖說則以陰靜爲體，陽動爲用，其病與康節正同。"

### 張子全書十四卷附錄一卷

又語錄、文集，皆稱曰鈔，尤灼然非其完帙，蓋後人選錄之本，名以全書，殊爲乖舛。然明徐時達所刻，已屬此本，嘉靖中呂柟作張子鈔釋，稱文集已無完本，惟存二卷。康熙己亥，朱軾督學於陝西，稱得舊槀於其裔孫五經博士繩武家，爲之重刊，勘其卷次篇目，亦即此本，則其來已久矣。

瞿氏目錄有宋刊本張子語錄三卷，後錄三卷，云："不題名，亦無序跋，末有'後學天台吳堅刊於福建漕治'二行。"

**儒言一卷**

永樂大典本。

案下文云："是書已編入景迂生集"云云，則永樂五字蓋誤。

**童蒙訓三卷**

以意推求，殆洛、蜀之黨既分，傳是書者輕詞章而重道學，不欲以眉山緒論錯雜其間，遂刊除其論文之語，定爲此本歟？

高均儒續東軒遺集有是書跋云："朱子纂小學，引是訓者，是本間有未見，豈玉山堂刻已非呂氏原本歟？"陳漢章謹案：宋元學案全氏謝山詳辨是書。

**上蔡語錄三卷**

據朱子後序，稱"初得括蒼吳任寫本一篇，皆曾天隱所記，最後得胡文定公寫本二篇，凡書四篇，以相參校，胡氏上篇五十五章，記文定公問答，下篇四十九章，與版本、吳氏本略同，然時有小異，輒因其舊，定著爲二篇，獨版本所增多猶百餘章，或失本旨，雜他書，其尤者五十餘章，至詆程氏以助佛學，輒放而絕之，其餘亦頗刊去，而得先生遺語三十餘章，別爲一篇，凡所定著書三篇"云云，是朱子於此書，芟薙特嚴。後乾道戊子，重爲編次，益以良佐與安國手簡數條，定爲今本，又作後記，稱"胡憲於呂祖謙家得江民表辨道錄，見所删五十餘章，首尾次序無一字之差，然後知果爲江氏所著，非謝氏之書"，則去取亦爲精審。觀語錄稱"某二十年前得上蔡語錄觀之，初用朱筆畫出合處，及再觀則不同，乃用粉筆，三觀則又用墨筆，數過之後，全與原看時不同"，則精思熟讀，研究至深，非漫然而定也。

玉縉案：道光初，歙洪氏刻朱子校定上蔡語錄三卷，實即明王敍之訂正楊方震家鈔而增入先儒辨論之本，非朱子舊也。鄭珍巢經巢文集有跋云："黃氏日鈔論上蔡語錄，謂以'於意云何'條始，以'總老'條終，首尾與此本不合，其所標語亦多異，知所據蓋朱子所謂板本，其'總老'條正是禪門機鋒，雜他書之甚者，朱子必已刊去，不知何人復取附末？"

**小學集注六卷**

蓋編類此書，實託子澄。

魏源小學古經序云："小學之書，朱子序大學即謂曲禮、少儀、內則、弟子職諸篇，皆小學之支流餘裔，及晚年編儀禮經傳通解，立學禮一門，亦取保傅、學記、曲禮、少儀、容經、弟子職諸篇爲正經，是朱子所述小學古經數篇，至爲明著，上合先王造士國學，十五歲以前蒙養始基之誼。不知何以劉子澄奉命集小學，分敬身、稽古、明倫三類，而三類之中皆無正經，三類之外，益以嘉言善行，無非割裂經傳，雜錄方言俚詩，蕪宂至不可讀。雖元代許魯齋以教蒙古子弟，極力表章，而當時虞道園諸公即已議其陋而不尊。又首以'天命之謂性，率性之謂道，修道之謂教'爲言，於小學何與？誠教養之遺憾也。"

**朱子語類一百四十卷**

其中甚可疑者，如包楊錄中論胡子知言，以書爲溺心志之大穽之類，概爲刊削，亦深有功於朱子。靖德目錄後記有曰："朱子嘗言論語後十篇不及前，六言、六蔽不似聖人法語，是孔門所記猶可疑，而況後之書乎？"觀其所言，則今他書間傳朱子之語而不見於語類者，蓋由靖德之刪削，鄭任鑰不知此意，乃以四書大全所引不見今本語類者，指爲或問小注之證，其亦不考之甚矣。

鄭光祖一斑錄雜述五云："楊用修謂朱文公品評古人，誠有違公是而遠人情者，王阮亭居易錄亦謂朱子議論多偏，讀灼艾集益信，其言曰：'朱文公談道著書百世之宗，愚觀其評論古今人品，誠有違公是而遠人情者，王安石引用姦邪傾覆宗社，元惡大憝也，乃列之名臣錄，稱其道德文章，夫文章可也，焉有引用姦邪而可名爲道德耶？蘇文忠公文章忠義，古今所共仰也，乃極詆之，謂得行其志，其禍甚於安石，以安石之姦邪，則末減其已著之罪，以文忠之賢，則巧索其未形之瘢。不特此也，秦檜之姦，人皆欲食其肉者也，乃稱其有骨力。岳忠武之死，人盡爲垂涕者也，乃譏之爲橫。漢儒董、賈之流，皆議其疵，匡衡之言，頗純粹無疵，則云匡衡好懷挾，其不成人之美例如此。以至諸葛忠武侯則名其爲申、韓，陶靖節則譏其爲莊、老，韓文公則文致其大顚往來之書，亹亹千言，必使之不爲全人而後已。古人云：'君子當於有過中求無過，不當於無過中求有過'，朱子語錄論人，皆於無過中求有過者也。'" 陸氏藏書志有宋刊元修本，其案語云："靖德，永嘉人，淳祐間爲沙縣主簿，攝縣事，淸謹善理繁劇，博學能文辭，嘗修淸源縣志。" 玉縉案：王佖，見後紫陽宗旨下。

## 知言六卷附錄一卷

自元以來，其書不甚行於世，明程敏政始得舊本於吳中，後坊賈遂有刊版。然明人傳刻古書好意爲竄亂，此本亦爲妄人強立篇名，顚倒次序，字句舛謬，全失其眞。

丁氏藏書志有舊鈔本六卷，附錄一卷，疑義一卷，云："前有張栻序，目錄後有吳儆、眞德秀兩跋，後弘治三年程敏政謹題云云，又有嘉靖五年正心書院題跋，成化二年陳相序"，未知卽提要所訾強立篇名顚倒次序之本否？更不知疑義一卷何如？ 陳漢章謹案：粤雅堂刻本亦附有疑義一卷，無吳、眞二跋。

## 麗澤論說集錄十卷

前有祖謙從子喬年題記，稱"先君嘗所裒輯，不可以不傳，故今仍據舊錄，頗附益次比之。" 喬年爲祖謙弟祖儉之子，則蒐錄者爲祖儉，喬年又補綴次第之矣。

案瞿氏目錄有宋刊本東萊集，此爲末一種，提要未見宋本，故不言其原附本集也。陸氏儀顧堂題跋宋刊本跋云："宋諱多缺，避至惇字止，蓋光宗時刊本，目後有喬年記。

是書宋史藝文志儒家類著於錄，作麗華論說集，當傳寫之譌。”

## 經濟文衡前集二十五卷後集二十五卷續集二十二卷

黄虞稷千頃堂書目則載是書爲馬季機編，所列前集、後集、續集之目亦皆相合，乾隆乙未，南昌楊雲服重刻，程恂序之，稱爲宋滕珙編。考滕珙字德章，號蒙齋，婺源人，淳熙十四年進士，官合肥令，與兄璘俱遊朱子之門，朱子銘其父墓，稱二子皆有聲州縣間，又稱珙廷對甚佳，蓋亦新安高弟也。今觀是書，取朱子語錄、文集分類編次，前集皆論學，後集皆論古，續集則彙二集所遺而補之，每一論必先著其緣起，次標其立論之意，條分縷析，條理秩然，視他家所編經世大訓之類，或簡而不詳，或繁而少緒者迥乎不同，卽不出於珙手，要非學有淵源者不辦也。

邵懿辰半巖廬日記云：“此書宋人馬季機所編，取朱子文集分類纂輯，前有淳祐□年黄晷序，四庫書目稱朱子門人滕珙所編，與黄序不合。未知何據？” 玉縉案：提要蓋誤據楊刻本程恂序耳。

## 大學衍義四十三卷

德秀此書成於紹定二年，而進於端平元年。

陸氏儀顧堂題跋云：“眞西山讀書記乙集上大學衍義四十三卷，宋槧本，案讀書記乙集下湯漢序云：‘讀書記惟甲、乙、丁爲成書，甲、丁二記先刊行，乙記上卽大學衍義，久進於朝’，與此本合。是大學衍義實讀書記中之一集，明弘治刊本削去‘讀書記乙集上’六字，萬曆刊本仍之，若非此本僅存，後之人不知'乙集上'爲何書矣?"丁氏藏書志亦有宋刊本，云:"卷首標讀書記乙集上"，可知當日併刻甲集之後。

**讀書記六十一卷**

案陳振孫書錄解題謂西山讀書記有甲、乙、丙、丁，甲言性理，中述治道，末言出處，大抵本經史格言而述以己意，今但有甲三十七卷，丁二卷，乙、丙未見，故載於文獻通考者僅三十九卷。今世所傳明時舊刊本，甲、丁二記，卷數與書錄解題合，中多乙記二十二卷，前有開慶元年德秀門人湯漢序，稱"讀書記惟甲、乙、丁爲成書，甲、丁二記先刊行，乙記上即大學衍義，久進於朝，其下未及繕寫而德秀沒，漢從其子仁夫鈔得，釐爲二十二卷而刊之福州。"據此，則丙記原書本闕，乙記爲湯漢所續刊，振孫惟見初行之本，故止於甲、丁二記也。

瞿氏目錄有宋刊本甲集三十七卷，云:"書錄解題云云，文獻通考亦僅載三十九卷，明刻本有乙集，爲門人湯漢所續，丙集亦無，是宋本止有甲、丁二集，此闕丁集二卷耳。"玉縉案：瞿說非。陸氏儀顧堂題跋云:"西山眞文忠公讀書記甲集三十六卷，乙集下二十卷，丁集八卷，宋福州學刊本，前有開慶元年湯漢序，丁集末有監雕福淸縣學主張奎等銜名，乃南宋初刊祖本也。丙集未見傳本，愚觀心經、政經雜采前人之說，體例與衍義、讀書記相近，意者其即丙集乎?"玉縉案：皕宋樓藏書志作甲集三十七卷，乙集十六卷。吳氏繡谷亭薰習錄有甲集三十七卷，乙集二十二卷，丁集二卷。云:"先是甲、丁二集刊於三山學宮，開慶元年，福郡文學吳應丑并乙集刊之，先生之門人番陽湯漢序，末有'提督奉議郎特添差福建安撫使參議官仍釐務涂演，奉議郎通判福州軍州事兼西外宗正丞黃巖孫監雕，迪功郎福州福清縣學主學張植'題名，此大德六年刊補本，蓋宋版元印者"云云，此即陸氏所謂祖本。乙集自是二十二卷，湯序有明文，跋作二十，志作十六，皆誤。甲集三十七卷，丁集二卷，亦當以吳錄為正。

**心經一卷**

前有德秀門人王邁序云:"心經一書行於世，至徹禁中，端平乙未，公薨後兩月，從臣洪公咨夔在經筵，上出公心經曰:'眞某此書，朕乙夜覽而嘉之，卿宜為之序'"，其見重也如此。文獻通考作心經法語，與書錄解題相合，蓋一書而二名耳。

陸氏儀顧堂題跋宋槧本跋云:"後有顏若愚跋。宋史藝文志無其書，書錄解題、文獻通考皆作心經法語，明文淵閣書目題名與今本同，四庫著於錄。王臞軒政經序云:'端平初，理宗嘗命洪舜俞作序'，今平齋集無此文，則洪雖受命而未作。校以文瀾閣傳鈔本，大略多同，惟缺顏若愚跋。案若愚，晉江人，嘉定十三年進士，興化教授，見八閩通志。"

**政經一卷**

書錄解題載心經而不及此書，豈心經行世早而此書晚出歟?抑或德秀名重好事者依託之也。

陸氏儀顧堂題跋宋槧本跋云:“前有淳祐二年王邁序。宋史藝文志、文獻通考、書錄解題皆無其書,明文淵閣書目始著於錄。案是書爲西山守泉州日所著,門人趙時棣宗華爲大庾令梓於縣齋。以文瀾閣傳鈔本參校,大略多同,惟缺王邁序耳。”玉縉案:顏跋心經在端平元年,王序此書在淳祐二年,相距止九年,趙時棣合刻之,王邁又並言之,其非依託可知。

**黃氏日鈔九十五卷**

是書本九十七卷,凡讀經者三十卷,讀三傳及孔氏書者各一卷,讀諸儒書者十三卷,讀史者五卷,讀雜史、讀諸子者各四卷,讀文集者十卷,計六十八卷,皆論古人。其六十九卷以下,凡奏劄、申明、公移、講義、策問、書記、序跋、啓、祝文、祭文、行狀、墓誌著錄者計二十九卷,皆所自作之文。其中八十一卷、八十九卷原本併闕,其存者實九十五卷也。　非中無所得而徒假借聲價者也。

陸氏儀顧堂續跋元槧本跋云:“是書原本百卷,東發身前已梓行,元初兵燹,至正中,孫禮之搜輯補刊,僅存九十七卷,卷八十一、八十九注曰原官版無文字,則元以後版片殘缺也。” 張宗泰所學集有跋是書三十七則,其跋日鈔讀春秋云:“桓公七年夏穀伯綏來朝,鄧侯吾離來朝,猶之滕侯、薛侯來朝,郳人、牟人、葛人來朝云爾,其後穀不知何時地併於楚?鄧則至莊公十六年方爲楚所滅,相去尚二十七年之久,此時實朝正於魯,非作寓公於魯也。日鈔乃引趙鵬飛春秋經筌之謬說,謂‘二君失地而奔’云云,此皆信經不信傳，馳心冥索，不肯參之三傳以證其說之當否，亦經學之不幸也已。”再跋云“日鈔謂‘單伯送王姬，公、穀皆以單伯爲魯大夫，以送爲逆，諸家多從之，檢春秋釋例世族譜，周有單伯而魯無之，使魯亦有單伯，元凱豈得不著其世系？左氏躬爲史臣，親見國史，較有依據，此事恐終當從左氏也。紀侯譖齊哀公，而哀公被烹，謂‘譖不等於手刃，不得名仇者’非也。文王聞崇侯譖己，尚親致其撻伐，況以哀公之魂飛湯火，何殊於手刃之慘毒，故謂襄公不得託言復九世之仇則可，豈哀公而不當與紀爲仇乎？又齊襄戕賊魯桓，則莊公不共戴天之仇也，至子糾、小白均僖公之庶子，於襄無與，乃以莊納子糾爲納仇人之子，豈誤以糾爲襄之子耶？桓、襄爲兄弟行，則莊王二王姬，一歸襄，一歸桓，娣姒也，顧謂以姊妹爲婦姑何耶？此皆當釐正者。”三跋云：“僖公元年夫人氏之喪至自齊，疏曰：‘爲齊桓諱殺同姓也’，初不言哀姜爲某公之女，又齊桓得國，尚後莊公九年，則謂莊公娶於齊桓而哀姜爲桓公之女，日鈔似失之。公敗邾師於偃，引傳謂魯怨其以姜氏與齊，故敗之於偃，而左氏初無是說也。且哀姜幸災樂禍與於亂謀，邾以與齊而殺之，是助齊爲魯討賊也，魯亦何怨之有？僖公七年鄭殺申侯以說於齊，說，解說也，意以鄭之背齊從楚，出自申侯之謀，殺之以自解說耳。陸氏釋文於說字無音釋，而作悅字解之何也？竊以宣十四年衛孔達曰：‘苟利社稷，請以我說’，哀二年蔡故殺公子駟以說，數說字俱當作解說意也。江人遠齊而近楚，楚伐之易，齊救之難，乃忘切已之實禍，慕遠主之虛名，使黃之君臣而有深謀遠慮也者，當必不敢出此，顧謂黃滅不言出奔，必其上下一心，以死社稷。予謂黃人能死社稷，必不至輕疏躁率，遠道爲貫澤之會，蓋亦出於臆度之詞而不足爲據也。”九跋云“楚共王寵子五人，康王昭，靈王虔，公子比子干，公子黑肱子晳，平王棄疾也，共王卒，康王立，康王卒，子麇郟敖立，則公子比者，麇之叔父也，而木訥曰：‘楚麇卒而比出奔’，則比者必麇之子，何鹵莽也。案麇二子幕與平夏爲靈王所殺，見左氏昭元年傳。又季友生齊仲無佚，見國語韋昭注，無佚生行父，行父生宿，則宿者季友之曾孫，日鈔不知季友下尚有一世，故以宿爲季友之孫。又孟莊子生二子，長孺子秩，次孝伯羯，公鉏爲孟孫立羯，而秩奔邾，羯卒而後立貜，而木訥謂莊子無適子，以弟貜後，貜幼，庶子羯攝之。夫莊子無適子，何至便以弟爲後，既以弟爲後，何爲又使其子攝？任意顚亂孟氏之世系乃一至此耶？案貜爲孝伯羯子，見春秋大事表世系。又雞父之役，胡子髡沈子逞滅，公羊傳謂‘君死於位曰滅’，其後沈至定四年滅於蔡，胡至定十五年滅於楚，二國均未嘗爲吳所滅，而以爲楚救州來，滅者二國何耶？又頓國定十四年爲楚所滅，而謂吳將伐楚，先滅其與國，滅沈、滅頓又何耶？”十跋云“定公三年於越入吳云越有數種，有東越、南越、閩越、甌越，不知孰爲於越？案史記越世家，句踐卒，傳王鼫與、王不壽、王翁、王翳、王之侯而至王無疆，爲楚威王所滅，盡取其地，而越以此散，諸族子爭立，或爲王，或爲君，後七世至閩王搖，漢高祖復以爲越王，東越閩君，皆其後也。又南越列傳，'南越王尉佗'，東越列傳，'閩越王無諸'，韋昭曰：'東越之別名，東海王搖其先句踐之後，姓騶氏'，徐廣曰：'騶一作駱，卽甌駱也。'據此，則閩越卽東越，而東越、南越、甌越諸名目，歷戰國及秦、漢時方有之，若春秋之於越則惟有句踐耳，安得爲此持疑不決之詞，日鈔讀史記下分晰極明，而此竟未及爲參證也。又涉佗、成何，皆晉大夫也，定公八年鄟澤之盟，涉佗捘衞侯之手及捥，衞侯怒，叛晉，十年，晉人討衞之叛，故曰由涉佗、成何。於是執涉佗以求成於衞，衞人不許，晉人遂殺涉佗，成何奔燕，此左氏載衞叛晉之始末也。日鈔未詳考其事之原委，而曰晉得其勇士涉佗，以求成於衞，衞人不許，晉殺涉佗，衞之從齊，於是益堅，是直以涉佗爲衞人，而晉人殺之益激其怒也，於事實全相違反矣。"跋日鈔讀禮記云：“日鈔謂'堯妻舜二女，三妃無所考'，案孔氏正義引帝王世紀云：'舜長妃娥皇無子，次妃女英，生商均，三妃癸比，生二女霄明、燭光'，世紀雖不免有所附會，然不可謂無所考也。又謂'子叔敬叔，魯宣公弟叔肹之曾孫'，案左氏傳，子叔聲伯嬰齊爲叔肹之子，子叔齊子叔老則嬰齊之子，次叔老之子叔弓，爲子叔敬子，此作敬叔，誤也。又謂'少皞爲帝嚳之子'，案李錯尙史三皇本紀，'少皞金天氏黃帝子，靑陽氏之裔'，尙在顓頊高陽氏之前，顓頊崩，帝嚳高辛氏方卽位，少皞安得爲帝嚳之子？"再跋云“日鈔於文王世子'公族罹於大辟，公素服不擧，無服親哭之'，爲附合其說曰：‘公素服不舉，一如功緦之喪，但以其有罪而不爲服功緦服。’試思喪服自期以下諸侯絕，諸侯且不爲旁親期，而又何公族緦與功之有？如日鈔說，假令公族無罪而令終，公竟爲之緦功乎？”三跋云“大夫強而君殺之，日鈔謂‘如齊殺無知，衞殺州吁，宋殺長萬，陳殺三良。’案州吁非大夫，且已簒弑自立，不當引以爲證，至陳殺三良，其事不見春秋傳。考春秋襄公三十三年，陳殺其大夫慶寅、慶虎，杜注，‘書名，罪其專國叛君’，左氏傳有公子黄愬二慶於楚語，易作陳殺二慶，似爲得也。”跋日鈔讀南軒先生文集云：“南軒於論史似尙有未能精細處，賈復部將，殺人於潁川，寇恂以軍法戮之，非濫刑也，復不引咎自責，反深以爲辱，屢欲手劍相報，此其褊心之甚，直廉頗等耳。乃稱其器量洪遠，是祇據復傳而未嘗參之恂傳也。梁商謙卑自牧，聲望翕然，在永建、元初間，不失爲良輔，李固受商之辟，亦不得謂非擇木之智，乃以固之依附梁商爲失身於人，是因梁冀他日之惡而波及商之無辜也。”跋日鈔讀史記云：“伍舉於昭元年王子圍聘鄭而爲之介，楚莊立於文十四年，由文十四年下推及昭公之初幾七十年，謂伍舉於莊王初立即能進諫，豈史文誤耶？抑別一人耶？趙文子武生景子成，景子見昭七年傳，景子生簡子鞅，則簡子乃文子之孫，日鈔謂‘趙武生簡子’誤矣。韓厥生無忌與起，無忌鎭靜而有廢疾，讓位於其弟而爲公族大夫，亦不可謂非賢矣。韓起與田蘇遊，而曰好仁，襄九年爲上軍佐，昭二年代趙文子爲政，嗣是將中軍者凡二十七年，其事多見於左氏傳，國語亦載韓宣子憂貧之語，亦賢大夫也。日鈔乃謂韓氏自厥而後無聞人，其殆據史公一人之書而未及詳考歟？”跋日鈔讀春秋世紀云：“禮不伐喪，若敵人伐我之喪而往應之，蓋出於勢之所不得已，而亦非於義有違也。魯伯禽有三年之喪，淮夷、徐戎並興，遂誓師於費，即其事也。晉襄公初立，而秦人滅滑，滑，晉之與國也，滅我與國，即不啻伐我，子墨衰絰而敗秦師於殽，亦宜也。乃謂喪不興戎，於義不可也，此出何典記耶？晉悼公與楚爭鄭，而遠通句吳，牽制其後，使不得逞，卒之三駕旣勤，鄭人歸命，楚亦斂迹，未始非謀國之長策，不得以他日有黄池爭先之事，遂追咎晉侯前此之失計也。公羊傳，‘春秋內其國而外諸夏’，內其國即尊魯之意，至謂尊魯之至，所以責魯之備，聖人果有此意否？鄭七穆迭執國柄，游眅以虐民見殺，子展秉黜其子豐卷以請田謀亂，罕虎遂逐出境，子南兄弟爭室，而宥之遠方，子晳多行無禮，而迫令自縊，鄭之法紀，未嘗不森然也。謂鄭國轉移於七穆之手，有罪不能討，果何指耶？邾在春秋，亦稱喜事之國，僖公之世，滅須句者再，公爲之伐邾，而反敗於升陘，文、襄之世，凡再伐魯南鄙，雖兵端不必盡啓自邾人，然謂其善交鄰而守禮義則非事實矣。邾文公遷國利民，有知命之義，茅夷鴻束帛乘韋，有包胥之節，餘亦鮮可稱述者，不得謂之君臣多賢也。莒人滅鄫，謂鄫立其所出以承宗祀，乃穀梁無稽之談，核以左氏傳，殆全未有其事，乃不一爲辨證，而反稱引之何也？”再跋云：“日鈔云戎之類凡六：曰山戎、北戎、姜戎、雒戎、茅戎、陸渾之戎，檢春秋大事表，'戎之别七：曰驪戎，曰犬戎，曰瓜州允姓之戎，遷於中國，則稱陸渾之戎，亦稱姜戎，亦稱陰戎，亦稱九州戎，亦謂之小戎，其實一也；曰揚拒泉皋伊洛之戎，蠻氏亦戎别種，一名茅戎，曰北戎，亦稱山戎，曰戎州己氏之戎'，據是則山戎即北戎，姜戎即陸渾之戎，此所述有遺漏而未爲明晰也。日鈔又云：'狄有長狄、赤狄、白狄，而潞氏、甲氏、留吁，皆赤狄之種'，案赤狄之類凡六：曰東山皋落氏，曰廧咎如，曰潞氏，曰甲氏，曰留吁，曰鐸辰。白狄之類凡三：曰鮮虞，曰肥，曰鼓，此所數亦未盡之也。日鈔又云：'夷之微國，如介、如徐、如舒、如庸'，案東方之夷曰萊，曰介，曰根牟，又有淮夷，費誓有淮夷徐戎，則徐是戎而非夷也，舒與巴庸，則蠻而非夷也，甲、潞、鮮虞、廧咎如，則皆狄而非夷也，且甲氏、潞氏。夷、狄下兩處互見，而不參證使歸於一何也？"跋日鈔讀春秋臣傳云："叔牙舍其君之子而欲立其兄，蓋包藏禍心之人也，慶父弒其君之子又弒其君，則亂臣賊子之尤也，故季友之殺二人，亦爲國討賊已耳，豈復可以尋常倫理論哉？即季氏之强，亦强於季孫宿專國之後，若季友當日，子般被弒，則奔陳以避之，閔公被弒，又奔邾以避之，其勢亦岌岌矣。日鈔乃謂'季友殺二兄，立二君，勢最强'，不幾無以爲賢者地乎？叔牙生公孫茲戴伯，戴伯生得臣莊叔，莊叔傳子僑如宣伯，宣伯得罪出奔，乃召叔孫豹於齊而立之，此叔孫氏相傳之次第也。日鈔乃謂'叔牙見酖，莊叔嗣封，傳子穆叔'，不失之疏漏耶？晉荀吳之滅肥也，爲僞會齊師者，假道於鮮虞，遂入昔陽而滅之，其滅陸渾也，僞若有事於三塗與雒者，陸渾人弗知，遂滅之，即其再滅鼓也，使師僞糴者負甲息於昔陽之門外，遂襲滅之，其飾詐以滅人之國者屢矣。獨其初圍鼓也，鼓人或請以城叛則弗許，繼而請以城降，則又弗許，待其食盡力竭而後取之，沾沾焉自詡爲守信而知義，蓋自知鼓之在我掌握，故遲之又久而後取之，則亦仍是其平日之權謀作用矣，此亦有何可稱。而日鈔特許以能守正，君子論人，屬辭比事，兼權其事之始末，乃不至爲古人所愚耳。”跋日鈔讀呂氏春秋云：“韓非學於荀卿，而實於其師之學顯相背馳，漢書藝文志以荀卿三十三篇入儒家，韓子五十五篇入法家，其明證也。乃謂荀卿以刑名傳何也？小司馬補三皇本紀，炎帝神農氏，一號烈山氏，亦作厲山氏，若朱襄氏則在伏羲之後，神農之前，而以朱襄爲炎帝別號，又何也？晉文公殺王子帶，盟踐土以定王室，襄公名爲繼霸，朝王於溫，見文六年傳，安有襲周之事？萇宏見定元年傳，由定元年上溯至文公元年凡六十九年，又安有襄公襲周萇宏預知之事？鄭駟歂殺鄧析而用其竹刑，見定九年傳，子產卒於昭二十年，則謂子產殺鄧析者亦誤。”跋日鈔讀賈誼新書及新序春秋繁露云：“商鞅變法，定秦爵爲二十，其九曰‘五大夫’，周文王時安得有此爵，而曰‘請以五大夫禮葬’耶？樂毅下齊七十餘城，非屠也，掠其重器寶貨，則報施惟其稱也，以毅之深慮遠謀，料敵制勝，爲燕昭復先世之仇，迨不得於嗣君而去之趙，終身不敢謀燕國，則庶幾有道君子者，此亦有何不足於管仲，而云不當並稱也。班孟堅古今人表，以九品裁量賢否，列季札於上中，列公子欣時即子臧。於上下，近顧氏作春秋人物表，更列延陵季子於賢聖，列子臧於獨行，蓋二子之行誼，古今絕重之矣，乃有所不滿於二人何也？漢高帝封雍齒後，叛者惟有黥布、陳豨、盧綰及貫高耳，若淮陰、彭越，漢自以功高不賞殺之，非叛也，謂'張良起帝疑心，叛者九起'，叛者何嘗如是之多哉？謂'齊頃公見獲於晉'，檢春秋成二年傳，頃公與逢丑父易位而免，則未嘗見獲也。謂'晉信以亂即位，親任季子，而二十年安寧'，考史記晉世家靖侯卒，子釐侯司徒立，初不言晉亂事，豈世遠而佚之耶？至釐侯在位止十八年而云二十，則當是舉成數耳。"餘從略。

## 北溪字義二卷

此本乃國朝顧秀虎校正諸本之異同，復取散見於他書者錄爲補遺一卷，又附以嚴陵講義四條：曰道學體統，曰師友淵源，曰用功節目，曰讀書次第。乃淳嘉定九年待試中，過嚴陵，郡守鄭之悌延講郡庠時作也。

案補遺中如人生得天地之氣以爲體條，已見佛老本文，性只是理條，已見性字本文，無庸復補，提要未之糾正。又弘治庚戌林同本末有跋語，稱"嚴陵講義四篇，仍依舊帙，併列於左。"如提要說，似顧本始附矣，非也。

## 性理羣書句解二十三卷

剛大亦建陽人，受業於蔡淵、黃榦，嘉定中登進士，自稱覺軒門人，掌建安書院朱文公諸賢從祀祠，其仕履則不可考。

案剛大嘉定七年進士，官建安府學教授，學者稱古溪先生，詳陸氏儀顧堂題跋文瀾傳鈔本跋。又有宋麻沙本性理羣書句解後集跋，日人河田羆靜嘉堂祕籍志云："後集者，以大題下有黑質白章後集字也"，亦同本耳。

**東宮備覽六卷**

其第二卷講讀條闕一頁，宮僚條闕一頁，第六卷監國條闕一頁，今無別本可校，亦姑仍其舊錄之焉。

丁氏藏書志有精鈔本，皆不闕。

**朱子讀書法四卷**

洪字伯大，㷤字充甫，皆鄱陽人，事蹟無可考。

陸氏儀顧堂題跋云："宋史藝文志、文獻通考皆無其書，文淵閣書目始著於錄。案洪，饒州永豐人，淳熙十三年解試，見江西通志。"

**家山圖書一卷**

永樂大典題爲朱子所作，今考書中引用諸說，有文公家禮，且有朱子之稱，則非朱子手定明矣。

丁氏藏書志有元刊本文公先生小學明說便覽六卷，題"後學餘姚夏相纂輯，松隖門人京兆劉焲音校。"云"前有文公小學書題及題解十節，更列弟子受業之圖，至衿鞶、篋笥、楎椸圖，凡五十有四，與四庫本家山圖書相合，惟缺首葉古小學本旨一圖，茲與閣鈔家山圖書對看，賴以補正甚多。夏相，餘姚志無其名，經籍志亦無其目。"玉縉案：疑即一書。

**困知記二卷續記二卷附錄一卷**

蓋其學初從禪入，久而盡知其利弊，故於疑似之介，剖析尤精，非泛相訶斥不中窾要者比。

王先謙虛受堂集與王實丞書云："大著羅整菴先生闢禪說，謂'整菴斥王陽明爲禪學，而困知記中取平日用功得力之禪書與儒書相近者闡明詮釋，於每章末，加三五語痛詆之，名曰闢禪，反爲禪學張其幟'，以爲深病，誠數百年來未發之覆也。夫整菴學由禪入，逮其悔悟屏棄之，斯已耳，而必舉禪學中若者簡淨，若者指示緊要，若者文法圓熟，照應分明，津津詔人，則固未免多事。將謂後之爲儒者，皆如整菴由禪入手，學禪而後知闢禪，是必爲盜而後能捕盜也，豈其然乎？先生譏其言儒行禪，可謂不私其鄉者矣。"

## 讀書劄記八卷

案山堂萃稾附刊本，尙有續記一卷，詳萃稾條下。

## 聖學宗要一卷學言三卷

是編凡聖學宗要一卷，載周子太極圖說，張子東銘、西銘，程子識仁說、定性書，朱子中和說，王守仁良知問答等篇，各爲注釋。

黄式三儆居集讀劉氏聖學宗要云："陽明王氏宗旨心體之說、良知之說，劉氏既駁之，而陸元靜良知問答采入聖學宗要何耶？蓋劉氏之學從靜坐入，以常惺惺爲聖學者也，既以常惺惺爲聖學，則以學之道，靜存之外無動察，而遂嫥守王氏以所答陸氏爲宗要也。夫王氏宗旨，在其門下者或已疑之，如龍溪改四無，東廓改至善無惡心之體，皆是。而陸氏聞常惺惺之敎，善疑善問，雖以王氏之善辨，亦一時不能遽屈服，迄今讀其問答，正有陸氏所疑問爲是而王氏之所答爲非者。然陸氏終屈服於王氏，而劉氏復取答陸語爲聖學宗要，則後之讀者，誰能取陸氏之所疑問復疑之而復問之耶？陸曰：'周子言定之以中正仁義，而主靜，程子言動亦定，靜亦定，是則靜定也者，決非不睹不聞無思無慮之謂。'又曰：'佛氏有常提念頭之說，雖常提不放，而不加戒懼克治之功，則私欲不去，若加克治之功又爲思善之事。'又曰：'以循理爲靜，從欲爲動，則於所謂動中有靜，靜中有動，動極生靜，靜極生動者不可通矣。若以有事而感通者爲動，無事而寂然者爲靜，則於所謂動而無動靜而無靜者不可通矣。'王氏答之皆強辭，劉氏所申王說則云：'常惺惺者事心之功，動是常惺惺，此時不增毫末，靜是常惺惺，此時不減毫末'，以常惺惺爲法，直欲合三敎爲一，讀者勿信，其解中庸，反以未發爲動，已發爲靜，悖謬益顯。" 玉縉案：李慈銘桃華聖解盦日記載鈔本國初人傳一小册，疑爲沈清玉作，其劉伯繩先生傳論云："蕺山之學，大約主臬文成，而時有匡拂，其補偏救弊苦心，至考亭一脈，要未嘗規規也。堅守集注者如孫退谷、陸稼書嫌其不合，卽以張弧文成者集矢蕺山，持鋒甚厲，先生乃不能自信，陰加竄易，附合考亭，惲日初仲升助之，黃梨洲弜爲三家村學究定王會圖，諒哉！"又黃梨洲先生傳論云："蕺山遺書皆嗣君伯繩所綴輯，於蕺山之言，有與洛、閩齟齬者輒加竄改，而其孫子志又甚之，予嘗親見藏稾本，三人之手迹畫然，則伯繩父子不得爲無過矣。先生謂昔之人不敢以爝火之光雜於太陽，今之人乃欲以天漢之水就其蹄涔，不亦異乎？嗚呼！先生之識遠矣。”又沈甸華等傳後附記云：“越中人士之刻蕺山五子連珠，可謂巷無居人。”李慈銘云：“以此觀之，則忠介之書，經幾改而失眞者多矣。道光間，校刻劉子之書，以多爲貴，於董氏瑒所輯全書四十卷外復輯遺編二十四卷，其中如五子連珠類者，蓋非止一二數，支離割裂，轉令人厭，其時主之者老書賈沈霞西復粲，不知別擇，眞贋雜陳，而佐之者如蕭山恭甫王氏曼耇、山陰杜氏尺莊、禾子兄弟，或已髦及而失智，或徒愛博而無識，荆楛弗翦，菁華消竭”云云，此亦讀劉書者所宜知也。又案：董瑒輯劉子全書，凡語類十三卷，卷一人譜，卷二讀易圖說及易衍，卷三孔孟合璧五子連珠，卷四聖學喫緊三關，卷五聖學宗要，卷六證學雜解，卷七原旨七首，卷八說二十四首，卷九問答，卷十至十二學言，卷十三證人會約、會講、申言及會錄。文編十四卷，卷一至卷五奏疏，卷六、卷七書啓，卷八序引題跋及記，卷九墓誌表狀，卷十傳論箴贊祭文，卷十一紹興府鄉賢考次，保民訓要，天樂水利圖說，安昌社倉記，鄉書，卷十二雜著附會墨，卷十三賦，卷十四詩，苦次九首，行人予告歸詠十一首，奉差九首，同僕歸詠九首，京兆二十九首，司空十九首，北憲六十三首，南憲歸詠十七首，居越詩前後共一百二十首，殉難詩三首。經術十一卷，論語學案四卷，古易鈔義三卷，曾子章句一卷，大學古文參疑一卷，大學古記一卷，又約義及雜言一卷。附錄子劉子行狀一卷，門人黃宗羲著，年譜上下及錄遺一卷，宗周子汋著，共爲四十卷。而首爲鈔述一卷亦瑒所撰，略如序例之體，其前冠以像贊及蕺山弟子籍，又黃氏原序一首，道光初，王宗炎、李宏信、杜煦、杜春生、沈復粲匄資刻之，皆非提要所據本。

## 儒家類存目

### 忠經一卷

隋、唐志皆不著錄，崇文總目始列其名，其爲宋代僞書殆無疑義。玉海引宋兩朝志載有海鵬忠經，然則此書本有撰人，原非贋造，後人詐題馬、鄭，掩其本名，轉使眞本變僞耳。

丁晏尙書餘論云："崇文總目五行類有絳囊經一卷，馬融撰，桐鄉金錫鬯云：'融，唐居士，非漢馬融也。'余觀忠經序云：'臣融巖野之臣'，當亦唐居士所撰，後人誤爲南郡太守耳。若果漢之馬氏，乃貴戚豪家，不得云巖野之臣矣。又忠經兆人章云：'此兆人之忠也'，冢臣章云：'正國安人'，武備章云：'王者立武以威四方，安萬人也'，改民作人，唐人避太宗諱也。天地神明章，'昔在至理'，又'國一則萬人理'，政理章，'夫化之以德，理之上也，施之以政，理之中也，懲之以刑，理之下也'，'德者爲理之本也'，改治作理，唐人避高宗諱也。益信爲唐人所撰。是時梅氏書盛行已久，其五引僞古文書不足異矣。"論語孔注證僞同。朱一新無邪堂答問云："忠經廣至理章，有'邦國平康'之語，漢人諱邦，邦國未有連文者"，足見丁氏之言信而有徵，提要疑爲鵬所作，然書中諱民字、治字，當以丁說爲正。

### 聖門事業圖一卷

宋李元綱撰，元綱字國紀，錢塘人，孝宗時上庠生。是書凡分十圖，曰傳道正統，曰大本達道，曰進修倫類，曰爲學之序，曰存心要法，曰求仁捷徑，曰聚散常理，曰傳心密旨，曰一氣通感，曰帥氣良方，曰心性本體。前有自序，後有自跋，其大旨以存心爲主，以謹獨爲要，而以窮理爲用力之始，大抵皆儒生習見之說。

陳撰玉几山房聽雨錄下云："宋王介序李元綱聖賢事業圖曰：'有爲己之學，則必有爲人之仕，然本書將四書牽合而繪爲圖，頗無理致'，李字國紀，錢唐人，自號百鍊眞隱。書有乾道庚寅自序，王介字中甫，衢州人，與荆公遊甚款。"玉縉案：據此，則李書已爲王序所不滿，提要未之及者豈所見本缺此序，或別一本耶？元綱自號百鍊眞隱，似道家而失其爲儒家矣。

## 顏子鼎編二卷

明徐達左編，高陽刪補併注。

陸氏藏書志有元刊本傳道四子書八卷，凡顏子二卷，曾子二卷，子思子二卷，孟子二卷。玉縉案：達左，元末明初人，四子書蓋刊於元時而爲提要所未見。

## 道一編六卷

不著撰人名字，編朱、陸二家往還之書，而各爲之論斷，見其始異而終同。考陳建學蔀通辨曰："程篁墩著道一編，分朱、陸同異爲三節，始焉如冰炭之相反，中焉則疑信之相半，終焉若輔車之相依，朱、陸早異晚同之說於是乎成矣。王陽明因之，遂有朱子晚年定論之錄，與道一編輔車之說，正相唱和"云云,然則此書乃程敏政作也。

玉縉案:學蔀通辨云:"昔裴延齡掩有爲無,指無爲有,以欺人主,陸宣公謂其愚弄朝廷,甚於趙高指鹿爲馬,今篁墩輩分明掩有爲無,指無爲有,以欺弄後學,豈非吾道中之延齡哉?" 又云:"昔韓絳、呂惠卿代王安石執政,時號絳爲'傳法沙門',惠卿爲'護法善神',愚謂近日繼陸學而興者,王陽明是傳法沙門,程篁墩則護法善神也。"似當括此義以入提要。

**同異錄二卷**

凡原文有陛下云云者,俱空白二字而注其下云:"前朝臣子尊稱君上之文,義當避闕",然古來傳寫舊文實無此例。

玉縉案:此蓋遵當代之功令。錢泰吉甘泉鄉人稾記第六世族祖蓬州公鄉試卷云:"第二場表題爲擬宋御製爲君難爲臣不易論示輔臣謝表,中有恭遇○○○○規模天大睿智日新云云,讀其文,當是皇帝陛下字,而提行頂格,連作四圈,蓋題事屬前朝,故不寫皇帝陛下字,家藏臨江公鄉試墨卷刻本亦然",下即引陸深此語爲證,謂當時體格如此,是也。

**學蔀通辨十二卷**

然建此書痛詆陸氏,至以病狂失心目之,亦未能平允。

玉縉案:顧炎武以此書與羅欽順困知記並稱爲今日中流之砥柱,見日知錄朱子晚年定論條。

**王門宗旨十四卷**

然姚江再傳以後,去其師之本旨益遠,汝登此編,徒爭王學之門戶，實不足以發明王學也。

玉縉案：顧炎武日知錄云："王門高弟爲泰州、王艮。龍溪王畿。二人，泰州之學，一傳而爲顏山農，均。再傳而爲羅近溪、汝芳。趙大洲。貞吉。龍溪之學，一傳而爲何心隱，本名梁汝元。再傳而爲李卓吾、贄。陶石簣。望齡。此說可與聖學宗傳提要下引明史王畿傳末所稱互參。

**經書孝語無卷數**

鴻嘗刻孝經而以此附之，今既別本單行，不可復溷於經部，姑置之儒家類焉。

案朱鴻孝經直解五卷，一卷劉向所定今文，二卷文公所定古文，三卷文公刊誤古文，四卷草廬校定古今文，五卷沈淮會通古今文。外附三帙，曰經書孝語，曰家塾孝經，曰曾子孝實。

# 四庫全書總目提要補正卷二十九

## 兵家類

### 六韜六卷

考莊子徐無鬼篇稱金版六弢，經典釋文曰："司馬彪、崔譔云：'金版、六弢，皆周書篇名'，又作六韜，謂太公六韜，文、武、虎、豹、龍、犬也"，則戰國之初，原有是名，然卽以爲太公六韜，未知所據？漢書藝文志兵家不著錄，惟儒家有周史六弢六篇，班固自注曰："惠、襄之間，或曰顯王時，或曰孔子問焉"，則六弢別爲一書，顏師古注，以今之六韜當之，毋亦因陸德明之說而牽合附會歟？　今考其文，大抵詞意淺近不類古書，中間如避正殿，乃戰國以後之事，將軍二字，始見左傳，周初亦無此名，其依託之迹，灼然可驗。又龍韜中有陰符篇云："主與將有陰符，凡八等，克敵之符長一尺，破軍之符長九寸，至失利之符長三寸而止"，蓋僞撰者，不知陰符之義，誤以爲符節之符，遂粉飾以爲此言，尤爲鄙陋。　故周氏涉筆謂其書並緣吳起，漁獵其詞，而綴輯以近代軍政之浮談，淺駁無可施用。胡應麟筆叢亦謂其文代、陰書等篇，爲孫、吳、尉繚所不屑道。 然晁公武讀書志稱元豐中，以六韜、孫子、吳子、司馬法、黄石公三略、尉繚子、李衛公問對頒武學，號曰七書，則其來已久。

黄以周子敍太公金匱敍云："漢藝文志道家有太公謀八十一篇，言七十一篇，兵八十五篇，總之爲二百三十七篇。儒家又别有周史六弢六篇，世之所稱六韜，説者謂卽周史所述，宋儒已斥其書俚俗不古，而陰謀、金匱不著錄於漢志，尤爲人所鄙棄。近孫淵如校刊六韜，力辨宋人無識，不深究古書，意在矯枉，又不覺言之過正焉。後世所傳太公諸書，純者純，駁者駁，本不出於一手，漢志原注云：'呂尚爲周師尚父，本有道者，或有近世爲太公術者所增加'，此語甚當，讀者愼擇之，弗輕詆，亦弗阿好也。金匱古人本稱金版，逸周書大聚解云：'召昆吾冶而銘之金版'，莊子徐無鬼篇音義云云，六弢卽六韜，顏師古注言之，金版卽金匱之舊名，文選注引金匱之言曰：'請著金版'，其命書之義也。漢志不著錄者，書已在二百三十七篇中，陰謀卽八十一篇之謀，金匱亦卽七十一篇之遺言也。"玉縉案：金版六弢，卽金匱六韜，其説甚塙，惟師古以周史六弢當六韜，恐非，六韜當在兵八十五篇中。朱一新無邪堂答問一云："六韜乃僞書，提要已論之，其他如舉賢篇有將相分職之語，兵徵篇有屠城之語，皆非周初所宜有。全書詞旨淺陋，王翼篇尤類腐儒之談。" 玉縉案：金版六弢，本又作六韜，故知六弢卽太公書，若周史六弢，乃大弢之誤，顏注謂卽今之六韜固非，提要不知其字誤，因疑金版六弢之非卽六韜，亦非也。沈濤云：陳漢章謹案：沈濤說詳銅熨斗齋隨筆卷四，漢書補注採之。“人表有周史大弢，古字書無弢字，篇、韻始有之，當爲弢字之誤，莊子則陽篇，仲尼問於太史大弢，蓋卽其人，此乃其所著書，故班氏有孔子問焉之說”，其說是也。六弢卽六韜，非太公自著，當分別觀之。書泰誓孔疏云：“史記周本紀，武王伐紂，卜龜，兆不吉，羣公皆懼，惟太公強之，太公六韜云：‘卜戰，龜兆焦，筮又不吉，太公曰：枯骨朽蓍，不踰人矣’，彼言不吉者，六韜之書，後人所作，史記又採用六韜，好事者妄矜太公，非實事也。”據此，則六韜爲史公所見，其書亦古矣。姚鼐讀司馬法、六韜云：“今六韜儌取兵家之說附之太公，而彌鄙陋。周之權曰鈞，不曰斤，其於色曰玄、曰黑、曰緇，不曰烏，晉、宋、齊、梁間，市井乃有烏玄烏帽語耳，而今六韜乃曰斤、曰烏。”玉縉案：書泰誓，“朕夢協朕卜”，疏云：“六韜之書，後人所作”，在周朝前，不應不引，“朕夢協朕卜”三句，見周語單襄公引泰誓，僞古文襲之，左昭七年傳衞史朝亦曰：“筮襲於夢，武王所用”，則六韜所稱“卜戰龜兆焦筮又不吉”云云，其妄甚明。瞿氏目錄有影鈔宋本武學七書，云：“宋時合刻，不題纂輯姓氏，無序跋，據宋史，謂何博士去非爲武學敎諭，校兵法七書，是出何氏手定也。案總目，孫子卷上、中、下，吳子卷上、下，司馬法卷上、中、下，唐太宗李衞公問對卷上、中、下，尉繚子卷一至卷五，黃石公三略卷上、中、下，六韜卷一至卷六。晁氏曰：‘元豐中’云云，是本當出其時。案尉繚子、黃石公、六韜宜置前，而反列李衞公之後，宋時亦疑其僞託矣。”陸氏儀顧堂題跋宋刊武經七書跋云：“七書彙刊，始於宋元豐二年，事見李燾續通鑑長編，元豐六年，國子司業朱服言，承詔校定孫子、吳子、司馬法、衞公問對、三略、六韜諸子，所注孫子，互有得失，未能去取，他書雖有注解，淺陋無足采者，臣謂宜去注行本書，以待學者之自得。詔孫子止用魏武帝注，餘不用注，亦見長編。此本孫子亦無魏武注，殆因朱說而削之歟？”

**吳子一卷**

非其本書，世不傳也。

姚鼐讀司馬法、六韜云：“魏、晉以後，乃以笳笛爲軍樂，彼吳起安得云‘夜以金鼓笳笛爲節’乎？蘇明允言‘起功過於孫武，而著書顧草略不逮武’，不悟其書僞也。”

**司馬法一卷**

陳師道以傳記所載司馬法之文，今書皆無之，疑非全書，然其言大抵據道依德，本仁祖義，三代軍政之遺規，猶藉存什一於千百，蓋其時去古未遠，先王舊典，未盡無徵，摭拾成編，亦漢文博士追述王制之類也。班固序兵權謀十三家，形勢十一家，陰陽十六家，技巧十三家，獨以此書入禮類，豈非以其說多與周官相出入，爲古來五禮之一歟？

管同讀司馬法云：“考魏武序孫子，引是書云：‘人故殺人，殺之可也’，故殺謂有意殺人，今律文猶有是語，今本乃於‘人’下增‘是’字，而‘殺人’下增‘安人’二字，則其上語意不可復通。又今本云：‘國容不入軍，軍容不入國，軍容入國，則民德廢，國容入軍，則民德弱'，上二語見漢書，下四語始亦疑其僞作，及觀劉淵林吳都賦注，全引是文，而民德廢作民德庬，庬與弱對，且語意絕精，作廢者，乃以字形相近而譌也。漢藝文志，司馬法百五十五篇，及隋志乃云三卷，而李善注文選所引是書，多同孫子之文，然則今之五篇，尙非隋志三卷之全，其古書所引，多不在其中，蓋無足怪矣。又考隋志，賈詡注司馬法三卷，今文選李注載司馬法曰：'古者以仁爲本，以義治之之謂正'，李引司馬法多同孫子，則曹注當卽孫子注，但古者二語，未識孫子有此文否？俟考。曹操曰：'古者五帝三王以來也，仁者生而不名，義者成而不有'，是此書在唐時猶有孟德注，而隋志無之。" 禮記王制篇，孔疏引盧植云："漢孝文皇帝令博士諸生作此王制之書"，今提要云："漢文博士追述王制"本此，不知史記封禪書索隱引劉向七錄云："文帝所造書，有本制、兵制、服制篇"，非禮記之王制也。 黃以周軍禮司馬灋考徵敍云："古司馬灋百五十五篇，或敍軍禮，或詳兵灋，祖述似同，裔流迥別，劉編七略，以其均出司馬，並列兵家，班志藝文，冠以軍禮，遂入經類，鄭氏通志，力排班書，章氏校讎，又詆鄭說，顧舊籍久佚，墜緒難尋，任意出入，迄無定論。今以所見言之，世行五篇，舊名司馬兵灋，宜依劉略爲允，此猶周易明堂，未可混列六藝也。其論軍乘諸篇，'昏鼓四通'，許愼引爲禮文，'邱馬一匹'，杜預直稱周禮，通人雅記，悉從班志，此猶劉向五行傳有別於所序六十七篇也。史記自序云：'司馬灋所從來尙矣，太公、孫、吳、王子能紹而明之’，寔爲兵灋諸篇而發，博物志文籍考因司馬灋與周禮相表裏，以爲周公所作，叉以軍禮諸篇而定，言雖各有所指，其爲西周古書，灼然可見。今之兵灋五篇，有若‘夏鉤車先正，殷寅車先疾，周元戎先良’，毛傳引以證詩。有若‘逐奔不過百步，從遯不過三舍’，賈注引以證左傳。有若‘弓矢禦，殳矛守，戈戟助，凡五兵，長以衞短，短以救長’，鄭注引以證周官。備論兵灋，似亦有關軍禮，而詳其節制，略其禮度，禮度失，德灋亡矣。百家九流，並出經典，而源同派異，在讀者區以別之。劉氏父子校錄祕書，揚摧家灋，允稱密至，惜司馬灋百五十五篇，未以兵灋、軍禮分隸兩家，致後人猶有遺議也。”

**尉繚子五卷**

故胡應麟謂兵家之尉繚卽今所傳。　其書大指，主於分本末，別賓主，明賞罰，所言往往合於正。

姚鼐讀司馬法六韜云：“尉繚之書，不能論兵形勢，反雜商鞅形名之説，蓋後人雜取苟以成書而已。”　譚廷獻復堂日記四云：“尉繚子世以爲僞書，文氣不古，非必出於晚周，然精語不可沒也。如‘寬不可激而怒，淸不可事以財’，‘民之所以戰者氣也，上滿下漏，患無所救’，‘兵以靜勝，得衆在於下人，不祥在於惡聞己過’，‘勝兵似水’，‘野物不爲犧牲，雜學不爲通儒’，‘傷氣敗軍，曲謀敗國’，皆合大道，中人心。將理、原官、治本三篇，以民事爲重，尤爲知本。”

**黄石公三略三卷**

黄石公事見史記，三略之名，始見於隋書經籍志。

玉縉案：文選李康運命論，“張良受黄石之符，誦三略之說”，稱三略者，遠在隋志前。李善注引黄石公記序曰：“黄石者，神人也，有上略、中略、下略。” 魏書劉昞傳云：“注周易、韓子、人物志、黄石公三略行於世”，北史劉延明傳同。又提要所稱光武帝詔書，見臧宫傳。

**三略直解三卷**

張綸林泉隨筆稱太原劉寅作六書直解，謹據經史，辨析舛謬，然劉寅所注者凡六書，此其一種也。

丁氏藏書志有萬曆刊本武經直解二十五卷，云：“孫武子三卷，吳子二卷，司馬法三卷，唐太宗李衛公問答三卷，尉繚子五卷，黄石公三略三卷，六韜六卷，前有讀法一卷，凡例一卷，陳圖一卷，國名一卷，附錄一卷。”是直解凡七種，張說非。明史藝文志則作七書直解二十六卷，集古兵法一卷。楊守敬叢書舉要云：“寅字拱辰，太原人，趙序稱其累歷顯仕，并著能聲。”

**太白陰經八卷**

筌里籍未詳。惟集仙傳稱其仕至荆南節度副使，仙州刺史。篇首陰陽總序及天地無陰陽篇，有錄無書，不知佚於何時？今則無從校補矣。

瞿氏目錄有舊鈔本神機制敵太白陰經十卷，云：“題‘唐河東節度使都虞候李筌撰。’李氏嘗注孫子，見道藏本，又有古文辭傳世。此本較四庫著錄少宴娛、音樂二篇，而篇首總序及天無陰陽篇不闕，猶存十卷之舊，爲可貴云。”

**武經總要四十卷**

前集制度十五卷，邊防五卷，而十六卷、十八卷各分上下，後集故事十五卷，占候五卷。

瞿氏目錄有明刊本前集二十一卷，後集二十一卷。云：“分前、後二集，制度十六卷，邊防五卷，後集故事十五卷，占候六卷。” 玉縉案：兩書語意均不當有誤，殆別一本歟？

**虎鈐經二十卷**

是書卷首有洞進表及自序，大意謂“孫子兵法奧而精，學者難於曉用，李筌太白陰符經論心術則祕而不言，談陰陽又散而不備，乃演孫、李之要，而撮天時人事之變，備舉其占，凡六壬、遁甲、星辰、日月、風雲、氣候、風角、鳥情以及宣文、設奠、醫藥之用，人馬相法，莫不具載，積四年書成。”

粤雅堂本載曾釗跋云：“自序‘創意於辛酉之初，成文於甲辰之末’，考辛酉爲太祖建隆二年，迄甲辰眞宗改元景德，蓋歷三十八年所而書成。” 據此，則提要四年句大誤。又云：“是書見宋史藝文志，而晁氏讀書志、陳氏書目玉縉案：當作錄。解題、馬氏文獻通考藝文考、明陳氏世善堂書目所錄僅一册，四明范氏刻入二十種奇書，歸安茅氏刻入武備志，亦非完書。唐荆川武編、何惟聖陣紀引之，稱爲元人，蓋未見其進表故也。表明言備識‘韜略運籌決策科’，此科開於宋眞宗景德二年，元世無之，若見其表詞，必不稱爲元人決矣。是書以發揮孫子十三篇、李筌太白陰經之祕要爲宗，筌之所略，又據史記天官書、漢書天文志、開元占經、乙巳占等書補之，致爲賅博，而風角、鳥情、六甲、壬遁又近世儒者所不講，宜其傳者尠也。錢氏讀書敏求記載宋刊本，前有許洗序，訪得之再爲整理。”以上所言，均是補提要所未備。又云：“是書缺實沈、鶉首、鶉火、鶉尾四篇”，此則曾所見本缺之，提要本當不缺也。

**何博士備論一卷**

此本僅二十六篇，蓋佚其二也。其文雄快踔厲，風發泉涌，去蘇氏父子爲近。蘇洵作六國論，咎六國之賂秦，蘇轍作六國論，咎四國之不救，去非所論，乃兼二意，其旨尤相近，故軾屢稱之。

張氏、陸氏藏書志並有述古堂鈔本，張云：“原二十八篇，此本止二十六篇，從陳子準舊藏鈔本補錄鄧禹論一篇。”陸志載無名氏手跋云：“備論余曾得遵王本鈔寫一本，今歸席子巽茂才處，又見一舊鈔，多鄧禹論一篇者，曾將留香室新刻彙校一過，此本復翁跋云：‘大段相同，惟句字間有少異’，信然，新刻所異者多在夷虜戎狄等字，及晉論下中‘夫先王之制夷狄也’一段文字五十餘字不同，此皆出自館臣删潤，於四庫體例宜然。考六朝諸史，索虜島夷，南北互相指斥，雖語涉偏謬，然國自爲史，亦當日史臣之例，其文至今未能易也。”玉縉案：原有黄丕烈跋，故某氏稱之。黄云：“書爲浦城祝氏留香室開雕，首載四庫提要，末有祖之望跋，謂鈔自翰林院所藏四庫副本”，故某氏云館臣删潤，此爲修四庫全書一大公案，他書似未有及者，錄之以備考。瞿氏目錄有舊鈔本，云：“卷首有蘇文忠薦狀，稱二十八篇，此本祇二十六篇，核錢氏也是園藏本，多漢武論、唐論二篇，而此本中鄧禹論又錢本所無，參合兩本，可還二十八篇之舊。又兩本題有互異者，如此本首篇戰守論，錢本作秦論，七國論作六國，世祖論作漢光武論，孫堅攻董卓論作吳論，曹操攻袁紹、吳、蜀論作魏論上，韓信、曹操論作魏論下，司馬懿論作司馬仲達論，諸葛亮論作蜀論，孫氏保全江東論則連上孫堅攻董卓論爲一篇，題曰吳論，淮淝之戰論作苻堅論上，慕容垂叛苻堅論作苻堅論下，五代通論無通字，皆篇名之異同，字句亦多異同。" 譚廷獻復堂日記四云："何博士備論，文氣條鬯，讀史亦略見其大，然論司馬仲達之不戰，欲以困孔明，不爲無見。論孫伯符不當拒董卓，則可謂囈語。" 李慈銘息荼庵日記一九云："其文大率言兵，蘇文忠亟稱之，提要亦稱其雄快踔厲，去蘇氏爲近，然氣弱而辭枝，時病回穴，蓋較文潛、少游爲劣。其論鼂錯、漢武、李廣、鄧艾、苻堅及晉論、魏論、吳論諸篇，折衷情事，頗得肯綮，其霍去病論言'用兵非古法所能盡'云云，可謂扼要之論。"

**陣紀四卷**

一卷曰募選、束伍、教練、致用、賞罰、節制；二卷曰奇正、虛實、衆寡、卒伍、技用；三卷曰陣宜、戰令、戰機；四卷曰摧陷、因勢、車戰、騎戰、步戰、水戰、火戰、夜戰、山林谷澤之戰、風雨雪霧之戰，凡二十三類，共六十六篇。

案明本原目，虛實二字旁注於奇正下，故爲二十三類，若如提要，似二十四類矣。卒伍原本作率然，疑提要改。

## 兵家類存目

### 廣名將譜十七卷

詞意鄙陋，决不出道周之手，殆坊肆所依託。

清吟閣書目有黄道周廣百將傳二十卷，寫樣本，未知與此本異同若何？

## 法家類

### 管子二十四卷

舊本題管仲撰，劉恕通鑑外紀引傅子曰："管仲之書，過半便是後之好事者所加，乃說管仲死後事，輕重篇尤復鄙俗。"葉適水心集亦曰："管子非一人之筆，亦非一時之書，以其言毛嬙、西施、吳王好劍推之，當是春秋末年。"今考其文，大抵後人附會，多於仲之本書，其他姑無論，卽仲卒於桓公之前，而篇中處處稱桓公，其不出仲手已無疑義矣。此本爲萬曆壬午趙用賢所刊，稱由宋本翻雕，前有紹興己未張嵲後跋云："舛脫甚衆，頗爲是正"，用賢序又云："正其脫誤者逾三萬言"，則屢經點竄，已非劉向所校之舊，然終愈於他氏所妄更者，在近代猶善本也。舊有房玄齡注，晁公武以爲尹知章所託，然考唐書藝文志，玄齡注管子不著錄，而所載有尹知章注管子三十卷，則知章本未託名，殆後人以知章人微，玄齡名重，改題之以炫俗耳。案舊唐書，知章，絳州翼城人，神龍初，官太常博士，睿宗卽位，拜禮部員外郎，轉國子博士，有孝經注、老子注，今並不傳，惟此注藉玄齡之名以存，其文淺陋,頗不足採。

陳澧東塾讀書記云:"管子之書,史記采入列傳者,曰'倉廩實而知禮節'云云。此最精醇之語,其餘則甚駁雜,其言曰:'惠者,民之仇讎也,法者,民之父母也。'法法篇。'羣臣之不敢欺主者非愛主也,以畏主之威勢也,百姓之爭用,非以愛主也,以畏主之法令也。'明法解。'凡所謂忠臣者務明術。'同上。如此類者,法家語也。故藝文志以管子列於法家,或後之法家,以其說附於管子歟?直齋書錄解題謂管子似非法家。又有云:'有名則治,無名則亂 治者以其名。'樞言。'督言正名,故曰聖人。'心術上篇。'凡物載名而來,聖人因而財之。'同上。如此類者,名家之言也。又云:'虛無無形謂之道。'同上。'天曰虛,地曰靜,乃不伐,潔其宮,開其門,去私毋言,神明若存,紛乎其若亂,靜之而自治,強不能徧立,智不能盡謀,故必知不言無爲之事,然後知道之紀。'同上。此則老子之說矣。又云:'仁從中出,義從外作。'戒篇。告子之說,出於此歟?抑告子之徒所依託者歟?又云:'人君惟無聽兼愛之說',此尤後人所依託也。其地員篇則農家者流,藝文志農家之書無存者,於此可見其大略,蓋一家之書而有五家之學矣。"玉縉案:澧又摘其可取者若干條,文繁不錄。 瞿氏目錄有宋刊本,云:"卷末後有張嵲巨山讀管子,不詳歲月?文中有'紹興己未,從人借得,改正訛謬,鈔藏於家'云云,明萬曆間趙文毅刻本即從此出,校讎亦愼,然尙有譌字,亦有臆爲校正而實譌者,今除宋本本譌趙本校正不譌外,舉其異於趙本而可訂正者。”下歷舉有數十處，云“王氏、孫氏、洪氏、宋氏所云宋本，皆影鈔紹興壬申瞿源蔡潛道刻本，影鈔亦有譌舛，與是本間有不合處，故所舉與讀書雜志、管子義證、管子識誤三書亦不盡同，冀附諸家所記後，以供好古者參證之助云”。玉縉案：近瞿氏有覆刻本，前有大宋甲申楊忱序，蓋孝宗隆興二年。　俞正燮癸巳類稾十四書管子後云：“嘉慶丁巳，讀明人所刊管、韓子管子宙合篇，‘敖’，注云‘堯子也’，錄其義藏之，在德州，得劉績校房注足本，始知向所見本有删節，房注謂敖是丹朱，甚不辭也。小問‘舍命因釋’，釋作‘澤’，合考工記，大匡‘況與我齊國之政’，‘況’作‘兄’合白虎通，房解失旨，前人已言之。戒篇‘內不考孝弟，外不正忠信，澤四經而誦學’，澤亦釋也，謂不考不正，四經謂孝弟忠信，而注云：‘詩書禮樂流澤。’宙合篇‘夜有昏晨半星’，謂昏旦夜半三候中星也，而注云：‘星半隱半現。’大匡‘庶人欲通，出欲通，貴人子欲通’，‘出’當作‘士’，本篇貴人子及士、及耕者再見，可以互證，而注云：‘出，謂欲適他國。’牧民‘天下不患無臣，患無君以使之，不患無財，患無人以分之’，卽乘馬‘聖人善分民’之分，言託業用之也，而注云：‘可以分與財’，皆非也。小問云：‘口開而不合，是言莒也’，韓詩外傳引此作‘口張而不揜，舌擧而不下’，呂氏春秋重言作‘呿而不唫’，說苑權謀作‘吁而不吟’，論衡知實作‘君口垂而不噞’，梁元帝金樓子志怪則曰‘口開而合’，顏氏家訓音辭則謂‘李季節引此口開而不閉，證莒音不必同矩’，是古有二本，一作口開而不合，一作口開而合，皆象聲知之，而注云：'兩口相對，知是言莒'，亦怪謬矣。立政云：'天子服文有章，而夫人不敢以宴以享廟，將軍大夫以朝，官吏以命，士止於帶緣，散民不敢服雜采，百工商賈不敢服長鬈貂，刑餘戮民不敢服絻，不敢畜連乘車'，春秋繁露服制云：'天子服制有章，夫人不敢以燕饗，公以廟，將軍大夫以朝，官吏以命，士止於帶緣，散民不敢服雜采，百工商賈不敢服狐貉，刑餘戮民不敢服絲玄纁乘馬'，'貉'與'貂'異文，水經注引竹書紀年云：'魏襄王十七年，邯鄲命將軍、大夫、適子、戍吏皆貉服'，呂祖謙大事記引作'代吏皆貂服'，代，地名，今本水經誤也。貂服當武靈王八年，胡服當十九年，相距十二年，吳師道校戰國策，謂貂服卽胡服，或以疑管子長鬈貂之文尤非也。管子古在道家，或在法家，別錄論道云：'道約言要，可以曉合經義'，尋其義，亦有與韓非同，君臣下云：'兼上下以環其私'，韓非八蠹則云：'古者倉頡之作書也，自環者謂之私，背私謂之公。'立政云：'有不合於今之所謂者雖有功利，則謂之專制，罪死不赦'，重令云：'虧令者死，益令者死，不行令者死，留令者死，不從令者死'，韓非二柄則引韓哀侯、吳起二事以明之。又韓故異於管，管子五輔云：'爲人夫者敦懞以固，爲人妻者勸勉以貞'，韓非備內則云：'夫妻者非有骨肉之恩也，愛則親，不愛則疏。'法禁云：'修身則不以親爲本，聖王之禁也'，韓非八蠹則深非令尹殺直躬。牧民云：'言室滿室，言堂滿堂'，韓非難三則云：'言室不得滿室，言堂不止滿堂'，此同在法家之證。然非亦解老，其説管不害管在道家也。心術下云：'泉之不竭，表裏遂通，泉之不涸，四支堅固'，及內業篇，皆韻語，漢人改徹爲通，又姦菅章璋之屬，皆是別書。輕重戊云：'虙戲作造六峑以迎陰陽，下有九九之數'，則峑計字也，霸言云：'峑近而攻遠'，山權數云：'天毀峑壞'，姚寬戰國策後序謂峑見亢倉子、鶡冠子，是姚未見管書，若竇苹謂武后'峑'古地也，見戰國策，戰國策却無之。大匡有或曰，法法有一曰，案山海經、韓非皆有一曰。法法有春秋之記，案公羊傳引不修春秋，左傳韓宣子見魯春秋，國語晉、楚皆有春秋。小稱有毛嬙、西施，案莊子齊物論釋文，司馬彪云：'毛嬙古美人，西施夏姬也'，謂夏時人。小問有秦穆公，或後人追改。制國鄉與國語不同者，管書未盡行也。大匡云：'魯去國五十里而爲之關，請比於關內以從於齊'，呂氏春秋貴信篇云：'魯請比關內侯以聽'，國皆有關，如言封內食采耳，管書文義自明，漢人説關內侯爲觭圂，讀管書反不能明，則管書師説少之故也。"玉縉案：此尚相沿以爲房注。　丁氏藏書志有成化刊本，並載孫星衍云："漢藝文志，道家筦子八十六篇，與今本篇數合，惟有亡篇耳。隋經籍志作十九卷，舊唐志作十八卷，今本十九卷，終地員五十八，弟子職五十九，疑隋志無後數卷。郡齋讀書志云：'劉向校八十六篇，今亡七篇，五十八篇有注解'，玉海云：'今本房玄齡注五十八篇有注'，是房玄齡所見本，亦卽隋、唐十九卷之書也。文獻通考引崇文總目云：'吳兢書目云："形勢篇而下十一卷亡"'，今本崇文總目無此文。玉海引吳氏西齋書目三十卷，此自形勢解下亡，足證唐已前竟無第二十卷已下形勢解諸篇。今本此諸篇注亦較少，但文甚古雅，疑非後人掇拾增補者，豈卽解五十八篇之辭，如韓非解老之屬原文本附已上各篇乎？又案史記正義引七略云：'管子十八篇在法家'，此七略字誤，史記索隱云：'案今管子書，其封禪篇亡'，明朱東光本封禪第五十下，注云：'元篇亡，今以司馬遷所載管子言以補之'，是知封禪篇爲房氏所補，吳勉學本無注，亦不注明此篇元闕，後人遂不能知。此書宋本絕少，而傳注所引本文又有不見於本書者，當俟考定。"玉縉案：孫氏考證篇目多寡，致爲明晰，足補提要之未及，其說不見於本集，蓋書於此本後者，特錄之。

**管子補注二十四卷**

案明有兩劉績，一爲山陰人，字孟熙，千頃堂書目載此書，於績名下注江夏人。則爲字用熙者無疑，坊刻或題曰宋劉績，誤也。

案朱熹儀禮經傳通解載弟子職舊注，間有與劉績補注同者，疑或宋人，抑明人襲之歟？俟考。

**鄧析子一卷**

列子力命篇，"鄧析操兩可之說，設無窮之詞，子產執政，作竹刑，鄭國用之，數難子產之治，子產屈之，子產執而戮之，俄而誅之。"劉歆奏上其書則曰："於春秋左氏傳昭公二十年而子產卒，子太叔嗣爲政，定公八年，太叔卒，駟歂嗣爲政，明年乃殺鄧析而用其竹刑"，然則列子爲誤矣。

瞿氏目錄有宋刊本二卷，云："不題名，前有劉歆進書序，謂子產卒後二十年而鄧析死，傳説或稱子產誅鄧析非也。"丁氏藏書志有明刊本二卷，云："近江山劉氏覆刻宋本，'一聲而非，駡勿追，一言而急，駡不及'，此本'駡'字俱作'駟馬'，較劉氏宋本爲佳。" 嚴可均有改補本，鐵橋漫稾載其自序云："崇文總目言劉歆校爲二篇，今本二篇卽歆所分，而前有劉向奏，稱除復重爲一篇者，蓋歆書冠以向奏，唐本相承如此也。或言此奏當爲歆作，知不然者，意林及楊倞注荀子，皆云向，不云歆也。"玉縉案：或説卽斥提要。陳漢章謹案：癸巳存稾卷十四鄧析子跋爲詳。

**韓子二十卷**

今世所傳而校以用賢之本。

瞿氏目錄有校宋本，卽吳鼒覆刻乾道本附識誤三卷之藍本。 顧廣圻識誤序云："韓子前人多稱道藏本，其實差有長於趙用賢刻本者耳，固遠不如宋槧也。宋槧首題'乾道改元中元日黃三八郎印'，亦頗有誤，通而論之，宋槧之誤，由乎未嘗校改，故誤之迹往往可尋，而趙刻之誤，則由乎凡遇其所不解者必校改之，於是而幷宋槧之所不誤者方且因此以至於誤，其宋槧之所誤，又僅苟且遷就仍歸於誤，而徒使可尋之迹泯焉，豈不惜哉！"

**疑獄集四卷補疑獄集六卷**

疑獄集四卷，五代和凝與其子㠓同撰。 㠓，據此書題其官曰中允，其始末則不可詳矣？ 書前有㠓序，及至正十六年杜震序。今本四卷，疑後人所分也。

周壽昌思益堂日札云："疑獄集爲凝所著，㠓上之，非㠓著也。今集內有岳忠武及錢若水事，相距一二百年，世次全不相及，其非原書可知。又宋史㠓自有傳，爲凝第三子，其表上凝疑獄集，亦有年代，乃云本末無可考何也？" 陸氏藏書志有舊鈔本三卷，所載杜序，至正作至元，並載吳長元手跋云："歸田錄載魯公與馮相道在中書省，問靴直，詬責小吏，良久，及馮相語明，哄堂大笑，其素性褊急可知，而用刑一節，能采古人精察得情者爲疑獄集，以當韋弦之佩，亦可謂好學深思者矣。子㠓仁中允繼父志，彙成百條，勒四軸，今存六十六條，分上、中、下三卷，蓋佚去四分之一云。" 其儀顧堂題跋云："疑獄集三卷，上中兩卷題曰：'贈中書令右僕射平章事魯國公和凝集'，下卷題曰：'將仕郎太子中允男和㠓述'，影寫元刊本，前有和㠓序，至元十六年杜震序。㠓先官知縣，後官刑曹，序所稱'三任親民於劇邑，二年作吏於秋曹'是也。是書原本百條，勒成四幅，前二卷爲凝所集，後二卷爲㠓所續，南宋時已佚一卷，故晁公武郡齋讀書志亦以三卷本著於錄，與此本合，今四庫著錄四卷本，乃後人分第三卷爲兩卷，以足四卷之數，亦非原書也。此本三卷，凡六十六條，爲朱竹垞鈔以奉王漁洋者，雖非完本，猶存宋本舊式而未割裂者。昭德所著錄，當卽此本所從出，讀書志謂上卷爲凝書，中、下爲㠓續者誤也。"玉縉案：吳氏拜經樓題跋記有是書，卽吳長元所錄本。

**折獄龜鑑八卷**

鄭克撰。惟永樂大典所載尚爲全書，而已經合併連書，二十卷之界限不復可考。

陸氏儀顧堂續跋云："提要未載克字里仕履，案克字武子，開封人，累官承直郎湖南提刑司幹官，紹興三年，下詔恤刑，戒飭中外，俾務哀矜，克因閱疑獄集，分類其目爲此書，見書錄解題。隱居通議，宋時與春秋分紀、朱子四書、昌黎文集、黃、陳詩注、廉吏傳、南陽活人書、和劑局方同刊於宜春郡齋，歲久殘缺，至元辛巳，同知郝居正補完，應龍爲之序。通議摘錄龜鑑十餘條，辨誣門李端爲岐州刺史、議罪門邢州有盜、鉤慝門王恭戍邊、章舉爲句章令、南方有僞裝毆傷者五條，今本失收，可據以補其闕。惟諸書皆作鄭克，通議作鄭克明，豈克又字克明歟？"

**棠陰比事一卷附錄一卷**

丁氏藏書志有舊鈔本棠陰比事一卷，補編一卷，續編一卷，補編卽附錄，其續編丁氏以爲提要不載，今考祥刑要覽之下卷，卽續編之"善可爲法十三人，惡可爲戒十人"，豈當時互見於兩書歟？

## 法家類存目

**刑統賦二卷**

併自爲注，晁公武讀書志稱"或人爲之注"，蓋未審也。其後注者不一家。此本則元祐中東原郄氏爲韻釋，其鄉人王亮又爲增注，然於霖所自注竟削去之，已非完本。亮注亦類皆剿襲前人，無所發明，且傳寫譌誤，第四韻、第七韻內脫簡特多，殊不足取。

張氏藏書志有舊鈔本，題"左宣德郎律學博士傅霖撰，東原郄名闕，述古堂書目作乘原。韻釋，益都王亮增注。"云："第四韻'已四已緦則親等他人'下，原脫十句；第七韻，雖戲雖失而不從戲失'下，脫二十句；第八韻'親故乞索不論於挾勢'上，脫十六句，俱從沈氏疏本補，韻釋、增注仍闕，當覓足本補之。"又載查愼行手跋云："宋史藝文志刑統賦解四卷，不詳作者姓名？晁公武讀書後志著錄者二卷，云'皇朝傅霖撰，或人爲之注'，則傅乃宋人，非元人也。趙文敏序云：'東原郄君，章析而韻釋之'，而不稱載其名，則郄必元人，竹垞概以爲宋人者亦謁。" 劉文淇青溪舊屋文集刑統賦解書後云："晁公武郡齋讀書志云云，據晁氏所言，則傅霖爲宋人，雖不言注者姓名，然晁氏旣錄其書，則亦必宋人矣。此書趙承旨序謂'東原郄君，又從章析而韻釋之'，郄君未詳何人？然首條注云：'亡金將十二章，類爲律義三十卷'，則郄君爲元人無疑。與晁氏所載自別爲一書，晁氏所載之注想已亡佚矣，趙氏之序，不言增注，王亮所作增注，當在趙氏之後，案元王長卿有唐律釋文及纂例二書，元至正間，余志安刻唐律疏義時附於後。長卿名元亮，爲江西行省檢校官，此書云王亮增注，未知王亮卽長卿否？眉山劉有慶序，謂王長卿爲汴梁人，與此書稱益都不同，益都或其本籍歟？若係二人，旣同時代，又共精刑名之學，抑亦奇矣。"沈家本寄簃文存宋刑統賦序云："此賦之注，晁氏讀書志謂'或人爲之'，四庫全書提要謂'霖自爲注’，與竹坨老人跋內所稱‘霖自解其義’者相合，第玉海引中興書目亦云‘或人爲注’，宋史藝文志則云‘不知作者’？四庫本與葉本 玉縉案：徐松所錄漢陽葉氏本。大致相同，而提要又稱此本‘於霖所自注竟削去之，已非完本’，又似所謂霖自爲注者別有所據，而非即此本之注，此其故今不能詳矣？”又云：“本賦注中所引律文之外，有服制令、公式令、戶令、品官令。”玉縉案：此本第四韻脫九句，第七韻脫十九句，第八韻脫十六句，繆氏藕香零拾本已補全。跋云：“其中解曰云云，出傅氏自注，韻曰云云，是郄氏韻釋，增注曰云云，出自王氏，提要云霖所自注，亮削去之，非也。”又案：瞿氏目錄郄氏韻釋、王亮增注外，尚有元孟奎粗解刑統賦一卷，沈仲緯刑統賦疏一卷，並舊鈔本。

**洗冤錄二卷**

慈字惠父，始末未詳？　後來檢驗諸書，大抵以是爲藍本。

案慈，福建建陽人，嘉定十年進士，官至直煥章閣知廣州廣東安撫大使，淳祐六年卒，年六十四，見劉後村大全集。陸氏儀顧堂題跋有影宋五卷本跋，考其事蹟甚詳。又云：“序稱‘四叨臬事’者，由江東而廣東，由廣東而江西，由江西而湖南也。‘新除直祕閣’者，由知贛州除直祕閣，提點湖南刑獄也。‘充大使行府參議官’者，陳韡爲湖南安撫大使，兼節制廣西，辟慈爲參謀也。此書爲淳祐丁未官湖南提刑時所編，觀其序後識云：‘賢士大夫如有得於見聞及親所歷涉，出於此集之外者，切望片紙錄賜以廣未備’，可見其求治之殷矣。”玉縉案：胡寅敍古千文末載淳祐十年李昴英跋云:"廣帥宋公慈,里兩翁之里,學兩翁之學,既梓之衡陽,又梓之廣之泮宮。"又愛日精廬藏書志有宋刊本資治通鑑綱目,其卷一及卷五十九後,俱有"建安宋慈惠父校勘"一行,張金吾謂即編提刑洗寃集錄者,爲淳祐間人,均足相證。金吾又謂咸淳毘陵志卷八秩官門有宋慈,亦當淳祐時,未知即此人否? 鄭翼謹案:據大全集初提刑廣東,移廣右,而江西,而湖南,未及江東。又曾知常州。 周壽昌思益堂日札云:"此書頒行既久,獄無寃民,咸豐朝,許槤重加輯訂,成洗寃錄詳義,光緒朝,潘霨重刻於湖北,加入葛元煦摭遺兩卷,摭遺補一卷,此書愈加詳密矣。" 沈映鈐退菴隨筆云:"案情千變,多有錄中所未能盡者,即如落水溺斃一節,錄載失足落水者傷多在下身,被人推跌者傷多在上身,以推跌則上身喫重,頭面先落水也。然亦惟在溪河淺港水中有砂石則然,若水深至丈,溺水時即不能磕碰致傷矣。其爲失足、爲推跌,何以辨之?余嘗歷舉以詢老吏及久於几案者,皆無以應也。"玉縉案:此語推勘入微。又此書有孫氏岱南閣叢書本,凡五卷,乃完帙,非輯本。 劉文淇青溪舊屋文集有代人作洗寃錄辨正序云:"宋孝宗淳熙元年,浙西提點刑獄鄭興裔創爲檢驗格目,上之於朝,頒下諸路,宋惠父又博采諸書,增以己意,名曰洗寃集錄,後世刑名家奉以爲金科玉律。嘉定錢少詹事養新錄謂'輟耕錄記勘釘之法,而以爲刱聞,然此錄已先有之。'又謂'此書屢經後人增改,失其本來面目,唯初刻爲可貴。'嘉定瞿木夫先生爲詹事之壻,宏通博雅,得元刻宋淳祐本,以校正今本凡若干條,名爲洗寃錄辨正。"

## 農 家 類

### 齊民要術十卷

思勰序不言作注,亦不云有音,今本句下之注有似自作,然多引及顔師古者。考文獻通考載李燾孫氏齊民要術音義解釋序,則今本之注,蓋孫氏之書,特宋藝文志不著於錄,其名不可考耳。　錢曾讀書敏求記云:"嘉靖甲申,刻齊民要術於湖湘,首卷簡端'周書曰'云云,原係細書夾注,今刊作大字,毛晉津逮祕書亦然",今以第二篇至六十篇之例推之,其說良是。

譚廷獻復堂日記四云:"提要言'注文當出宋人',獻案:賈氏自注爲多,其錄漢書注及音釋則後人傅益矣。末卷體近類書,不關民事,傳刻未見善本,所徵引亦多亡書,蓋未易讐校也。"玉縉案:張氏藏書志有黄廷鑑校宋本,並載黄氏手跋云:"士禮居所藏校宋本,惜缺後四卷",瞿氏目錄有校宋本云:"錢氏云云,今案宋本良然,惜後四卷宋本已闕,不獲校全。"陸氏儀顧堂題跋云:"影寫宋刊本,以祕册彙函刻本校之,刻本譌奪甚多"云云。凡摘數十處,文繁不具錄。末云:"唐以前難讀之書,要術居其一,得此鈔本校訂,稍覺文從字順,惜祗六卷有半,後數卷無可訂耳。"玉縉案:王禎農書多引此書,可資校訂。又光緒之季,柯逢時有重刊宋本。

### 農書三卷附蠶書一卷

首有自序，佚其前二頁。 不知何人綴䒭書後？合爲一編。

陸氏藏書志有鈔本農書三卷，全載自序，又有蠶書一卷，載嘉定甲戌孫鏞序云："郡太守汪公，取蠶書示余，命鋟木，俾與農書並傳。"考農書有甲戌汪綱重刻序，知合爲一編者卽綱也。

**農書二十二卷**

永樂大典本。

丁氏藏書志有明嘉靖刊本三十六卷，云："凡農桑通訣六卷，農器圖譜二十卷，穀譜十卷，通訣後載'禎前任宣州旌德縣尹時方撰農書，因字數甚多，難於刊印，故尙己意，命匠創活字，二年而工畢，試印一如刊版，古今此法未有所傳，故編錄於此，以待後之好事者爲印書省便之法，本爲農書而作，因附於後'，斯則續畢昇之舊法，爲武英殿聚珍版之先聲。"陸氏儀顧堂題跋云："農桑通訣集六，穀譜集十，農器圖譜集二十，題曰：'東魯王禎撰。'其書改卷爲集，可稱創格，嘉靖中，山東巡撫邵錫得此本，命布政使顧應祥刊行之，前有嘉靖庚寅臨淸閻閎序，雖與聚珍本分卷有異，而大旨多同。農桑通訣，首農事起本，牛耕起本，蠶事起本三條，列於集一之前，上圖下說。穀譜集一之前，有神農嘗穀圖，黃帝火食圖。每集之前，各有總目，農桑通訣目首有雙行注五十餘字，言所以名集不名卷之由，皆聚珍本所無。禎自序云：'爲集三十有六，目二百有七十'，則集之名爲禎原本所有，非明人妄加也。凡遇國家等字皆頂格，當從元刊翻雕者。徵引古書，多本齊民要術而不著所出，已開明人剽竊之習，惟要術久無善本，脫譌幾不可讀，當藉此書校正之。”

**野菜博錄四卷**

是編分草部二卷，木部二卷，草部葉可食者，自大藍至秋角苗一百四十二種；木部葉可食者，自茶樹柯至藩籬枝五十九種；花可食者，自臘梅至欛齒五種；實可食者自青舍子條至野葡萄二十五種；花、實可食者，槐樹、欒華木、房木三種；葉、實可食者，杏樹至石榴十九種；花、葉、實俱可食者，松樹至旁其五種；葉、皮、實俱可食者，榆錢至老兒樹四種。並圖繪其形，以備荒歲，蓋明之末造，饑饉相仍，山作此書，亦仁者之用心乎！自序記所得凡四百數十種，而是編所載僅二百六十二種，蓋又有所試驗去取歟？

丁氏藏書志有明天啓刊本三卷，云：“草部上一百四十種，草部下一百七十六種，木部一百十九種。”據此，則與自序四百數十種之說合，提要所見，蓋別一本。

## 農家類存目

**別本農政全書四十六卷**

陳子龍刪補，子龍有詩問略已著錄，初，光啓作農政全書，凡六十卷，光啓沒後，子龍得本於其孫爾爵，與張國維、方岳貢共刊之，既而病其稍冗，乃重定此本。子龍所作凡例，有曰：“文定所集，雜採衆家，兼出獨見，有得卽書，非有條貫，故有略而未詳者，有重複而未及刪定者，中丞公屬子龍以潤飾之，友人謝廷正、張密，皆博雅多識，使任旁搜覆校之役，而子龍總其大端，大約刪者十之三，增者十之二，其評點俱仍舊觀，恐有深意，不敢臆易”云云，所謂文定者，光啓之謚，所謂中丞公者卽國維也。今原書有刊版，而此本乃出傳鈔，併其評點失之。

李詳媿生叢錄云："陳忠裕子龍自定年譜，'崇禎十二年己卯，讀書南園，編農政全書。故相徐文定公，負經世之學，首欲明農，裒古今田里溝洫之制，黍稷桑麻之宜，至於蔬果魚牧之利，以荒政終焉，有草稾數十卷，藏於家，予從其孫得之，慨然以富國化民之本在是，遂刪其繁蕪，補其闕略，粲然備矣。大中丞張公、郡伯方公爲梓之，後五載，其家上書進御，先帝褒歎故輔甚至，與以一官，頒其書於郡國'，詳案：四庫存目別本農政全書卽此，提要云：'今原書有刊板而此本乃出傳鈔'，是張、方二公刊本乾隆時已不傳矣。"

# 四庫全書總目提要補正卷三十

## 醫家類

### 黃帝素問二十四卷

宋林億等校正。　冰本頗更其篇次，然每篇之下必注全元起本第幾字，猶可考見其舊第。所注排抉隱奥，多所發明，其稱“大熱而甚寒之不寒，是無水也，大寒而甚熱之不熱，是無火也，無火者不必去水，宜益火之源以消陰翳，無水者不必去火，宜壯水之主以鎮陽光”，遂開明代薛己諸人探本命門之一法，其亦深於醫理者矣。

案丁氏藏書志云：“林億，宋嘉祐中官光祿卿，見元至元嘉禾志。”又黃以周儆季文鈔舊鈔大素經校本序云：“余得是書，以校內經，知史崧所傳之靈樞雖歧誤錯出，實漢、魏舊物，不得疑爲晚出書，王冰所次之素問，雖有功於經，而穿鑿孔甚，實有不逮楊氏之注大素。即如痺論一篇，首言風寒濕雜至爲痺，次言‘五痺不已者爲重感寒溼，以益內痺，其風氣勝者尙爲易治，故曰各以其時重感於寒溼之氣，諸痺不已，亦益內也，其風氣勝者，其人易已。’王氏於‘重感寒溼'句妄增'風'字,下又竄入陰陽別論一段,以致'風氣易已'句文義不屬,經恉全晦,大素之文,同全元起本,不以別論雜入其中,其注依經立訓,亦不逞私見。"

**靈樞經十二卷**

案晁公武讀書志曰:"王冰謂靈樞即漢志黃帝內經十八卷之九,或謂好事者於皇甫謐所集內經倉公論中鈔出之,名爲古書,未知孰是?"又李濂醫史載元呂復羣經古方論曰:"內經、靈樞,漢、隋、唐志皆不錄,隋有鍼經九卷,唐有靈寶注黃帝九靈經十二卷而已。或謂王冰以九靈更名爲靈樞,又謂九靈尤詳於鍼,故皇甫謐名之爲鍼經,苟一經而二名,不應唐志別出鍼經十二卷",是靈樞不及素問之古,宋、元人已言之矣。近時杭世駿道古堂集亦有靈樞經跋曰:"七略、漢藝文志,黃帝內經十八篇,皇甫謐以鍼經九卷、素問九卷合十八篇當之,隋書經籍志,鍼經九卷,黃帝九靈十二卷,是九靈自九靈,鍼經自鍼經,不可合而爲一也。王冰以九靈名靈樞,不知其何所本?余觀其文義淺短,與素問之言不類,又似竊取素問而鋪張之,其爲王冰所僞託可知。後人莫有傳其書者,至宋紹興中,錦官史崧乃云'家藏舊本靈樞九卷,除已具狀經所屬申明外,准使府指揮依條申轉運司選官詳定,具書送祕書省國子監',是此書至宋中世而始出,未經高保衡、林億等校定也。其中十二經水一篇,黃帝時無此名,冰特據身所見而妄臆度之"云云,其考證尤爲明晰。目錄首題鼇峯熊宗立點校重刊云云。

陸氏儀顧堂題跋云:"靈樞卽鍼經,見於漢藝文志、皇甫謐甲乙經序，並非後出，靈寶注以鍼有九名，改爲九靈，又以十二經絡分爲十二卷，王冰又因九靈之名而改爲靈樞，其名益雅，其去古益遠，實一書也。請列五證以明之：皇甫謐甲乙經序曰：'七略、藝文志黃帝內經十八篇，今有鍼經九卷，素問九卷，二九十八卷，卽內經也。又有明堂孔穴、鍼灸治要，皆黃帝、岐伯選事也。三部同歸，文多重複，乃撰集三部，使事類相從爲十二卷'，今檢甲乙經稱素問者，卽今之素問，稱黃帝者，驗其文卽今靈樞，別無所謂鍼經者，則鍼經卽靈樞可知，其證一也；靈樞卷一九鍼十二原篇已云先立鍼經，是鍼經之名，見於本書，其證二也；王冰云：'靈樞卽黃帝內經十八卷之九'，與皇甫謐同，當是漢以來相傳之舊說，其證三也；楊尙善，隋初人也，所著黃帝內經太素，黃帝內經明堂類成，中土久佚，今由日本傳來，其書採錄靈樞經文，與素問不分軒輊，與甲乙經同，是漢、唐人所稱內經，合素問、鍼經而言，非專指素問明矣，其證四也；靈樞義精詞奥，經筋等篇，非聖人不能作，與冰素問注相較，精粗深淺，相去懸殊，斷非冰所能僞託，其證五也。甲乙經林億等序曰：'國家詔儒臣校正醫書，令取素問、九虛、靈樞、太素經、千金方及翼、外臺祕要諸家善書，校對玉成，將備親覽。'蘇魏公集本草後序曰：'嘉祐三年，差掌禹錫、林億、張洞、蘇頌同共校正神農本草、靈樞、太素、甲乙經、素問及廣濟、千金、外臺等方'，是靈樞爲宋仁宗時奉詔校正醫書八種之一，非林億所未校，特未通行耳。唐自中葉以後，醫學漸不如古，鍼灸孔穴之法或幾乎息，粗工藉術餬口，旣不知鍼，何論腧穴，鍼經遂在若存若亡之間，狡獪者改易其名，詫爲祕笈，不學者逞其臆說，誣爲僞書，幾使秦、漢以來相傳之古籍，與華陀中藏、叔和脈訣等量齊觀，亦秦火以後之厄運哉！是書宋以前本無異論，至元呂復始謂'九靈、鍼經，苟一經二名，唐志不應九靈之外別出鍼經'，愚謂隋、唐志中一書而數見者甚夥，不但九靈、鍼經而已，呂復淺人，原無足責，董圃杭氏在近時號稱淹博，亦襲復之瞽說，詆爲淺短，誣爲僞託，指爲林億、高保衡所未校，豈目未覩甲乙經序及蘇魏公集乎？可怪也！" 黄以周儆季文鈔黄帝內經九卷集注序云："漢藝文志黄帝內經十八卷，醫家取其九集別爲一書，名曰素問，其餘九卷無專名也。漢張仲景序傷寒，歷論古醫經，於素問外稱曰九卷，不標異名，存其實也，晉王叔和脈經亦同。皇甫謐序甲乙經，遵仲景之意，以爲黄帝內經十八卷，卽此九卷及素問，而又以素問亦九卷也，無以別此經，因取其首篇之文謂之鍼經九卷，而鍼經究非其名也，故其書內仍稱九卷，隋楊上善注大素亦同。唐王冰注素問，據當時有九靈之名稱爲靈樞，注中又據甲乙經序，於其言鍼道諸篇謂之鍼經，宋林億作新校正，謂王氏指靈樞爲鍼經，但靈樞今不全，未得盡知，不知王氏次注素問，文多遷移，於此九卷，王氏雖未注，亦次之，固不同當時靈樞本也。南宋史崧作音釋，其意欲以此九卷配王氏次注素問之數，乃分其卷爲二十四，分其篇爲八十一，元至元間，幷次注素問爲一十二卷，又幷史崧靈樞之卷以合素問，於是古九卷之名湮，而矯之者乃謂靈樞晚出書，豈通論哉？余以甲乙、大素校之，其文具在焉。或又謂素問義深，九卷義淺，夫內經十八卷，乃醫家所集，本非出一人之手，論其義之深，九卷之古奧，雖素問不能過，其淺而可鄙者，素問亦何減於九卷，九卷之與素問同屬內經，素問通評虛實論中，有黃帝骨度、脈度、筋度之問而無對語，王注以爲具在靈樞中，此文乃彼經之錯簡，皇甫謐謂內經十八卷，卽此二書，可謂信而有證。素問鍼解篇之所解，其文出於九卷，新校正已言之，又方盛衰論言'合五診，調陰陽，已在經脈'，經脈卽九卷之篇目，王注亦言之，則素問之文，且有出於九卷之後矣。素問宗此經，而謂此經不逮素問，可乎？皇甫謐序甲乙經，謂'素問論病精微，甲乙經序素問二字疊，今本脫二字，玆據宋程迥醫經正本書所引。九卷原本經脈，其義深奧不易覺'，其意蓋曰九卷之於素問，無可輕軒也，故其書刺取九卷文多素問，楊上善作大素，直合兩部爲一書，亦宗斯意。"玉縉案：陸、黃二說，大旨相同，黃尤精核，靈樞之非晚出明甚。丁氏藏書志云："熊宗立，乃明成化、正統間坊賈。"玉縉案：劉剡之門人，有素問運氣圖括定局立成，四庫附存目。陳漢章謹案：鄒漢勛讀書偶識附錄亦辨程子謂戰國時人作靈樞素問之說。

**難經本義二卷**

元滑壽注。

陸氏藏書志有宋麻沙刊本晞范句解，在滑書前。又有明王九思等集注五卷，在其後，四庫皆未見。集注，擘經室外集已著錄。

## 甲乙經八卷

"百日方治"、案此四字,文義未明?疑有脫誤,又"至爲十二卷",案至字文義未明?亦疑有誤。　考隋志,有明堂孔穴五卷,明堂孔穴圖三卷,又明堂孔穴圖三卷。唐志,有黃帝內經明堂十三卷,黃帝十二經脈明堂五臟圖一卷,黃帝十二經明堂偃側人圖十二卷,黃帝明堂三卷,又楊上善黃帝內經明堂類成十三卷,楊元孫黃帝明堂三卷。今並亡佚,惟賴是書存其精要,且節解章分,具有條理,亦尋省較易。

陸氏藏書志有明藍格鈔本十二卷,並載自序及林億等校上序,"百日方治"句,與此本同,蓋謂治之百日方愈耳,似無脫誤。"除其重複"下,作"論其精至",與上句相偶,此本"至"上脫"論其精"三字耳。又有明鈔本,亦十二卷,當爲林億等原本。黃以周儆季文鈔讀醫家孔穴書云:"人之一身,無非三陰三陽及督任諸脈爲之經絡,欲治其病,必先原其何經所發,而後按其孔穴,施以鍼灸,此古道也。後人苦經脈之難檢,以甲乙經法爲簡易,遂羣焉宗之,往往有知其穴而不知其經,知其治而不知其病之所發,忘本逐末,弊一至此。且甲乙經既以人身分部,獨於手足題十二經之名,豈十二經專屬手足,而頭面肩背胸腹之穴無關於十二經乎?此皇甫謐之疏也。然謐於頭面肩背胸腹諸穴,猶詳其某經所發,某經之會,俾讀者得知其本原,若西方子明堂灸經諸書,詳其主治,不詳其經脈,思飲忘源,眞可謂不知妄作者矣。"

## 金匱要略論注二十四卷

機字仲景，南陽人，嘗舉孝廉，建安中，官至長沙太守。

玉縉案：御覽七百廿二引何顒別傳曰："同郡張仲景總角造顒，謂曰：'君用思精而韻不高，後將爲良醫'，卒如其言。"此事亦學者所當知，顒見後漢書黨錮傳。

## 巢氏諸病源候論五十卷

隋大業中，太醫博士巢元方等奉詔撰。　此本爲明汪濟川、方鑛所校。

陸氏儀顧堂題跋云："重刊巢氏諸病源候總論五十卷，目錄一卷，題曰：'隋大業六年太醫博士臣巢元方奉勅撰'，元刊本，前有翰林學士知制誥宋綬序。以明刊本校之，卷十瘴氣候條四百七十一字，明刊祇存五十四字，青草瘴以下奪四百十七字，此外字句之譌奪，亦復不少。證以外臺祕要所採諸論，與此刊亦有異同，聞東洋藏書家尙有南宋刊本，惜不得借校一過耳。"玉縉案：光緒辛卯，池陽周學海刊本，題隋太醫博士巢元方撰，無等字。其序云："以家藏舊本付梓，並取外臺祕要及日本刻本校之，日本本譌脫極多，而兩本互勘，略已完善。"

## 千金要方九十三卷

唐書隱逸傳稱其少時，周洛州刺史獨孤信稱爲聖童，及長，隱居太白山，隋文帝輔政，以國子博士徵，不起，則思邈生於周朝，入隋已長。然盧照鄰病梨樹賦序稱"癸酉歲，於長安見思邈，自云開皇辛酉歲生，今年九十二"，則思邈生於隋朝，照鄰乃思邈之弟子，記其師言必不妄。惟以隋書考之，開皇紀號凡二十年，止於庚申，次年辛酉，已改元仁壽，與史殊不相符。又由唐高宗咸亨四年癸酉，上推九十二年爲開皇二年壬寅，實非辛酉，干支亦不相應。然自癸酉上推九十三年正得開皇元年辛丑，蓋照鄰集傳寫譌異，以辛丑爲辛酉，以九十三爲九十二也。史又稱思邈卒於永淳元年，年百餘歲，自是年上推至開皇辛丑正一百二年，數亦相合，則生於後周隱居不仕之說，爲史誤審矣。錢曾讀書敏求記所載卷數亦同，又謂宋仁宗命高保衡、林億等校正刊行，後列禁經二卷，合二書計之，止六十二卷，此本增多三十一卷，疑後人併爲一書，而離析其卷帙。葉夢得避暑錄話稱"思邈作千金前方，時已百餘歲，妙盡古今方書之要，獨傷寒未之盡，似未盡通仲景之言，故不敢深論，後三十年，作千金翼，論傷寒者居半，蓋始得之，其用志精審不苟如此"云云，則二書本相因而作，亦相濟爲用，合之亦未害弘旨也。太平廣記載思邈曾救昆明池龍，得龍宮仙方三十首，散入千金方各卷之中，蓋小說家附會之談，固無足深辨焉。

劉毓崧通義堂集千金方考云："舊書本傳云：'弱冠善談莊、老及百家之說，洛州總管獨孤信見而歎曰："此聖童也！"'夫信爲洛州總管，在西魏大統三年十月，其罷洛州總管，在大統四年八月，居此職者不滿一期，周書本傳云："大統三年秋至長安，率衆與馮翊王元季海入洛陽，四年，戰不利，東魏遂有洛陽。"據周書文帝紀，得洛陽在三年十月，失洛陽在四年八月。下距後周受禪凡十九年，而徵君於是時年已弱冠，則非生於後周也。以聖童言之，則非廿一以外之語，以弱冠言之，則非十九以內之詞，徵君見信之時其年必適滿二十，自大統三年、四年上溯二十年前，爲北魏神龜元年、二年，徵君之生，當在此兩年之內。葉夢得避暑錄話言‘孫徵君作千金方時已百餘歲，後三十年作千金翼’，其說必有所據，核以千金本書自述之詞，有言貞觀四年者，有言貞觀七年者，有言貞觀中者，就貞觀中一語繹之，顯係追敍之詞，此書告成，至早亦在永徽元年，徵君年已在百三十二三歲，可證葉說之確。若自永徽元年以後更數十年，則千金翼方之成，當在永隆元年，徵君時年百六十二三歲，又閱二年，乃爲永淳元年，徵君得年百六十四五歲。王氏鳴盛云：“舊於傳末直云‘永淳元年卒’。更不言年若干，蓋的年實無可考，而以上文歷敍者參詳之，則自是百餘歲人不言可知矣。新則改云‘永淳初卒’，而又添一句云：‘年百餘歲’，則反成贅疣。”案新書之贅，誠如王氏之說，至於徵君的年雖難確指，然其歲數在百六十以外則實有明文，若新書於百字下增六十二字，則無可議矣。以享壽之歲，推成書之年，亦相符合，則其書必出於永徽元年以後矣。” 案廣記云云，酉陽雜俎先有是說。 瞿氏目錄有元刊本要方三十卷。玉縉案：日本嘉永二年道光二十九年。多紀元堅等覆北宋本最善。又丁氏藏書志有明嘉靖喬世定刊本九十三卷，目錄一卷，云：“此據道藏本分卷，尙有字號可按。”陸氏有北宋本千金方配元刊本要方，其儀顧堂題跋歷載其卷第目次，謂“校以日本覆宋治平本，不但編次先後迥然不同，卽字句方藥幾於篇鮮同章，章鮮同句，惟與治平本校勘記所稱唐本多合，洵爲孫眞人之眞本，非林億旣校以後刊本所可同日語也。” 陸以湉冷廬醫話云:“千金方房中補益篇，詳房中之術，且謂‘能御十二女而不施瀉者，令人不老有美色，若御九十三女而自固者年萬歲’，此等論說，疑是後人僞託。夫見色必動心，況交合之際，火隨慾煽，雖不施瀉，眞精必因之而耗，安能延年。又治陽不起壯陽道方，用原蠶蛾、蛇牀子、附子等味，以此示人，必將假熱藥以縱慾，而貽害無窮，曾謂濟物攝生如眞人而忍出此?”

**銀海精微二卷**

前有齊一經序，稱管河北道時，得於同僚李氏，亦不著時代年月，莫知何許人也?

丁氏藏書志云:一經，山東萊州府平度州濰縣人，中隆慶五年辛未進士，管河北道，當在萬曆間也。

**外臺祕要四十卷**

衍道刻此書，頗有校正。

顧廣圻思適齋集宋板外臺祕要方跋云:“今行世爲明末程衍道重刻，據其自序云:‘向購寫本’，是未見宋槧也。就中異同姑弗具論，開卷林億題銜判登聞檢院，輒改檢爲簡，餘可知矣。” 陸氏儀顧堂題跋北宋本是書跋云:“以崇禎中程衍道刊本校之，刪削幾及二萬字，妄改處亦復不少。書中‘痰’字皆作‘淡’。明本改作‘痰’，‘擔’字皆作‘檐’，明本改作‘擔’，案說文無痰字，廣韻始有痰字，云‘胸上水病’，一切經音義卷三，‘淡飲，胸上液也’，其字作淡不作痰，與此本合。說文亦無擔字，人部，‘儋，何也’，卽今擔字，漢書貨殖傳，‘漿千儋’，西域傳，‘負水儋糧’，此儋之正字也。楚辭哀時命，‘負檐荷以丈尺兮’，史記虞卿列傳，‘檐簦’，范雎列傳，‘檐簦’，皆从木作檐，禮記喪服四制，‘或曰檐主’，宋本注疏亦从木作檐，與此書合，此儋之假借字也。明刻改‘淡’爲‘痰’，改‘檐’爲‘擔’，此明人不識字之通病，是此書不但有功醫學，並可參證小學。戴書原有雙行夾注，明刊往往於原書夾注上加‘通案’二字，竊爲己說，尤可笑也。”

**銅人鍼灸經七卷**

或天聖之舊本而後人析爲七卷歟?

黃以周儆季文鈔讀醫家孔穴書云:“魏、晉以後，鍼灸之書，行於世者不下數十家，總覈其例，不越二法，晉皇甫謐甲乙經，以身之部位分科，唐甄權明堂圖、孫思邈千金方宗其例，隋楊上善明堂類成以十二經脈及奇經八脈爲綱領，各經孔穴，各以類附於下，先乎楊氏，有秦承祖，亦用此例，後乎楊氏，有王燾外臺祕要更宗其例。唐時圖孔穴者分正、伏、側三人，有石刻，有銅像，宋銅人圖，英宗有序云:‘於今四百餘年，石刻漫滅而不完，銅像昏暗而難辨，朕重民命之所賫，念良製之當繼，乃命礱石範銅，仿前重作’，是宋銅人式本諸唐也。後又刻諸石，仿唐正、伏、側三圖，十餘字一行，百六十行爲一段，五段爲一卷，凡三卷。又命王惟德纂集舊聞，訂正譌謬，爲銅人腧穴鍼灸經，亦三卷，鋟板頒行。此則總繪全身，雖志在釐正孔穴之分寸，不在載記明堂之舊文，而分臟腑十二經，傍注俞穴所會，及主療之術，與楊上善明堂類成用意相近。其時有僞託黃帝明堂灸經一卷，及銅人鍼灸經七卷，其書疏舛，不足爲訓，後人知黃帝明堂非一卷也，乃取銅人經仰、伏、側三圖及小兒灸方，分爲三卷，題曰新刊黃帝明堂灸經。又知銅人經非七卷也，乃補其孔穴之遺，增其主治之法，合爲三卷，題曰新刊銅人鍼灸經。諸書皆以人身部位分科，悉如甲乙經例，其宗楊上善明堂例者，惟元滑壽十四經發揮，其文一一依忽公泰金蘭循經，其注孔穴則又依王執中資生經，忽書今不見，資生經引明堂已非黃帝本經，其引銅人，猶王惟德之元書也。日本經籍訪古志云：'黃帝明堂灸經一卷，係聖惠方第一百卷，新刊銅人鍼灸經七卷，係聖惠方第九十九卷，皆古鍼經之遺文，王懷隱等編入者'，聖惠方余未之見，其言蓋是。然二書言孔穴，疏漏特甚，或者王懷隱等取其穴之明顯切用者附錄書後，義自無妨，後人取其書專行，以爲孔穴全書，斯大謬矣。訪古志因其出於聖惠方，遂以爲唐以前書，褒譽失實，不可信。"玉縉案：瞿氏目錄有舊鈔本銅人腧穴鍼灸圖經三卷，云："後有析爲七卷者，失天聖舊本之第矣。"

**明堂灸經八卷**

銅人惟有正背左右人形，此則兼及側伏。

案此書甚疏漏，唐人圖已有側伏，不始於西方子，詳甲乙經下。

**博濟方五卷**

其仕履未詳？惟郎簡原序，稱其嘗爲錢塘酒官而已。

陸氏儀顧堂題跋云："袞，熙寧中爲中書堂後官，編定命官四等過犯，元豐五年，爲大理寺少卿，見李燾長編二百六十、三百廿六。序爲郎簡作，則袞爲神宗時人無疑。著婦人良方之陳自明，乃南宋嘉熙中人，卷四大琥珀丸下，引自明管見良方，必非袞原本所有，蓋爲後人羼亂矣。"

**蘇沈良方八卷**

此書以經效之方，而集於博通物理者之手，固宜非他方所能及矣。

陸以湉冷廬醫話云："書中蘇合香丸、至寶丹等素稱神效，而統觀全書，熱藥居多，至若止吐輭紅丸之用信砒、巴豆，治驚辰砂丸之用膩粉、龍腦，尤爲峻厲，豈可輕視。又小柴胡湯爲傷寒少陽症主方，而此書以爲赤白痢尤效，且謂'痢多因伏暑，此藥極解暑毒，凡傷暑之人，審是暑暍，不問是何狀，連服數次即解'，是欲執此方以治一切暑暍症也，不又爲聖散子之貽禍於世乎？"

**脚氣治法總要二卷**

汲字及之，東平人，始末未詳？錢乙嘗序其瘢疹論，則其著書在元豐、元祐之間。

陸氏儀顧堂題跋云："晁補之有董汲秀才眞贊云：'鵲貫非脈，假脈而言，太子可起'云云，'誰其知之？惟汶陽董子'，見雞肋集卷三十二，與著此書者里貫時代皆合，當即其人。"

**傷寒總病論六卷附音訓一卷修治藥法一卷**

安時字安常，蘄水人，案袁文甕牖閒評載蘇軾稱蜀人龐安常，未詳孰是？ 考卷末附載音訓一卷，修治藥法一卷，題

"政和癸巳,門人董炳編"字,知正當禁絕蘇、黄文字之日,諱而闕之,此本猶從宋本鈔出,故仍其舊耳。宋史藝文志但載安時難經解,前後兩見,而不載此書,文獻通考載龐氏家藏祕寶方五卷,引陳振孫之言,謂"安時以醫名世者惟傷寒而已,此書南城吳炎晦父錄以見遺,"似乎别爲一書,而下列庭堅之序與此本同,疑當時已無刻本,故傳寫互異歟? 又載張耒一跋云:"張仲景傷寒論病方,纖悉畢具,又爲之增損進退之法以預告人,嗟夫! 仁人之用心哉! 自非通神造妙不能爲也。安常又竊憂其有病證而無方者,續著爲論數卷,淮南人謂安常能與傷寒説話,豈不信哉?"此本未載此跋,殆傳寫偶佚歟?

案張耒柯山集有安時墓誌銘,稱"蘄州蘄水人",則蜀人之説未是。東坡志林云:"黄州東南三十里爲沙灘,余將置田其間,因往相田得疾,聞麻橋龐安常善醫而聾,遂往求療。安常雖聾,而穎悟絶人,以指畫字,不盡數字,輒深了人意。"然則安常爲蘄之麻橋人,此尤足補耒誌之未備。陸氏藏書志有政和癸巳刊,所載蘇軾一帖,黄庭堅序,與提要所言合。又有"已上除不可作煮散方外"云云一則,末題"政和癸巳,門人布衣魏炳編",是董爲魏之誤,亦無張耒一跋,惟蘇札、黄序後,有咸淳時名伯忠題字兩行。案墓誌稱安時著難經解數萬言,又著主對集一卷,本草補遺一卷。

## 聖濟總錄纂要二十六卷

初,徽宗御製聖濟經十卷,四十二章,又詔集海内名醫,出御府所藏禁方祕論纂輯成編，凡二百卷，其書久而佚脫。

陸氏藏書志有舊鈔本聖濟經十卷，爲宋徽宗御撰，辟雍學生昭武吳禔注，並載御製序。又有舊鈔本大德重校聖濟總錄二百卷，爲宋政和中奉敕撰，並載御製序、焦養直序、脫因納序。其案語云："四庫所收程林纂要二十六卷，乾隆中有重刻二百卷本，並非全書，後人妄爲補綴。此題元鈔本，尙是明人舊鈔，爲陳仲魚孝廉舊藏。"玉縉案：總錄原本二百卷，日本有活字本，焦序亦作養直，今提要作焦惠，未知何故？

**證類本草三十卷**

案陳振孫書錄解題載此書三十卷，名大觀本草，晁公武讀書志則作證類本草三十二卷，亦題"唐愼微撰"，是宋時已有兩本矣。玉海載"紹興二十七年八月十五日，王繼先上校定大觀本草三十二卷，釋音一卷，詔祕書省修潤，付胄監鏤版行之"，則南宋且有官本，然皆未見其原刊。今行於世者亦有兩本：一爲明萬曆丁丑翻刻元大德壬寅宗文書院本，前有大觀二年仁和縣尉艾晟序，稱"其書三十一卷，目錄一卷，集賢孫公得其本而善之，命官校正鏤版以廣其傳，愼微不知何許人？傳其書者，失其邑里族氏，故不載焉"，陳氏所見蓋此本，故題曰大觀本草。一爲明成化戊子翻刻金泰和甲子晦明軒本，前有宋政和六年提舉醫學曹孝忠序，稱"欽奉玉音，使臣楊戩總工刊寫，繼又命孝忠校正潤色之"，其改稱政和本草蓋由於此，實一書也。大德中所刻大觀本，作三十一卷，與艾晟所言合，泰和中所刻政和本，則以第三十一卷移於三十卷之前合爲一卷，已非大觀之舊。又有大定己酉麻革序及劉祁跋，並稱平陽張存惠增入寇宗奭本草衍義，則益非愼微之舊。然考大德所刻大觀本，亦增入宗奭衍義，與泰和本同，蓋元代重刻，又從金本錄入也。

瞿氏目錄有金刊本經史證類大觀本草三十一卷，附本草衍義二十卷。云："是本卷數與書錄解題合，郡齋讀書志及玉海俱作三十二卷，合目錄幷數也。金泰和中，晦明軒所刻，幷爲三十卷，已改大觀舊第，此本未經竄亂，卷首有艾晟序，後有墨圖記云：'經史證類大全本草三十一卷，附本草衍義二十卷，貞祐二年，嵩州福昌孫夏氏書籍鋪印行。'考金宣宗貞祐二年乃宋寧宗嘉定七年，後來元大德壬寅宗文書院刊本，當卽從此本出，而明萬曆丁丑本，又依元本刊也。本草衍義，文獻通考作廣義，其卷數同，書錄解題作十卷，與此本不合。"錢大昕養新錄云："愼微著書，實在元祐之世，不特非政和，亦非大觀也。其書本名經史證類備急本草，大觀、政和，皆後來所題，而政和之名出於朝旨，則當以政和爲正，然南宋人多稱大觀本草者，政和新修之本，經汴京淪喪，不及流播東南，陳直齋所收，亦祗浙漕司本，故未暇訂正耳。今所傳政和本，乃元初平陽張存惠重刻，增入寇宗奭本草衍義，亦非孝忠之舊。題記云：'泰和甲子下己酉冬'，實元定宗后稱制之年，距金亡已十有六載矣，而存惠猶以泰和甲子下統之，隱寓不忘故國之思，或以爲金泰和刻則誤矣。"陸氏儀顧堂續跋宋槧本跋云："經史證類大觀本草三十一卷，間有題經史證類大全本草者，前有大觀二年艾晟序，卷三十後有補注本草詔勅，及所引醫書十六家撰人姓名義例，卷三十一後有圖經本草奏勅，宋諱多爲字不成，語及宋帝，或提行，或空格，不附衍義，非紹興官刊本，即麻沙書坊翻大觀本也。所采書二百四十六種，今存者不及五十種耳。”

**全生指迷方四卷**

案書錄解題，“貺字子亨，考城人，名醫宋毅叔之壻，宣和中以醫得幸，官至朝請大夫。”

案陸氏儀顧堂題跋，考其事蹟甚詳。又云：“原名濟世全生指迷集，吳敏序之曰：‘子亨當官不苟，遇世變，嘗慨然再請出疆使萬里’云。蓋貺本佞倖之徒，以醫得幸，所謂願出疆使萬里者，無非熱中徼倖，豈誠有忠君愛國之心哉！敏亦憸人，其言無足重輕也。”

**類證普濟本事方十卷**

叔微字知可，或曰揚州人，或曰毘陵人，惟曾敏行獨醒雜志作眞州人，二人同時，當不誤也。紹興二年進士，醫家謂之許學士，宋代儒臣，率以學士爲通稱，不知所歷何官也？是書載經驗諸方兼記醫案，故以本事爲名。 然考獨醒雜志，叔微雖有夢見神人事，而學醫則在其前，不知國楨何本也？國楨又記叔微所著尙有擬傷寒歌三卷，凡百篇，又有治法八十一篇及仲景脈法三十六圖，翼傷寒論二卷，辨類五卷，今皆未見傳本，疑其散佚矣。

陸氏儀顧堂續跋元槧傷寒百證歌發微論跋云：“題曰：‘翰林學士許叔微知可述。’案建炎初，眞州疾疫大作，知可遍歷里門，十活八九，仕至徽州、杭州教官，還京秩，見影宋本乾道庚寅張郯序，而不言京秩爲何官？提要云：'宋代詞臣，率以學士爲通稱'，觀於此本結銜，叔微曾官翰林，故醫家謂之許學士也。" 陸氏藏書志有宋刊宋印殘本本事方六卷，並載自序云："余年十一，連遭家禍，及長成人，刻意方書，今漫集已試之方及所得新意，錄以傳遠，題爲普濟本事方。孟棨有本事詩，楊元素有本事曲，皆有當時事寔，庶幾觀者見其曲折也。" 又載黃丕烈手跋云："校時刻本一過，時刻卽王梁陳本。誠如余所云藥名分兩多有差池也。惟此六卷中，時刻多方幾許，未知何所據而增添？抑別有舊本，至於宋刊之可寶，序及治藥制度總例，時刻所無，其餘卷中錯誤不可枚舉。" 據此，則書之取名本事，自序甚明，今提要云云，當是據無序之時刻也。陸氏儀顧堂集有跋云："案獨醒雜志云云，夷堅志載其事略同，惟以爲先見夢而後學醫爲少異，以自序'杳冥之中若有所警'證之，當不誣也。" 玉縉案：施氏北窗炙輠，亦是先見夢而後學醫，當爲國楨之所本。陸氏又有元刊本新編張仲景注解傷寒百證歌五卷，新編張仲景注解傷寒發微論二卷，其儀顧堂續跋引直齋書錄解題云云，以爲傷寒歌卽百證歌，三與五字形相近而譌，翼傷寒論卽發微論，然則國楨所記各書蓋本於書錄解題。瞿氏目錄有舊鈔本傷寒治驗九十論一卷，云："許叔微撰，每證各系以論，凡九十篇，原書名傷寒論，郡人劉大生校錄，增'治驗'字，大生不知何時人？" 又有元刊百證歌及發微論，云"傷寒歌當卽百證歌，惟誤五卷爲三卷，翼傷寒論疑即發微論。”又丁氏藏書志有東洋刊本本事方十卷，續集十卷，又有舊鈔本本事方載錢聞禮序云：“許叔微，白沙人，紹興中舉進士，仕翰林學士。”玉縉案：乾隆中雲間王梁陳刊本，有脱落，有增出，及用藥分量輕重懸殊不一而足，不可爲據，詳儀顧堂集是書第二跋及題跋王梁陳刊本跋。

## 太平惠民和劑局方十卷指南總論三卷

舊本題“宋庫部郎中提轄措置藥局陳師文等奉敕編。”案王應麟玉海云：“大觀中，陳師文等校正和劑局方五卷，二百九十七道，二十一門。”晁公武讀書志云：“大觀中，詔通醫刊正藥局方書，閱歲書成，校正七百八字，增損七十餘方。”又讀書後志曰：“太醫局方十卷，元豐中，詔天下高手醫各以得效祕方進，下太醫局驗試，依方製藥鬻之，仍摹本傳於世。”是大觀之本，實因神宗時舊本重修，故公武有校正增損之語也。然此本止十四門，而方乃七百八十八，考玉海又載紹興十八年閏八月二十三日改熟藥所爲太平惠民局，二十一年十二月十七日以監本藥方頒諸路，此本以太平惠民爲名，是紹興所頒之監本，非大觀之舊矣。其中又有寶慶、淳祐續添諸方，更在紹興之後，兼附用藥總論指南三卷，皆從圖經本草鈔撮增入，亦不知何時所加？

瞿氏目錄有元刊本十卷，附指南總論二卷。云：“此書首列進書表，末題‘將仕郎措置藥局檢閱方書陳承，奉議郎守太醫令兼措置藥局檢閱方書裴宗元，朝奉郎守尚書庫部郎中提轄措置藥局陳師文謹上’三行。凡十四門，七百七十八方，與陳氏書錄及玉海作五卷爲二十一門二百九十七方不合，蓋陳氏、王氏所載爲師文原本，此則紹興以後增修本也，文獻通考作十卷，殆卽此本矣。目錄後有'建安宗文書堂鄭天澤新刊'一行，曝書亭所藏竹垞氏有跋者，爲建安高氏日新堂刊本，同爲元刊，別一本也。近時邑中張氏刊入學津討原者，得同里陳氏舊鈔本，多'增廣'二字而脫落處甚多，如卷一'五脾湯'下，脫壽星圓、左經圓、活絡丹、七生圓、川芎茶調散、乳香趁痛散、黑龍圓七方"云云，凡百餘事，今略之。又云:"書中丸字或作圓，猶宋本之舊，末附指南總論二卷，題'勅授太醫助敎前差充四川總領所檢察惠民局許洪編'，張氏所未刻者，乃譌以圖經本草一種爲用藥總論，尤失之也。"玉縉案:提要所據，似卽學津本。

**鍼灸資生經七卷**

前有嘉定庚辰徐正卿初刊序，稱東嘉王叔權作，又有紹定四年趙綸重刊序，稱澧陽郡博士王執中作，而疑叔權爲執中字，以字義推之，其說是也。

陸氏儀顧堂題跋云:"案趙希弁讀書附志'鍼灸經七卷，右王執中所編也，執中，東嘉人，嘗爲從政郎澧州敎授'云。今觀書中所引，如靈蘭祕典、難經疏、陸氏續集驗方、耆域方今皆不傳，自敍治效所得頗深，蓋士人而精於醫者。執中所著，尙有旣效方，見書中，今不傳。"

**三因極一病證方論十八卷**

每類有論、有方。

陸氏藏書續志有舊鈔本三因極一病源論粹十八卷，當即此書。

**產育寶慶方二卷**

宋史所載，似未見陳氏說也。　其體元子借地法，永樂大典佚不載，今亦闕焉。　所附方藥，殆即冀致君所採御藥院方也。

陸氏藏書志有朱端章衛生家寶產科備要八卷，並載瞿中溶手跋云："其所載產育寶慶集方，陳直齋謂李師聖有說無方云云，今考師聖自序，知郭與李同時，是書實成於師聖也。"又云："寶慶集方尚存永樂大典中，然已佚去借地法矣，猶賴此書傳之。"又有元至元刊本新刊惠民御藥院方二十四卷。玉縉案：朱書首列"八月產圖"中有借地禁草、禁水逐月安產法，故瞿氏云然。

**濟生方八卷**

用和始末未詳？吳澄集有易簡歸一序，稱嚴子禮剽陳氏三因方之論而附以經驗之藥，以其名推之，子禮似即用和字，其人蓋在陳言後矣。

陸氏儀顧堂題跋云："日本尙有原書，爲楓山祕府所藏，前有寶祐癸丑用和自序，又有濟生續方一卷，爲日本醫官湯河氏藏，有咸淳丁卯自序。此本雖有用和自序而缺寶祐紀年，亦無續集，故莫辨爲何時人？以日本宋本證之，用和蓋宋季醫家也。"

**仁齋直指二十六卷附傷寒類書活人總括七卷**

或因此一卷有附遺而牽連題及七卷，或因直指有附遺而牽連題及此書，均未可定。

案丁氏藏書志載明刊本仁齋小兒附遺方論及醫脈眞經，皆題"朱崇正宗儒附遺"，是非因一卷或一書而牽連題及也。

## 急救仙方六卷

則焦氏誤倒其文爲救急也。

丁氏藏書志有明鈔道藏本十一卷，每卷題惻一至惻十一，蓋道藏本款式。而陸氏藏書志載影寫道藏本，作救急仙方八卷。祕籍志云："此本即十一卷本，八當作十一。"又云："本書道藏本亦作救急。"

## 素問元機原病式一卷

然完素生於北地，其人秉賦多強，兼以飲食醇釀，久而蘊熱，與南方風土原殊。又完素生於金時，人情淳樸，習於勤苦，大抵充實剛勁亦異乎南方之脆弱，故其持論，多以寒涼之劑攻其有餘，皆能應手奏功，其作是書，亦因地因時各明一義，補前人所未及耳。

閻若璩潛邱劄記云："元人葛恆齋嘗立說，以爲醫當視時之盛衰爲損益，劉守眞、張子和值金人強盛，民悍氣剛，故多用宣洩之法，及其衰也，兵革之餘，饑饉相仍，民勞志困，故張潔古、李明之多加補益。"

## 宣明論方十五卷

自序云："作醫方精要宣明論一部，三卷，十萬餘言"，今刊入河間六書者乃有十五卷。

吳氏拜經樓藏書題跋記云："先君子書河間三書前云：'宣

明論方，原刻七卷，後人翻刻，妄分爲十五卷，而行款亦多改換，余家舊本，有大定己亥古唐馬□□序。'暘案：四庫目錄十五卷，蓋亦據近時刻本，守眞自序云：'僕今詳內經，編集運氣要妙之說七萬餘言九篇，分爲三卷，謹成一部，目之曰內經運氣要旨論，備聖經之用也。對病論證處方之法，本草性味，猶恐後學難爲驅用，復宗長沙太守仲景之書，迺爲一帙計十萬餘言，目曰素問藥證精要宣明論方，云云，是三卷者，乃內經運氣要旨論，非此書也。此本前題'校正素問精要宣明論方'，蓋亦經後人點勘矣。"陸氏藏書志有元刊本圖解素問要旨論八卷，乃劉守眞撰，而馬宗素重編者，馬序有"先生宣明論五卷"語，三五二字易誤，未知孰是？

## 傷寒直格方三卷傷寒標本心法類萃二卷

卷首又題爲"臨川葛雍編"，蓋經後人竄亂，未必完素之舊矣。 二書恐出於依託。

瞿氏目錄有元刊本劉河間傷寒直格三卷，後集一卷，續集一卷，别集一卷。云："題金劉完素撰，臨川葛雍輯。其論傷寒一門爲此書，附以劉洪傷寒心要爲後集，馬宗素傷寒醫鑒爲續集，張子和心鏡第三卷爲别集，卷首有無名氏序，序後有墨圖記一行云：'臨川葛雍校正，建安虞氏刊行'，而目錄前又有圖記五行，內云：'傷寒直格一書，誠有益於世，今求得江北善本，迺臨川葛仲穆編校，敬刻梓行，歲次癸丑仲冬，妃仙陳氏書堂刊。'據此，則是本當從建安本出，而歲次癸丑，乃元仁宗皇慶二年也。"玉縉案：直格乃葛輯，後集三種當是坊肆附益，故標題不可通。提要所據，未知何時本？其類萃一種，疑亦坊賈爲之。

**儒門事親十五卷**

有十形三療，有六門三法，名目頗煩碎。

陸氏藏書志有金刊本太醫張子和先生儒門事親三卷，直言治病百法二卷，十形三療三卷，撮要圖一卷，附扁華訣病機論三法六門方一卷，世傳神效名方一卷，治法雜論一卷。並載黃丕烈手跋云："向稱是書總名之曰儒門事親十五卷，唯此各標目錄，逐種分析，始悉戴人之書，自有眞面目在，非可以儒門事親概之也。因憶潛研老人元史藝文志有補金藝文者，子類醫方云：張從正汗下吐法有六門三法之目。治病撮要一卷，傷寒心鏡一卷，祕錄奇方二卷，儒門事親十五卷，張氏經驗方二卷，直言治病百法二卷，十形三療三卷。附雜記一卷。取證目驗，金刻張從正之書，多所脗合，惟儒門事親十五卷，尙襲傳譌之多耳，幸有原書可正其誤也。" 陸氏儀顧堂集金刊張子和醫書跋云："張子和醫書十二卷，金刊本，卷一至卷三，題曰'太醫張子和先生儒門事親'，卷四、卷五，題曰'太醫張子和直言治病百法'，卷六至卷八，題曰'戴人張子和先生十形三療'，卷九，題曰'太醫張子和先生撮要圖'，卷十，題曰'太醫張子和先生三法六門方'。其世傳神效名方全集、戴人張子和治法雜論不隸總卷之內，嘉靖本總題爲儒門事親，已名是而實非，又分割卷第，顚倒前後，金本眞面目，幾無一存。

最撮圖、五泄圖本圖也,而改爲篇,扁華訣病機論,本附於撮要圖後,劉河間三消論,本附於治法雜論後,而别出爲卷十三、卷十四,世傳神效方、治法雜論,本别爲卷,而列治法雜論爲卷十一,神效方爲卷十五。金本神效方後有七古一首,七絕四首,嘉靖本有錄無書,其他分量之參差,字句之譌奪,尤難枚舉。卽如神效方接骨藥半兩銅錢,乃古半兩錢也,嘉靖本譌爲銅錢半兩,郢書而燕說矣。"

**內外傷辨惑論三卷**

前有自序題丁未歲,序中稱此論束之高閣十六年,以長曆推之,其書蓋出於金哀宗之正大九年辛卯也。

案丁未歲爲宋理宗淳祐七年,卽元定宗二年,書蓋成於是時,其云此論束之高閣十六年者,指幼時所撰辨惑論一篇而言,詳繹自序可見,非三卷全出於金哀宗正大辛卯也。提要殊未明晰。

**脾胃論三卷**

天益字謙父,杲晚年弟子,盡得其傳,元硯堅東垣老人傳稱杲臨終,取平日所著書,檢勘卷帙,以次相從,列於几前,囑謙父曰:"此書付汝"者,卽其人也。

案天益有衛生寶鑑二十四卷,見陸氏及瞿氏書目,四庫未收,但引硯堅東垣老人傳,疏矣。

**瑞竹堂經驗方五卷**

原書本十五卷,楊士奇等文淵閣書目載有一部一册,而晁瑮寶文堂書目內亦列其名,則是明中葉以前原帙尙存,其後遂尠傳本,今據永樂大典所載搜採編輯,計亡闕已十之五六。

陸氏藏書志有東洋刊本十五卷,題"元竹堂先生薩謙齋經驗編集,明古杭瑞南道人高濂深甫校刻。"其案語云:"四庫所收,從大典錄出,此則原本也。"張氏藏書志有明鄭志道刊本,云:"分十五門,曰諸風,曰心氣痛,曰小腸疝氣,曰積滯,曰痰飲,曰喘嗽,曰羡補,曰瀉痢,曰頭面口眼耳鼻,曰髮齒,曰咽喉,曰雜治,曰瘡腫,曰婦人,曰小兒,凡十五門,門各一卷。"瞿氏目錄略同。又云:"與明文淵閣書目所載合。"

**脈訣刊誤二卷附錄二卷**

考隋書經籍志,載王叔和脈經十卷,唐志並同,而無所謂脈訣者,呂復羣經古方論曰:"脈訣一卷,乃六朝高陽生所撰,託以叔和之名,謬立七表、八裏、九道之目以惑學者,通眞子劉元賓爲之注,且續歌括附其後,詞旣鄙俚,意亦滋晦",其說良是。然以高陽生爲六朝人,則不應隋志、唐志皆不著錄,是亦考之未審,文獻通考以爲熙寧以前人僞託,得其實矣。

案脈經十卷,阮氏揅經室外集已著錄,守山閣刊本,載泰定四年柳貫序云:"朱文公於慶元初跋郭長陽醫書,謂俗間所傳脈訣,詞最鄙淺,非叔和本書,世之高醫,明其爲贗,遂委棄之,而獨有取於直指高骨爲關分,前卻爲寸尺,以定陰陽之位,爲合於難經,則脈經之傳已隱,雖文公亦似未知其正出脈經也。"據此,則朱子亦以脈訣爲僞託。

**玉機微義五十卷**

用誠字彥純。

案丁氏藏書志有正統刊本，載洪武丙子劉純序云:"先生諱彦純，字用誠"，是提要互誤。

**仁端錄十六卷**

其門人陳葵删定。

吳氏拜經樓藏書題跋記有鈔本痘疹仁端錄六卷，云:"先君補鈔首序二篇，並記首簡云:'案簡明書目仁端錄十六卷，十字疑衍。明徐謙著，其門人陳葵删定，今此本六卷，視近時坊刻五卷者不翅倍蓰，究不知陳葵定本何如?恐未必如此本之詳也。'"玉縉案:提要本亦作十六卷，不應兩本俱誤，或簡明目沿總目之誤，俟考。

**名醫類案十二卷**

明江瓘編，其子應宿增補。瓘字民瑩。

案瓘號篁南，應宿字南仲。

**神農本草經百種錄一卷**

世傳神農本草經三卷，今單行之本不傳，惟見於唐愼微本草所載。 本草雖稱神農，而所云出產之地，乃時有後漢之郡縣，則後人附益者多。

鄒漢勛讀書偶識云:"周官注'子儀之術'疏，'晉中經簿本草經三卷，周末人子儀所著'，案韓詩外傳，子儀是秦越人之弟子，陶弘景本草序，謂是神農所作，蓋自尊其經，必託之古聖，注家通弊也。"玉縉案:周官注者，疾醫注也。漢書平帝紀，"元始五年，徵天下通知逸經、古記、天文、曆算、鍾律、小學、史篇、方術、本草者，召詣京師。"又郊祀志，"成帝初，有本草待詔"，樓護傳，"少誦醫經本草方術十萬言。”

## 蘭臺軌範八卷

故是編所錄病論，惟取靈樞、素問、難經、金匱要略、傷寒論、隋巢元方病源、唐孫思邈千金方、王燾外臺祕要而止，所錄諸方，亦多取於諸書，而宋以後方則採其義有可推試多獲效者，其去取最爲謹嚴。每方之下，多有附注，論配合之旨，與施用之宜，於疑似出入之間辨别尤悉，較諸家方書但云主治某證，而不言其所以然者特爲精密。

劉毓崧通義堂集痘考云：“蘭臺軌範引錢氏小兒直訣五臟瘡疹症治而申之曰：‘此卽後世痘瘡之症，其病與痲疹同列，並無起脹、成漿、收靨等說，大抵宋時之瘡形治法，不過如此，近日愈變愈重，與痲疹絕不相類，治亦迥别。’余案徐氏謂痘瘡本與痲疹略同，其語未爲無見，然又謂昔時之瘡形治法與近日迥别，則大不然，今考豌豆、斑豆、麩豆諸瘡，戴白漿而生紫瘢，見於肘後，外臺卷三，天形發斑門，載肘後云：‘頭面及身，須臾周帀，狀如火瘡，皆戴白漿，隨決隨生，療得差後，瘡瘢紫黯，彌歲方滅，此惡毒之氣也。’又載文仲引陶氏云：‘須臾遍身皆戴白漿，此惡毒氣’，余考肘後方乃葛稚川所著，陶隱居所補，所謂陶氏，當指隱居而言。痂落良而靨黑壞，見於千金，外臺天行豌豆瘡類載千金云：‘痂落無瘢，仍臥黃土上良，瘡皆黑靨不出膿，死不療。’是葛稚川、陶隱居、孫徵君之論此症，卽有起脹、成漿、收靨等說，不得謂瘡形與近日迥别矣。活血宜紫草，乃韋宙所用，而蘇頌因之；綱目卷十二紫草條，頌曰：‘紫草古方稀用，韋宙獨行方治豌豆瘡，煮紫草湯飲，後人相承用之，其效尤速。’時珍曰：‘其功長於涼血活血，故痘疹欲出未出宜用之。' 解毒宜升麻，乃葛氏所用，而王燾因之；綱目卷十三升麻條載葛洪肘後方云：'豌豆斑瘡，以蜜煎升麻時時食之，并以水煮升麻綿沾拭洗之。' 時珍曰：'升麻能解痘毒'，余考外臺天行發斑門引肘後方，與綱目所載約同。辟惡宜胡荽，乃掌禹錫所用，而楊士瀛因之；綱目卷二十六胡荽條載嘉祐云：'豌豆瘡不出，作酒歕之立出'，時珍曰：'胡荽辛溫香竄，能辟一切不正，故痘瘡出不爽快者能發之。'案楊士瀛直指方云：'痘疹不快，宜用胡荽酒歕之，以辟惡氣。'清胃宜犀角，乃李珣所用，而錢乙因之；綱目卷五十一犀角條載海藥云：'主小兒麩豆'，錢氏小兒方云：'痘瘡稠密不拘大人小兒，生犀於澀器中新汲水磨汁，冷飲服之'，時珍曰：'磨汁治痘瘡稠密，瀉肝涼心，清胃解毒。' 去熱宜兔肉，乃甄權所用，而李時珍因之；綱目兔肉條載藥性本草云：'臘月作醬食，去小兒豌豆瘡'，時珍曰：'今俗以飼小兒云出痘令稀，蓋亦因其性寒而解熱耳。'是東晉而還，北宋以上，所有藥品，今人亦不能出其範圍，不得謂治法與近日迥別矣。且也，外臺紀差後禁忌，詳於傷寒天行溫病各門，視後世之將慎痘瘡實爲彷彿，安在今必異於古哉？雖曰運氣不同，隨時變易，薑石東壁土之類，今日罕有言之者，綱目卷十薑石條引唐本草云：'主治熱豌豆瘡丁毒等腫'，卷七東壁土條引甄權云：'同蜆殼爲末，傅豌豆瘡。'葵菜馬肉之類，近日無有施之者，綱目卷十六葵條，時珍曰：'案唐王燾外臺祕要云：'天行斑瘡，但煮葵菜葉以蒜齏啖之則止'，又聖惠方亦云：'小兒發斑，用生葵菜葉絞汁少少與服'，案此卽今痘瘡也。今之治者惟恐其大小二便頻數，泄其元氣，葵菜清竅，能利二便，似不相宜，而昔人賴之，豈古今運氣不同，故治法亦隨時而變易歟？卷五十馬肉條引兵部手集云：'豌豆瘡毒，馬肉煮清汁洗之。'未可株守古書，致失之於拘滯，然博考而加以善擇，亦足爲參酌之資也。"

## 醫家類存目

### 難經經釋二卷

大椿雖研究內經，未必學出古人上，遽相排斥，未見其然，況大椿所據者內經，而素問全元起本已佚其第七篇，唐王冰始稱得舊本補之，宋林億等校正，已稱其天元紀大論以下，與素問餘篇絕不相通，疑冰取陰陽大論以補所亡。至刺法本病二論則冰本亦闕，其間字句異同，億等又復有校改，注中題曰新校正皆是，則素問已爲後人所亂，而難經反爲古本。又滑壽難經本義，列是書所引內經而今本無之者，不止一條，則當時所見之本與今亦不甚同，卽有舛互，亦宜兩存，遽執以駁難經之誤，是何異談六經者，執開元改隸之本以駁漢博士耶？

陸以湉冷廬雜識八云："難經經釋，辨正誤謬，有功醫學，其釋分寸爲尺、分尺爲寸云：'關上分去一寸，則餘者爲尺，關下分去一尺，則餘者爲寸'，詮解明晰，可謂要言不煩。"玉縉案：陸氏明醫學，有冷廬醫話，今其言如此，則徐書殆未可厚非，但卽有舛互，亦宜兩存，實中是書之失也。

### 杜天師了證歌一卷

括蒼人。 王建據蜀，賜號廣成先生。

案此說與五代史補載光庭長安人僖宗賜號廣成先生異，青城山志載道教靈驗記彭崇序，又以爲京兆杜陵人，惟錄異記及靈驗記提要辨其爲蜀人，非唐人，甚明塙，可以互證。

**瘡瘍經驗全書十三卷**

舊本題宋竇漢卿撰，卷首題燕山竇漢卿，而申時行序乃稱“漢卿合肥人，以瘍醫行於宋慶曆、祥符間，曾治太子疾愈，封爲太師，所著有竇太師全書，其裔孫夢麟亦工是術，因增訂付梓”云云。考宋史藝文志不載此書，僅有竇太師子午流注一卷，亦不詳竇爲何名，疑其說出於附會。

案元竇桂芳編刻鍼灸四書中，有金竇傑鍼經指南一卷，前載貞元乙未朱良能序云：“先生字漢卿，古洛肥鄉人，官至太師，以醫學傳於世”云云，此竇傑與桂芳父同時、同名、同字，同以醫顯，故桂芳序云：“喜其姓字醫術與先君同也，因是作而言曰：‘南北有二漢卿，姓同字同，而爲醫亦同。北之漢卿，得時行道，鍼法精於八穴，以愈疾名顯於世，官至太師；南之漢卿，隱居求志，惟以藥與艾推而積活人濟世之陰功。’”張金吾愛日精廬藏書志云：“宋、金時有兩竇漢卿，同時以醫顯，金之漢卿，仕至太師，即撰鍼經指南者。宋之漢卿，隱居不仕，即竇桂芳之父也。”瞿鏞藏書目錄略同。據此，則竇太師名傑，申序以爲合肥人，當爲肥鄉之誤。其署燕山者，蓋泛用郡望耳。

**傷寒心鏡一卷**

常仲明者，其即德歟？

陸氏藏書志有元刊張子和心鏡一卷，題“門人饒陽常悳仲明編。”據此，則仲明即德無疑。

**流注指微賦一卷**

原注有云:"指微論三卷,亦是何公所作,探經絡之賾,原鍼刺之理,明榮衞之清濁,别孔穴之部分,然未廣傳於世,於内自取義以成此賦",則若愚先著指微論,又自約其義爲此賦,便記誦也。今指微論不傳,惟此賦載永樂大典中。

案元竇桂芳編刻鍼灸四書中,有何若愚流注指微鍼賦,閻明廣注,并閻自序,詳余所撰未收書目續編。

**類編南北經驗方大成十卷**

目錄末題"至正癸未菊節進德書堂刊行",前有題識曰:"醫方集成一書,四方尚之久矣,本堂今得名醫選取奇方,增入孫氏方中,俾得貫通,名曰醫方大成"云云。

丁氏藏書志有明初刊本,云:"首有木記云:'醫方集成一書,四方尚之久矣'云云,末有明治丙子古稀老人枳園題云:'明熊宗立醫學源流云:'孫允賢,文江人,元仁宗延祐中選醫方集成,予先祖彦明公,復選宣明、拔萃等方而附益之,是謂醫方大成',則其爲彦明增輯之本,惟第九卷仍題醫方集成,豈孫氏原目刊改未淨耶?"玉縉案:枳園當是日本人。

**神應經一卷**

亦不知何時進御本也?

丁氏藏書志有明刊本,云:"舊爲朱彝尊藏本,當時傳寫譌謬,館臣故曰不甚可據,今係刊本,前有仁宗洪熙乙巳四月二十一日序,文云:'宏綱遇信卿席眞人所授之術,故其補瀉折量之法,其口訣指下之妙,與世醫之所不同出於人者見於此也。其徒二十四人,獨劉瑾得其指下之祕,乃命重校其師宏綱所傳廣愛書十卷，予止取其穴之切於用者爲一卷，更其名曰神應經。'有木印曰：'咸躋壽域'，又有御押，似館臣所未見也。洪熙繼永樂，是爲仁宗，在位止九月，此序作四月二十一日，其去五月帝崩不遠矣。"

**藥鏡四卷**

儀，嘉興人，正德甲戌進士，其歷官未詳？是編前後無序跋，惟凡例謂"醫鏡之鐫，駢車海內，今梓藥性，仍以鏡名"。

陸以湉冷廬醫話云："儀字儀用，余得刊本四卷，乃與王宇泰醫鏡四卷 有儀用崇禎辛巳序文。合刻者。前有儀用之弟雲章彥文氏順治丁亥序，及儀用康熙二年自序，各卷首刊'嘉善蔣儀纂定，常醴參訂'。彥文之序，謂'儀用負弘濟蒼生之願，出入場屋，見別執事，鬱鬱不得志，以爲無爵位而有功名，可以遂我弘濟之願者莫若業醫，徧訪名宿，得宗旨於王宇泰先生，發其枕祕，有醫鏡一書，學人奉爲指南。然鏡醫必先鏡藥，歲乙酉，魏塘春夏，爲宏光元年，魏塘秋冬爲順治二年，民之死於兵死於疫者踵相接，儀用惻然心傷，益無意章句，乃集古今藥性全書並諸名家及金沙用藥祕旨，手自删訂編輯，綴方給藥，全活鄉黨貧人。又與常子馨逸互相考論，砥琢詞章，協以聲韻，成書四卷，名曰藥鏡'。又云：'儀用近葺蓬編茨，驅兒輩及僮僕督耕隴上，暇時買藥，歸來懸壺街市，袖古今醫說研窮探味，云以自老。'據此，則儀用應試而未嘗登第，入本朝業醫以終，提要所云，乃據採進本之辭耳。及考嘉興府志撰述門，祇有卜祖學藥鏡，無儀用名，當亦有誤，特識於此，爲吾郡徵文獻者告焉。”

**心印紺珠經二卷**

明李湯卿撰，湯卿不知何許人？是書爲嘉靖丁未嘉興府知府趙瀛所校刊。

吳氏拜經樓藏書題跋記有明刻本二卷，云：“前有江州陳守義序，嘉靖己酉歸德府儒學教授浙東葉良玉書後。先君子書云：‘案千頃堂書目，心印紺珠經二卷，元朱撝作，字好謙，傳醫學於李湯卿，劉河間弟子。’”

**臨證指南醫案十卷**

是編乃門人取其方藥治驗分門別類，集爲一書，附以論斷，未必盡桂本意也。

張文虎雜著乙上彭城醫案序云：“臨證指南，學者奉爲準繩，乃吳江徐洄溪嘗評騭其利鈍，劉君玉縉案：字意亭。又從而補之，兼論徐之是非，醫道之難如此。然劉君此案，神機獨運，實深得葉氏用藥之意，蓋其於指南服習甚深，故能掇其精微而遺其糟粕，此又非貿貿於葉書者所及知也。”玉縉案：此雖論劉案，而葉案之善可見，提要以其門人所集，遂入存目，毋乃偏歟？但謂附論未必盡桂本意可也。

**安驥集三卷**

永樂大典本。

丁氏藏書志有弘治十七年所刊五卷本，乃原書也。

# 四庫全書總目提要補正卷三十一

## 天文算法類

**六經天文編二卷**

此編雖以天文爲名而不專主於星象，凡陰陽、五行、風雨以及卦義悉彙集之，採錄先儒經說爲多，義有未備，則旁涉史志以明之。

陸氏儀顧堂題跋云："史志之外，兼及素問、易通卦驗、乾鑿度、春秋緯文耀鉤、王氏運氣論、參同契、大衍曆議、皇極經世、楚辭、天問注、解頤新語、楊泉物理論、稗雅、洪興祖楚辭注、天文錄、杜佑通典諸書。所採經說，漢、唐惟鄭司農、鄭康成、虞仲翔、馬扶風、何承天、劉光伯、祖沖之、孔沖遠數家，餘皆宋儒之說也。"

**原本革象新書五卷**

其書自王禕刪潤之後，世所行者皆禕本，趙氏原本遂佚，惟永樂大典所載，與禕本參校互有異同，知姚廣孝編纂之時所據猶爲舊帙。

錢大昕養新錄云："革象新書元槧本，門人三衢章濬纂輯，不分卷，每葉廿六行，行廿四字，王禕删本，其篇目前後，與此互異。王序謂其書有推步、立成諸篇，皆載占驗之術，今檢此本初無之，豈王所見別有一本耶？邵康節元會運世之數，後儒莫敢異議，獨緣督識其不可準，謂以諸家術求皇極之元，不特七政無總會之事，抑且散亂無倫，此眞通人之論，非精於推步者不能知，非胸有定見者不能言也。”

**乾坤體義二卷**

利瑪竇，西洋人，萬曆中，航海至廣東。

案瑪竇字西泰，意大利亞人，萬曆九年辛巳至廣東香山墺。

**五曹算經五卷**

今散見永樂大典內者甄鸞、韓延、李淳風之注，雖亦散佚，而經文則逐條完善。

瞿氏目錄有影鈔宋本。

**數學九章十八卷**

九韶始末未詳？惟據原序，自稱其籍曰魯郡，然序題淳祐七年，魯郡已久入於元，九韶蓋署其祖貫，未詳實爲何許人也？今即永樂大典所載，於其誤者正之，疏者辨之，顚倒者次第之。

錢大昕養新錄云：“考直齋書錄有數術大略九卷，魯郡秦九韶道古撰，前二卷大衍、天時二類，於治曆測天爲詳，癸辛雜識又作數學大略，蓋即此書而異其名耳。直齋所錄崇天、紀元二曆，云‘近得之蜀人秦九韶道古’，然則九韶先世蓋魯人而家於蜀者也。李梅亭集有回秦縣尉九韶謝差校正啓云:‘善繼人志,嘗爲黄素之校讐,肯從吾游,小試丹鉛之點勘’,秦少游元祐中嘗校對黄本書籍,九韶豈其苗裔耶?李梅亭嘗爲成都漕,九韶差校正當在其時,任何縣尉?則無可考矣。嘉熙以後,蜀土陷沒,寄居東南,故得與直齋往還也。予又考景定建康志得二事:其一通判題名有‘秦九韶,淳祐四年八月以通直郎到任,十一月丁母憂解官離任’;其一制幕題名,寶祐門,‘九韶爲沿江制置司參議官’。又癸辛雜識稱‘九韶秦、鳳間人,與吳履齋交尤稔,嘗知瓊州,數月罷歸,晚竄梅州以卒’。合此數書觀之,九韶生平仕宦蹤跡,略可覩矣。”玉縉案:張氏及陸氏藏書志、瞿氏目録,並有舊鈔本十八卷,張氏有叙述九則,並載趙琦美手跋云:“會稽王應遴董父借閣鈔本而録,予轉假録之,原無目録,予爲增入。”陸氏儀顧堂題跋云:“宋史藝文志不列其名,明文淵閣書目始著於録,以永樂大典本參校,分卷不同,編次亦異,此則猶原本耳。題曰魯郡,著舊望也。案九韶秦、鳳間人,年十八,爲義兵首,後寓湖州,累官知瓊州,與吳履齋契合,爲賈似道所陷,謫梅州而卒,周密癸辛雜識叙其事甚詳,毁之者亦甚至,焦里堂力辨其誣。愚謂九韶既爲履齋所重,爲似道所惡,必非無恥之徒,能於舉世不談算法之時講求絶學,不可謂非豪傑之士。父季槱,寶慶中官潼川守,九韶隨侍,見四川石魚題字。其人乃貴公子,非土豪武夫,其爲義兵首也,當以故家世族爲衆所推,自序所云,‘際時狄患,歷歲遙塞,不自意全於矢石間’者當在嘉熙二年，蒙古破興元府時，至淳祐七年，卻近十年，故曰荏苒十禩也。焦里堂謂爲義兵首不知何年？殆未細考耳。密以詞曲賞鑒遊賈似道之門，乃姜特立、廖瑩中、史達祖一流人物，其所著書，謗正人，而於侂胄、似道多恕詞，是非顛倒可知。觀九韶所作十系，洞達事機，言之成理，其於經世之學實有所得，惜宋季競尚空談，不能用其長耳。大典本題作數學九章，文淵閣目同，此作數書九章，豈明以後人所改歟？”其續跋有同治烏程縣志跋，則云：“劉後村集卷八十一繳駁九韶知臨江軍狀，與癸辛雜識所言大略相同，周密與九韶同寓湖州，或有鄉里私怨，後村氣節文章名重當世，且見之奏駁，必非無影響者。”又云：“九韶，四川人，周密誤以爲秦、鳳間人。”與前說異，當從四川人之說，櫄，普州安岳人也。顧廣圻思適齋集代夏方米是書序云：“敦夫太史校其家道古數書開雕，屬文燾爲之覆算，其題問與術草不相應，或術與草乖，甚且算數有誤，則當日成書後，未經親自覆勘耳。至綴術推星題，推五星逐度，用遞加遞減之法，揆日究微題，於節氣影差逐日不同，皆以平派求之，此則法有古今，弗可概論也。大衍求一術，向以爲卽郭守敬曆源、李冶測圓海鏡之天元一法，及歐羅巴借根方法，今案借根方之兩邊加減，雖與天元一相消不同，而其術卽天元一法，無待論矣。若大衍術，實非天元一法，未可以其有立天元一之語，遂以郭守敬及李冶所謂天元一者當之，潛揅堂集亦言大衍術，與李敬齋自言得自洞淵者有異，不信然乎? 聞李尙之嘗謂孫子算經中三三數之五五數之七七數之一題, 爲大衍求一術所自出, 余謂道古自序實已自言之, 何也? 是書大旨, 爲九章廣其用, 如賦役章首題, 答數至一百七十五條, 每條步算之數至十餘位, 而得數皆無不合, 均貨推本題, 方程而兼衰分, 劉徽云: '世人多以方程爲難', 道古此題, 其難更何如矣。開方衍變, 圖式備詳, 足資後人參考, 凡此皆大有功於九章者, 自序乃云獨大衍術不載九章, 其意以爲以各分數之奇零, 求各分數之總數, 九章無此法, 而孫子有之, 此九章後可以立法者, 故隱以語人, 使自得之也。試爲衍之, 甲三乙五丙七爲元數, 連環求等, 皆得一不約, 便以元數爲定母, 以定母相乘, 得一百五爲衍母, 以各定母約衍母, 得甲三十五, 乙二十一, 丙一十五, 各爲衍數, 滿定去衍, 得奇甲二乙一丙一, 以奇與定用大衍求乘率, 仍得甲二乙一丙一, 對乘衍數, 得甲七十, 乙二十一, 丙一十五, 爲各用數。次置三三數之賸二, 以二乘七十, 得一百四十, 五五數之賸三, 以三乘二十一, 得六十三, 七七數之賸二, 以二乘一十五, 得三十, 五併所得, 爲二百三十三, 是爲總數。滿衍母倍數去之, 餘二十三, 卽所求數, 凡所求數在衍母限內者, 其數最小爲第一數, 若大於此數者遞加一衍母數無不合者, 或列各定爲母於右行, 各立天元一爲子於左行, 以母互乘子, 亦得衍數, 是反覆推之而其術乃憭然也。作者之謂聖, 述者之謂明, 道古此術, 其述而進於作乎? 他如推求本息題各差, 有反錐、方錐、蒺藜之名, 少廣投胎術, 卽益積之異名, 是必古有其名，而算數之書爲世所不經見者猶多也。"

## 測圓海鏡十二卷

元李冶撰，冶字鏡齋，欒城人，金末登進士，入元官翰林學士，事蹟具元史本傳。

案冶當作治，萬曆庚子武林書室蔣德盛刊敬齋古今黈，題李治著，施國祁禮耕堂叢說云："後人不察，謬改其名，呼治爲冶。"繆氏藕香零拾重刊本跋云："考元王惲中堂紀事卷三、'徵君李治授翰林學士知制誥同修國史'，注，李仁卿，欒城人，前進士。金少中大夫程震碑，欒城李治題額，石本作治。又元遺山集寄庵碑，'先君子男三人，長曰澈，方山抽分窯冶官，次曰治，正大中收世科，徵仕郎高陵主簿，次曰滋。'兄澈弟滋，偏旁皆从水，則仁卿名治更無可疑"，施、繆說是也。

## 弧矢算術一卷

浙江范懋柱家天一閣藏本。

陸氏儀顧堂題跋云："弧矢算術二卷，嘉靖二十六年刊本，以文瀾閣傳鈔本互校，閣本圓徑圖後缺二葉，計七百餘字。假如周天徑一百二十一度七十五分二十五秒條，七十三秒七五爲下法，脫兩葉，計八百餘字。嘉靖距今三百餘年，四庫所收，已缺四葉，注明原缺，無從校補，無怪宋以前人著述十不存五耳。"

## 幾何原本六卷

歐几里得，未詳何時人？蓋亦集諸家之成。

案徐譯刻於萬曆丁未，又有幾何要法，崇禎辛未，艾儒略譯述，又有幾何易簡集，康熙己未，鹿邑李子金合原本要法而爲之，其自序在隱山鄙事中，今原本已譯全，上海製造局有刊本。偉烈氏序云："幾何之學，不知託始何國？或云埃及，或云巴庇倫，博考之士，稱其造自天竺，迄無定論。"而其序算學啓蒙云："古時算學，希臘最盛，周之時，閉他臥拉、歐几里得、亞奇默德，漢之時，多祿某丟番都，皆傳希臘之學，然猶未明以十而進定位之理"云云，據此，則歐几里得爲周時人。朱一新無邪堂答問謂原本爲後人附益，非其初遂能如是，說亦近是，提要謂集諸家之成，非也。

## 天文算法類存目

**星經二卷**

是書卷數雖與隋志合，而多舉隋、唐州名，必非秦、漢間書也。

錢大昕養新錄云："不知何人僞撰？大約采晉、隋二志成之，續漢書天文志注引星經五六百言，今本皆無之，是劉昭所見之星經久失其傳矣。"

**步天歌七卷**

陳振孫書錄解題曰："步天歌一卷，未詳撰人？二十八舍歌也，三垣頌、五星淩犯賦附於後，或曰唐王希明撰，自號丹元子"，鄭翼謹案：以上爲晁氏語，提要誤。鄭樵通志天文略則曰："隋有丹元子，隱者之流也，不知名氏？作步天歌，王希明纂漢、晉志以釋之，唐書誤以爲王希明。"案樵天文畧全采此歌，故推之甚至，然丹元子爲隋人，不見他書，不知樵何所據？使果隋時所作，不應李淳風不知其人，隋書經籍志中竟不著錄，至唐書乃稱王希明也。疑以傳疑，闕所不知可矣。其書以紫微、太微、天市分上、中、下三元宮，仍以四方之星分屬二十八舍，皆以七字爲句，條理詳明，歷代傳爲佳本，本朝御製及欽定天文儀象諸書咸采錄之。復有專刻官本，考度繪圖，測驗星躔，一一脗合，此本圖度未工，句多增減，所注占語，亦未詳出自誰手？未爲善本。又唐志、文獻通考並稱一卷，而此本乃有七卷，其爲後人所竄亂審矣。鄭樵亦稱世有數本，不勝其譌，此或即其一也。

錢大昕養新錄云："古天文家未有以太微、天市配紫宮爲三垣者，太史公書，太微屬南宮，天市屬東宮，晉、隋二志，則分中外宮與二十八宿爲三列，而太微、天市雜敍於中宮之次，使丹元果隋人，則唐初李淳風修隋志，何不一述三垣之說乎？漁仲好異而無識，欲取鄙俚之歌，駕乎前志之上，所謂棄周鼎而寶康瓠者也。" 葉廷琯吹網錄云："東坡集有次丹元姚先生韻二首，又次秦少游韻贈姚安世七律，查注云：'姚安世疑即姚丹元'，又東坡寧極齋詩有云：'顧挂神虎冠，往卜飲馬鄰'，王注，引趙次公云：'蘇州有飲馬橋，丹元子蓋蘇州人也。'" 玉縉案：葉夢得避暑錄話云："蘇子瞻喜言神仙，得姚丹元者，尤奇之，所作贈詩數十篇。姚本京師富人王氏子，不肖，爲父所逐，事建康觀一道士，得其方術丹藥，浮沈淮南，屢易姓名，子瞻不能辨也，後復其姓名王繹，崇寧間，進爲醫官。" 同治蘇州府志藝文四云:"據此,則丹元以神仙之說游公卿間,其爲步天歌庶幾近之",惟姚旣爲京師富人子,則盧志園第以爲郡人,非是。

**算法統宗十七卷**

珠算之名,始見甄鸞周髀注,則北齊已有之,然所說與今頗異。梅文鼎謂起於元末明初,不知宋人三珠戲語,已有算盤珠之說,則是法盛行於宋矣。

南菁文鈔三集有楊冰中西算器考云:"梅徵君古算器考,及錢詹事十駕齋養新錄,及四庫提要,或謂珠算起於明初,或謂元代已有之,或謂已盛行於宋,紛紛辨論,莫衷一是。今考數術記遺之珠算,與今所用,初無差別,不過多一横梁,上下各加一珠而已。夫位各五珠,上一下四,其法本於籌算,數究於九,已足用矣,所加二珠,實無大用,其爲後人所儳無疑。"

## 術數類一

**太玄經十卷**

雄書本擬易而作,以家準卦,以首準彖,以贊準爻,以測準象,以文準文言,以攡、瑩、捝、圖、告準繫辭,以數準說卦,以衝準序卦,以錯準雜卦,全仿周易古本,經傳各自爲篇。望作注時,析玄首一篇,分冠八十一家之前,析玄測一篇,分繫七百二十九贊之下,始變其舊,至今仍之。又列釋文一卷,則不知何人附入?

姚鼐揚雄太玄目錄序云:"揚雄太玄,漢藝文志以爲十九篇，今傳晉范望注本爲十卷，蓋雄本書爲八十一家，以擬易六十四卦，家有九贊，以擬易六爻。又爲八十一首以擬象傳，爲玄測以擬爻傳，爲玄衝、玄錯以擬雜卦傳，玄攡、玄瑩、玄掜、玄圖、玄告皆以擬易繫辭傳，玄數以擬說卦傳，玄文以擬文言傳，惟無擬彖者耳。自范望分玄首冠贊之上，分玄測附贊之下，於是其本爲十九篇者亂矣。”又云：“太玄占法，用贊不用家，非如易之占兼用彖也，故九贊有辭而家無辭。其八十一首乃擬象傳，非擬彖也，自司馬光誤謂易有彖，玄有首，政和中有許良肱者，遂別增首測一卷以擬大象，既複而無謂矣，後人不悟其失，反以良肱首測雜入雄所作八十一首之中，其謬益甚矣。”玉縉案：姚說多舛，謂玄無擬彖尤謬，恐疑誤後學，特附辯之。又云：“釋文一卷，蓋范望之前已有爲之者，其後遞相益，今其中有引及唐韻者，陳振孫云：‘司封郎吳祕有太玄音義’，此其祕之爲歟？”玉縉案：此說可存參。胡作傳獨秀軒集書大玄經後云：“玄之爲書，其擬易則主中孚，其經由中而分爲天、地、人三才，由三才而分爲九州，由九州而分爲二十七部，由二十七部而分爲八十一首，由八十一首而分爲二百四十三表，由二百四十三表而分爲七百二十九贊。中者準易之太極也，三才者準易之兩儀也，九州者準易之四象也，二十七部者準易之八卦也，八十一首者準易之六十四卦也，二百四十三表者準易之象也，七百二十九贊者準易之三百八十四爻也。其易之生，法兩地之數，其玄之生，法參天之數，玄之體法易，而其贊又法洛書也。

玄經自中至增十三首，則配冬至、小寒、大寒、立春，自銳至事十四首，則配雨水、驚蟄、春分、清明，自更至應十三首，則配穀雨、立夏、小滿、芒種，自迎至昆十四首，則配夏至、小暑、大暑、立秋，自減至晦十三首，則配處暑、白露、秋分、寒露，自瞢至養十四首，則配霜降、立冬、小雪、大雪，每一贊管三日也，百二十贊則管三百六十日，餘九贊卽四分度一日也，此又總以法爲準也。其旨總以明陰陽進退消長，言君子小人德則吉，逆則凶，其後玄摛、玄瑩、玄文、玄掜四篇，總申明玄經之義爾。卽知玄文罔、直、蒙、酋、冥，猶冬、春、夏、秋之義，故其文曰：'罔者有之會也，直者文之素也，蒙者亡之主也，酋者生之府也，冥者明之藏也。'其文法字句雖險奧艱賾，讀是經者，須通其大旨，不必拘拘字句可也。"玉縉案：此說與提要互異，姑錄之以備參考。　陸氏儀顧堂續跋云："太玄經十卷，說玄五篇，釋文一卷，太玄題'晉范望字叔明解贊'，說玄題'唐宰相王涯字廣津纂'，釋文注曰：'自侯芭、虞翻、宋衷、陸績互相增損'，前有陸績述玄，版心有'萬玉堂'三字，說玄後有'右迪功郎'云云'張寔校勘'一行，明嘉靖甲申郝梁覆宋本。考熙寧本外臺祕要亦有張寔校勘銜名，與此同，則是本當從北宋本翻雕者。卷十後有無名氏跋云：'宋衷解詁、陸績釋玄共爲一注，范望采二君之業折衷長短，或加新意，就成此注，仍將玄首一篇加經贊之上，玄測一篇附逐贊之末，餘自玄衝以至玄告九篇列爲四卷。三家義訓，互有得失，以待賢者詳而正焉。'"玉縉案：提要所據本有張寔校勘，蓋卽是本，而謂釋文一卷不著名氏，若非見此注語者，實所不解？鄭樵以爲林瑀撰，自是一說，陳振孫書錄解題又疑卽吳祕音義，亦當參考也。吳氏拜經樓藏書題跋記明云萬玉堂本，而誤認爲宋本。張氏及丁氏藏書志，並有郝梁重刊本。

**潛虛一卷附潛虛發微論一卷**

朱子跋張氏潛虛圖亦曰："范仲彪炳文家多藏司馬文正公遺墨，嘗示予潛虛別本，則其所闕之文甚多，問之云：'溫公晚著此書，未竟而薨，故所傳止此。'近見泉州所刻，乃無一字之闕，始復驚疑，讀至數行乃釋然曰：'此贋本也！'"其說與公武合。此本首尾完具，當卽朱子所謂泉州本，非光之舊。張敦實論凡十篇，據吳師道後序，則元時已附刻於後，今亦併存。

瞿氏目錄有影鈔宋本，云："當時建陽、邵武俱有刻本，邵武惟闕縣辭，此迺泉州教授陳應行乞諸公曾孫溫陵守某，得家藏全本，合張氏發微論以刊者。云縣辭悉備，豈溫公後人所增入者歟？抑張氏作發微論時爲之補全耶？古人作一書，經後人拾遺訂墜者恆多，何獨於潛虛而議之也。後有應行跋。"據此，則張論附後，宋時已然，其駁朱子贋本之說亦頗有理。

**皇極經世書十二卷**

朱子語錄嘗謂"自易以後，無人做得一物如此整齊包括得盡"，又謂"康節易看了，都看別人的不得"，其推之甚至。然語錄又謂"易是卜筮之書，皇極經世是推步之書，經世以十二辟卦管十二會綳定時節，卻就中推吉凶消長，與易自不相干"，又謂"康節自是易外別傳"。蔡季通之數學，亦傳邵氏者也，而其子沈作洪範皇極內篇則曰："以數爲象，則畸零而無用，太玄是也，以象爲數，則多耦而難通，經世是也。"是朱子師弟於此書，亦在然疑之間矣。明何瑭議其天以日月星辰變爲寒暑晝夜，地以水火土石變爲風雨露雷，涉於牽強。又議其乾不爲天而爲日，離不爲日而爲星，坤反爲水，坎反爲土，與伏羲之卦象大異，至近時黄宗炎、朱彝尊攻之尤力。夫以邵子之占驗如神，則此書似乎可信，而此書之取象配數，又往往實不可解？據王湜易學所言，則此書原不盡出於邵子，流傳既久，疑以傳疑可矣。

張惠言易圖條辨云："朱子以爲'自有易以來，更無先天圖說得齊整'，不知天地之道，無不奇零參差，卽如天地日月之行，何曾齊整，宋儒以齊整求易宜其失之千里也。蔡季通云：'康節若做定是四公、八辟、十六侯、三十二卿、六十四大夫'，此言卻中齊整病處。" 又云："皇極經世，非言易之書也。何以知非言易之書？以其言日月、星辰、水火、土石知之，日月、星辰者，當乾、兑、離、震也，水火、土石者，當坤、艮、坎、巽也，則是日水定位，月火通氣，辰石相薄，星土不相射也，可乎？不可也，故曰經世非言易之書也。夫康節之數，一而二，二而四，四而八，如是而已者也，動而陰陽，靜而剛柔，陰陽、剛柔而太少，如是而已者也，是其於八卦也，謂之日月、星辰、水火、土石可也，謂之元會、運世、歲日、月時可也，謂之寒暑、晝夜、風雨、露雷可也，謂之皇帝、王霸、易、詩、書、春秋亦可也，若易者，則乾、坤、艮、兌、震、巽、坎、離也，其象則天、地、山、澤、雷、風、水、火也，故曰經世非言易之書也。"玉縉案：張氏又辨其有陰陽然後可以生天，有剛柔然後可以生地，及四象生天地諸說爲皆不可通，文繁不具錄。

**皇極經世索隱二卷**

始末不甚可考，其進所著易說七種表，稱"自成都府路提轄司幹辦公事丐祠而歸"。玉海稱"乾道二年六月，以行成進易可採，除直徽猷閣"，汪應辰玉山集有"論鄧深按知潼川府張行成狀"，殆由直閣出守歟？

案行成紹興二年進士，官至潼川府，陸氏儀顧堂續跋影宋易通變跋，據宋史譙定傳、繫年要錄、魏鶴山集諸書考其本末甚詳。易說七種者，述衍十八卷，翼玄十二卷，玄包數義三卷，潛虛衍義十六卷，觀物外篇衍義九卷，通變四十卷，及此書二卷也。提要祇收四種，又存目一種。

**觀物篇解五卷附皇極經世解起數訣一卷**

泌字子涇，鄱陽人，自號觀物老人，書首署銜稱"承直郎"，稱"江、淮、荆、浙、福建、廣南路都大提點坑冶鑄錢司幹辦公事"，而起數訣內又自署"提領所幹辦公事"，不知其終於何官也？案朱彝尊經義考有泌所撰皇極經世鈐十二卷，此本題作觀物篇解，又止五卷，與彝尊所記目次不合，而別載泌自序一篇，所陳大旨又頗與此本義例相近，或一書兩名而後人合併之歟？

陸氏儀顧堂題跋皇極經世觀物篇解跋云："皇極經世觀物

篇解五卷，皇極經世鈐一卷，指掌圖一卷，聲音韻譜一卷，起例一卷，附錄二卷，宋祝泌撰。案泌字子涇，江西德興人，第進士，歷官承直郎，充江、淮、荆、浙、福建、廣南路都大提點坑冶鑄錢司幹辦公事，饒州路三司提領所幹辦公事，傳邵氏皇極之學於廖應淮，年老乞休，御書'觀物樓'扁額賜之，自號觀物老人，元世祖詔徵不赴，見饒州府志。聲音韻譜者，以皇極起數皆祖於聲音二百六十四字之姥，取德清縣丞方淑韻心、當塗刺史楊俊韻譜、金人聰明韻參合較定四十八韻，冠以三百六十四姥，以定康節音韻之學。經世鈐者，爲圖九，有圖無文。指掌圖者，自夏禹八年爲七會之始，三千六百年爲十二月圖。起例爲目七，曰先天圓圖算歷代數，先天方圖算人物數，起掛一卦，曰四象斷法，曰變卦爻法，曰引用斷卦。附錄二卷，前爲諸家論說，後爲數學流傳諸人傳也。"玉縉案：陸氏藏書志有舊鈔本康節先生觀物篇解十一卷，皇極經世起數訣一卷，皇極經世鈐一卷，皇極起數例一卷，康節先生觀物篇斷訣一卷，附錄二卷，與題跋所舉篇目不盡合。所載皇極起數例序，題端平乙未，聲音韻譜序，題淳祐辛丑，餘則題戊戌、己亥，爲嘉熙二、三年，題丙午，爲淳祐六年也。

**天原發微五卷**

元元貞間，鄭昭祖刊行其書，方回、戴表元皆有序，至於明初，其族人鮑寧，本趙汸之說，附入辨正百餘條，剖析異同，多所推闡。

案前至元庚寅自序，又至元辛卯、元貞丙申方回兩序，元貞丙申曹涇跋，大德己亥戴表元後序，明天順辛巳鮑寧序，提要所言殊含混。

**易象圖說內篇三卷外篇三卷**

圖書之學，王湜以爲自陳摶以前，莫知所自來？而說者則謂爲祕於道家，至摶乃顯。此書引參同契"巽辛見平明十五乾體就"云云以明圓圖，引"朔旦爲復陽氣始通姤始紀緒履霜最先"云云以明方圖，其說頗相脗合。

張惠言易圖條辨云："陳希夷龍圖，其書已亡，序錄於宋文鑑，元人張理易象圖說、胡一桂啓蒙翼傳所引皆同。易象圖說有圖四，則理所自造，非二十餘圖之舊，龍圖天地未合之數，張理圖說第一與序文合；其二則天地已合之位，即劉牧之洛書生數、成數二圖也；其三則天地生成之數，即朱子啓蒙之河圖也；其四則洛書從横十五之象，即啓蒙之洛書也。說云希夷所傳，以此爲龍圖三變。皆理以意說，謬於希夷之旨。"

**三易洞璣十六卷**

故道周此書，乍觀似屬創獲，然鄭康成解隨之初九云："震爲大途，又爲日門，當春分陰陽之所交"，此道周言歲氣之所本也，故云"晷盈則日損，晷損則日盈"。康成解比之初六云："有孚盈缶，爻辰在未，上值東井，井之水人所汲，故用缶"，此道周言星名之所本也，故云坤爲箕，復爲尾，斗之翕舌則爲噬嗑，牛之任重致遠則爲隨。卦氣值日，始於京房，充之則爲元會之運，推策定曆，詳於一行，衍之則爲章蔀之紀，推其源流，各有端緒。

陳喬樅齊詩翼氏學疏證云："漳浦學貫天人，根極理數，至深且奥，三易洞璣雜圖經下，以雜卦爲序，中分乾坤上下三十二卦，上爲詩之五際，下爲春秋之三軌，以易、詩、春秋合推際會之終始，意即本於翼氏一際七十六歲，此古法所謂十九歲爲一章，四章七十六歲爲一紀者也。"又云："漳浦言詩，大旨以四始、五際爲宗，皆本齊說，亦詩家之絕學也。"

**靈臺祕苑十五卷**

此爲北宋時奉勅删訂之本，祇存十五卷。

錢大昕日記鈔云："宋志載王安禮天文書十六卷，疑即此書，惟卷數稍異，或謂删庾季才之書，恐未然。"

**唐開元占經一百二十卷**

自一卷天占至一百十卷星圖，均占天象。惟其中卷一百四、一百五，全載麟德、九執二曆，九執曆不載於唐志，他書亦不過標撮大旨，此書所載全法具著，爲近世推步家所不及窺。又玉海載九執曆，以開元二年二月朔爲曆首，今考此書，明云今起明慶二年丁巳歲，案，改顯慶爲明慶，蓋避中宗諱。二月一日以爲曆首，亦足以訂玉海所傳之誤，至麟德曆雖載唐志，而以此書校之，多有異同。若推入蝕限術、月食所在辰術、日月食分術諸類，唐志俱未之載。又此書載章歲、章月、半總、章閏、閏分曆、周月法、弦法、氣法、曆法諸名，與新唐書所載全不合，其相合者惟辰率總法等目。蓋悉達所據當爲麟德曆見行本，唐志遠出其後，不無傳聞異詞，是又可訂史傳之譌，有裨於考證不少矣。又徵引古籍，極爲浩博，如隋志所稱緯書八十一篇，此書尙存其七八，尤爲罕覯，然則其術可廢，其書則有可采也。卷首有萬曆丁巳張一熙識語，謂是書歷唐迄明約數百年，始得之挹元道人，鈎沈起滯，非偶然已。

俞正燮癸巳類稾十四書是書目錄後云："占經目前張一熙識語，據程明善本，前爲程明哲乙巳年書，後爲張一熙戊午年書，閣本合爲一，又刪削之，不可讀矣。程本無目錄，閣本有之，閣本脫條，目錄依之，目，張所造也，張鈔分野略例及麟德曆經，彼此互錯，亦程本完好，凡緯文算書計數字轉寫易誤脫，校者或慕恭愼，不求其數，旁注紛紜，使六藝道喪，今定其正數，餘俱抹滅之。百六至百十爲星圖，今有文無圖，占經中所引緯，如孝經雌雄圖、雄圖、三光占括地圖、春秋圖，慧星占引雌雄圖云：'慧星四出'，注云：'按圖如十字'，知天文地里應有圖，故河洛九篇、六篇，古人謂之圖書。據張彥遠歷代名畫記，舉古祕畫珍圖，有龍魚河圖、鉤命訣圖、孝經祕圖、左契圖、雌雄圖、河圖、十三又八。詩緯圖、孝經讖圖、十二。浸潭泥圖、卽潛潭巴。河圖括地象圖、占日雲氣圖、云京兆夏氏、魏氏竝有。風角五音圖、白澤圖一卷三百二十事。皆此書所載，見於祕府。其占引神農、黃帝、巫咸、墨子、甘公、石申、董仲舒、京房、翼奉、劉向、張衡、蔡邕及緯書八十一種，其時李淳風乙巳占皆入之。淮南間詁者，許愼所上也，占經引至多，程、張學俗，改作淮南閒話，閣本疑之，改作淮南人間訓，甚矣明古書之難也。嘗比其占五星之聚，易緯以爲至德之萌，謂周文王及漢高帝，春秋緯以爲失命絕於天，謂紂及子嬰，兩義相反，其實通也。日之冠珥，孝經內記所言實爲瑣屑，蓋緯書立義，博士隨事條附，取識天人之際以合時應，非以爲天語，樂緯以五音配星二十八宿，山經以山配，是皆各守世業而已。古法知天，以日月五星與十二辰相推勘，左傳、國語、淮南各史志，具有其法，不獨占經。晉書習鑿齒傳、占經引續晉陽秋，並云桓溫戲謂星人曰：‘君徒三十年讀儒書，不如一詣習鑿齒’，此晉以前星緯屬儒之證。天人之際，順受其正，天官書言爲天數，必通三五終始古今，深觀時變，察其精粗，故記其已然，非測其未至，如此，則占經爲儒書，不須禁祕。人事變異，或數百年一見，其前後數年五行可記者，周內史叔興所謂隕石鷁退，陰陽之事，吉凶由人，假他占以對。天官書所謂皋、唐、甘、石，因時務論其書傳，而談禨祥者依爲知來之學，后妃人臣，日在嫌疑中，亂人事且誣天也。嘗論古緯書，爲馮相、保章從太史所記靈臺候簿，故曰緯候、讖候，不然，卽謂之妖書亦無可辭也。占經風雲望氣之占，太白陰經、武經總要、乾象通鑑所載占風文同，而題曰風角。占經於緯亦多不著篇目，或轉寫失之。潛潭巴六十曰日食占，散見續漢志注者僅三十六，占經則以次全載之，壬申日食云‘水盛陽潰陰欲翔，’續漢志注亦同，而乾象通鑑云：‘諸侯交攻’，乃是占經潛潭巴下京房說，李季宋人，殆未見緯，以壬申日食占推之，知是錄自占經，其誤有蹟可案，益信占經宋有傳本。孫瑴古微書則錄自乾象通鑑而未見占經，九執法云：‘起明慶二年丁巳，至開元二年甲寅，置積年五十七算'，玉海九執法，則以開元二年二月朔爲算首，錄自新唐書志，或歐陽修、王應麟均未覩此書，書各有傳者，程明哲謂有明巨公，亦未之見，則程未知觀象玩占九十三家書目，明人撰，或云李淳風，淳風安得下引占經。及國史經籍志正有占經。又曆志言正德時，朱裕請推九執法亦在占經，是可於李季所引、朱裕所請，知占經在宋、明時皆有蹤蹟可尋。書中有夾注，又有大字注，題以注曰，其犀角戴通占，孝經緯下引交州記、南州異物志、抱朴子，或出漢以後，當非緯注，白魚入舟占中候後，大字注曰一條，又宗均曰一條，注是鄭注，宗均是旁采緯注，其夾寫不題注曰者，修書人所說也。”

# 四庫全書總目提要補正卷三十二

## 術數類二

**宅經二卷**

考書中稱黄帝二宅經，及淮南子、李淳風、呂才等宅經二十有九種，則作書之時本不僞稱黄帝。

譚廷獻復堂日記五云："中有避唐諱及'位至臺省，高道奇人'云云，蓋唐人書。"

**葬書一卷**

惟宋志載有璞葬書一卷，是其書至宋始出，其後方技之家競相粉飾，遂有二十篇之多。蔡元定病其蕪雜，爲刪去十二篇，存其八篇，吳澄又病蔡氏未盡蘊奥，擇至純者爲內篇，精粗純駁相半者爲外篇，粗駁當去而姑存者爲雜篇，新喻劉則章親受之吳氏，爲之注釋，今此本所分內篇、外篇、雜篇，蓋猶吳氏之舊本，至注之出於劉氏與否則不可考矣。

復堂日記五云："篇中皆用唐韻，當出唐人，託之景純。"

瞿氏目錄有明刊本葬書集注一卷，云："草廬先生吳文正公澂刪定，後學金華元默生鄭謐注釋。謐字彥淵，北山先生忠愍公七世孫，自號元默居士。”玉縉案：提要所據，似非此本。

**撼龍經一卷疑龍經一卷葬法倒杖一卷**

舊本有李國木注，併所附各圖，庸陋淺俗，了無可取。

案近時李文田注最精。

**天玉經內傳三卷外編一卷**

內傳首言“江東一卦，江西一卦，南北八神一卦”，術者罕通其說，近時潘思榘作天玉經箋，許清奇作天玉經注，始推繹下文有父母三般卦，又有“天卦江東掌上尋”之語。疑所謂江東者卽天卦，所謂江西者卽地卦，所謂南北者卽父母卦，大抵以甲丙庚壬四陽干左旋起長生者爲東卦，陽數奇，故曰天卦，曰八神四一；以乙丁辛癸四陰干右旋起長生者爲西卦，陰數耦，故曰地卦，曰八神四二；又以山家之坐向爲南北一卦，由天地而及人，故曰父母卦。蓋自神其說，故爲隱奥之詞，使人惝恍迷離，驟不得其指要，方技家之譎智往往如斯，不獨此書爲然也。

案陳世鎔爲天玉了義、陽宅易簡二書，名曰易學支流，陶澍爲之序云：“以江東、江西之卦爲四正四隅，以八神一二分配干支，以五黄加向爲仿說卦出震見離，以左旋右旋爲本月令左个右个，悉從來未發之覆，蓋至是而天玉始確然有義例可尋，一切荒唐悠謬之說不攻自破矣。”見陶文毅公全集，此又於潘、許二說外別見一義。

**靈城精義二卷**

舊本題南唐何溥撰，溥字令通，履貫未詳？是編上卷論形氣主於山川形勢辨龍辨穴，下卷論理氣主於天星卦例生尅吉凶，自宋以來，諸家書目皆不著録，觀其言"宇宙有大闔合氣運爲主"，又言"地運有推移而天氣從之，天運有轉旋而地氣應之"，蓋主元運之説者。考元運之説，以甲子六十年爲一元，配以洛書九宫，凡歷上、中、下三元爲一周，更歷三周五百四十年爲一運，凡爲甲子九，每元六十年爲大運，一元之中每二十年爲小運，以卜地氣之旺相休囚。如上元甲子，一白司運，則坎得旺氣，震、巽得生氣，乾、兑得退氣，離得死氣，坤、艮得鬼氣，大抵因皇極經世而推演之，其法出自明初寧波幕講僧，五代時安有是説，其非明以前書確矣。其注題曰"劉基撰"，前列引用書目凡二十二種，如八式歌之類，亦明中葉以後之僞書，則出於贋作亦無疑義。但就其書而論，則所云"大地無形看氣槩，小地無勢看精神，水成形山上止，山成形水中止，龍爲地氣，水爲天氣"諸語，於彼法之中頗爲近理，注文亦發揮條暢，勝他書之鄙，猶解文義者之所爲。術數之書，無非依託，所言可採，即録存以備一家，眞僞固無庸辨，亦不足與辨也。

沈映鈐退庵隨筆云："徽州郡城，爲南唐何令道所營度，何所著靈城精義，俗名鐵彈子。於青烏諸家中最爲精妙，其建新安城後有記志之，記中所謂斗山亭、河西橋、漁梁壩諸跡，歷今千餘年，一一如故，蓋皆天造地設不可增減者也。記後系以歌云：'艮山丙向甲門開，五百年中出大才，可惜走了紫陽山下水，三年五載損嬰孩'，徽城白虎雄昂，而諸水順流東去，故歌中云云。其作漁梁壩，乃極有作用者也，運用九星，則用翻卦五鬼法，並不如今人三元卦氣所云，存此一記，亦葬書中之蒙泉剩果爾。”玉縉案：沈意似不以爲僞作，謂九星用翻卦五鬼法，蓋以明古術之僅有存也。

**催官篇二卷**

是書分龍、穴、砂、水四篇，各爲之歌。

陸氏藏書續志有明鈔本並載錢求赤手跋云：“地理之說，大約巒頭爲體，理氣爲用，龍穴爲主，砂水爲輔，苟無龍，何有穴，龍穴既已不眞，則雖有佳砂佳水，果合理氣，此不過僞局耳，皮之不存，毛將安附，此繪事必後素而龍穴必先於砂水也。但世之時師，所以欺人者惟此外局，而人家復有房分之說，遂致一青龍，一白虎，紛爭數十年不息，致有棄遺骸於弁髦者，良可悲也！催官之書，主於立向，而所重實在遷穴，古人原未嘗誤後人也。又所謂陽龍者，今人多忽之，亦云本之催官，不知催官之所忌於陽龍者乃龍穴不眞，形凶孤露則忌之，果龍正穴的，水秀砂明，全局合法，則催官亦未嘗有後言也。且此書僅爲科第田園而設，主於安享太平，優游富貴，故有陽不如陰之論，實則古帝王墳墓及猛將、名臣、元勳、功宗，多有發自陽龍者，張子微玉髓全書可驗也。至於陰龍所出，其人重名義，惜身家，瞻前顧後，無難無災，坐致聲華，富厚無窮，此則陰龍之優而陽所未能也。余嘗妄謂天下無事，則陰龍用而陽黜，以上承天意，天下有事，則陽龍有能禁亂開治者決不宜置，而鬼神亦或不祕惜以終於禍亂也。”

## 發微論一卷

地理大全亦載此書，題曰"蔡牧堂撰"。

陸氏藏書志有明弘治刊本發微論集注一卷，題"宋牧堂蔡發神輿著"。

## 靈棋經二卷

惟考隋書經籍志，即有十二靈棋卜經一卷，而南史所載："客從南來，遺我良材，寶貨珠璣，金盌玉杯"之繇，實爲今經中第三十七卦象詞，則是書本出自六朝以前，其由來亦已古矣。

吳氏拜經樓藏書題跋記云："先君子手書通志一條，靈棋經一卷，張良傅撰，又一卷，唐李遲撰，齊江謐占得送貨卦，見南史卅六，御覽七百廿六。又書南牕紀談一則於別紙云：'傅崧卿以冰餽同舍，其柬詞云："蓬萊道山，羣仙所遊，清異人境，不風自涼，火雲騰空，莫之能口，餉以冰雪，是謂附益"，讀者莫解，或曰："此靈棋也。"'又董含三岡識略云：'靈棋經不知造於何人？前列唐人一序云："漢留侯受之黄石公，用梓木製棋十二，刻上、中、下各四，擲成卦，每歲人日，以酒果祭之，考書披詞，吉凶得失，莫不奇應，予虔奉二十餘年，叩以事十驗八九，勝於市廛卜肆多矣。"'"

## 易林十六卷

至舊本易林，首有費直之語，稱王莽時建信天水焦延壽，其詞蓋出僞託，鄭曉嘗辨之審矣。贛嘗從孟喜問易，然其學不出於孟喜，漢書儒林傳記其始末甚詳。蓋易於象數之中，別爲占候一派者，實自贛始，所撰有易林十六卷，又易林變占十六卷，並見隋志，變占久佚，惟易林尚存，其書以一卦變六十四，六十四卦之變，共四千九十有六，各繫以詞，皆四言韻語。考漢藝文志所載易十三家，蓍龜十五家，不及焦氏，隋經籍志始著錄於五行家，唐王俞始序而稱之，似乎後人所附會。故鄭曉古言，疑其"明夷之咸林，似言成帝時事，節之解林，似言定陶傅太后事，皆在延壽後"。顧炎武日知錄亦摘其可疑者四五條，然二家所云某林似指某事者皆揣摩其詞，炎武所指"彭離濟東遷之上庸"者，語雖出漢書，而事在武帝元鼎元年，不必漢書始載。又左傳雖西漢未立學官，而張蒼等已久相述說，延壽引用傳語，亦不足致疑。惟"長城既立，四夷賓服，交和結好，昭君是福"四句，則事在元帝竟寧元年，名字炳然，顯爲延壽以後語。然李善注文選任昉竟陵王行狀，引東觀漢記曰："沛獻王輔，永平五年秋，京師少雨，上御雲臺，詔尙席取卦具自卦，以周易卦林占之，其繇曰：'蟻封穴戶，大雨將集'，明日大雨，上卽以詔書問輔曰：'道寧有是耶？'輔上言曰：'案易卦震之蹇，蟻封穴戶，大雨將集，蹇艮下坎上，艮爲山，坎爲水，出雲爲雨，蟻穴居而知雨，將雲雨，蟻封穴，故以蟻爲興文'"云云，今書蹇繇實在震林，則書出焦氏，足爲明證，昭君之類，或方伎家輾轉附益，竄亂原文，亦未可定耳。　俞序本名大易通變，與諸本不同，疑爲後來卜筮家所改，非其舊也。

案翟云升、牟廷相校略，據後漢書崔篆傳，定爲崔篆作，丁晏辨之，作易林釋文二卷，文繁不錄，茲略摘劉毓崧易林釋文跋於後。劉云："顧亭林謂易林用漢書李尋傳語，然考李尋傳，其在成帝時，係言‘月太白入井’，而不言‘火入井口’，與易林所言固異，其在哀帝時，但言‘月入太微、熒惑入天門’，而不言‘火入井口，登上玉牀’，與易林所言亦殊。況哀帝諱欣，而易林不避欣字，屯之蹇云：‘不見欣歡’，否之履，復之損，並云‘欣然嘉喜’。則非作於哀帝時可知。亭林又謂易林用成帝起昌陵事，然考成帝紀云：‘昌陵客土疏惡，終不可成’，劉向傳云：‘始營初陵，其制約小，天下莫不稱賢’，明是昌陵曾陷，而初陵未嘗陷，易林所言初陵，必非成帝之初陵，更非成帝之昌陵，況成帝諱驁，其嫌名爲獒，而易林不避獒字，鼎之震云：‘困於噬獒。’則非作於成帝時可知。亭林又謂易林有元帝昭君事，先生辨之曰：‘昭君或取昭明之義，如毛詩‘平王’之類，不必定指漢宮人，萃之臨曰：‘昭君守國，諸夏蒙德’，此‘昭君’又何以解焉？鼎之噬嗑云：‘乾侯野井，昭君喪居’，此昭君謂魯昭公，又是一義’，其剖晰最爲明顯。毓崧竊謂易林屢言昭君，亦屢言文君，所謂文君者，或專言周之文王，謙之困云：‘文君降陟’，蠱之益云：‘文君出獵，姜氏受福’，復之姤云：‘命絕衰周，文君乏祀。’或泛言文德之君，咸之既濟云：‘文君德義，仁聖致福’，歸妹之咸云：‘文君之德，養仁致福。’說易林者，未聞以文君爲卓女，何獨以昭君爲明妃乎？況元帝諱奭，而易林不避奭字，大畜之小畜，益之謙，並云‘欣喜奭懌’，頤之漸云：‘姬奭姜望’，艮之咸云：‘旦奭輔王。’則非作於元帝時可知。焦延壽之學易，梁敬王助其資用，敬王嗣位，在昭帝始元二年，易林言‘從我睢陽，可辟刀兵’，又言‘彭離濟東，遷之上庸’，睢陽者，梁之國都，當吳、楚相攻，得免殘破，彭離者，梁之支屬，爲有司所奏，自取遷流，焦氏以梁人事梁王，故述梁事以勸戒，則作於敬王嗣位以後無疑。漢書地理志云：'金城郡，昭帝始元六年置'，昭帝紀云：'始元六年七月，置金城郡'，易林云：'金城朔方'，睽之无妄。則作於是年七月以後無疑。昭帝時，左傳未立學官，亭林因易林引左傳語甚多，疑是東漢以後人撰，而託之焦延壽者，先生辨之曰：'左傳當西漢時雖未立博士，賈誼已爲訓故，河間獻王傳其學，毛詩故訓傳多依用之，於易林何疑焉'，其援證最爲確鑿。毓崧竊謂賈太傅官梁甚久，梁人必有從受左傳之學者，故焦氏得以私淑諸人，祇可據此定焦氏爲左傳先師，不可反謂易林非焦氏所作也。若夫高祖字季，而易林言'劉季發怒命滅子嬰'者，蠱之賁。古人未嘗諱字，史記、漢書高祖紀中，言劉季者不一而足，其言劉季，猶周人之言王季，其言'劉季發怒'，猶大雅之言'王赫斯怒'，不得謂非漢人所宜言也。易林又言'大蛇當路，使季畏懼'，屯之井，損之比。何本季作我，作我者固統論常人，與高祖無涉，卽作季者，亦偶擧行輩，與高祖無關。易林泛言伯仲叔季者甚多，無所專指。其下文云：'湯火之災，切近我膚，賴其天幸，歸於室廬'，損之比作室是也，屯之井作主非也。以視高祖之拔劍斬蛇，情境迥別，倘因此附會，遂謂易林爲王莽時人所作，則莽之曾祖名賀，字曰翁孺，而易林有'東家翁孺'之語，豫之震。又豈莽之臣所宜言乎？翟氏云升、牟氏廷相，並謂易林爲王莽時崔篆所作，又以繇詞所言皇母，爲定陶傅太后，不知易林言皇母，亦言元后，皆係泛詞，而無專屬，夫元后既非王太后，艮之訟云：‘元后貪欲，窮極民力’，旅之姤云：‘爲國妖祥，元后以薨’，所謂元后乃君上之稱，與孝元皇后無涉。則皇母亦非傅太后矣。且傅太后與王太后有隙，莽嫉之如寇仇，既奏奪其尊號之稱，又發掘其墳冢，易林果作於莽世，崔篆安敢加傅太后以皇母之名耶？翟氏又引同人之豫、鼎之節云：‘安民呼地’，謂安民縣始於王莽時，在焦氏後，皆是崔非焦之證，先生辨之云：‘毛本同人之豫曰：“按民湖池”，黃本作“按民呼地”，翟本又改安民，臆改遷就不可從’，其駁正詳審，洵足以釋翟氏之疑矣。毓崧竊謂易林所述漢代地名，如六安、屯之蠱云：‘南巴六安。’蒼梧、鬱林、比之噬嗑云：‘蒼梧鬱林，道易利通。’高奴、小畜之剝云：‘北至高奴。’合浦、隨之節云：‘交川合浦。’金城、朔方、睽之无妄云：‘金城朔方，外國多羊。’河間，巽之益云：‘封君河間。’莽時皆有改易，使謂安民爲莽時地名，則六安等處，何以仍用漢時舊名而不用莽時所改，亦足見易林之作，必不在僞新之朝矣。至於費直序謂莽時建信天水焦延壽所撰，鄭端簡謂延壽與孟喜、高相同時，非王莽時人，費直亦非莽時人，其說是也，牟氏明知費序之僞，而猶據此以爲莽時，且謂新信聲同，大尹誤爲天水，崔形誤爲焦，崔篆蓋字延壽，先生辨之云：‘西漢諸儒，未有代人作序者，此費直之序，必依託也，徧檢書傳，篆無延壽之字，東觀漢記占周易卦林，詔問沛獻王輔，王厚齋漢志考，亦引東觀記此文，薛季宣序引同，並稱以京氏易林占之，後漢沛獻王輔傳，善說京氏易，京爲延壽弟子，是爲焦氏之學確有明徵’，其考訂縝密，洵足以正牟氏之失矣。毓崧竊謂崔篆自有易林，新、舊唐書志著錄，以崔氏易林與焦氏易林並列，判然爲二，焉得以崔氏之書既失遂移焦氏之書補之，試思崔篆客居滎陽，而易林言'鬬死滎陽'，師之否。又言'敗於滎陽'，噬嗑之旅。篆何必特爲此語，且崔杼、棠姜之亂，乃崔姓所當深諱，而易林再四言之，乾之夬云：'東郭棠姜，武氏以亡'，需之剝云：'東郭棠姜，武氏破亡'，睽之解云：'東郭棠姜，武子以亡'，坎之升云：'入宮無妻，武子哀悲'，升之剝云：'入室無妻，武子悲哀。'篆又何必舉此事以爲美談。況篆既濡跡僞朝，內懷慚德，較諸延壽以經師而兼循吏者高下懸殊，若必改焦爲崔，誠恐以人廢言者將有覆瓿之誚也。"玉縉案：譚廷獻復堂日記、李慈銘桃華聖解盦日記皆從牟說，非是。吳氏繡谷亭薰習錄有十六卷，云："漢天水焦延壽字贛著，第易林之名，不見藝文志，至隋經籍志始有易林、易林變占各十六卷，而易林變占已佚，惟易林存焉。文獻通考又謂此名大易通變，唐王俞序，此序見竹垞經義考，世行本無之，明新都唐琳刊本，又題周易變卦，古人傳書，後世遞變其名，殊不可解？"顧廣圻思適齋集代黃蕘圃焦氏易林後序云："此書今本之誤，非校宋本不能正者，如賁之鼎，'東門之壇'，乃詩鄭風文，正義云：'偏檢諸本，字皆作壇'，又云：'今定本作墠'，釋文云：'壇音善，依字當作墠'，可見作易林時固是壇字，今作墠，誤依定本以後毛詩所改，似是實非。頤之解，'飢人入室'，乃史記殷本紀所謂'及西伯伐飢國滅之'，徐廣曰：'飢一作阢，又作耆，即尙書大傳之西伯戡耆也'，今飢人作箕仁，臆改而誤。萃之漸，'橘柚請佩'，乃韓詩內傳漢有游女事，所謂'聘之橘柚'者也，今橘柚作禱神，亦臆改耳。旅之蒙，'封豕溝瀆'，全取史記天官書語，今豕作涿，失之遠矣，其類甚夥。顧君千里見語曰：'讀此書之法又有三焉，以複見求之，以所出經、史、子等求之，以韻求之。如比之震，"扶杖伏聽"誤，无妄之中孚，扶下無杖字，聽下有命字者是。兌之否，扶作俯，亦非，扶伏者，匍匐也。大過之蠱，"故革懈惰"誤，遯之益、鼎之既濟，作"五槊解墮"者是，槊或體作䂓也。豐之困，"膠牢振振，冠帶無憂"誤，明夷之旅，作"膠目啓牢振冠無憂"者是，呂覽贊能說管仲事，正曰"膠其目也"。此皆可得之於複見者。如乾之咸，"反得丹穴，女貴以富"，貴當作清，本史記貨殖列傳"而巴蜀寡婦清，其先得丹穴。"大畜之訟，"哀相無極"，哀相當作衷袓，本左氏傳"皆衷其袓服"。小畜之漸，"鳴鳩飛來"，晉之艮，作"餌吉知來"，家人之大畜作"神鳥來見"皆誤，當作"䳌鵲知來"，本淮南氾論訓"乾鵲知來而不知往"，鄭注大射儀引作䳌，此與之同。姤之晉，"販鼠賣卜"，卜當作朴，本戰國策"周人謂鼠未腊者朴"。升之艮，"扶陜之岐"，扶陜當作杖策，本尚書大傳"遂杖策而去，過梁山，邑岐山"，今本大傳杖策誤倒。震卦"枯瓠不朽"，朽當作材，本國語"苦瓠不材於人"。既濟之鼎，"禍起子商"，子當作于，于，於也，商，宋也，謂禍起於宋雍氏，本左氏傳也。此皆可得之於所出經、史、子等者。如訟之損，"吏相擊劍"，劍當作訽，明夷之臨不誤，大畜之家人作詢，亦非，以訽與下走爲協。

晉之漸，"神君之精"，之精當作乏祀，以祀與上起理爲協。革之豫，"沾我袴襦，重難以涉"，袴襦當倒，涉當作步，未濟之損不誤，以袴步爲協。兌之噬嗑，"茂樹斬枝"，枝當作枚，以枚與下飢爲協。此皆可得之於韻者，其類亦甚夥。又如豫之豐云："一說文山蹲鴟"，一說即一作也，由是以推，凡一繇數句，而上下語意不類，蓋皆脫去"一作"字，而誤相連并耳，此又一法也。讀者苟於校宋本得之之外，循是而各各求之，思過半矣。'予甚然其言，附著於末。"左暄三餘偶筆卷七云："漢書藝文志載漢世說易者十三家，不言焦延壽有易林，延壽，昭、宣時人，今所傳易林，間道及元、成間事，如曰：'長城既立，四夷賓服，交和結好，昭君是福'，事在元帝竟寧元年，曰'新作初陵，踰陷難登'，似用成帝起昌陵事，可知不出焦氏之手，前人曾有辨論及此者。余案後漢書崔駰傳，駰祖父篆，著周易林六十四篇，續博物志亦云：'後漢崔篆著易林六十四篇，或曰卦林，或曰象林。'又許曼傳，曼祖父峻，亦著易林，篆易林不可考，峻所著易林，范氏以爲至今行於世，則後世所傳易林，當即峻書，而人誤以爲焦延壽也。論者又謂易林中如'劉季發怒命滅子嬰'等語，非漢人所宜言，似漢以後人所著，則不然，史記高祖本紀言劉季者非一，則固漢人所常言也。"鄭珍巢經巢文集跋是書云："今世有易林四卷，相傳爲漢焦延壽贛撰，顧亭林以延壽在昭、宣之世，其時左氏未立學官，而易林引左氏語甚多，又往往用漢書中事，其曰：'劉季發怒，命滅子嬰'，又曰：'大蛇當道，使季畏懼'，則又非漢人所宜言，疑是東漢以後人撰，託之焦延壽者。愚案贛事實見前漢京房及儒林傳，並不言著易林，顧氏以用事措語疑之，此書不出贛信矣。考隋書經籍志有焦贛易林十六卷，費直易林二卷，許峻易新林一卷，郭璞周易林五卷，魯洪度易林三卷，唐書藝文志又增多崔氏周易林十六卷，管輅周易林四卷，張滿周易林七卷，是作易林者凡八家。崔篆乃駰之祖，建武中著易林六十四篇，見駰傳，許峻乃曼之祖，著易林見方術傳，篆，桓帝時人，峻當在明、章間，二子皆不宜言劉季，則此書亦非崔、許所著，觀其文奇喬光怪，景純優爲之，然樸質自然，非漢、魏人不能也，是其管公明之書乎？唐會昌中王俞序贛書云：'四千九十六題'，卽是此本，知其時贛書久亡，世遂以此當之耳，今之四卷，蓋猶其舊也。"

**京氏易傳三卷**

房本姓李，吹律自定爲京氏，字君明，東郡頓邱人，受易於焦延壽，元帝時，以言災異得幸，爲石顯等所嫉，出爲魏郡太守，卒以譖誅，事蹟具漢書本傳。績有易解，已著錄。房所著有易傳三卷，周易章句十卷，周易錯卦七卷，周易妖占十二卷，周易占事十二卷，周易守林三卷，周易飛候九卷，又六卷，周易飛候六日七分八卷，周易四時候四卷，周易混沌四卷，周易委化四卷，周易逆刺占災異十二卷，易傳積算法雜占條例一卷，今惟易傳存。考漢志作十一篇，文獻通考作四卷，均與此本不同，然漢志所載古書卷帙多與今互異，不但此編。通考所謂四卷者，以晁、陳二家書目考之，蓋以雜占條例一卷，合於易傳三卷，共爲四卷，亦不足疑，惟晁氏以易傳爲卽錯卦，雜占條例爲卽逆刺占災異，則未免臆斷無據耳。

吳氏繡谷亭薰習錄云："漢書京房有二：一焦延壽弟子，元帝時，卒於魏郡太守；一楊何弟子，宣帝聞其爲易明，求其門人，得梁邱賀，則京房已歿可知也。顏師古謂自別一京房，非延壽弟子，然考延壽之說，專述陰陽災異，分六十卦更直日用事，今所傳京氏易傳亦然，是延壽弟子無疑，劉向謂'諸家易皆祖田何，惟京氏爲異'，則其書在當時原自成一家。"　玉縉案：晁說誠臆斷，但晁謂積算易傳，此處文義混淆，殊未分晰。又衢本提要未見，所據蓋本馬氏通考所引，觀郡齋讀書志可知。

**六壬大全十二卷**

吳越春秋載伍員及范蠡雞鳴、日出、日昳、禺中四課，則時將加乘與龍蛇刑德之用，一如今世所傳，而越絕書載公孫聖亦有今日壬午時加南方之語。其事雖不見經傳，似出依託，然趙煜、袁康皆後漢人，知其法著於漢代也。

玉縉案：漢書郊祀志，"始皇初幷天下，甘心於神僊之道，遣徐福、韓終之屬"，沈欽韓疏證云："抱朴仙藥篇，韓衆服菖蒲三年，身生毛，日視書萬言，皆能誦之，冬極不寒，衆、終同字。"王先謙補注云："梁元帝洞林序云：'韓終六壬'，是六壬出自終也，楚辭九歎，'羡韓衆之得一'，注，'衆與終同'"，據此二說，是六壬秦已有之。

**李虛中命書三卷**

詳勘書中義例，首論六十甲子，不及生人時刻干支。

紀昀槐西雜志三云："世傳推命始於李虛中，其法用年、月、日而不用時，蓋據昌黎所作虛中墓志也。其書宋史藝文志著錄，今已久佚，惟永樂大典載虛中命書三卷尚爲完帙，所說實兼論八字，非不用時，或疑爲宋人所僞託，莫能明也？然考虛中墓志，稱其'最深於五行書，以人始生之年月日所直日辰，支干相生勝衰死生王相斟酌，推人壽夭貴賤利不利'云云，案天有十二辰，故一日分爲十二時，日至某辰，卽其時也，故時亦謂之日辰，國語'星與日辰之位皆在北維'是也。詩，'跂彼織女，終日七襄'，孔穎達疏，從旦至暮七辰一移，因謂之七襄，是日辰卽時之明證。楚辭'吉日兮良辰'，王逸注，'日謂甲乙，辰謂寅卯'，以辰與日分言尤爲明白。據此以推，似'所直日辰'四字當連上'年月日'爲句，後人誤屬下文爲句，故有不用時之說耳。余撰四庫全書總目，尙沿舊說，今附著於此，以志余過。虛中推命，亦以八字，或昌黎約略其詞，或韓文傳寫漏去一字，觀方崧卿舉正及朱子考異，韓文之譌脫原多。"玉縉案：劉毓崧通義堂文集推算八字考亦云："以各書參考之，古人推算星命者本兼用時，其證有六"，文繁不錄。

**珞琭子三命消息賦注二卷**

案錢曾讀書敏求記稱珞琭子三命消息賦二卷，王廷光、李仝、釋曇瑩、徐子平四家注解。　李仝之名，讀書敏求記作同，晁公武讀書志作仝，亦莫詳孰是？

張氏藏書志有影鈔宋本新編四家注解經進珞琭子消息賦

六卷，題"保義郎監內香藥庫門臣王廷光、宜春李仝、嘉禾釋曇瑩、東海徐子平注"，有宣和五年王廷光進書序。瞿氏目錄載影鈔元本同，云："賦不著撰人，作注者四家，敏求記所題作注人姓名與此本同，惟作二卷爲異，疑錢氏所見非足本耳。"據此，則作李同、李全皆非。又有影鈔宋本注疏珞琭子三命消息賦三卷，云："題宜春李仝注，東方明疏，前有嘉祐四年仝序，焦氏經籍志明譌朔，或作李同、李全者皆譌。"

**星學大成十卷**

民英字育吾，大寧都司人。

盧弼湖北先正遺書札記云："湖北通志，民英字育吾，江夏人，案題名碑錄，萬民英，大寧都司茂山衞右所軍籍，湖廣江夏縣人。"

**太乙金鏡式經十卷**

其以歲、月、日、時爲綱而以八將爲緯，三基、五福、十精之類爲經，亦猶夫曆也。其法以八將推其掩迫、囚擊、關格之類，占內外災福，又推四神所臨分野，占水旱、兵喪、饑饉、疾疫，又推三基、五福、大小遊、二限易卦大運，占古今治亂。

俞正燮癸巳類稾十史記用蓋天論云："渾天所有箕義云：'萬物之根棋'，徐廣本作橫，則橫非基無疑，大一十神之君棋、臣棋、民棋，沈括夢溪筆談謂是基字，因唐諱改棋，熙寧中，領太史欲正之而未能也。雲麓漫鈔亦言十神君基、民基，唐明皇諱爲棊，至今不改，今所見邱濬太一淘金歌，已改從基，其亦未之思矣。"又九宮紀年論云："太一金鏡式經云:'太一十神、五福、君棋,大遊、小遊、天一、地一、四神,臣棋、民棋、直符,皆天之尊神,行五宮五移而周',夢溪筆談小遊作太一,四神作十神,直符作九氣,三年一移",又云:"棋應作基,案其式君棋、臣棋、民棋行十二亥天,一行十二宮,或行八卦,或行十六神,不得總云行五宮五移而周也。"其下詳論諸法,有一月一移,一年一移,三年一移,四十五年一移,不錄。

**禽星易見一卷**

至以斗牛爲蟹,故其性最弱靜而安閒,非獬豸之獬,亦足訂星家之譌異。

案易中孚"豚魚吉",鄭注云:"三辰爲亥爲豕,爻失正,故變而從小名言豚耳。四辰在丑,丑爲鼈蟹,鼈蟹魚之微者,爻得正,故變而從大名言魚耳。"

## 術數類存目

**正易心法一卷**

文獻通考載李潛序云:"得之廬山異人",馬端臨注曰:"或云許堅",又載張栻跋,亦信爲陳摶所傳。

玉縉案:陸氏藏書志有明刊本,並載崇寧三年李序,人下亦注"或云許堅"四字,似李氏原文,非馬語,抑明刻即據通考載入歟?又載乾道元年戴師愈序,淳熙己亥程準跋,而無張栻跋,此本蓋即范欽刻十七種之一。又徐𤊹紅雨樓題跋麻衣先生易髓條,亦及此書,又及易髓上下二卷,謂"麻衣五代周時人,歷數百年而人不知有易髓之傳於人間，信乎三墳、汲冢之出於後代也"，不知易髓亦僞書，今提要不載，恐疑誤後，併辨之。

**皇極經世節要無卷數**

浙江遺書目錄題元周爽撰，案朱彝尊經義考，載"經世節要，宋周奭著，奭，湘鄉人，乾道間嘗與胡安國、張栻游，潛心於易"云云，則是周奭非周爽，是宋人非元人也。

案宋人王湜易學一卷，其末爲皇極經世節要自序，有云："康節遺書，或得於家之草稾，或得於外之傳聞，間有譌謬，於是決擇是非以成此書，示讀皇極者以門戶"云云。提要於易學下引之，今此處不言，豈別一本歟？抑出於衆手而未及關顧歟？

**乙巳占略例十五卷**

考朱彝尊曝書亭集有乙巳占跋，是其書近時尚存，今特偶未之見耳。

陸氏藏書志有明鈔本乙巳占十卷，已刊入十萬卷樓叢書。

**玄珠密語十七卷**

前有自序，稱"爲其師玄珠子所授，故曰玄珠密語"，又自謂"以啓問於玄珠，故號啓玄"。然考冰所注素問，義蘊弘深，文詞典雅，不似此書之迂怪，且序末稱"傳之非人，殃墮九祖"，乃粗野道流之言。序中又謂"余於百年之間，不逢志求之士，亦不隱沒聖人之言，遂書五本，藏之五岳深洞中"，是直言藏此書時其年已在百歲之外，居然自號神仙矣，尤怪妄不可信也。宋高保衡等校正內經云："詳王氏玄珠，世無傳者，今之玄珠，乃後人附託之文耳，雖非王氏之書，亦於素問十九卷二十四卷頗有發明”，則宋時已知其僞。明洪武間，呂復作羣經古方論云：“密語所述，乃六氣之説，與高氏所指諸卷全不侔”，則呂復所見者併非高保衡所見，又僞本中之重儓。且鄭樵通志略稱玄珠密語十卷，呂復亦稱十卷，而此本乃十七卷，則後人更有所附益，又非明初之本矣。

吳氏拜經樓藏書題跋記有影宋本十六卷，云：“先君子書云：‘玄珠密語十六卷，不見於新、舊唐書藝文志及文獻通考，惟晁氏讀書志有天元玉冊三十卷，云：“啓玄子撰，啓玄子，卽唐王砅也。書推五運六氣之變”，今此只十六卷，未知與天元玉冊相同否？夾漈通志，玄珠密語十卷，不著撰人，焦氏經籍志同，讀書敏求記，玄珠密語十七卷，七或六之譌，盱江張三錫運氣格，以爲託名玄珠密語，余案其序云云，其言多怪誕不經，盱江之言，當非謬也。’”又載陳鱣跋云：“余得吳中袁氏鈔本十七卷，與讀書敏求記合，此本爲拜經樓舊藏，後有成孚氏跋，知從宋版傳鈔，惟止十六卷，今以余所得本校之，則十一、十二兩卷幷而爲一，又五行類應紀篇脫落數番，彼此互勘，庶得完善矣。”壽暘自爲說云：“此書自序云：‘今則直言編紀一十六卷’，目錄亦十六卷，恐分併有所竄易耳。”玉縉案：據陳跋，則十七卷本似亦明初本。又提要引高保衡語，亦於素問十九卷二十四卷頗有發明，當作十九卷至二十二四卷。

**清類天文分野之書二十四卷**

蓋附會相沿，雖以基之學識，亦不能盡破拘墟之見也。

玉縉案：是書旣奉敕所作，而不載占驗，正見基之微意，其測分野，非拘墟也。丁氏藏書志云："始於斗牛吳、越分野，著開天之神功，終以雲漢之末派，鼇魚麗焉，卽一書之始終，可作運命論讀矣。"此亦尋好話頭耳。

**注解祥異賦七卷**

大致與明仁宗所製天元玉曆祥異相類。

丁氏藏書志有明刊本天元玉曆祥異賦七卷，云："自卷一天地雨霜篇至卷七旋風占篇，凡五十有五"，據此，則兩書渺不相類。

**葬經一卷**

題云青烏先生葬經，大金丞相兀欽仄注。

陸氏藏書續志有明鈔本青烏經一卷，並載錢求赤手跋云："案抱朴子曰：'黃帝相地理，則書青烏之說'，據此，則青烏，黃帝時人也。然此書文字奇古，亦似秦、漢時人，恐不盡上古之書矣。又案世說、初學記所引此書，有'三重相連，名"連傘山"，葬二千石，及葬龍耳，貴出五侯，後當滅門'等語，而此書皆不見，則此本已非完書，二千石、五侯，至漢人始有此名，則此書出漢人，或潤色古本，未可知也。往歲以家禍，頗有事於此，因爲購得完顏人古注及萬曆中金陵人注，皆荒謬不通，今盡削之，祗存本文，仍書其源流以爲堪輿一家言之所自。"玉縉案：據錢跋，似青烏子卽葬經，完顏人注卽兀欽仄注，俟考。

**披肝露膽經一卷**

舊題明劉基撰。　如"筆架科名應有分，滿牀牙笏世爲官"等句，基必不若是之陋。後附南北平陽論數條，則李國木雜取他家之書附入者，尤爲弇鄙，殆嫁名於基者也。

丁氏藏書志有明刊本堪輿仙傳四祕四卷，內賴布衣披肝露膽祕訣，江右賴文俊撰。丁氏云："四庫附存則題劉基撰，提要所稱'筆架科名應有分，滿牀牙笏世爲官'，此本作'筆架三台卿與相'。後所稱附南北平陽論數條，此本亦無，或尙是原本。"

**玉靈聚義五卷**

元陸森撰。

陸氏藏書志有元刊本新刊圖解玉靈聚義卜占龜經四卷，題"宋翰林侍讀學士朝散大夫尙書吏部郎中充史館修撰王洙撰，中吳茂林陸森類編，南陽老叟駱天祜校正"，是其書爲宋人王洙撰，而元人陸森類次也。瞿氏目錄亦有元刊本，云："卷二中雜入野庵龜經一種，審其次第，與敏求記所載、四庫著錄微異。各家皆題陸森作，而此曰王洙，案森，吳人，爲陰陽教諭，不脫術家習氣，故所作訣法，詞不雅馴，卷中有從祕閣所藏龜經參定一條，豈龜經卽洙所撰耶？"

**範圍數無卷數**

明趙迎撰。

瞿氏目錄有元刊本二卷，云："不著撰人姓名，永樂大典中引之，謂元賈顥撰。分圖式門、起例門、總訣門、吉歌門、凶歌門、賦論門爲上卷，卦訣門、數格門爲下卷，明趙迎有範圍數，自圖式至流年斷訣凡十五門，卽襲其書也。"

**禮緯含文嘉三卷**

不著撰人名氏，目錄後有題詞曰："已上天鏡、地鏡、人鏡，皆萬物變異，但有所疑，無不具載，此乃三才之書，共六十篇，易名禮緯含文嘉三卷，紹興辛巳十一月二十九日，東南第三正將觀察使張師禹授。考宋兩朝藝文志曰：'今緯書存者獨易，而含文嘉乃後人著爲占候兵家之說，與諸家所引禮緯乖異不合，故以易緯附經，以含文嘉入五行'"云云，則其書實出南宋初。然張師禹記特稱易名禮緯含文嘉，則此名實師禹所改，原本稱卽其本書，兩朝藝文志疑其乖異不合，蓋偶未詳核也。朱彝尊經義考旣歷引諸書所引含文嘉證其不合，又云所見凡二本，一本畫雲氣星煇之象而附以占詞，一本分天鏡、地鏡、人鏡，皆非原書，而於含文嘉標目之下仍注存字，則舛誤甚矣。

錢泰吉甘泉鄉人稾跋古微書云："禮含文嘉三卷，錢遵王述古堂有藏本，讀書敏求記著錄，分天鏡、地鏡、人鏡三篇，錢氏已疑其僞，故用宋兩朝藝文志例，以易緯附經而移含文嘉於五行家，竹垞朱先生見有二本，謂諸書所引之文皆無之，則其僞灼然。天一閣書目則有含文嘉七卷，無編輯姓氏，序云：'述嘗爲驗者而編類之，曰禮緯含文嘉'，則幷非也是翁所藏之本矣。"玉縉案：七卷本固非三卷本，或以三卷本爲卽張師禹撰者亦非。

**丙丁龜鑑五卷續錄二卷**

通考著錄作十卷，此本止五卷，然首尾完具，蓋明人所合併也。

李詡戒菴漫筆云："理宗淳祐中，中書省奏名臣柴望，衢州人，撰丙丁龜鑑，言丙午、丁未，自古多變厄，凡二十有一，爲十卷。”據此，則明人李詡所見本亦十卷。

## 太乙統宗寶鑑二十卷

案王肯堂鬱岡齋筆塵云：“太乙之術，世所宗尚者惟統宗寶鑑，其求積年術置演上元甲子，距元大德七年癸卯，歲積一千零一十五萬五千二百一十九年，以爲七曜齊元之法，然用此積算逆推至上元甲子，得氣應三十四萬七千八百七十五分，乃戊戌日酉正三刻，非甲子年、甲子月、甲子日、甲子時也，其非七曜齊元明矣。作太乙書者不精算法，故謬舛如此，行之數百年，可歎也”云云！是其於演記尋元之術殊未足據矣。

錢大昕養新錄云：“其求太乙積年術日法一萬五百，歲實三百八十三萬五千零四十八分二十五秒，予嘗詢之元和李尚之，尚之曰：‘宋同州王湜易學曰：每年於三百六十五日二千四百四十分之外，有終於五分者，有終於六分者，有終於五六分之間者，終於五分，五代王朴欽天秝是也，以七千二百爲日法；終於六分者，近年萬分秝是也，以一萬分爲日法；終於五六分之間者，景祐秝法載於太一遁甲中者是也，以一萬五百分爲日法者，此暗用授時法也，試以日法爲一率，歲實爲二率，授時日法一萬爲三率，推四率得三百六十五萬二千四百二十五分，卽授時之歲實也。其氣朔二策，竟用授時數，則仍以一萬爲日法，不以一萬五百爲日法，所謂欲蓋彌章者也。’王肯堂筆塵載此書上元甲子距元大德七年癸卯云云，予所見本，積年至明正德十二年，蓋後人增改，非復大德舊本矣。”

# 四庫全書總目提要補正卷三十三

## 藝術類

### 墨藪二卷附法帖釋文刊誤一卷

徐氏書記第二十，唐朝書法第二十一，與振孫所言又一本合，蓋卽所見。書中所記止於唐文宗柳公權事，當出於開成後人，然題爲韋續，則不知其何所據也？

陶宗儀輟耕錄十二云："墨藪載徐氏書記云云，上者登時去牙軸紫縹，易以漆軸黃麻紙縹，題云'特健藥'，云是虜語，其書作者時有太宗御筆於後題之，歎其雄逸云，及考之書苑菁華，'特健藥'作'特健樂'，恐是鋟梓誤耳。"

### 五代名畫補遺一卷

觀卷首陳詢直序。　胡嶠名，見五代史契丹傳，郭若虛圖畫見聞志稱其爲廣梁朝畫目，注曰"皇朝胡嶠撰"，則已入宋。

陸氏藏書志有明刊本，並載嘉祐四年陳洵直序，當以作洵爲正。序云："有若國初監察御史胡嶠"，則嶠且仕宋矣。

### 圖畫見聞志六卷

若虛不知何許人？書中有"熙寧辛亥冬被命接勞北使爲輔

行"語，則嘗爲朝官，故得預接件。陳振孫書錄解題云:"自序在元豐中，稱大父司徒公，未知何人？郭氏在國初無顯人，但有郭承祐耳。"然今考史傳，幷郭承祐亦不載，莫之詳也？

陸氏儀顧堂題跋云:"若虛，太原人，見直齋書錄解題；熙寧三年，官供備庫使，尙永安縣主，見王珪華陽集東安郡王墓誌；七年八月丁丑，以西京左藏庫副使副宋昌言爲遼國賀正旦使，八年，爲文思副使，坐使遼不覺翰林司卒逃遼地，降一官，見續通鑑長編。郭氏顯人，宋初有郭守文、郭進、郭從義及其子承祐，進，深州博野人，從義，沙陀人，惟守文太原幷州人，守文贈侍中，封譙王，女爲眞宗章穆皇后，子崇德、崇信、崇儼、崇仁，崇德子承壽，承壽子若水，若虛與若水，同以若字命名，同貫太原，家世顯宦又同，其爲兄弟可知。陳氏直齋謂宋初無顯人，而獨舉承祐，竟忘外戚之有譙王乎？亦百密之一疏矣。崇德官至太子中舍，崇信官至西京左藏庫使，崇儼官至崇儀使，崇仁官至四廂都指揮使，史稱崇仁性鎮靜，不樂外官，與序所謂雖貴仕而喜廉退合，司徒蓋所贈之官，史不書者，略之也，所稱大父司徒公，於崇仁爲近，然不可考矣。惟若虛里貫幷州，爲守文之後則可無疑耳。" 李慈銘荀學齋日記壬集下五六云:"宋眞、仁之世，誠無郭姓爲三公宰相者，然眞宗章穆郭皇后，史稱太原人，宣徽南院使守文第二女，守文妻梁氏，封萊國太夫人，子崇仁，官莊宅使康州刺史，姪承慶、承壽皆顯官。又仁宗郭皇后，史稱其先應州金城人，平盧軍節度使崇之孫，是不得謂郭氏無顯者。考宋制，后父多贈三公，若虛或出二后家，史略之耳。" 瞿氏目錄有元鈔本前三卷，宋刊本後三卷，云："前三卷以明翻宋陳道人刊本校之，如卷一次行題郭若虛撰，又次爲敍論細目七行，而陳本無之；卷二李昇條注云：蜀中多呼昇爲小李將軍，小李將軍乃是思訓之子，陳本脫下'小李將軍'四字；卷三文同條末有一字至十字詩云云，此詩陳本亦失載。又案卷一論黃、徐體異條，刁處士名光下，注云：'下一字犯太祖廟諱'，則其所據別本亦是宋刻也。" 玉縉案：提要本未知何如？俟檢。

**墨池編六卷**

是編論書學源流，分爲八門，每門又各析次第：凡字學一，筆法二，雜議二，品藻五，贊述三，寶藏三，碑刻二，器用二。贊述門寶晨述書賦下，自稱"編此書十卷"，又器用門下稱"因讀蘇大參文房四譜，取其事有裨於書者勒成兩卷，贅墨池編之末"，是長文原本當爲十二卷，今止六卷，殆後人所合併歟？

張宗泰所學集跋是書云："其書分字學一卷，筆法二卷，雜議二卷，品藻五卷，贊述三卷，寶藏三卷，碑刻二卷，器用二卷，共二十卷。刊刻精雅，末附長文二十二世孫朱之勳跋語一則，敍是書原委甚悉，謂'明隆慶間有四明薛晨刻本，萬曆間又有蘄水李時成刻本，薛本多舛謬，李本即以薛氏爲主，而併二十卷爲六卷'，又稱'多方購求，得原編一帙，與家藏舊本相摸覈，刻成於康熙甲午之嘉平月'。提要所收者即李氏所併六卷本，而據贊述、器用兩門，疑是書原編當爲十二卷，而其書實二十卷也。” 李慈銘荀學齋日記云:“雍正間吳下刻本，猶二十卷之舊，其中‘眞字’皆缺筆，避宋仁宗嫌名，蓋本宋槧翻刻者，四庫僅收六卷合幷本，未見此本也。然亦多誤字，前有王若霖澍序，後附明朱象賢印典八卷。”

**德隅齋畫品一卷**

事蹟具宋史文苑傳。 陳振孫書錄解題稱“元符元年，趙令時官襄陽，行橐中諸畫，方叔皆爲之評品”，蓋卽此書。

陸氏藏書志有宋刊師友談記一卷，題“太華逸民謚超曠文子李廌方叔撰”。玉縉案：超曠文子蓋私謚，不見本傳，足備遺聞，提要於談記下亦未及此，特誌之。又有明仿宋本是書，並載元符元年廌書後云:“趙德麟藏書數萬卷，蓄畫數十函，皆留京師邸中，廌所評，皆襄陽隨軒橐中品也。”是陳實本其自跋。

**畫史一卷**

芾初以其母侍宣仁后藩邸舊恩，補浛光尉。 此書皆彙其生平所見名畫品題眞僞。

案畫史稱李煜每自畫，必題曰鍾隱筆，不知鍾隱字晦叔，天台人，見劉道醇五代名畫補遺，彭輅客座贅語嘗據以糾正。 劉毓崧通義堂文集蘇米往還蹤跡考云:“蔡肇米元章墓誌云:‘母閻氏，贈丹陽縣太君，初，宣仁聖烈皇后在藩，與丹陽君有舊，故公少長邸中，以后恩入仕，初補祕書省校書郎，授浛光尉。’直齋書錄解題云:‘寶晉集，米芾元章撰，其母閻氏，與宣仁在藩時有舊，故以后恩補試銜入仕，其上世皆武官，蓋國初勳臣米信之後也，視芾爲五世孫。'今案宋自元豐五年改易官制以後，祕書省校書郎爲館閣之職，前此則爲選人試銜，陳直齋所言試銜，卽蔡天啓所言校書郎，蓋未任浛光尉時所授選人初階耳。"玉縉案：提要徑云補浛光尉，蓋本宋史本傳，而不言前此補校書郎爲試銜，未備。

**宣和畫譜二十卷**

蔡絛鐵圍山叢談曰："崇寧初，命宋喬年值御前書畫所，喬年後罷去，繼以米芾輩，迨至末年，上方所藏率至千計，吾以宣和癸卯歲常得見其目"云云，癸卯在庚子後三年，當時書畫二譜，蓋卽就其目排比成書歟？徽宗繪事本工，米芾又稱精鑒，故其所錄，收藏家據以爲徵，非王黼等所輯博古圖動輒舛謬者比。

案芾以皇祐三年辛卯生，大觀元年丁亥卒，翁方綱米海岳年譜、錢大昕疑年錄考之綦詳，若畫譜成於宣和庚子，距芾卒已十三年，提要以芾值御前書畫所，遂疑其與纂二譜，非也。是書鍾隱傳云："隱，天台人，居江南，所畫多爲僞唐李煜所有，煜皆題印以祕之，近時有米芾論畫，言鍾隱者蓋南唐李氏道號，爲鍾山隱者耳，固非鍾隱也，因以辯之"，是則譜中且有駁芾之語，其非出於芾甚明。瞿氏目錄有舊鈔本云："是本有無名氏原序，無宣和庚子御製等字，始知別本有之，乃後人妄加，王肯堂遂誤以此書出御纂耳。"丁氏藏書志有明刊本及明鈔本書畫譜，並有宣和庚子夏至日序文，而不加御製，與瞿本合。張邦基墨莊漫錄云:“崇寧中,初興書畫學,米芾元章方爲太常博士,奉詔以黄庭小楷作千文以獻,繼以所藏法書名畫來上,賜白金十八笏,是時禁中萃前代筆蹟,號宣和御覽,宸翰序之,詔丞相蔡京跋尾,芾亦被旨預觀,已而出知無爲軍,復召爲書學博士,便殿賜詢移晷”,據此,則二譜當即以宣和御覽爲藍本,宣和二字,蓋取殿名,猶宣和博古圖之比,非取年號,後人惑於宣和庚子一序,遂未暇推究耳。此玉縉一時肊見,俟再考。

**宣和書譜二十卷**

宋人之書,終於蔡京、蔡卞、米芾,殆卽三人所定歟?

案是譜旣與畫譜同時作,則芾亦不與其事,詳上畫譜下。陸氏儀顧堂題跋云:“衍極卷三云:‘大德壬寅,延陵吳文貴和之裒集宋宣和間書法文字,始晉終宋,名曰宣和書譜二十卷。’據此,則書譜爲吳文貴所撰集,非蔡、米所定矣。竊謂書譜、畫譜皆非宣和所集,故陳直齋書錄解題不著於錄,畫譜或出宋人之手,故僞作徽宗序文,書譜出於文貴,則鄭杓所目擊也。蓋汴梁之變,宣和所藏盡輦而北,金亡,復入於元,文貴當據元時內府所藏及勢家所得成之,故二王墨迹,較之鐵圍山叢談所見,僅存十之一二耳。”玉縉案:陸說非是,丁氏藏書志有明鈔本,載文貴識語,但云:“暇日博求善本,與雅士參校,十得八九,遂鋟諸梓”,是文貴祇校刊是書,鄭杓所言,乃傳聞之辭並非目擊,則書譜當亦出宋人之手,特非蔡、米定耳。丁氏亦云:“文貴僅集各本而校刊,非出其裒集”,足正鄭說之誤。至陸氏所見眞迹，有經宣和收藏而不入書畫兩譜者，當以提要精爲汰簡之說爲是，無與於文貴之得見不得見也。

山水純全集一卷

是編先論山，次論水，次論林木，次論石，次論雲霧、煙靄、嵐光、風雨、雪霜，次論人物、橋彴、關城、寺觀、山居、舟車四時之景，次論用墨格法、氣韻之病，次論觀畫別識，次論古今學者，凡九篇，而序中自稱曰十篇，豈佚其一歟？

瞿氏目錄有舊鈔本純全集四卷，云："是書共十篇，曰論山，曰論水"云云。玉縉案：雲霧、煙靄、嵐光、風雨、雪霜，作煙霧、嵐光、風、雪、雨；用墨格法、氣韻之病，墨上有筆字；古今之學者後，爲論三古之畫過與不及。瞿氏又云："別本曰山水純全集，佚去末篇，此爲明沈辨之鈔藏本，猶全帙也。"別本，蓋即指提要本。

廣川書跋十卷

是編皆古器款識及漢、唐以來碑帖，末亦附宋人數帖，論斷考證，皆極精當。其據左傳成有岐陽之蒐，定石鼓文爲成王作，雖未必確，而說亦甚辨，然能知孫叔敖碑不可信，而滕公石槨銘乃信博物志、西京雜記之語。又如以紀爲裂繻之國，不知其是卿非侯，以"窗中列遠岫"爲謝靈運詩，不知其爲謝朓，亦多疏舛，要不害其鑒別之精也。

李慈銘荀學齋日記云："此書考據家多稱之，然辭筆宂拙，意指多晦，所論三代彝器，多揣測武斷，引據不塙，又好違鄭注，時或肊造制度，當分別觀之也。"

廣川畫跋六卷

而畫跋則世罕傳本,此本爲元至正乙巳華亭孫道明所鈔,云從宋末書生寫本錄出,則爾時已無鋟本矣。紙墨歲久剝蝕,然僅第六卷末有缺字,餘尙完整也。

陸氏儀顧堂集有書楊升菴刊畫跋後云:"廣川書畫跋,皆刊於王弇州所輯書畫苑,大興紀文達謂書跋有刊本,此書則僅輾轉傳鈔,一若未見刊本者,不可解也?"玉縉案:畫苑附入存目,提要所舉十六種明有畫跋,前後矛盾,蓋提要非一人所撰,而總其成者未及正之耳。 張氏藏書志有舊鈔本,黄廷鑑據升菴刊本校補闕文,並載廷鑑手跋云:"舊鈔本從孫道明本錄出,卷中多空格,而末卷後四葉,歲久紙敝,每行末有脫去三四字者,及傳寫譌謬處。楊本譌謬亦多,中脫文有連失一二篇者,及此文錯入他文之尾者二處,惟六卷中脫字尙全,而舊鈔亦有脫去全行者四五處,皆據以補完"云云,據此,則不僅第六卷末有闕字也。

**畫繼十卷**

宋鄧椿撰,椿,雙流人。 一卷至五卷以人分:曰聖藝,曰侯王貴戚,曰軒冕才賢,曰縉紳韋布,曰道人衲子,曰世胄婦女及宦者,各爲區分類別,以總括一代之技能。

陸氏藏書志有舊鈔本,並載自序,末稱"華國鄧椿公壽",據此,知椿字公壽。中云"郭若虛雖不加品第,而其論氣韻生動,以爲非師可傳,多是軒冕才賢,巖穴上士,高雅之情之所寄也。故今於類,特立軒冕、巖穴二門以寓微意焉。"提要不言鄧字,又不及巖穴一門,豈所見本無是序耶?又中載陶縝不知何郡人？彭格客座贅語據周密雲煙過眼錄云："鎮江張萬戶所藏縝畫，上題金陵陶縝筆"以正之。又古今姓氏書辨證提要，誤以椿爲名世之子，尤謬。

## 寶眞齋法書贊二十八卷

是書以其家所藏墨蹟，自晉、唐迄於南宋，各系以跋而爲之贊，珂處南渡積弱之餘，又承家難流離之後，故其間關涉時事者多發憤激烈，情見乎詞。至於諸家古帖，尤徵人論世，考核精審，其文亦能兼備衆體，新穎百變，層出不窮，可謂以賞鑒而兼文章者矣。珂所著桯史、金陀稡編、愧郯錄諸書，世多傳本，獨是編諸家皆未論及，惟米芾外紀所引英光堂帖載其一條，即珂所刻米芾墨跡，其文視此稍略，蓋彼爲帖後跋尾，此則編輯以成書，猶歐陽修集古錄有眞跡、集本之異也。文徵明停雲館所刻萬歲通天帖，亦有一條，而此本無之，意偶佚歟？原本爲永樂大典割裂分系，其卷目已不可考。

錢泰吉甘泉鄉人稾十一云："寶眞齋法書贊，傳本久佚，故佩文齋書畫譜未曾採及，四庫始從大典纂輯。我兄衎石，有題寶眞齋法書贊詩，自注謂'倦翁藏襄陽眞跡至多，書簡帖六十有四，詩賦雜帖二十有六，臨晉武帝、謝安以下帖十有三，治餉京口，訪海岳庵故址，築園奉米顚其中，撰記勒石'。"又云："蔣生沐於他處得蠶賦全文，將重摹以傳，衎石兄鈔寄寶眞贊語，因附錄於後，相義錄則法書贊中無有也。蠶賦跋云：'右寶晉米公蠶賦帖眞蹟一卷，有內府及楚胄印各一，寶慶乙酉，得之中都鬻書吳氏，筆力差似少年時。'贊曰：'桑柘之利被天下而不足芘一女，蠶蓬手莒而身不縷，雲織露組，便疏曲戶，世之類此者又何足數。將誰之尤，曰本是務，彼棄我取，終以無窶。' 衎翁謂寶眞贊全是史法，又類子書，特借書以發之耳。然王伯厚謂蠶對織婦文，宋元憲作也，編於米元章集，見困學紀聞第十七卷，倦翁編集，蓋據墨蹟錄之，而未審爲他人作也。"又云："蠶賦生沐已得全文，謂相義錄爲松桂堂帖，不當羼入英光。"

**書苑菁華二十卷**

卷十三曰記。

玉縉案：徐氏書記有"特健藥"三字，此誤刊"藥"爲"樂"，陶宗儀已辨之，詳墨藪條下。

**書錄三卷**

更字良史。

瞿氏目錄有舊鈔本皇宋書錄三卷，云："史字良史，乃從姓得名，有作董更者傳寫之誤。"

**衍極二卷**

其書載永樂大典中而闕其記載三篇，別本又載有學書次第、書法源流二圖，永樂大典亦闕。然別本字句譌脫，文注混淆，不及永樂大典之精善。其注爲劉有定所作。

陸氏藏書志有明萬曆刊本五卷，並載黃丕烈手跋云："此衍極五卷，雖明刻本，然分卷尙是舊第，未經硬分二卷也。"玉縉案：此五卷本不言有劉注，俟考。楊氏楹書隅錄有校舊鈔本五卷，並載黃丕烈識語云："衍極以五卷者爲佳，明神廟時刻猶如此，近傳二卷，非其舊矣。讀書敏求記云：

'龍溪令趙敬叔爲之鋟梓以傳'，今考陳衆仲書云:'又喜趙龍溪之能篤意於斯文，然後喜著書者之託以不朽也。'則此書在元時當有刻本，世所傳者，不過明刻耳。此冊尚是元人鈔本錄出，余所藏明刻本，當遜而居乙，惟卷端有李齊序一首，明刻反有，爰補錄備覽云。"

**圖繪寶鑑五卷續編一卷**

續編一卷，明欽天監副韓昂所纂。　殆後來有所增補，非昂之舊歟?

吳氏拜經樓藏書題跋記有元刻本五卷，並載黃丕烈跋云:"夏文彥圖繪寶鑑五卷，載於讀書敏求記者爲得其眞，他如津逮所刻，已合明欽天監玉泉韓昂續纂者而幷爲六卷，又何論近刻之八卷者乎？此刻雖漫漶，然五卷原書具在，後附補遺，與他本附補遺於六卷後者面目已改，豈不可寶。士良搜羅畫人姓氏可謂極詳，嘉熙時有宋伯仁梅花喜神譜二卷，潛溪先生詳畫梅之原，五代有滕勝華，宋有趙士雷、邱慶餘、徐熙、仲仁師、楊補之，今寶鑑所列一一不爽，獨遺伯仁一人，則士良之書殆有未盡耶?"又載陳鱣跋云:"是本猶是元版而明印者，遠勝今本之竄亂混淆，卷首抱遺老人序，草書極佳，蓋係鐵厓手書付梓，序稱雲間義門夏氏，則文彥又爲雲間人"，據此兩跋，是並非文彥之舊也，惟雲間係流寓，陳語稍泥。瞿氏目錄、丁氏藏書志，並有元刊本五卷，補遺一卷。　姚元之竹葉亭雜記四云:"楊妹子善畫，寶鑑載其畫有趙清獻琴鶴圖特佳，但云不知其名？或曰是清獻之妹，或曰公之女也，或又曰清獻公媳也，總不可考。案姜二酉韻石齋筆談，乃宋寧宗恭聖皇后妹也，姓楊氏，且爲南宋人，與清獻姓既不同，而年代復遠，或人所言，舛誤甚矣。”

**書史會要九卷補遺一卷續編一卷**

是編載古來能書人，上起三皇，下至元代，凡八卷，末爲書法一卷，又補遺一卷。

絳雲樓書目陳景雲注云：“陶九成此書，乃廣海岳名言及待訪錄所未備，甚爲楊文貞公所不取，見水東日記。”

**珊瑚木難八卷**

玆編悉載所見字畫題跋，其卷中前人詩文，世所罕覩者亦附錄焉。前有文徵明、文嘉、王穉登、王騰程四人名氏，蓋出於四人收藏者爲多。惟其書從無刊本，轉相傳寫，譌脫頗多，今詳加釐正，而闕其所不可知者著之於錄。

翁方綱復初齋集跋朱性甫珊瑚木難手槀云：“今世所傳者有刻本鐵網珊瑚十六卷，又有寫本珊瑚木難八卷，此本則四册，未分卷次，蓋卽二書之初槀也。今以刻本對之，其相同者四十種耳。此草槀內，每種下具記得自某氏，大約出於杜東原、沈石田、黃應龍、沈維時、王雲松、趙思式諸人所藏，而又幷記其鈔錄月日，內有辛丑、壬寅、乙巳、丙午、戊申、壬戌諸年所記，考性甫生於正統九年甲子，卒於正德八年癸酉，年七十，則此手槀皆成化、弘治間所錄也。此本後歸於文衡山，衡山仲子休承，於萬曆甲戌裝潢題籤，於是距性甫之卒六十年矣。後又歸於王穉登、王騰程，騰程號莊叟，其子廣，號莪齋，復跋於前後，於崇禎己巳又加重裝。後又歸於顧渚，號渚山，復題記於前後，渚山又號睟翁，又號墨癡道人，第一册尾有墨癡小傳及文文起、文彥可、吳梅村贈詩，皆爲顧渚山作也。昔人論吳門風雅嗜古鑒藏之士，必以朱性甫爲先，予案杜東原、沈石田二君，年皆長於性甫，而此內有啓南名印，則性甫手錄此草，石田又及見之。又一條云：'予弱冠卽識虞翁，曾見虞雍公古劍，後聞此劍亦尙存其處，庚子歲也，此庚子是成化十六年'，據此，則虞勝伯至成化初年尙在也。故此編中搜羅道園遺文，頗有學古錄所未載者，蓋自宋末以迨明初，百有餘年，文獻之徵，皆攬結其間，豈徒藝事云爾哉？卷前又有何義門致其翁一帖，其翁者，吳門陸醫士號其淸，所居聽雲室，鑒藏圖籍甚富，義門嘗往觀之，卽此一小札，亦吳下藏書家故事矣。"玉縉案：此跋自"此本後歸衡山"以下本可節去，以其關涉他處殊夥，錄之。　丁氏藏書志有舊鈔本珊瑚木難八卷，載崇禎紀元王廣識語云："野航先生固有鐵網珊瑚手鈔巨帙，而此書近得之百穀王徵君家，蓋卽鐵網初易槀也，別以木難，小異同耳。自朱先生歿，書歸文衡山，其仲子和州公復授王徵君，百餘年來，又由先司理授小子廣"云云。玉縉案：此識語與翁跋合。

**趙氏鐵網珊瑚十六卷**

舊本題明朱存理撰，末有萬曆中常熟趙琦美跋，稱"原從秦四麟家得書品、畫品各四卷，後從焦竑得一本，卷帙較多，因兩本互校，增爲書品十卷，畫品六卷，其先後次序，則琦美所隲定，而又以所見眞蹟續於後，稱秦氏原本無撰人姓名，別有跋記作者姓名，後佚去不復記，然非朱存理也。”據此，則是書乃趙琦美得無名氏殘稾所編，其稾既不出於一家，且琦美又有所增補，題朱存理撰爲誤矣。雍正六年，年希堯嘗刻此書，其跋稱别有一本十四卷者爲存理原本，今亦未見。

玉縉案：王廣、翁方綱皆以珊瑚木難爲鐵網珊瑚初稾，並見上條。朱觀潛跋存理遺文，亦有“鐵網珊瑚，世有刊本，珊瑚木難，好事傳鈔”之語，見提要旌孝録條下。則是書當出朱氏，惟爲趙琦美竄亂耳。明人往往如是，乃以趙氏冠於上，似是而實非矣。錢泰吉曝書雜記下云：“生沐案蔣光煦也。藏江陰周硯農手鈔鐵網珊瑚全部，蓋從朱性甫精楷手寫本鈔録者，自跋大略云：‘性甫手寫本，舊藏姚宫詹現聞先生閟閣，近世流入隱湖，爲汲古閣中物，老年目力未倦，賈勇繕謄，兩年卒業，癸卯十一月十三日，六十四老人硯農周榮起。’楷法頗似魏、晉人，到底不懈。此書後有嚴元照跋，因詳録之。”跋云：“辛亥孟冬，有書賈王某攜朱存理鐵網珊瑚十四卷求售，紙薄而光，新若未觸，乃國初江陰周硯農手録本，硯農名榮起，館於毛子晉家，子晉所刻書籍，硯農爲之校正，見漁洋居易録。曾手録王原吉梧溪集七卷歸漁洋，漁洋跋云：‘書學鍾太傅，稍雜八分，終卷如一’，是書亦如之，洵足寶愛，後爲吾友鮑以文先生借去，季冬之月，先生攜來見還，自言家遭火厄，是書僅而得免，予爲之驚歎不已，已，翻看之餘，追理先生之言，亟捉筆識其後，廿六日，芳椒堂主人嚴元照書。” 張宗泰魯巖所學集有是書跋六則，其跋書品卷四云：“張丑清河書畫舫，黄庭堅書後漢人得道陰長生詩三篇，第一‘惟予之生’起，‘不肯暫休’止，凡十三韻，言己所以求道之意；其二‘予之聖師’起，‘何但億千’止，共十二韻，閔同學諸子之無成也；其三‘惟予垂髮’起，‘神丹之力’止，亦十三韻，言己所以勤苦而得道也，分章宅句，最有條理。此書則於中後二章顚倒錯亂，全然不成文理，如‘志行不堅’，譌作‘志放五經’，‘身投幽壤，何時可還’，譌作‘身勤精研，勿投幽壤’，又‘嗟爾將來，勤作精研’，譌作‘嗟爾將來流俗’，六字爲句，紛紛乖舛，恐其貽誤讀者，故詳爲正之。又案書畫譜所採陰長生詩與此相同，末後署寓意編字樣，蓋均採自僞本都穆鐵網珊瑚，然此詩實載僞本第三卷，寓意編在五、六兩卷，署寓意編，疑亦有誤也。”跋書品卷七云：“顧嗣立元詩選二集，郭天錫，名畀，以字行，此册郭天錫詩卷下，初未嘗注明郭天錫名與字，則第四頁‘林上人’下空格贅一畀字，讀者知畀字何所謂也？又本書卷一有金城郭天錫祐之語，豈以字行，後又別字祐之耶？周履道卽周砥字，前既列周履道詩，後又列周砥詩，一人之詩，分見前後，似不知其爲一人也者。末頁楊廉夫自署鐵龍道人楊木貞氏，則其名自當爲楊維楨，而此書於廉夫名通體俱書作禎，亦足見校勘不精也。”跋書品卷九云：“此册昆山水節婦詩卷，爲之作傳及詩序題跋者若干人中，金文徵、曹亨、周南老、周敏之文，宂贅雜沓，全是俗筆，編錄者不能刪節其庸腐之字句而濫然登載。畫品第六所錄昆山王安道游華山詩，至一百五十首，十之七八皆粗疏生硬，不入格調，而概行編入。昔唐劉知幾著史通，有點煩之篇，國朝朱竹垞明詩綜，亦時有點定，於以知編錄是書者之學識有不逮已。”總跋云：“書品卷九貞溪諸名勝詞翰下云：‘予客於貞溪曹聘君之家，始識其猶子邵君復孺’，不知曹聘君之猶子何以邵姓耶？張翥春草軒記云：‘子幼武三歲’，而春草軒詩序，幼武自言六歲而孤，三歲、六歲，何以不畫一耶？趙子固墨梅詩長句，既見畫品卷一楊補之墨梅圖下，又見卷二趙子固墨竹卷詩下，何不删去其一耶？卷三錢舜舉唐三學士圖，竟未明言三學士爲何人？卷四倪雲林畫竹樹秀石，張簡詩只得三句，當是脫去一句。金粟家中秋燕集詩畫卷，顧阿瑛詩‘桃園宰烏牛’，案‘桃園烏牛’，乃里俗無稽之談，以顧氏之好客好古，不免沿是陋說，豈未暇細讀三國志，而俗語不實，雖賢者亦復爾耶？又書中譌字，如書品卷四山谷發願文‘造諸穩密’，‘諸’當作‘詣’，金章宗瘦書金御書簽題，瘦下衍一書字，洪侍郎詩帖下‘萃老’，當作‘莘老’，文信公詩帖‘李庭芝’，當作‘李庭芝’。卷九陳節婦行‘低首事針指’，‘指’當作‘黹’，又故太史淸江‘范椁’，案范德機之名，其旁从亨不从享。卷十周景乂跋盧賢母傳後‘內助夫人’，當是‘夫子’。畫品卷二趙仲穆臨李伯時鳳頭驄‘帝王者方觀民’，‘者’是‘省’字，依綠軒記下德鈞於中時久，‘於’當作‘寓’。卷三廬陵五先生像下‘亦卓卓有偉’，‘偉’當是‘煒’字。略舉數條，不能徧及也。”餘跋從略。

**寓意編一卷**

而世所刻本别有穆鐵網珊瑚二十卷,其第五、第六兩卷,題曰寓意上、寓意下,乃多一卷,考其上卷所載書畫,每條各系以收藏之家,而下卷則否。上卷之末云:"余家高祖以來好蓄名畫,皆往往爲好事者所得,亦不留意也"云云,詳其語意,已爲終篇之詞,不應更有下卷。況下卷之末,併載何良俊書畫銘心錄,中有嘉靖丁巳正月人日記所觀書畫事,考王寵所作穆墓誌,穆卒於嘉靖四年乙酉,而何良俊之撰銘心錄則在嘉靖三十六年,穆何從而載其事?又其下卷以下,每卷皆標太僕少卿都穆之名,而中間載文徵明山水二軸,一作於嘉靖乙未,一作於嘉靖戊午,乙未爲嘉靖十四年,戊午爲嘉靖三十七年,皆在穆卒以後,是即鐵網珊瑚一書出於僞託之明證,然則其下一卷爲妄人附益審矣。今仍以陳繼儒所刻一卷著錄以存其舊,所載如顏眞卿爭坐位帖、薛尙功鐘鼎款識帖,亦足以資考核,惟成化戊申一段,成化實無戊申。

玉縉案:翁方綱復初齋集跋是書與此提要相同,蓋即翁所纂也。

**清河書畫舫十二卷**

是編獨多所訂正,如宋史米芾傳,誤謂芾卒時年四十八,而眞蹟流傳在四十八歲以後者不一而足,深滋疑竇,丑則云:"芾以皇祐三年辛卯生,以大觀元年丁亥卒,年五十七,正與米芾印記'辛卯米芾'四字相合",足糾托克托等之謬,其他諸條,亦多可依據。鮑氏所刊,不分卷數,但以"鶯嘴啄花紅溜燕尾點波綠皺"十二字標爲次第。

張宗泰魯巖所學集有是書跋九則,其跋篇字號云:"鍾繇下云：成侯銘功五熟釜爲魏宗室，案元常於魏非同姓，不知何以曰宗室？老杜詠武侯有‘宗臣遺像肅淸高’句，疑此爲‘宗臣’之誤也。‘不究掘中之趣’，亦當爲‘拙中之趣’。趙令穰條下，有兩二十八頁，如趙子昂題王子慶所藏大年墨雁一條，趙令穰字大年一條，趙大年平遠一條，大年兒戲一條，吳寬爲李賓之題大年雪境一條，兩頁中並見，似爲複出一頁。而末一條則前作趙伯驌桃源圖，後作趙大年江鄉雪霽圖，而桃源圖一條，又見第二十九頁，殊爲錯雜不合。張正道淸明上河圖下，有西昌玉華素士楊準一跋，後復有都南濠一跋，而南濠跋文中間，全行獵取楊準跋中語，而靑父亦無一語糾正爲不可解也？”跋啄字號云：“王弇州學博而才雄，舉數百年久經論定之絕藝，輕肆排抵，如智永、伯施則謂其有書學而無書才，顚旭、狂懷則謂其有書才而無書學，謂唐文皇不脫人主面目，智永不脫僧氣，歐陽率更不脫酸餡氣，旭、素、顏、柳、趙吳興不脫俗氣，斯皆任意抑揚，後之人怵於盛名而漫然登載其說，舛矣。宣和書、畫二譜，提要謂經蔡京、蔡卞、米芾三人鑒定辨別，特爲精審，乃詆爲當時大帳簿，無當於品題，何也？以孫過庭爲名而字虔禮者，唐竇蒙述書賦注也，注卽蒙之兄㮚所作，以孫虔禮爲名而字過庭者，唐張懷瓘書斷也，宣和書譜自本述書賦注，乃專據陳子昂所作墓誌而斥書譜之謬，斯則知其一不知其二矣。”跋花字號云：“吳道子送子天王圖下云：‘慧辨乃子固老友，此山則子昂碩交，皆方外名流也。’案元詩選凡三集，中收釋子集凡十七人，無號此山者，惟初集有周權此山集，權與子昂以文字相知，疑此山當即周權，而權未嘗披剃也。又考米元章寶章待訪錄有釋存此山，則元代號此山者固有二矣。吳道子水墨天龍八部圖卷下云：'河南程與義'，案南宋詩人陳簡齋名與義，洛陽人，此以程、陳聲近而譌。又'古之名流韻士，有不事畫學而偏饒畫趣者，如唐李林甫及明徐有貞'云云，案林甫乃小人之尤，有貞亦傾危之士，縱有風趣，不當在稱述之列。又題周昉春宵祕戲圖後，備極燕昵情態，有傷雅道，且跡涉誨淫，不當以穢簡編。又補釋懷素下，引宣和畫譜，當爲書譜之譌。"跋紅字號云："五公手札後有弘治辛亥莆田林沂一跋，其論張魏公功罪不相掩當矣，而終不見有袒護之意，如朱子據南軒家狀爲魏公作行實，後見國史，乃深悔其言，是此事在朱子且不自諱，百世而下，反代爲不平乎？至高廟配享，用呂頤浩、趙鼎、韓世忠、張浚四人，楊誠齋爭之，洪容齋持之，而魏公迄不得侑食，夫亦以忌武穆、殺曲端，大拂乎好惡之公，不得執後代更定之祀典，遂奉爲不易之定評也。至魏公定苗、劉之變，謂苗傅、劉正彥也，乃脫去正彥二字，而止曰討苗傅劉，則又似當日作亂者有三人，斯又筆墨之小疏矣。"跋燕字號云："陳仲醇人品雅潔，而其著述則喜爲清言小品，不爲後儒所與，此冊以博聞廣見推仲醇，恐當之有愧。黃鶴山人王蒙字叔明，名與字以相反見意，而此作叔銘者，當是以別體書之。高克恭既標名絲字號中，則不當附見僧巨然下。吳仲圭畫名甚著，更不當在附錄之列。此皆編次未審處。曲水亭世謂之蘭亭一條，與蔡襄風馬牛不相及，何以隸其名下，至燕肅，字穆之，陽翟人，燕文貴，吳興人，判然各別，此冊標名燕肅，而目下則說燕文貴，且所引燕文貴一條，已全見紅字號本名下，此又複出。其後又引廣川畫跋列燕穆之一條，殆似張、李莫辨也者，全書中此爲顯舛之最矣。”跋尾字、點字、波字號云：“補李公麟下云：‘摹唐閻立本春秋列國女貞像，二國之使，衞懿公，許穆夫人母，許穆夫人’，案此條所列人數，茫然不解其所謂，檢劉向列女傳，乃知二國之使，爲齊與許求婚之使也，許穆夫人母，爲傅母也，懿公之女，願適齊以求助，而不願適宋，因其傅母以有言也。又‘黃庭堅謫宜州通判，余若著爲之經理館舍，謂公曰：“先生今日舉動，無媿東都黨錮諸賢，願寫范滂一傳，”許之，’案岳珂桯史，求寫范滂傳者，爲若著之二子滋、湑，若著遣從山谷游者也。又‘寶章待訪錄希師書蕭常侍日下三帖，在晁端處’，案晁端當作晁端彥，此脫一字。又馬和之下，‘周文矩寫李季蘭眞’，案季蘭爲唐女冠，與劉長卿同時，有集一卷，見書錄解題。又‘林子山爲趙文敏公甥，有隱操，沈周題其濯足圖，有“果是滄浪能濯足，可能流到渭陽無”句’。案石田前題趙子昂重江疊嶂卷，有‘似有涕淚含孤忠’語，殊有意爲之迴護，而此又若有所諷刺，何也？”跋綠字、皺字號云：“高克恭下，‘仇仁近名遠，錢塘人，前元老儒也’。案元詩選，仇遠於宋咸淳間即以詩名，至元中，強起爲溧陽州教授，則仁近亦非始終元人。倪瓚下，‘靈鵲辭後題名書倪作郳’，案元和姓纂，郳武公封次子於郳，是爲小邾，後失國，子孫爲邾氏，避仇改爲郳，則倪、郳一也，元鎮書其姓爲郳，不足爲異也。中秋對月思親圖，成化戊子彭城劉珏畫'，案明詩綜，劉珏，長洲人，正統戊午舉人，此云彭城者，當是舉郡望言之。又'杜東原先生名瓊字用嘉，有隱操，善畫，詩與文皆稱能，在景泰、天順間，傳斯文之脈，至於今而始大'。案杜瓊爲嘉靖十七年進士，由十七年上推至景泰、天順間，凡八十餘年，而謂爾時即能傳斯文之脈，似於事理不近也。"總跋云："燕字號附文嘉嚴氏書畫記，其文多互見他册中，然猶各自爲卷帙也。'黄筌畫不足收'云云，既見徐熙下，又見補徐熙下。'檇李項氏藏蘇長公行書'云云，既見蘇軾下，又見補蘇軾下。文嘉題張約之副憲不負碧山樓詩，'人境曠無車馬迹'一首，既見沈周下，又見仇英下。又'郭河陽萬里長江圖，在李氏'云云，隔一頁而重出，一大書，一細書。趙伯驌桃源圖趙令穰下，亦隔一頁而重出。是皆書成之後，無人爲之精心改修，故不免有是繁複耳。"玉縉案：爲魏宗室，自言魏之宗室，不得疑爲宗臣。餘校字一則，專正吴元長刊本之誤，兹從略。又相傳丑底稾在常熟席鑑處，見顧廣圻思適齋集題是書後。

**庚子銷夏記八卷**

大抵議論之中間有考據，如宋之錢時，嘗爲祕閣校勘，史館檢閲，終於江東帥屬，本傳所載甚明，而承澤以爲隱居不仕，此類亦頗失於檢點。

張宗泰魯巖所學集有跋二則：其一云："其書品評書畫，祇用己之筆墨爲敍述，即前人論說，亦消納其中，而辨别其當否，文筆雅潔，於書法之源流，畫理之深遠，俱能得其玄解。間錄前賢小詩，咸有事外遠致，惟於朱元晦城南二十詠墨跡下，痛詆林黃中爲小人，不知林栗著周易集解，湛深經術，亦甚爲士林所推重。又黃石齋書孝經下，忽闌入'知化窮神知命知天'一派講學家語，於書畫不倫不類。又如褚遂良書度人經，顏眞卿麻姑仙壇記，祇當取其書法之佳，乃一則詆其爲幻妄邪說，一則謂其惑於神仙，意以爲著述中若無此等議論，即不得附於正人，是則可以不必耳。"其二云："僧文瑩湘山野錄，謂'賞心亭丁晉公出鎮日重建，取所寶周昉袁安臥雪圖張於亭之屛，凡經十四守，雖極愛而不敢睨，偶一帥竊去，以布畫雁掩之，王君玉復守是郡，登亭留詩云云，爲貿畫之蕭斧也'。據是，則李伯時袁安臥雪圖下，謂臥雪圖不始於伯時是也，但據野錄，圖爲晉公自出所寶，非眞宗所賜，於金陵城西北隅搆亭曰賞心，亦重建，非創建，圖爲一帥竊去，有王琪詩可證，亦非久之圖壞也。畢沅續資治通鑑，元祐黨人碑有二：一在徽宗崇寧元年，凡一百二十人，以文彥博爲首；一在三年，凡三百九人，以司馬光爲首。蘇文忠書溫公碑下云：'熙寧奸黨之碑，大書深刻，皆以公爲首'，則考之未審也。又郭熙樹色平遠圖下，余集案語，以郭若虛爲熙之子，亦誤。考郭若虛著圖畫見聞志六卷，郭思著林泉高致錄一卷，陳振孫書錄解題謂思爲郭熙子，至若虛提要以爲不知何許人？銷夏記本條下，有郭熙河陽溫人，渠宗若虛云云，則其爲同姓而非父子可知，余氏殆誤以思爲若虛也。”

**江村銷夏錄三卷**

其體例頗與鐵網珊瑚、清河書畫舫相似，惟間加評定之語，又以己所作題跋一概附入，稍有不同。然所錄皆出於親見，則視二家更詳審矣。

張宗泰魯巖所學集有是書跋云：“是書編次有法，每書册畫卷後所附題跋之文及詩詞，咸清雅可誦，士奇所附入詩文，亦婉譜詳明，其前人題跋有未愜者即不錄，不似趙琦美鐵網珊瑚，濫收宂贅之文粗鄙之詩也。間有失之不檢者，如樓鑰書范文正公與尹師魯劄，後有紹興三年字，考樓鑰登孝宗隆興元年進士，紹興三年，鑰年尚未及弱冠，恐未必能作題跋，當依鐵網珊瑚作紹熙三年爲得。又唐柳諫議行書晉人修禊詩卷下云：‘明昌，金昌宗年號’，案金無昌宗，當易作章宗。又李龍眠洛神賦卷末云：‘天嘉二年’，案宋代年號無天嘉，當是天禧或天聖。又范文正公與尹師魯劄下，鐵網珊瑚載有尤文簡一跋，泰不華一書，而以爲亡去無存，亦未免失之耳目之前。又秀野軒記附虞堪詩，‘無邊光景四時新’，自注，‘此用晦菴先生語，當是起句’，而不知朱子詩‘勝日尋芳泗水濱，無邊光景一時新’，則次句而非首句。又宋郭河陽溪山秋霽圖卷，董其昌跋云：‘予友莫廷韓嗜畫，子久此卷爲其所藏’云云，案跋郭河陽畫而云子久此卷，不知是從何處誤編入也？又其中錯譌之字，范文正公與尹師魯劄下，‘從信軍’是‘崇信軍’，唐明皇恤獄詔，‘事聞人命’，‘聞’是‘關’字，丹陽廣教寺興復記，'化喙'當是'化緣'，懷素草書自敘帖下'予兄相仲'爲'和仲'之誤，東坡又字和仲也。"

**式古堂書畫彙考六十卷**

惟所載書畫，不盡屬所藏，亦非盡得之目見，大抵多從汪砢玉珊瑚網、張丑清河書畫舫採摭裒輯。

陸氏儀顧堂題跋云："彙考二十八，載文衡山積雪卷，衡山自題百數十字，後有都南濠二印，有唐六如、吳匏菴二跋。衡山題云：'余在京師，友人持河陽關山積雪卷出示，距今思之，已二十餘年矣，輒洗筆摹一過。'案衡山行狀，以嘉靖癸未貢成均，始入都，實嘉靖三年，時年五十三，後二十餘年，當爲嘉靖二十五、六年。六如卒於嘉靖二年，距作圖已二十餘年，匏菴卒於弘治甲子，距作圖幾四十年，不得見此圖而作跋。南濠卒於嘉靖四年，距作圖亦二十餘年，不得見此圖而加印記。況衡山七十以後作，無不題年歲，而此圖無之，其爲僞作無疑。彙考頗爲收藏家所重，余恐其貽誤後人，故爲考證如右。"又云："彙考立歷代鑒藏一門，自六朝、唐、宋公私所藏，迄於明季各家，備載其目，可謂備矣，然鄧椿畫繼所載趙中大保之、趙伯駒節推各家收藏數百種，漏未登載。又如徽宗御畫，最著者有筠莊縱鶴圖、奇峰散綺圖、龍翔池鸂鶒圖、宣和睿覽一千册，彙考亦未收，豈當時未見畫繼耶？"

**琴史六卷**

紹定癸巳，其從孫正大始刊版。

陸氏儀顧堂題跋云："曹楝亭刊本，房琯傳'陸渾山'下空四字，誤以李勉傳'佐勉有功'以下相接，房傳缺後半篇，李傳缺上半篇，宋本房琯傳後，尚有張鎬傳一篇，曹刊全缺。趙元傳'爲幽州'下，曹本缺'宜錄'二字，盧藏用傳'斥之也'下，宋本有'以黔州長史'五字。"

**樂府雜錄一卷**

終以別樂識五音輪二十八調圖，然有說無圖，其舊本佚之歟？崇文總目譏其蕪駁不倫，今考其中樂部諸條，與開元禮、杜佑通典、唐書禮樂志相出入，知非傳聞無稽之談，敘述亦頗有倫理，未知所謂蕪駁何在？

陳澧聲律通考六云："樂工彈琵琶有兩調，一曰上尺合上云云，琵琶錄'宮逐羽音商角同用'二語，甚難解，乃驗之今日俗工而竟得之，可見古法相傳有千載而未泯者。今爲之譜，並製二十八調琵琶、簫、笛法，使唐、宋之音，可復聞於今。琵琶錄本有二十八調圖，已佚，此可以補之矣。琵琶錄一名樂府雜錄，余引之皆謂之琵琶錄，以其書說琵琶爲最要也。"　案守山閣本錢熙祚跋云："如警鼓本軍營之樂，隋煬帝嘗一用於宴享，聲與衆樂不和，唐制惟鼓吹部有警鼓，若宮縣四角之鼓，據文獻通考，乃應鼓、鞞鼓、鷺鼓、雷鼓，而此以鞞鼓、鷺鼓爲腰鼓、警鼓。教坊記踏謠娘，北齊有人姓蘇，鮑鼻，不仕而自號郎中，酗酒毆妻，妻悲訴鄰里，時人弄之，以其且步且歌，謂之踏謠，而此譌爲蘇葩自號中郎，又別出踏搖娘，皆失考。至言'舜時調八音，用金、石、絲、竹、匏、土、革、木，計用八百般樂器，周時改用宮、商、角、徵、羽，製五音，減樂器至百五般'，說尤妄誕，宜崇文總目譏其蕪雜不倫也。然唐時樂制，絕無傳者，存此尚足略見一斑，故唐書、文獻通考、樂府詩集多取其說。”

## 藝術類存目

### 金壺記三卷

是書雜述書體及能書人名，乃頗爲蕪雜，如項籍記姓名、揚雄心畫之類，雜敍於五十六種書體內，殊爲不類。又皆不著出處，亦乖傳信之道也。

陸氏儀顧堂集有跋云：“是書雖不足取，所引蜀王鍇、張偘等各條，亦他書所罕見。”

### 壺譜一卷

明李孝元撰。

丁氏藏書志有明嘉靖刊本，云：讀書敏求記投壺譜一卷，不著撰人，但云‘自溫公易新格，而古之投壺譜式皆不存，此自有初以至倒耳，著明賞罰之筭，蓋取禮記投壺之禮爲譜焉’。四庫存目壺譜一卷，明李孝元撰云云，此本目十八，圖一百三十二，與存目所言合，惟不著孝元之名，前後有嘉靖壬戌長安石峰王彙征、虞泉楊臯兩序，亦不言李氏所撰，何耶？

### 雙陸譜一卷

前有元林子益序，稱雙陸之戲始於陳思王。

黃本驥三長物齋集雙陸局記云：“雙陸之戲，始於西竺，其局彼此內外各有六梁，至魏陳思王植，始置二投，蓋卽投擲之義，卽今骰子所託始也。”

# 四庫全書總目提要補正卷三十四

## 譜錄類

### 考古圖十卷續考古圖五卷釋文一卷

以較世所行本,卷一多孔文父飲鼎圖一,銘十四字,說五十一字。卷三邾敦圖,多一蓋圖。卷四開封劉氏小方壺圖,乃祕閣方文方壺圖,祕閣方文方壺圖乃開封劉氏小方壺圖,今本互相顛倒。卷六目錄多標題"盤匜盂弩戈削"一行。卷八多玉鹿盧劍具圖三,說一百一十五字;又多白玉雲鉤、玉環、玉玦圖各一。卷九多京兆田氏鹿盧鐙圖一,說四十七字;又犀鐙第二圖,與今本迥別;又內藏環耳甗多一蓋圖。卷十新平張氏連環鼎壺,無"右所從得及度量銘識皆闕失無可考惟樣存於此"二十字;又多廬江李氏鐎斗圖一;又獸鑪第二圖後,多說三十五字;又卷末多邛州天寧寺僧捧勑佩圖二,說四十六字。卷首大臨自序,本題曰後記,附載卷末。其餘字句行款之異同,不可縷舉,而參驗文義,皆以此本爲長。惟續圖五卷,書錄解題所不載,學古編亦未言及,其中第二卷引呂與叔云云,又引考古圖云云,第三卷有紹興壬午所得之器云云，則其書在紹興三十二年之後，與大臨遠不相及，蓋南宋人續大臨之書，而佚其名氏，錢曾併以爲大臨作，蓋考之未審也。

陸氏儀顧堂續跋，元槧本考古圖跋云:"證以提要所舉卷一、卷四、卷六、卷八、卷九、卷十缺文顛倒皆同，蓋明泊如齋、寶古堂本皆從此出也。惟葉數缺處皆留空葉，尙有形迹可尋，明刻連屬以泯其迹則謬矣。" 李慈銘荀學齋日記云:"明人新安汪氏翻刻元大德己亥茶陵陳氏本，每卷首題曰:'泊如齋重修考古圖'，據陳才序，言其弟翼屬羅更翁臨本，并采諸老辨證附左方，今觀圖說下往往采集古錄劉原父說，間有駁正，蓋皆羅氏所加，其稱泊如齋重修者卽陳氏所題也。有汪昌業、陳才、陳翼三序，及呂氏原序，銘文傳寫多失眞，釋文尤多誤。" 玉縉案:藏書續志有影寫宋刊本續考古圖五卷，釋文一卷，有趙九成釋文序，並載翁方綱題記五則，其第一則與此書提要全文相合，詞句間有增損，結銜稱"文淵閣校理翰林院編修四庫全書纂修官"，知提要全文卽出於方綱，而紀昀略加竄改者也。其第五則云:"宋翟耆年籀史下卷，有趙九成著呂氏考古圖說"，據此，則釋文一卷，是趙九成撰，其卷前題詞，蓋九成所爲也。此與第一則以釋文爲當是大臨原本者異，乃後來所得，而提要未及追改者也。陸氏案語云:"李邴嘯堂集古錄序有云:'鼎器款識極少，字畫復多漫滅，及得呂大臨、趙九成兩家考古圖，雖有典型，辨識不容無舛'"，據此，則續考古圖亦九成所輯，不僅釋文而已。其續跋內亦有跋，幷付諸梓。

## 嘯堂集古錄二卷

是編錄古尊彝敦卣之屬，自商迄漢，凡數百種，摹其款識，各以今文釋之。中有古印章數十，其一曰"夏禹"，吾邱衍學古編謂係漢巫厭水災法印，世俗傳有渡水佩禹字法，此印乃漢篆，故知之，衍精於鑒古，當得其實。衍又謂滕公墓銘鬱鬱作兩字書，與古法叠字止作二小畫者不同，灼知其僞，則是書固眞贋雜糅，然所採摭，尙足資考鑒，不能以一二疵累廢之。

李慈銘荀學齋日記癸集上六三云："王氏所釋多未覈，不特小篆文夏禹印及滕公石室銘之詭誕不足據也。"

## 宣和博古圖三十卷

而錢曾讀書敏求記稱"元至大中重刻博古圖，凡臣王黼撰云云，都爲削去，殆以人廢書"，則是書實王黼撰，楚字爲傳寫之訛矣。曾又稱"博古圖成於宣和年間，而謂之重修者蓋以採取黄長睿博古圖說在前也。"考陳振孫書錄解題曰："博古圖說十一卷，祕書郎昭武黄伯思長睿撰，凡諸器五十九篇，其數五百二十七，印章十七品，其數四十五，長睿沒於政和八年，其後修博古圖頗采用之，而亦有删改"云云，錢曾所說良信，然考蔡絛鐵圍山叢談曰："李公麟字伯時，最善畫，性喜古，取生平所得及其聞睹者作爲圖狀，而名之曰考古圖，及大觀初，乃倣公麟之考古作宣和殿博古圖"，則此書踵李公麟而作，非踵黄伯思而作，且作於大觀初，不作於宣和中。絛，蔡京之子，所說皆其目覩，當必不誤，陳氏蓋考之未審。其時未有宣和年號，而曰宣和博古圖者，蓋徽宗禁中有宣和殿，以藏古器書畫，後政和八年，改元重和，左丞范致虛言犯遼國年號，徽宗不樂，遂以常所處殿名其年，且自號曰宣和人，亦見鐵圍山叢談，則是書實以殿名，不以年號名，自洪邁容齋隨筆始誤稱"政和、宣和間，朝廷置書局以數十計，其荒陋而可笑莫若博古圖"云云，錢曾遂沿以立說，亦失考也。然其書考證雖疏而形模未失，音釋雖謬而字畫俱存，讀者尚可因其所繪以識三代鼎彝之製，款識之文，以重爲之核訂。

陸氏藏書志有至大重修宣和博古圖三十卷，題"宋大觀中王黼等奉勅撰"，其案語云："此宋刊而元人修補者，故曰至大重修，每葉十六行，每行十七字，每圖皆注明減小樣製，照原樣製，明寶古堂、泊如齋兩刊删去，又將各圖一律改小，失其舊矣。惟嘉靖蔣暘刻，與元本同。"據此，則卷首明題王黼，抑陸氏有誤。其儀顧堂續跋云："書爲徽宗時撰，元人不加一字，至大重修之名殊不可解？蓋靖康之亂，金人盡輦汴京圖籍書版而北，見靖康要錄及北盟會編，自金入元，版已殘缺，竊意前後必有王黼等進表及纂修校勘銜名，元人修補刊完，惡其人而去之，故改題至大重修之名，其版則猶宋刊居多也。首行至大二字，或小或大，或疏或密，與重修宣和博古圖錄卷第幾各字，氣旣不貫，字之工拙懸殊，亦以宋刻挖補之一證也。據蔡絛說，書成於大觀初，容齋隨筆又稱政和中置局，疑宋本已有政和重修字樣，元人改政和爲至大，惜無確證耳。"玉縉案：此說似足爲洪氏辯護，但洪意指原書，並不指重修之書，實誤以原書成於政和、宣和間。又案是書第十五卷"禮失於古遠之後，而尊爵飲器之類往往變而用木”云云，殊不知考工記“梓人爲飲器”，莊子天地篇“溝中之木，斲而爲犧尊”，古人尊爵飲器無不用木者。梁書劉杳傳，“古者樽彝皆刻木爲鳥獸，鑿頂及背，以出內酒”，聶崇義亦云“觚用木”，王黼此說，直是以不狂爲狂也。

**墨譜三卷**

中卷凡祖氏、奚廷珪、李超、李廷珪、李承宴、李文用、李惟慶、陳贇、張遇、盛氏、柴珣、宣道、宣德、猛州貢墨、順州貢墨及不知名氏十六家之式，亦各繪面圖、漫圖。惟以奚廷珪、李廷珪分爲二人，且謂奚不如李遠甚，與南唐書奚廷珪賜姓爲李之說異，然兩無顯證，義可並存。

陶宗儀輟耕錄廿九云：“唐末墨工奚超與其子廷珪，自易水渡江遷居歙州，南唐賜姓李氏，廷珪父子之墨，始集大成，然亦尙用松煙。廷珪初名廷邽，故世有奚廷珪墨，又有李廷珪墨，或有作庭珪字者僞也，墨亦不精”云云。下列唐至元墨工姓名，唐凡祖敏等七人，南唐凡李超等十九人，李超下並注明鼐之子始居歙州，南唐賜姓李氏，宋凡張遇等二十九人，元凡潘雲谷等十一人，是不分奚庭珪、李廷珪爲二人，奚庭珪之庭仍作廷，其作庭珪者乃係僞託，姓李非姓奚也，疑此說近之。

**墨史二卷**

於魏得韋誕一人，於晉得張金一人，於劉宋得張永一人，於唐得李陽冰以下十九人，於宋得柴珣以下一百三十餘人，於金得劉法、楊文秀二人，又詳載高麗、契丹、西域之墨，附錄雜記二十五則，皆墨之典故也。其間蒐羅隱僻，頗爲博贍，其論奚廷珪非李廷珪一條，據墨經所載：易水奚鼐之子超，鼐之子起，又別敍歙州李超，超子廷珪以下世家，是族有奚、李之異，居有易、歙之分，惟其名偶同，所謂墨經者今雖不知爲何本？然宋紹聖中李孝美作墨譜已有是說，亦可以旁資參考也。

玉縉案：此辨奚廷珪非李廷珪，蓋據墨經，而廷珪廷字並作廷，與墨譜異，敍次亦頗詳盡，但族別奚、李，里分易、歙，余終疑因遷居賜姓而傳譌耳，願學者再求顯證以定之。

**雲林石譜三卷**

是書彙載石品，凡一百一十有六。

瞿氏目錄有舊鈔本，云："楊升菴卮言跋此書，謂石凡一百十有七，此本祗有九十三品，豈一品中有連綴數品，升菴併數而得之耶？"

**茶經三卷**

陳師道後山集有茶經序曰："陸羽茶經家書一卷，畢氏、王氏書三卷，張氏書四卷，內外書十有一卷，其文繁簡不同，王、畢氏書繁雜，意其舊本，張書簡明，與家書合，而多脫誤，家書近古可考正，'曰七之事'以下，其文乃合三書以成之，錄爲二篇藏於家"，此本三卷，其王氏、畢氏之書歟？抑後山集傳寫多譌，誤三篇爲二篇也。　言茶者莫精於羽。

陸氏藏書志有明刊本，並載陳序。　王觀國學林云："茶之佳品其色白，若碧綠者乃常品也；茶之佳品皆點啜之，其煎啜之者皆常品也。唐人於茶雖有陸羽爲之說，而持論未精，至本朝蔡君謨茶錄既行，則持論精矣。以茶錄而覈前賢之詩，皆未知佳味者也。”

**宣和北苑貢茶錄一卷附北苑別錄一卷**

則圖蓋克所增入也。時福建轉運使主管帳司趙汝礪復作別錄一卷。

陸氏藏書志有明刊本宣和北苑貢茶錄一卷，題“宋建陽熊蕃叔茂著”，並載其子克序云：“先人但著其名號，克今更寫其形製”，提要乃據書錄解題，殆大典中無是序耶？又有明刊本北苑別錄一卷，題“宋建陽熊克子復著”，並載自序，有“僕因攝事遂得研究其始末”語，與貢茶錄序“克攝事北苑”云云合，則此書爲克著，與趙汝礪無涉，豈大典所載有誤，抑別一本耶？日人靜嘉堂祕籍志，得陸本後，並載徐㶿跋兩則，考蕃、克兩人出處頗詳。丁氏藏書志有舊鈔本，並載嘉慶庚申蕭山汪繼培後記云：“熊、趙兩錄，陶宗儀說郛曾載之，於別錄則題宋無名氏，家君傳四庫寫本，熊錄有圖有注，別錄有汝礪後序，遠勝陶本，然說郛貢茶於諸目下皆注分寸，則爲寫本所無。別錄麤色第六綱內之大鳳茶、小鳳茶二條，寫本亦失去，因取二本互勘之。”據此，則提要本亦非足本也。

**北山酒經三卷**

宋朱翼中撰，陳振孫書錄解題稱大隱翁而不詳其姓氏？考宋李保有續北山酒經，與此書並載陶宗儀說郛，保自序云：“大隱先生朱翼中，著書釀酒，僑居湖上，朝廷大興醫學，起爲博士,坐書東坡詩貶達州”,則大隱固翼中之自號也。

案翼中爲朱肱之字,當題爲宋朱肱撰,方合全書之例,其稱大隱翁者,南陽活人書自序云:“命工於杭州大隱坊鏤版”,蓋取所居地以爲號也。肱,臨安人,元祐三年進士,官至朝奉郎直祕閣,儀顧堂題跋南陽活人書跋考其事蹟頗詳。續跋有影宋本跋,謂“鮑淥飲知不足齋刊本與此本行款不同,其餘多同。”玉縉案:錢泰吉甘泉鄉人餘稾,有跋張子簡所鈔汲古閣影宋本酒經一則,疑毛本爲鮑本所自出。

**洛陽牡丹記一卷**

是記凡三卷,一曰花品。

案花品序云:“牡丹初不載文字,自則天以後始盛,如沈、宋、元、白之流,皆喜詠花,當時有一花之異,彼必形於篇什,而寂無傳焉,惟劉夢得有詠魚朝恩宅牡丹,但云一叢千朵而已。”胡仔漁隱叢話歷引元稹看牡丹古詩及西明寺絕句,白居易牡丹芳長篇、看渾家牡丹戲贈李二十及買花詩以正“寂無傳焉”之非是,又謂劉夢得乃是詠渾侍中牡丹,非詠魚朝恩宅者,歐公誤記。又引李翰林集後序、松窗雜錄,謂牡丹自則天已後始盛,歐公此言信然。

**劉氏菊譜一卷**

蒙,彭城人,仕履未詳?自序中載崇寧甲申爲龍門之游,訪劉元孫所居,相與訂論爲此譜,蓋徽宗時人。

陸氏儀顧堂題跋云:“蒙,山東濱州人,繫年要錄。政和六年,通判揚州,時江、淮諸郡民苦水患,流移四出,泰州、高郵至三千人，轉徙於揚，蒙曲加周恤，咸得不死，事聞，特遷一官。嘉靖維揚志。尋以朝奉郎爲江東轉運副使，建炎元年九月奏請優恤翁彥國，上以其觀望李綱，削一官，蒙以曾奏彥國不法訴於朝，復其官，移兩浙轉運副使。三年，加直祕閣，四年，爲兩浙隨軍轉運使，建議於浙西民間預借秋料苗米，從之，繫年要錄。當卽其人，彭城者，著郡望也。濱州有兩劉蒙，一字子明，元豐中卒，私諡正思先生，宋史有傳。又宜黃人劉蒙，字資深，治平進士，至朝請大夫，見江西通志。清波別志云：'劉蒙賢良，書干司馬溫公，乞以鬻下一婢之資五十萬以濟其貧，又責公不效韓退之所爲'，此又一劉蒙也。"

**百菊集譜六卷菊史補遺一卷**

觀其自題，作補遺之時，已改名爲菊史矣。而此仍題百菊集譜，豈當時刊板已成不能更易耶？

案自題云："前編始成，愚乃標之爲百菊集譜，因同里判簿兆偉伯見之，乃褒以佳名曰菊史"，是偉伯以集譜爲可稱菊史也。又云："今故併行校正，列於補遺卷端，戲表此編，濫有稱史之名耳。"是補遺始稱菊史也。提要殊未細審。

**竹譜一卷**

如"蓋竹所生，大抵江東，上密防露，下疏來風，連畝接町，竦散岡潭"六句，潭字於韻不協，雖風字據詩衛風有孚金切一讀，於古音可以協潭，而東字則萬無協理，似乎"潭岡散竦"四字誤倒其文，以竦韻東風。

李慈銘桃華聖解盦日記云："案此肊決之辭，潭從覃聲，覃、談兩韻同部,而談有同音,左傳趙同亦作趙談,司馬遷父名談,史記諱談爲同。又覃韻有湛,與耽字通,詩'和樂且湛',中庸引作'和樂且耽',而湛字宋玉九辯以韻豐字,則兩部之字,古音固有相通者矣。儀禮'中月而禫'之禫,古文作導,說文亦作'三年導服',是禫、導音轉,而導與同亦雙聲。"

**筍譜一卷**

則振孫說是也。

陸氏藏書志有宋刊本,題"吳僧贊寧撰",晁載之續談助,亦云贊寧作。

**御定廣羣芳譜一百卷**

特聖人褎纖芥之善,不沒椒始之功耳。

案象晉爲王士禛之祖,故此事於香祖筆記及之,又於分甘餘話開卷云:"御製序文冠於編首,仍存先臣自序,及每卷小序,亦所不遺"云云,以爲異數。

## 譜錄類存目

**別本考古圖十卷**

則似臨圖及篆者爲更翁,增考證者實翼子。

陸氏藏書志有元刊本,題"點齋羅更翁考訂",是出羅手甚明,不必疑也。

**程氏墨苑十二卷**

明程君房撰。 雕鏤題識,頗爲精巧,與方于魯墨譜鬬新角異,實兩不相下。

陸氏藏書志有明刊本，題程大約撰，大約與君房，疑一名一號，俟考。鄭翼謹案：別集存目六有程幼博集，程大約撰。鄭堂讀書記云："大約一名君房，字幼博，號篠野，曾官鴻臚寺屬"云云。今考朱竹垞靜志居詩話方于魯條，亦稱程大約君房，似字而非名，提要蓋誤爲二人。陸以湉冷廬雜識三云："方于魯墨譜、程君房墨苑，繪刻精工，藝林清賞，較其優劣，當以墨譜爲勝。墨苑中自著序記，語涉矜誇，其搜羅名人題贈雖多，而如顧秉謙、沈漼等筆札，亦皆載入，未免薰蕕相雜。且此書爲文房清玩，乃臚列時人，備誌科第官爵，殊乖雅道，不若墨譜之能得體要也。譜中載汪仲淹墨書，述于魯之言曰：'試墨如試金'云云，此數語可爲相墨金針。"

**湯品無卷數**

不著撰人名氏。

案明喻政茶書全集中，有唐蘇廙湯品一卷，近日本靜嘉堂祕籍志有是書，云題唐蘇廙元明著，並引屠本畯茗笈云："蘇廙僊芽傳載湯十六"云云，以爲或稱僊芽傳，據此，則爲蘇廙撰無疑。

**酒史六卷**

自號無懷山人。而不著其里籍。

丁氏藏書志有朱印本，並載萬曆乙卯趙南星序，稱"外舅柏鄉馮公，自號無懷山人"云云，是時化爲柏鄉人。

**疏食譜一卷**

明汪士賢山居雜志載此書，題曰清漳陳達叟撰，不著時代，千頃堂書目亦作達叟，題曰宋人，考左圭百川學海載有此書，則宋人無疑。然百川學海所刻，其序自稱本心翁，而書前標題，乃作門人清漳友善書堂陳達叟編，則達叟乃編其師之書，非所自撰也。

瞿氏目錄云："百川書志云：'本心翁門人清漳陳達善編'，今考是書，題陳達叟編，不作達善，且其自序云：'本心翁齋居晏坐，客從方外來問食譜，口授二十品與之'，是本心翁者，達叟自號，非其師也，百川書志誤。"

**瓊花譜一卷**

又錢曾讀書敏求記載瓊花考一卷，成化丁未楊端木輯，與此本序文年月合，當卽一人一書，錢曾衍一木字耳。

丁氏藏書志有明成化刊本揚州瓊華集一卷，云："提要謂錢遵王衍一木字，檢敏求記謂楊端采輯，當時館臣所見，采輯之采，譌作木字，故疑爲衍文，校誤之難，眞如掃葉。"玉縉案：明人馬駢有瓊花志一書，道光間，貴祈年就馬本去其雜亂者，又搜采羣書而潤色之，成瓊花志十二卷，劉文淇爲之序，在青溪舊屋文集中，貴氏又別輯瓊花集十二卷。

**香雪林集二十六卷**

是編凡梅圖二卷，詠梅詩詞文賦二十二卷，終以畫梅圖譜二卷。

丁氏藏書志入總集，並載萬曆乙巳王圻序云："兒子思義，披集古今題詠，若詩、若歌、若賦、若圖譜，漸次成帙，因授之梓，以永其傳"云云。玉縉案：提要以黃大輿梅苑入詞選，則此自以入總集爲宜。

## 蟲天志十卷

是書集鳥、獸、蟲、魚異事，分爲六部。

案一曰鬭，二曰舞，三曰能言，四曰傳書，五曰識字，六曰奏技，提要殊不明瞭。

# 四庫全書總目提要補正卷三十五

## 雜家類一

### 鬻子一卷

今其書乃有"昔者魯周公"語，又有"昔者魯周公使康叔往守於殷"語，而賈誼新書亦引其成王問答凡五條，時代殊不相及。劉勰文心雕龍云："鬻熊知道，文王諮詢，遺文餘事，錄爲鬻子"，則裒輯成篇，不出熊手，流傳附益，或構虛詞，故漢志别入小説家歟？獨是僞四八目一書，見北齊陽休之序錄，凡古來帝王輔佐有數可紀者靡不具載，而此書所列禹七大夫：皋陶、杜子業、旣子、施子、黯季子、寧然子、堪輕子玉，湯七大夫：慶輔、伊尹、湟里且、東門蝡、南門蝡、西門疵、北門側，皆具有姓名，獨不見收，似乎六朝之末，尚無此本，或唐以來好事之流，依仿賈誼所引，撰爲贋本，亦未可知？觀其標題甲乙，故爲佚脱錯亂之狀，而誼書所引，則無一條之偶合，豈非有心相避，而巧匿其文，使讀者互相檢驗生其信心歟？且其篇名冗贅，古無此體，又每篇寥寥數言，詞旨膚淺，決非三代舊文，姑以流傳既久，存備一家耳。

漢藝文志，道家類鬻子二十二篇，班固自注，“名熊，爲周師，自文王以下問焉，周封爲楚祖”，顏師古無注，沈欽韓漢書疏證云：“隋志，鬻子一卷，唐、宋著錄皆以冠道家。葉夢得云：‘今一卷，止十四篇，本唐永徽中逄行珪所獻，參仲容子鈔、當作庾，隋志梁黟令庾仲容子鈔三十卷。馬總意林並云六篇，其所載與行珪先後不倫，恐行珪或有附益。’案今亦十四篇，標題甲乙數目，雜亂不可曉，又短僿不成章，而列子天瑞、黄帝、立命三篇引鬻子，賈誼修政下篇周文王、武王、成王問於鬻子，有七章，皆本書所無，今本其糟粕耳。”又小說，鬻子說十九篇，班固自注云：“後世所加”，沈欽韓云：“唐志，小說家亦載鬻子一卷，文選注三十六引鬻子曰：‘武王率兵車以伐紂，紂虎旅百萬，陳於商郊，起自黄鳥，至於赤斧，御覽三百一引作赤鳥。三軍之士，靡不失色，武王乃命太公把旄以麾之，紂軍反走。’御覽三百八十三引鬻子年九十見文王事，案此類小說也。” 宋翔鳳過庭錄楚鬻熊居丹陽考條云：“史記楚世家，‘周文王之時，季連之苗裔曰鬻熊，鬻熊子事文王，蚤卒’云云，案漢藝文志，道家鬻子二十二篇，名熊，爲周師云云，太史公或未見鬻子，故世家傳早卒之說，地理志本伏无忌等原文，亦僅據漢初圖籍而附以相沿之說，惟劉向父子校中祕書，乃見鬻子書，有文王、武王、成王之問，知熊至成王時尚存，定熊自封丹陽，向述世本，亦著鬻熊居丹陽之說，而不言熊繹，今傳鬻子，爲唐人僞託，其原文則見賈子新書修政語，有文王以下問粥子之事，粥通鬻。當采自鬻子也。” 陸心源儀顧堂集讀鬻子云："唐逢行珪注本凡十四篇，又有宋陸農師校本，無注，分十四篇爲十五篇，尤爲瑣碎。據羣書治要所載，起迄如行珪本，合爲三篇，然意林、北堂書鈔、文選注所引，往往爲今本所無，則已非唐之舊矣。熊爲文王師，其言宜足與謨誥相發明，乃率多泛然無當之言，何歟？其謂禹一饋而七十起，與周公一飯三吐哺之言同，蓋出於後人依託無疑也。漢志所載，當爲戰國人所僞爲，今所傳本，又必魏、晉以後掇拾而成，列子、賈誼新書本非秦、漢之舊，其所引亦不足信，僞中之僞，故其言淺陋如此也。"玉縉案：嚴可均有重定本，其序在鐵橋漫稾中，尤詳核。

**墨子十五卷**

考漢書藝文志，墨子七十一篇，注曰："名翟，宋大夫"，隋書經籍志亦曰："宋大夫墨翟撰"，然其書中多稱子墨子，則門人之言，非所自著。又諸書多稱墨子名翟，周亮工書影則曰："墨子姓翟，母夢烏而生，因名之曰烏，以墨爲道，今以姓爲名，以墨爲姓，是老子當姓老耶？"其說不著所出，未足爲據也。　陳振孫書錄解題，又稱有一本，止存十三篇者，今不可見。　而讀墨子一篇，乃稱墨必用孔，孔必用墨，開後人三教歸一之說，未爲篤論。

玉縉案：漢志稱墨家者流，其源出於古清廟之官，莊子天下篇云："不侈於後世，不靡於萬物，不渾於度數，以繩墨自矯，而備世之急，古之道術有在於是者，墨翟、禽滑釐聞其風而說之"，是周時本有此學，墨子始昌而大之，故論其人，則廣韻德字下及元和姓纂、通志氏族略，並云姓墨氏，本墨台氏後，墨子名書，猶荀、揚、莊、列之比，論其學，則墨之爲墨，殆取義於繩墨自矯，孟子亦有墨者夷之，當分別觀之也。是書耕柱篇稱子禽子，尤非翟自著之明證。

楊氏楹書隅錄有校舊鈔本三卷，並載黃丕烈識語云："讀書敏求記載潛溪諸子辨云：'墨子三卷，戰國時宋大夫墨翟撰，上卷七篇，號曰經，中卷、下卷六篇，號曰論，共十三篇'，據此，則是書兩行於世者也"云云。玉縉案：提要駁孔、墨相爲用之説，不知韓愈又言孟子距楊、墨，功不在禹下，不可於此得其通乎？陳漢章謹案：周亮工因樹屋書影異説，本出元伊世珍瑯嬛記僞書，似非。又案諸子多以姓名其學，如申、韓、列、揚之比，墨子亦其比，即李耳亦自有老子之號。

## 子華子二卷

呂氏春秋引子華子者凡三見，高誘以爲古體道人，是秦以前原有子華子書，然漢志已不著錄，則劉向時書亡矣。此本自宋南渡後始刊板於會稽，晁公武以其多用字説，指爲元豐後舉子所作，朱子以其出於越中，指爲王銍、姚寬輩所託，而又疑非二人所及，周氏涉筆則據其神氣一篇，指爲黨禁未開之時不得志者所爲。今觀其書，多采掇黃、老之言，而參以術數之説，呂氏春秋貴生篇一條，今在陽城渠胥問篇中，知度篇一條，今在虎會篇中，審爲篇一條，則故佚不載，以掩剽劉之迹，頗巧於作僞。

玉縉案：呂覽除貴生、知度、審爲三篇所引外，其先己、誣徒、明理等篇亦引之，非止三見。莊子讓王篇釋文引司馬彪注，以子華子爲魏人，與高注貴生、誣徒、知度諸篇並稱古體道人異，未詳所本？豈就韓、魏爭地事而肊測之歟？然詳觀文義，似韓人非魏人也。又胡渭易圖明辨據神氣篇"二與四抱九而上躋也"云云，以爲劉牧之徒僞造，於晁、朱、周外別爲一說，亦以意言之耳。

**尹文子一卷**

前有魏黃初末山陽仲長氏序。

陳霆兩山墨談五云："其本意主刑名，而借黃、老以蓋其說，昔人謂其論大道似黃、老，蓋徒見其書以大道名篇，故遂爲所欺也。大道上篇曰：'夫名稱者不可不察也'云云，其說與公孫龍'白馬非馬'之辨相類，序言尹文居齊稷下，嘗學於公孫龍，今考龍仕趙平原君，去尹子居稷下時實後百餘歲，序所云云，未足據也。" 張氏藏書志有宋刊本二卷，云："分上下二卷，猶是原書舊第。"

**愼子一卷**

此本雖亦分五篇，而文多删削，又非陳振孫之所見，蓋明人捃拾殘剩，重爲編次。

嚴可均有校補本，鐵橋漫稾載其自序云："從羣書治要寫出七篇，有注，即滕輔注，其多出之篇：曰知忠，曰君臣，其威德篇又多出二百五十三字，雖亦節本，視陳振孫所見本爲勝。因剌取各書引見之文校補譌脫，其遺文短段不能成篇者凡四十四事，附於後。"

**鶡冠子三卷**

柳宗元集有鶡冠子辨一首，乃詆爲言盡鄙淺，謂其世兵篇多同鵩賦，據司馬遷所引賈生二語以決其僞。然古人著書，往往偶用舊文，古人引證，亦往往偶隨所見，如"谷神不死"四語，今見老子中，而列子乃稱爲黄帝書，"克己復禮"一語，今在論語中，左傳乃謂仲尼稱志有之，"元者善之長也"八句，今在文言傳中，左傳乃記爲穆姜語，司馬遷惟稱賈生蓋亦此類，未可以單文孤證遽斷其僞。惟漢志作一篇，而隋志以下皆作三卷，或後來有所附益則未可知耳？其説雖雜刑名，而大旨本原於道德，其文亦博辨弘肆，自六朝至唐，劉勰最號知文，而韓愈最號知道，二子稱之，宗元乃以爲鄙淺，過矣。

王應麟困學紀聞十云："鶡冠子博選篇，用戰國策郭隗之言，王鈇篇，用齊語管子之言，不但用賈生鵩賦而已，柳子之辯，其知言哉！"玉縉案：王説是也。試取燕策、齊語與博選、王鈇二篇對勘，提要將何以説？況世兵篇不第襲取"貪夫殉財烈士殉名夸者死權"三句已也。　案惟鵩賦係韻語，世兵篇襲之，痕迹多未化，顯見此書用賈賦，非賈賦本鶡冠，王氏困學紀聞云："博選篇用戰國策郭隗之言，王鈇篇用齊語管子之言，不但用賈生鵩賦而已"，得此説而柳説益信。　絳雲樓書目野客叢書，陳景雲注云："今所行者四卷，十五篇，公羊傳疏卷末嘗引是書，則其書雖非眞，亦必出唐以前人手筆，或云唐人王某撰非也。"　丁氏藏書志有盧文弨校聚珍本，幷載盧跋云："聚珍版鶡冠子博選篇，'樂嗟苦咄'，'樂嗟苦'三字本缺，校者據他本補入。案陸佃注云：'樂則嗟之，咄則苦之'，其語頗合，然宋黄東發日鈔載此句是'謳籍詼咄'也。又王鈇篇'家里用禔'，注引公羊傳禔月，校云：'一本作提'，今本公羊傳亦無此文，余案徐堅初學記晦日條下所引，正作提月。又'其罪有司而貳其家'，本注有'其人爲首其家爲貳'八字，今本無之。又'參於兩間'四字，本注在'天子執一以居中央'下，今以爲正文。天權篇注引列子微有更動，凡一本作某字云云，皆非陸農師所加，其中頗有可删者，其精核若此，與道藏本何異哉？"

**鬼谷子一卷**

隋志稱皇甫謐注，則爲魏、晉以來書固無疑耳。說苑引鬼谷子有"人之不善而能矯之者難矣"一語，今本不載。

陸氏藏書志有明鈔本三卷，梁陶弘景注。 汪中經義知新記云："說苑善說篇引鬼谷子，然則鬼谷子非僞書也。"

**呂氏春秋二十六卷**

實其賓客之所集也。

洪亮吉北江詩話二云："史記，呂不韋使其客八人著所聞，集論爲八覽、十二紀三十餘萬言，漢淮南王客亦八人，漢書所云八公者是。今考兩家賓客，類皆割裂諸子撏撦紀傳成書，秦以前古書亡佚既多，無從對勘，卽以今世所傳文子一書校之，遭其割截者十至七八，又故移徙前後，倒亂次序，以掩飾一時耳目，而博取重貲，足見賓客之不足恃，古今一轍。" 譚廷獻復堂日記三云："集衆成書，而立言有宗主，言得人、言立制、言愼法、言尙農，尋其脈絡，篇篇銜接，義義相生，文章之妙，淮南不能及也。"

**淮南子二十一卷**

然白居易六帖引烏鵲塡河事，云出淮南子，而今本無之，則尙有脫文也。公武謂許愼注稱記上，陳振孫謂今本題許愼注，而詳序文卽是高誘，殆不可曉？蘆泉劉績又謂記上猶言標題進呈，並非愼爲之注，然隋志、唐志、宋志皆許氏、高氏二注並列，陸德明莊子釋文，引淮南子注稱許愼，李善文選注、殷敬順列子釋文，引淮南子注或稱高誘，或稱許愼，是原有二注之明證，後愼注散佚，傳刻者誤以誘注題愼名也。

案後漢劉瑜、袁紹傳注，初學記二，文選曹植求通親親表及江淹詣建平王上書李善注，並引鄒衍正夏降霜事，爲今本所無，提要未之及。　黃式三儆居集讀莊校淮南子云："淮南子之書，雜取老子、列子、莊子、呂覽以成之，其與文子同者尤多，果淮南子之襲文子乎？抑文子爲後人僞撰反襲淮南子乎？"歷舉其同於文子者十數條。又云："此書聚斂而成，醇者極醇，駁者極駁。"　明劉績補注本載弘治辛酉績識語云："淮南一書，乃全取文子、呂覽、莊、列、鄧析、愼子、山海經、爾雅諸書，乃當時所召賓客之言，故文駁事舛。"　王念孫讀書雜志淮南雜志自序云："淮南內篇，舊有許氏、高氏注，其存於今者，則高注非許注也。前有高氏序一篇，天文篇注又云：'鍾律上下相生，誘不敏也'，則其爲高注無疑。其自唐以前諸書所引許注，有與今本同者，乃後人取許注附入，非高氏原文也。凡注內稱一曰云云者，多係許注，則其爲後人附入可知。宋人書中所引淮南注，略與今本同，而謂之許注，則考之未審也。道藏本題許愼記上，蓋沿宋本之誤。"　陸心源儀顧堂集淮南子高許二注考云："嘉慶中，莊逵吉重刊淮南子序，始謂後人誤合兩家爲一，混而不分，似矣，至據地形訓大汾注與呂覽注異，俶眞訓剞劂注與本經訓注異以證之，則未知古人注書先後互異者甚多，未可以爲證也。以愚考之，高注十三篇，自漢迄今無異，許注二十一篇，至北宋時存十八篇，今惟存八篇，何以明之？高氏自序云：'弁揖借八篇刺之，會揖身喪，遂亡不得'，是誘在時已亡八篇矣，隋、唐以後，何以反得廿一篇乎？此高注原本有十三篇無二十一篇之明證也。陳漢章謹案：蘇魏公原序本云："卞揖亡後，復補足今所闕八卷"，得非後補者失其定著。蘇魏公校正淮南子序云：'是書有後漢太尉祭酒許慎、東郡濮陽令高誘二家之注，隋、唐目錄，本別傳行，今校崇文舊書與蜀川印本，曁臣某家書，凡七部，並題曰淮南子，二注相參，不復可辨。惟集賢本，前賢題云許標其首，皆是間詁，鴻烈之下，謂之記上，高題卷首，皆謂之鴻烈解經，解經之下，高氏注，每篇之下皆曰訓，又多數篇爲上下，以此爲異，崇文總目亦如此云。'又謂'高注更詳於許氏，本書文句，亦有小異，臣某據文推次頗見端緒，高注篇名，皆有"故曰因以題篇"之語，其間奇字，並載音讀，許於篇下，粗論大意，卷內或有假借用字，以周爲舟，以楯爲循，以而爲如，以恬爲惔，如此非一。又其詳略不同，誠如總目之說，互相考證，去其重複，共得高注十三篇，許注十八篇。'此北宋時許注存十八篇之明證也。余案原道、俶眞、天文、墬形、時則、覽冥、精神、本經、主術、氾論、說山、說林、修務十三篇，每篇名注皆有'因以題篇'四字，注中載音讀，如滑讀曰骨，哥讀曰謳歌之類甚夥，則此十三篇乃高注也。謬稱、齊俗、道應、詮言、兵略、人間、泰族、要略八篇，篇下無‘因以題篇’四字，注皆粗解大意，且無音讀，則此八篇乃許注也。想魏、晉以後，因高書不全遂以許書補之，猶范曄書無志以司馬彪補之也，故隋、唐志皆云二十一卷。許注略於高注，後人喜詳輕略，高書行而許書遂微，宋時尚存十八篇，至明而十八篇亦不可見。後有校正淮南子者，於謬稱八篇，宜題曰許愼記上，於原道十三篇，宜題曰高誘注，斯乃高、許之功臣矣。”玉縉案：陸說甚詳覈，足釋陳振孫之疑，足祛劉績之妄，並足正提要之譌。陳漢章謹案：勞格讀書雜識、陶方琦淮南許注異同詁，並據蘇魏公序分別十三篇及八篇之注，不知誰氏先後？至楊氏楹書隅錄有北宋本淮南鴻烈解二十一卷，每卷第二行題“太尉祭酒臣許愼記上”，此非許注全書，蓋即道藏本所從出，而王氏所謂沿其誤者也。又顧廣圻思適齋集宋本淮南鴻烈解跋云：“如第一卷‘欲宍之心亡於中’，‘宍’未誤爲‘寅’也，第三卷‘積陰之寒氣者爲水’，未刪去‘者’字也”云云。王氏淮南雜志自序云：“高注囊括六藝，旁通百家，訓詁旣詳，音讀尤審，急氣、緩氣、閉口、籠口諸法，實足補前人所未備，然瑜不掩瑕，亦時有千慮之一失，若原道篇‘精通於靈府，與造化者爲人’，人者偶也，言與造化者爲偶也，高注訓爲治，則誤以人爲人民之人矣。俶眞篇‘人莫鑑於沬雨而鑑於止水者，以其靜也’，沬雨乃流雨之誤，流雨與止水相對爲文，而高注乃以沬雨爲雨潦上覆甌矣”云云。皆文繁不具錄。 楊樹達漢書補注補正云:"今本注許、高混亂,篇題下注有'因以篇題'四字者爲高注,爲原道、俶眞、天文、地形、時則、覽冥、精神、本經、主術、氾論、說山、說林、修務凡十三篇,餘八篇爲謬稱、齊俗、道應、詮言、兵略、人間、泰族、要略則許注也。"

**人物志三卷**

別本或作劉劭,或作劉卲,此書末有宋庠跋云:"據今官書魏志作勉劭之劭,从力,他本或从邑者晉邑之名,案字書,此二訓外,別無他釋,然俱不協孔才之義。說文則爲卲,音同上,但召旁从卩耳,訓高也,李舟切韻,訓美也,高美又與孔才義符,揚子法言曰:'周公之才之卲'是也。"所辨精核,今從之。其書主於論辨人才,以外見之符,驗內藏之器,分別流品,研析疑似,故隋志以下皆著錄於名家。然所言究悉物情,而精覈近理,視尹文之說,兼陳黃、老、申、韓,公孫龍之說,惟析堅白同異者,迥乎不同,蓋其學雖近乎名家,其理則弗乖於儒者也。

李慈銘桃華聖解盦日記甲集六七云:"劉卲此字从卩,不从阝从力,从阝者邑名,从力者勉也,从卩者高也,劉字孔才,故知當作卲。應仲遠之名亦當作卲,今傳寫皆誤作劭。人物志共十二篇,雖各爲標目,而實一意相承,其恉主於別材器使,爲名家之學,而推重術家之流,如范蠡、張良者,奇謀通變,能用能藏。又言道之平淡玄遠爲極致,蓋申、韓而參以黃、老,其中名言雋理,可味者多,文筆亦峻厲廉悍,在並時中鑒、中論之間,較爲簡古。武進臧玉林氏,嘗以此與文心雕龍及史通並稱謂三劉之書，最堪翫味，是也。惟向無善本，所見叢書諸刻，類多譌奪，其中頗有僻澀之字，而又輾轉烏焉，幾不可解，是刻有明人文寬夫跋，謂其敍五行曰'簡暢而明砭，火之德也'，明砭字無義，當作'簡暢而明啓'，其不知妄改，宋、明人之陋而可笑往往如是。"玉縉案：提要未知何本？未知有文跋否？　謝肇淛文海披沙二云："劉邵人物志，體別當矣，至於流業分類雖明，而援引未當，聖門高弟，豈徒臧否之科，漢廷循良，難廁伎倆之列，昌國全才，猥云口辨，淮陰智略，屬列武安。至欲以法家任司寇，將爲屠伯矣，以術家任三孤，將爲坐嘯矣。又謂商君、吳起，爲羣枉之所讐，功大而不終，豈知人者哉？"

**金樓子六卷**

隋書經籍志、唐書、宋史藝文志，俱載其目爲二十卷，晁公武讀書志謂其書十五篇，是宋代尚無闕佚。其書於古今聞見事迹，治忽貞邪，咸爲苞載，附以議論，勸戒兼資，蓋亦雜家之流。

案袁氏楓窗小牘云："內庫書中金樓子，有李後主手題云云，惟今朝字誤作金朝，徽廟惡之，以筆抹去"，是亦足徵宋之有完書也。又譚廷獻復堂日記五云："自謂切齒於不韋、淮南之倩人，而雜采子史，取淮南者尤多，又與文心雕龍、世說新語相出入，未免於稗販也。"　李慈銘桃華聖解盦日記己集五二云："此書於永樂大典中掇拾而成，不免奇零斷續，其脫誤處亦甚多。元帝爲人險薄忮忍，所長不過豔詩小賦，故此書大半勦襲子史中語，間及文藝。而立言篇有云:'周公歿五百年有孔子,孔子歿五百年有太史公,五百年運,余何敢讓焉',幾於病狂之言。又其興王篇歷敍其父武帝之爲齊明所委任,后妃篇歷敍其母宣修容云本姓石,揚州會稽上虞人,武帝賜姓阮,梁書作餘姚人。之爲齊少帝蓋鬱林王。始安王所寵幸,可謂不識羞恥。惟其時古書多存,偶一引用,亦足以證佐見聞,如云:'居家治理,可移於官,何也?治國須如治家,所以自家刑國',此可證孝經舊本居家理下無故字,理治與治理,傳寫偶異耳,元行沖疏言故字明皇所加,信而有徵。云'羊雁賤畜也,禮見其質',此足見古贄字祇作質。又如世說載楊氏子答孔坦'夫子家禽'語,此作楊子州答孔永。晉書載習鑿齒、釋道安'四海彌天'之語,此作習語云:'四海習鑿齒,故故來看爾',道安應曰:'彌天釋道安,無暇得相看',蓋皆以韻語取勝,截去下兩句則無謂矣。顏氏家訓載江南一權貴,誤讀蜀都賦注'蹲鴟芋也'爲羊字,此作王翼於宋孝武坐呼羊肉爲蹲鴟,翼即向謝超宗求觀鳳毛者。後漢書張奐傳,載其子猛殺刺史邯鄲商,此云'漢張猛、皇甫商少而相善,爲狎既過,乃至相殺',案三國志龐淯傳注,引魚豢典略亦作邯鄲商,則此書誤也。提要謂'南史徐妃傳言元帝著金樓子以道其穢行,今此書無之',案今本既非完書,而其述宣修容事有云及饋人失禮,接之彌篤,每語繹曰:'妒婦不憚破家,況復甚於此者也',所云饋人,猶今言室人,此即斥徐妃事。又志怪篇云:'余丙申歲婚,初婚之日'云云,此不過一雪一雨,何足爲怪,而備載之,蓋著其兆之不祥,知全書所指斥者必尚多矣。其雜記篇云:‘余作金樓子未竟,從荆州還都,時有言是鍛眞金爲樓子者,來詣余,三爵之後,往往乞借金樓子玩弄之’,亦可爲談噱之助。至其立言篇云:‘潘岳賦云:“太夫人御板輿”’云云,此則令永慼之人誦之流涕。”玉縉案:李引提要語蓋誤。又案陸以湉冷廬雜識二云:“梁元帝於甲戌歲被害,年四十七,所著金樓子,自言於丙申歲婚,則是年方九歲耳,何其早也。又言余年十四,苦眼疾沈痼,比來轉暗,不復能自讀書,三十六年來,恆令左右唱之,計自年十四迄於末年,未及三十六之數,疑必有誤。”此說詳人所略,特錄之。

**顔氏家訓二卷**

然其中歸心等篇,深明因果,不出當時好佛之習。 錢曾讀書敏求記載有宋鈔淳熙七年嘉興沈揆本七卷,以閣本、蜀本及天台謝氏所校五代和凝本參定,末附考證二十三條,别爲一卷,且力斥流俗幷爲二卷之非。今沈本不可復見,無由知其分卷之舊,姑從明人刊本錄之。然其文旣無異同,則卷帙分合亦爲細故,惟考證一卷,佚之可惜耳。

陸以湉冷廬雜識四云:“辭旨明切,足資勸戒,至其歸心篇尊崇釋氏,謂非堯、舜、周、孔所及,且云:‘若能偕化黔首,悉入道場,如妙樂之世,穰佉之國,則有自然稻米,無盡寶藏,安求田蠶之利乎?’謬妄乃爾,實爲全書之玷。” 案沈揆七卷附考證本,今鮑氏知不足齋叢書已刊,爲淳熙七年台州公庫本。

**長短經九卷**

自序稱凡六十三篇,合爲十卷,唐志與晁公武讀書志卷數並同,今久無刊本,王士禎居易錄記徐乾學嘗得宋槧於臨清,此本前有"傳是樓"一印,又有"健菴收藏圖書"一印,後有乾學名印,每卷之末,皆題"杭州淨戒院新印"七字,猶南宋舊刻,蓋即士禎所言之本。然僅存九卷,末有洪武丁巳沈新民跋,稱"其第十卷載陰謀家本缺,今存者六十四篇"云云,是佚其一卷,而反多一篇,與蕤序六十三篇之數不合。然勘驗所存,實爲篇六十有四,疑蕤序或傳寫之譌也。

陸氏藏書志有舊鈔本儒門經濟長短經九卷,題"梓州郪縣長平山安昌岩草莽臣趙蕤撰",並載自序云:"搬立題目,總六十有四篇,合爲九卷,名曰長短經。" 顧廣圻思適齋集有是書跋二則,其鈔本跋云:"省齋黄君,收得鈔本長短經見示,因取讀畫齋叢書本互勘一過,彼用海寧周廣業校吳槎客家本開雕,所更改處大有失當,非見鈔本末由知之也。至於鈔刻同誤,沿而未覺者又往往尚多,安得熟於羣籍之人,細校而重刻之。"其刻本跋云:"校此書,當搜其所出而參互以定是非,然使倉卒限以時日,非所可辦也。予獲見鈔本,校讀一過,爲之憮然。"

兩同書二卷

上卷五篇,皆終之以老氏之言,下卷五篇,皆終之以孔子之言,崇文總目謂"以老子修身之說爲內,孔子治世之道爲外,會其旨而同原",然則兩同之名,蓋取晉人"將無同"之義,晁公武以爲取兩者同出而異名,非其旨矣。

李慈銘荀學齋日記云:"上篇五末,皆引老氏曰,下篇五末，皆引孔子曰，惟第十篇無孔子曰，蓋有脫文。其指以爲老與儒同歸也。"

**化書六卷**

舊本題曰齊邱子，稱南唐宋齊邱撰，宋張耒跋其書，遂謂"齊邱犬鼠之雄，蓋不足道"，晁公武亦以齊邱所撰著於錄，然宋碧虛子陳景元跋，稱"舊傳陳摶言，譚峭景昇在終南著化書，因遊三茅，歷建康，見齊邱有道骨，因以授之曰：'是書之化，其化無窮，願子序之，流於後世'，於是杖毂而去，齊邱遂奪爲己有而序之"，則此書爲峭所撰，稱齊邱子者非也。書凡六篇，曰道化、術化、德化、仁化、食化、儉化，其說多本黃、老道德之旨，文筆亦簡勁奥質。

謝肇淛文海披沙四云："譚景升化書百一十篇，文詞簡暢，義理粲然，其中雖有長生太上等語，而無龍虎刀圭僞妄之術，恍惚之語，道德、南華之後，此其翹然者也。齊邱篡弑奸雄之鷹犬，乃欲掩其書爲己有，亦無忌憚之甚矣。"

**白虎通義四卷**

今本爲元大德中劉世常所藏，凡四十四篇，與陳氏所言相符，知崇文總目所云十四篇者乃傳寫脫一四字耳。然僅分四卷，視諸志所載又不同。

張氏藏書志有元大德刊本白虎通德論十卷，云："前有無名氏跋。案是書爲無錫州守劉公平父鋟梓，或即平父所識，目錄後又有題辭云：'敬以家藏監本刊行'，是則平父所識無疑。跋中論不敢改'迎子劉'一事云：'班固漢人，去古未遠，必有所祖，假借通用，未可盡知，後人未得班固之心，安可輕議班固之述作'云云，誠哉是言。漢時尚書立學官者凡四家：曰歐陽氏，曰大夏侯氏，曰小夏侯氏，曰古文尚書，古文尚書，東漢未立學官，止選高才生講習。師承各守，訓解多歧，至字句之異同，見於釋文諸書者蓋難枚舉，安知四家中不有作'迎子劉'者？古書散亡，百不存一，敢據今日所見之本爲定耶？明遼陽傅鑰本改'迎子劉'爲'迎子釗'，並删去此跋，以後吳琯、程榮、何允中、胡文煥、鍾惺諸本，俱襲其謬，沿誤至今，不特無一人糾正，且有以不改'劉'字爲過於拘泥者，於此益歎平父之卓識爲不可及也。" 陸氏藏書志有元大德大字刊本白虎通德論十卷，卽以劉世常所藏付刊者，並非四卷，又有明傅鑰刊本則作四卷耳。瞿氏目錄亦有劉本，又有元刊本二卷，詳列其篇第之異同，今略之。丁氏藏書志有明刊本二卷，云："反璞子重刻引云：'封禪章"蓮甫"二字，竊意當作"萐莆"，蓋詳下文自釋"孝通至蓮甫生葉，大於門扇，不搖自扇'"，考韻會、正韻皆訓萐莆爲瑞草，又訓萐爲扇，釋義並與此同，必有所本。'" 陸氏儀顧堂續跋大字本跋云："盧抱經校刊是書，初亦未見元刊，後始於朱文游家借得，著其說於補遺。然如爵篇'比爵爲質故不變'下，元本複出'爲質故不變'五字；'進賢達能爲'下，無'卿'字；'大夫'下，無'王制云上大夫卿'七字；'士冠經'下，元本有'曰'字；'所以繫臣民之心'下，無'也三年'三字；'然後'下，無'受'字，盧校皆未及。此外異文之未校者尚百十處，或以刊成在先，雖借文游元本並未詳校耶？元本於'逆子釗'之誤爲'迎子劉’尙存其舊，特著其說於跋，可謂愼之又愼，餘皆仍舊，斷無改易可知。盧校盡依羣書所引增改，且有諸本所無羣書無證而改易者，未免篤於信旁證，果於疑原書矣。”

玉縉案：今皆尙盧本，特附錄其說。

**刊誤二卷**

前有自序，稱撰成五十篇，此本惟四十九篇，蓋佚其一。

鄧邦述羣碧樓書目有是書，載咸豐五年胡珽跋云：“今得宋本證之，知五十篇之說乃合自序言之，非有所蓋闕也。”又載癸丑春吳慈培云：“借自羣碧樓影寫一部，上卷‘海東之予’，‘予’字是‘子’字之誤，‘卜人日’，‘日’字是‘曰’字之誤。”案宋本者，據鄧記，即百川學海之一也。

**近事會元五卷**

前有上交自序。陳振孫書錄解題曰：“近事會元五卷，李上交撰，自唐武德至周顯德，雜事細務皆紀之。”錢曾讀書敏求記曰：“上交退寓鍾陵，尋近史及小說雜記之類凡五百事，釐爲五卷，目曰近事會元，唐史所失記者此多載焉。”此本末題“萬曆壬辰元槖齋錄副本”，猶明人舊鈔，卷數與二家所記合，其紀事起訖年月，與振孫所言合，條數及自序之文，亦與曾所言合，蓋卽原本。惟振孫以爲皆記雜事細務，今觀其書，自一卷至三卷，首載宮殿之制，次載輿服之制，次載官制、軍制，其次亦皆六曹之掌故，四卷爲樂曲，爲州郡沿革，惟五卷頗載瑣聞，然如婦人檐子、兜籠、綫鞾綫鞵、親迎舉樂、障車、公主事姑舅、公主賜謚、山川岳瀆封號、國忌行香、上元點燈、散從親事官、處士謚先生、律格、赦書、投匭、刑統律令、死罪覆奏、斷獄禁樂、逐旬問罪人、表狀書奏制勅及始流沙門島、始配衙前安置、始貶厓州諸條，亦皆有關於典制，大抵體例在崔豹古今注、高承事物紀原之間。其中如霓裳羽衣曲考證亦極精核，不可徒以雜事細務目之，振孫殆未詳核其書，但見其標題列說如雲仙雜記、淸異錄之式，遂漫以爲小說歟？

瞿氏目錄有舊鈔本，卽從元素齋錄本傳錄者，云："此本卷三中依目錄復舊茶法後，脫去改正茶稅法、社倉義倉、貸義倉支用、賒糶常平法、稅屋間架五條，蓋舊闕也。"據此，則提要本亦當闕，不應不言，俟考。　又案自序云："上交以退寓鍾陵，靜尋近史及諸小說雜記之類，起唐武德而下，盡周人顯德之前，摭細務之所因，摭閒談之引據，凡五百事"云云，是陳錄、錢記多本自序，何必泛引，細務二字，明見自序，又何得以振孫爲未詳核其書？

**東觀餘論二卷**

然訒跋稱共十卷，今本僅二卷。　其書頗譏歐陽修不精考核，而樓鑰跋中，乃摘書中史籀書一條、異苑一條、王獻之璇題一條、匆匆一條、甘蔗帖一條，糾其疏漏，蓋考證之學，本無盡藏，遞相掎摭，不能免也。

陸氏儀顧堂續跋明仿宋槧本跋云："東觀餘論二卷，前有萬曆甲午項篤壽重刊引，後有紹興丁卯黄訒跋，嘉定□年樓鑰跋，後有莊夏跋，無名氏跋，語涉宋帝皆提行，學津討原本分卷略同，而刪削奪譌甚多。卷下御書閣記跋，'下半登閣敬視美成就章因覽是碑愛其文辭遂躬錄之' 二十二字，誤連杜正獻草書跋‘其退也直’下，而以眞誥書秦、漢間事跋‘右此前十條’云云三十五字，連接御書閣跋‘任大師弟’下，又以杜正獻草書跋‘心勁氣’云云十九字爲眞誥跋，舛譌幾不可讀。又移祕閣續帖跋、杜正獻草書兩跋於前，而以崇寧書眞誥二跋及眞誥秦、漢間事標目於後。卷末少大丞相李公序校定杜工部集、觀文葉公跋索靖章草急就篇、許翰祭長睿文、翁挺讀許公祭文四篇，李忠定所撰墓誌銘，則改爲附錄，又缺莊夏跋、無名氏跋，其他小注，删削猶多，不及此本遠甚。莊夏序少前一葉，首行存‘莊夏書於籌思堂’一行，後跋云：‘是書刊於庚午之秋，明年正月得公書，又校示一百五十餘條，塗者一百五十一，注者三百一十七，乙者四，貼改四百四十六字，幷以邵資政考次瘞鶴銘文附於卷後’云。樓跋後有跋云：‘川本去三十一篇，皆在可删之域，若跋師春書後一篇，後已有校定師春序，又跋干祿碑後及跋鍾、虞二帖後，皆是重出當删，其餘二十八篇，不若存之以全其書’云云，與攻媿序書法仿佛，疑亦攻媿作。案莊夏字子禮，泉州人，攻媿所謂‘著作莊子禮欲求善本傳後’者也。書中小注，有伯思自注，有攻媿校注，莊跋所謂‘注三百一十七’是也。毛子晉跋以爲出項篤壽者固謬，或以爲皆伯思自注者亦非，攻媿跋爲子禮詳校是書而作，莊跋所云‘明年正月得公書’者，公卽指攻媿也。紹興丁卯黃訥刊本十卷，今不得見，其以川本校補，併爲二卷，删師春跋，疑皆攻媿所定，或子禮所爲，惜跋缺前一葉，未敢肊決耳。”玉縉案：丁氏藏書志有萬曆項氏刊本二卷，云："是編卷上題法帖刊誤，卷下乃題東觀餘論，"不解陸跋何以不及此？又張淏雲谷雜記辨其黄庭帖一條，甚詳核，足補樓跋之遺。張宗泰所學集書是書後云："伯思學識淵通，考訂精細，其舛誤處絶少，惟周宋公之鼎銘曰：'宋公䜌之餗鼎'，史記年表則名頭曼，古今人表則名兜欒，謂頭曼、兜欒音讀相亂，不知何據而名兜欒？竊以䜌之爲頭曼，猶吳子乘之爲壽夢，寺人披之爲勃提，而䜌之又讀爲兜欒，亦猶吳之爲勾吳，越之爲於越，邾之爲邾婁，不過語音輕重緩急之分，黄氏似尚未見及此。後附攻媿跋語一則，有足補正是書之失者，亦有駁所不當駁者，亦足見是書之可議者甚鮮也。"

**靖康緗素雜記十卷**

觀程大昌演繁露，辯其誤引麥秋一條，此本無之。　蓋明人妄有刪削，已非完書矣。

案胡仔苕溪漁隱叢話卷八、卷二十、此卷引二則。卷二十一、卷二十二、卷二十四、卷二十六、卷三十一、卷三十八、卷四十、此卷引二則。卷四十二，後集卷十四、卷四十引是書凡十四條，皆在今本之外。嚴有翼藝苑雌黄，又稱其嘗論吳生斫桂事，亦不見今本，提要均未之及，余已輯入鯤箐隨筆中。

**能改齋漫録十八卷**

趙彦衛雲麓漫鈔，又記秦檜卒後，曾不敢出其第十九卷，則當日已無定本。

案胡仔苕溪漁隱叢話後集，屢引復齋漫録，覈之，實即此書。而仔於卷二十二云:“童蒙訓,呂居仁作也,復齋漫錄不載姓名,不知何人作也?二書所記,有二十餘事,全篇相同,莫辨誰作?然童蒙訓已鏤板行世,姑取以爲證。”又於卷三十三云:“乙酉歲,余歸苕溪上,才獲復齋漫錄”,詳其語意,似仔所見祗爲鈔本而無姓名,乙酉爲孝宗乾道元年,距秦檜卒於高宗紹興二十五年甫及十年耳,然則趙云曾不敢出其第十九卷者,十八卷之出,豈亦槀本歟?

**西溪叢語三卷**

至考感甄賦之始末,不辨其非,謂陶潛詩中之田子春,即漢書劉澤傳之田生,謂杜甫詩中之黃衫少年,爲霍小玉傳之黃衫客,又謂甫“俊逸鮑參軍”句爲譏李白,皆失之穿鑿附會。注劉禹錫詩翁仲字,不知其不作於洛陽,注李白詩唾井字,不知其出於玉臺新詠王宋詩,引秦嘉贈婦詩,誤以第一首爲徐淑作,引詩品誤改寶釵字,皆爲疏舛。

案范仲淹懷慶朔堂詩,姚寬以爲范守鄱陽,喜樂籍,未幾召還,寄後政云云。周壽昌思益堂日札,據舊饒志有繼范守饒者,如陳希亮、魏兼、畢京、曹經凡四詩,以證此詩爲慶朔堂之花木詠,非喜樂籍,寬所云寄臙脂及小詩墨蹟,皆讕語造誣,足補提要所未及。陸氏儀顧堂題跋云:“西溪叢語二卷,板心有‘鵜鳴館刻’四字,前有嘉靖戊申俞憲序,憲據西京馬西玄鈔本刊於武昌者,鮑淥飲據淡生堂鈔本補二條,卷上‘海上人’條後,‘趙純師孟’條前,補‘凡木一歲生一節,來歲後於節再長也’,十五字。‘宣和貴人’條後,‘李商隱’條前,補‘樹萱錄引杜詩云:“虬鬚似太宗,色映寒夜春。”又云:“子章髑髏血模糊,懷中瀉出呈大夫”,三十三字,汲古本卽從此本出,而佚令威自序。”

**學林十卷**

觀國,長沙人,其事蹟不見於宋史,湖廣通志亦未之載,惟賈昌朝羣經音辨載有觀國所作後序一篇,結銜稱“左承務郎知汀州寧化縣主管勸農公事兼兵馬監押”,末題“紹興壬戌秋七月中澣”,則南渡以後人也。

案觀國字至道,政和九年進士,官至祠部郎中,紹興十四年,御史李文會劾其爲万俟卨腹心,出知邵州,陸氏儀顧堂題跋考其事蹟頗詳。

**容齋隨筆十六卷續筆十六卷三筆十六卷四筆十六卷五筆十卷**

續筆有隆興三年自序。

案隆興原作紹熙,考隨筆有淳熙庚子自序,是爲淳熙七年,孝宗紀元,曰隆興、曰乾道、曰淳熙,光宗曰紹熙,安得隨筆作於淳熙而續筆反在隆興乎?瞿氏目錄有宋刊續筆云:“明嘉靖刻本,核之譌處甚多。”陸氏儀顧堂續跋會通館本五筆跋云:“照宋紹定元年周某刊本,前有何異序,二、三、四筆皆有自序,五筆後有丘櫄跋、洪伋跋、周某刊版跋,以弘治李瀚刊本互校,李本少奪落,此本奪誤較多,而丘、洪、周三跋則爲此本所獨。”下各舉奪誤若干事,今略之。 李慈銘荀學齋日記云:“洪氏最留心官制,其考核年月,辨正俗說,於唐人事迹史册傳譌極爲有功,所記見聞,多足裨掌故,資談柄,宋人說部中最爲可觀,世以與困學紀聞並稱,非其倫也。其二筆有云:‘黃魯直嘗書太公丹書諸銘，言得於禮書中，今讀大戴禮始見之'，則其先未嘗見大戴禮也。其四筆有云：'漢高帝祖號豐公，讀漢書數十過而幾忘之'，則自言於史學甚疏也。五筆有云：'檢書得晉代遺文一册，內有張敏頭責秦子羽文，甚尖新，此文藝文類聚、太平御覽或當采之而世無知者，爲載之於此。'案此文見世說排調篇及注，而洪氏不能知，且明言未讀類聚、御覽兩書。又云：'古人以通名書者，自易有漢人洼丹洼君通後，如班固白虎通、應劭風俗通、唐劉知幾史通、韓滉春秋通，今惟白虎通、風俗通僅存'，則洪氏未嘗見史通也。此等人人習見之書而絕不自諱，亦足以見其爲學之不欺。至洪氏於經學、小學皆所不講，如疑周禮、疑左傳、疑詩序，以尙書洪範爲有錯簡，謂廿、卅、卌皆說文正字，而不知說文無卌字。謂左傳'榀柎藉幹'，說文作'榀部薦榦'，與傳又異，而不知'幹'乃俗字。其最謬者謂眞宗諱从心从亙，音胡登切，若缺其一畫則爲恒，遂并恒字不敢用而易爲常矣。蓋其意以眞宗諱爲本作恆，從亘，與桓、洹等字偏旁同，與恆常之恆从亙者異，而不知字書並無从心从亘之字，集韻，'恒，胡登切，國諱，說文，常也，从心，从舟在二之間，古作死'，廣韻，'恒，常也，胡登切，死，古文'，類篇亦同，蓋隸寫死作恆，又轉作恒，遂與從亘之字恒、洹、垣、宣等皆無別，洪氏又誤以恒恒爲兩字耳。"　張宗泰所學集有論是書十二則，其書隨筆卷八、九、十後云："蔡確未遇時嘗學賦於吳處厚，蔡旣顯達，處厚干之，蔡略不顧恤，爲注其車蓋亭詩以報之，是處厚之於確，蓄怨已久，乃謂處厚以上書除將作丞，狃於出位陳言以邀寵榮，遂訐蔡新州，於情事亦未盡合也。"書續筆卷八後云："經史文字，凡人名、地名之歧出者，苟以聲韻通轉之法求之，則觸處洞然，容齋疑漢書地理志郡邑之名，有與本字大不同者非也，今試舉其易曉者言之。如太原之慮虒爲廬夷，河內之隆慮爲林慮，臨淮之取慮爲秋廬，慮與廬，虒與夷，隆與林，取與秋，皆字之聲相近者。且本有趄音，故且慮爲趄慮，句本有劬音，故宛句爲宛劬，者有主音，故堵陽爲者陽。他如天太聲相近，故太末爲天末，皋姑聲相近，故槖皋爲拓姑，婁閭聲相近，故雩婁爲吁閭，羸蓮聲相近，故羸陵爲蓮籛，蟬提聲相近，故黏蟬爲黏提。又如酈爲擲，鄼爲嵯，則酈擲、鄼嵯聲相近也，鄲爲多，昧爲昧，則鄲多、昧昧聲相近也，鄃爲輸，徙爲斯，蕃爲皮，則鄃輸、徙斯、蕃皮聲相近也，以此法求之，十可得其八九，洪氏似未見及此。" 書四筆卷八後云："容齋謂史記十篇有錄無書，褚先生補作武帝紀、三王世家、龜策、日者列傳，案陳振孫書錄解題謂'景帝紀最疏略，禮樂書謄荀子禮論、河間王樂記，傅靳列傳與漢書同，而將相年表迄鴻嘉，則未知何人所補？'此六篇亦當論及。又謂'班固漢書，固死，其書未能全，女弟昭續成之，荀悅漢紀則續所論著者也。'案袁宏後漢紀曰：'馬續博覽古今，同郡班固著漢書百篇，其七表及天文志有錄無書，續盡踵而成之'，是又以續成漢書者爲馬續，殊覺參錯不合，檢後漢書列女傳，乃知是昭補之於前，續又補之於後也。又後漢書荀淑傳稱'獻帝好典籍，以班固漢書文繁難省，乃令悅依左氏傳體爲漢紀三十卷。'漢書紀傳體，漢紀編年體，二書判然各别，且漢紀所書之事，一皆取材於漢書，不知何以曰'續爲論著'也？又謂蕭方三十國春秋，檢梁書卷四十四，'蕭方等元帝長子，撰三十國春秋'，此脱去'等'字，亦合爲補入。"書四筆卷十四十六後云："容齋謂元厚之絳，熙寧中除學士，同時相先後入院者韓維持國、陳繹和叔、鄧綰文約、楊繪元素名俱從系。案石林詩話，元厚之絳由知荆南入爲學士，韓持國維、楊元素繪先已在院，一日書名，三人名皆從絞絲，已而持國、元素外補，厚之京尹，後三年復與元素還職，而鄧文約綰相繼爲直院，三人名又俱從絞絲，兩次俱不言有陳繹和叔，不知是偶然誤筆抑或所見異辭也。又謂坡詩如萬斛泉湧，不擇地而出，若用葱爲薤，用校尉爲中郎，用扁鵲爲倉公，用餘慶爲懷慎，不失爲名語，於理何害，而深以藝苑雌黄爲過於吹索則誤矣。凡前輩詩文固取其理之正，亦惟其事之是而已，若以其爲一代宗工，可自我作古而肆意爲出入，豈不貽誤來學，東坡用葱爲薤，則是葱而非薤也，用校尉爲中郎，則是校尉而非中郎也，用扁鵲爲倉公，則是扁鵲而非倉公也，惟爛蒸瓜壺事，則一作鄭餘慶，一作盧懷慎，本兩説並行，爲用之不誤耳。容齋三筆中嘗詆杜征南一切仲傳，汲然不敢有異同，兹於坡公，抑何黨護之深也。"五筆總跋云："五筆十卷，瑣屑處亦往往失檢，如宋詩紀事司馬池下引梅聖俞説，謂詩之上者寫難狀之景如在目前，乃譌爲歐陽公説。劉知幾史通至今有通行之本,乃歷舉以通名書者而謂惟白虎通、風俗通僅存。孟嘉年五十三,見晉書本傳,而譌爲五十一。'子元元'見戰國策蘇秦始以連衡說秦篇,乃多引兩漢書元元字,而此反遺之。又謂堯之後,當舜在位時卽絕,此尤不然,案史記舜本紀,堯子丹朱,舜子商均,皆有疆土以奉先祀,服其服,禮樂如之,書言虞賓在位,詩歌有客有客,微子爲殷之後而稱客,丹朱爲堯之後而稱賓,此丹朱爲諸侯之切證。"餘從略。

**考古編十卷**

瞿氏目錄有舊鈔本續考古編十卷,云:"考據精確,與前書相同,而尤詳於史事",是大昌又有續編也。

**演繁露十六卷續演繁露六卷**

所引諸書,用李匡乂資暇集引通典例,多注出某書某卷。

其他實多精深明確,足爲典據。

案醫家類外臺祕要提要云:"世傳引書注卷第,有李涪刊誤及程大昌演繁露,而不知例創於燾",據此,則當謂用王燾例也。陸氏藏書志有明鈔本,並載顧千里手跋云:"馮鈍吟於此書多所掊擊,其言雖或過當,然程氏泛博而不精確,其可議亦自有以致之也。"

**緯略十二卷**

江蘇巡撫採進本。

陸氏藏書志有明鈔本,其儀顧堂題跋云:"每卷有目,連屬篇目,尙存宋本舊式,校以守山閣刊本,每卷之目全缺,凡刻本雙行注,此本單行低一格。卷十'漢甘露鼎調滋味'

下，守山本脫七十六字，筆橐條二百九十五字，守山本全缺，此本則完具也。其他字句參差，更不勝枚舉。”

**甕牖閒評八卷**

雖徵引既繁，不無小誤，如謂漢書敍傳稱袁盎爲子絲，疑傳中字絲爲脫文，不知敍傳以四言爲句，故加子字以成文，如史記項羽本紀稱字羽，而自敍亦作子羽，是其例也。又謂古人“日暮倚修竹，佳人殊未來”，所稱佳人乃賢人，考“日暮倚修竹”乃杜甫佳人詩，云非婦人已謬，“佳人殊未來”，乃江淹擬休上人怨别詩，合爲一篇尤非。至於不知“腹猶果然”出莊子，不知鼠姑爲牡丹，不知屠蒯、杜蒯乃聲之轉，如包胥之爲勃蘇，亦均失之眉睫之前。

張宗泰所學集有書是書後二則，其一云：“提要謂徵引既繁，不無小誤，今竊即其說而求之。如著述之體當以六經正後人之說，不當以後人之說證六經，漢趙曄撰吳越春秋，有禹娶塗山時歌云：‘綏綏白狐，九尾龐龐’，其詞之眞僞不可知？乃引以爲齊南山詩所本誤矣。檀弓之杜蕢，左氏傳作屠蒯，杜屠爲疊韻，蕢蒯爲雙聲，隨其音之輕重，故杜蕢亦可讀屠蒯，王觀國學林謂杜與屠乃二音，姓與名當專一音，不可以呼二音，其說亦未甚當。閒評乃附會其說，謂蒯之上世，嘗主屠宰，猶巫咸之先世爲巫，師曠之先世爲師，全爲以意揣度之詞，不足爲據。且即以師曠論，師，樂官也，曠，其名也，春秋時樂官如師曹、師悝、師觸、師蠲，無不冠以師者豈皆世爲樂師乎？樂師必瞽，師曠世世皆瞽乎？陶淵明與子儼等書云：‘汝等雖不同生，當思四海皆兄弟'，遂疑淵明曾置侍妾，未必然也。集中怨詩楚調云：'弱冠逢世阻，始室喪其偏'，當是早喪偶而繼娶耳。遯齋閒覽載北人種芭蕉，冬月架小屋遮護之，案芭蕉有身有葉，冬月遮護之則葉枯而其身不萎，來歲花可以大放，陳正敏所說不誤，乃詆其爲誕妄，何也？”其二云：“是書尚有以好辨失之者，如左傳鮑莊子之智不如葵，由來相承無異說，乃臆斷當爲蔡字，蔡，大龜也，謂莊子之智不如龜，則下文'衞其足'作何解說乎？又物故字，言死而爲鬼物也，乃引宋祁說，謂物當爲歿，則歿與故不失之重複乎？'阿公阿婆，割麥插禾'，'脫却布袴'之類，因其聲似而名之，皆謂布穀也，東坡詩'豀邊布穀兒，勸我脫破袴'，本自不誤，不知何所據而以爲子規也？又云：'晉臧孫紇與叔孫紇'，檢襄二十三年傳，季悼子名紇，叔孫氏無名紇者，當爲叔梁紇之誤。道州法帖中云云，張安道與劉莘老，案劉摯字莘老，莘老當爲莘老之譌。至參寥爲僧道潛之字而有所不知，又其小節矣。”

**芥隱筆記一卷**

頤正考證博洽，具有根柢，而舛謬處亦時有之。

絳雲樓書目司馬文正公稽古錄，陳景雲注云：“龔頤正在寧宗朝，嘗著續稽古錄，因言韓侂胄定策功，侂胄敗，有詔毀板，其書不傳。”玉縉案：據此，則其人殆不足取。

**蘆浦筆記十卷**

此本爲丹陽賀氏所藏，而綏安謝兆申所傳鈔。

吳氏拜經樓藏書題跋記云：“蘆浦筆記鈔本，爲同邑林善長先生所藏，先君子審定，復經簡莊徵君借鮑氏知不足齋本校，今歲，徵君又於吳中黃蕘圃主事處見所藏舊鈔，合校家枚庵先生手鈔本，內第五卷趙清獻充御試官日記，多'三月三日、四日、五日事'，第八卷'立起行伍'，爲'趙立起行伍'，又卷四'巴邱'條下，多'以鄉得名，今撫州崇仁'九字，爲向來諸前輩所未及者，並詳蕘圃跋語中，其餘字句之同異更難枚舉。徵君得之，以校知不足齋新刊本，歸而見示，因照錄於是本，惟綠飲先生甫歸道山，不獲補刊，當屬嗣君清溪上舍，附刻校勘各條於後，以竟先生之志。"

玉縉案：所舉於提要本未知何如？而足以訂鮑本，故錄之。黃蕘圃藏書題識未及'巴邱'條多九字。 陸氏儀顧堂題跋云："舊鈔本，康熙初，馬寒中舊藏，以知不足齋刻本校之，卷二趙清獻筆記，'二日晴，聖駕幸覆考所，起居。'後，鮑刻脫'考到諸科卷子。三日晴，上巳日，聖駕幸覆考所，起居。四日微雨，春寒，駕幸覆考所，起居。'九行云云，與吳氏所記合。"

**野客叢書三十卷附野老紀聞一卷**

其餘則多考辨精核，位置於夢溪筆談、緗素雜記、容齋隨筆之間，無愧色也。

李慈銘荀學齋日記癸集下一七云："其記聞頗淹洽，而識見多局，筆亦宂漫，時有酸餡陳腐之氣，在宋人說部不過位置甕牖閑評、學齋佔畢、寓簡、鼠璞之間，以較學林、能改齋漫錄諸書尚不能及，提要比之夢溪筆談、容齋隨筆則相去遠矣。"

### 考古質疑六卷

惟永樂大典散見各韻中 又別載入寶慶丙戌葉武子、淳祐甲辰其子釋之序各一篇。據其文考之，知大慶字榮甫，當時以詞賦知名，嘗官建州州學教授，其里貫則序文不具，莫能詳也？

陸氏儀顧堂續跋云："大慶字榮甫，處州龍泉人，嘉泰三年進士，當時以詞賦知名，嘗官建州州學教授，見處州府志。前有葉武子序，武子字成之，邵武人，受學於朱子，嘉定甲戌進士，調郴州教授，歷國子正，知處州，有善政，見宋景濂集葉氏先祠記及八閩通志。序作於寶慶丙戌，殆武子官處州時作歟？"

### 賓退錄十卷

案寶祐五年陳崇禮作是書序。 以宋史宗室世系考之，蓋太祖七世孫也。

陸氏藏書志有盧抱經校寫本，並載陳序作宗禮，又有影宋鈔本及朱竹垞手鈔本、鮑以文手校本，均稱陳宗禮序，不作崇禮。宋史陳宗禮傳，淳祐四年舉進士，以時代計之，或即其人歟？錢大昕日記鈔云："考宗室世系表，榮國公令瑤之五世孫，沂州防禦使令款之五世孫，皆有名與時者，贈房陵郡公令甄之五世孫有名與時者，與時父希垚，祖師炳，曾祖伯櫰，高祖子沂。書載先鑑堂朝野遺事，鑑堂未詳其名？又云：昔年侍先人官贛之石城。" 張宗泰有論是書五則，其總跋云："卷二云：'長樂邀器之陶孫'，邀應作敖。卷三云：'木稼，稼字不可通，特介聲之譌'，案介稼聲相近，故木介亦可作木稼，非誤也。卷四云：'徐邈中聖人，三國志旣無音，未可懸斷爲平聲'，案太白贈孟浩然詩，'醉月頻中聖'，則固作平聲用矣。卷五云：'唐張薦號浮休子，張芸叟蓋襲其名'，案'其生兮若浮，其死兮若休'，張薦又本賈誼鵩鳥賦。卷六云：'路德延孩兒詩甘羅作相年'，案史記甘茂傳，但云封甘羅爲上卿，云作相者無稽之談也。又'吾族人趙紫芝師秀，僅脫選而卒'，案師秀登紹熙元年進士，浮沈州縣，終於高安推官，則非僅脫選而卒者，而與旹記其族人事又不應有誤，疑莫能明也？卷九云：'元亨中命工'云云，案唐代年號無元亨，恐或是元和之誤。又'韓致光香奩集'，案劉向列仙傳，偓佺仙人，堯從而問道，則偓字致堯爲有取義，作致光者失之。卷十云：'峰多巧障日，江漢欲浮天'，案坡詩是'江遠欲浮天'，漢字當改正也。"餘從略。

**學齋佔畢四卷**

其中如"君子懷刑"，訓刑爲型，"子罕言利與命與仁"，訓與爲許，以凡事物之九數皆爲乾元之九，以禹於周易直鼎卦，以至解黃庭堅詩譏蘇軾之類，皆失之穿鑿。如譏杜預注左傳誤稱逸書，而不知古文之晚出，謂市井字出後漢循吏傳，而不知本出國語，謂雙聲詩始姚合，而不知先有齊王融之類，皆疏於考據。

玉縉案：其謂大戴記雖列十四經，然雜取家語分析爲篇目，尤爲無識，家語，王肅僞撰，馬昭、顏師古已論之，近范家相辨僞、孫志祖疏證諸書，抉摘詳盡，乃不以爲家語竊取此記，而以爲此記雜取家語，蓋與譏杜注誤稱逸書同一紕謬之甚者。

**鼠璞一卷**

埴字仲培，桃源人，仕履無考。書中楮劵源流一條，歷陳慶元、開禧、嘉定之弊，知爲南宋末人。

陸氏儀顧堂題跋云："埴，鄞縣人，祖機，字伯度，紹熙初，以特恩補官爲金華主簿，父燧，亦進士，見攻媿集戴機墓志。兄塤，紹定五年進士，官大府卿，埴，嘉熙二年進士，持節將漕，見寶慶四明志、王伯厚戴氏桃源世譜引。余初疑桃源爲埴之原貫，但世譜引謂爲晉戴逵之後，逵望譙國，後居剡川，與桃源無涉，蓋鄞有桃源鄉，宋張即之居之，著有桃源志，戴氏亦世居鄞之桃源鄉，故譜稱桃源戴氏，然則桃源乃鄉名，非縣名也。埴爲四明人，故書中多辨正四明事。

**朝野類要五卷**

宋趙昇撰。

丁氏藏書志有舊鈔本，云："沈叔埏用惠棟本校，并手錄端平丙申趙升自序於前，並識云：'趙昇惠本作趙升。'" 玉縉案：此當以昇字見於說文新附而改升。

**困學紀聞二十卷**

元時嘗有刻本，牟應龍、袁桷各爲之序。

案尚有泰定二年十二月癸卯慶元路儒學教授吳郡陸晉之後序。

**識遺十卷**

璧字子蒼，自號默耕，新安人，宋史無傳，不知其時代？據書中前定一條，引陳摶寒在五更頭之讖，稱第五庚申後又十五年而祚移，則其成書在宋亡以後矣。

李元度平江縣志例言云："宋羅璧字子蒼，舉鄉貢，宋亡，隱居不仕，著書十卷曰識遺，行於世，此弘治志舊文也。四庫全書特誤書新安人耳。提要既云不知其時代？則里貫亦未必確？古人多自署其祖籍，如朱子居建陽而自署新安，東坡居眉州而自署趙郡，皆數典不忘祖之意，子蒼殆祖籍新安，書中或署其郡望，而提要因之，與彭素君之誤書吳縣，玉縉案：見學官備考下。皆有因也。提要謂書成在宋亡以後，則與志稱宋亡隱居不仕者合，又謂蓋傳朱子之學者，則子蒼正與十三君子同時也。所謂萬見春，卽邑人萬鎮，十三君子之一也。惟其生同里，學同術，故稱引其說，不必著其爲何許人？若果遠在新安，又烏知吾平有萬見春其人乎？識遺十卷，學海類編曾刻之，特未知作者爲平江人。"

**坦齋通編一卷**

亦不詳其爵里時代？所紀有淳熙中見冷世光論姓氏，事在孝宗時，又有慶元間高秉文命題、京鏜攻中官王德謙二事，及近見楊誠齋易傳語，則是書成於寧宗以後。又紀乾道辛卯，王寧爲武寧宰，其家充里正，則武寧人也。

案凱字廷舉，江西武寧人，嘉定七年進士，官至吏部侍郎，陸氏儀顧堂題跋考其事蹟頗詳。

# 四庫全書總目提要補正卷三十六

## 雜家類二

### 日損齋筆記一卷

書中皆考證經、史、子、集異同得失，其辨史十六則尤精於辨經。

金華叢書本胡序云："其書初無詮次，公里人劉氏剛依類重編，析爲三門，首辨經六則，次辨史十六則，又次雜辨十三則，共三十五則，而以公神道碑及定謚等文附焉。"又日損齋筆記考證跋云："是編陳雪木先生所考證，曩余刻叢書，以未刻陳本考證爲憾，同治壬申，張小蘿侍御郵寄黄文獻公全集，集中筆記一卷，與前刊單行本不爽一字，而每門每段下，各綴以考證，則單行本所無者。先生與文獻公生同里，歸田後手注是書，極稱博洽，其間牽引經史，旁參以諸子百家之説，條分縷析，有以佐文獻之所不逮。"

### 譚苑醍醐九卷

明楊慎撰，其書亦皆考證之語，與丹鉛錄大致相出入而亦頗有異同，首有嘉靖壬寅自序。

趙詒琛等甲戌叢編有無名氏筆記云:"譚苑醍醐, 其序出自楊升菴,疑爲升菴書,止一帖五卷而止,疑爲不全之書,及見莫廷韓所鈔亦止五卷,其跋云:'此書吳人盧熊所撰,洪武間人也,書亦該洽可尚',方知非楊氏書,第不審更有下帖否? 當訪之藏書家。"玉縉案: 是編筆墨頗與盧氏蘇州府志近,莫說似非無據,當再考。

**疑耀七卷**

知此書確出於萱。 其書多由記憶而成,如文彥博僞帖,不知爲玉照新志所載石蒼舒事,翡翠屑金,不知爲歐陽修歸田錄語,謂沈約"還家問鄉里詎堪持作夫"二語,爲白居易詩,謂左傳巫尫爲巫者名尫,皆失之疏舛。謂本草稱蠐可療目,故陳仲子耳無聞目無見,食螬李而卽愈,又謂本草稱蓴鱸作羹,下氣止嘔,張翰在當時意氣鬱抑, 遇事嘔逆, 故思此味,尤穿鑿無理。然其他考證乃往往有依據, 徒以惡贄之故併屏斥之,過也,今改題萱名,從其實也。

李慈銘荀學齋日記己集下八八云:"博羅張孟奇萱,明萬曆中,官內閣誥敕房中書舍人,出權滸墅關稅,以養母歸。是書向題李贄作,提要已改正之,此本爲近人南海伍崇曜所刻,取其所著西園存稾是書新序冠之於首,其序言是書本二十七卷,歲戊申,分司吳關,時焦太史竑、黃觀察汝梓爲之序以付梓,僅得七卷,今其餘蓋不可考矣。書亦雜識之屬,其中如論明代黃册、宋世扈從、女童露面諸事,亦頗資采摭, 然所引書多不可據。卽如開卷第一條孔子無須眉辨,本何孟春餘冬序錄之說,引孔叢子云:'子思言吾先君生無鬚眉’，而今本孔叢子實作‘吾性無鬚眉’，第二條引說文晝婐舜妹，而說文並無此語，孫頤谷皆已辨之。其望帝化鵑一條，不引揚子雲蜀王本紀，而引來敏本蜀論。施全一條，以全爲本在秦檜十客之列，不知刺客之名，即因其剚刃而目之。劉表工書一條，謂三國志注載表與袁尙兄弟書，其筆力不減崔、蔡，不知後漢書注言兩書皆出王粲集，是粲代表所作。淩揚藻蠡勺編即襲此而誤。邱明非姓左一條，據吳興邱墓村碑，以左爲左史之官，邱姓，明名。機、雲爲顧婦贈答一條，謂士衡爲顧彥先贈婦詩第二章結句，‘願保金石軀，慰妾長飢渴’，是反爲顧婦贈彥先，不知文選李善注已明云：‘此二首上篇贈婦，下篇婦答’，而俱云贈婦誤也。韓昌黎、白太傅皆惑於服食一條，謂白樂天詩‘退之服硫黃，一病訖不痊’，是昌黎譏李干等服藥之誤，而晚年復躬蹈之，不知白詩所云退之，乃衛中立亦字退之，非昌黎也，昔人已辨之。玉縉案：辨見錢大昕十駕齋養新錄。衚衕一條，謂京師呼巷爲衚衕，蓋俚語，山海經有飛魚，食之已痔衕，郭璞注音洞，是衕非俗字，不知說文明云‘衕，通街也’，山海經衕字乃洞字之借。火浣布一條，引逸周書火浣布贊，‘火澣之布，入火不滅，布則火色，垢則布色，出火而振之，皎然疑乎雪’，又引山海經云：‘布出火山國，火中有白鼠，毛可作布，敝則以火燒之如新’，案逸周書並無火浣布贊，山海經亦無此文，惟大荒西經言‘昆侖之邱，其外有炎火之山，投物輒然’，郭注云：‘今去扶南東萬里有耆薄國，東復五千里許有火山國，其山雖霖雨，火常然，火中有白鼠，時出山邊求食，人捕得之以毛作布，今之火澣布是也'，是誤以郭注爲山海經文。考三國志三少帝紀，'西域重譯獻火浣布'，注引異物志曰：'斯調國有火洲'，云云，又引傅子，'漢桓帝時，大將軍梁冀以火浣布爲衣'云云，又引搜神記，'崐崘之墟，有炎火之山'云云，又引東方朔神異記，'南荒之外有火山'云云，後漢書西南夷傳論，'火毳𧶼布'，注引神異經'南方有火山'云云，又亦引'傅子'云云，文與裴注所引小異。水經㶟水注引神異經語，較章懷所引爲詳，而較裴注爲略。任昉述異記亦言火浣布事，以爲南方炎火山之草木葉所績，與異物志所說同，史記大宛列傳正義引萬震南州志云：'大秦海中斯調州上，有木，冬月剝取其皮績之爲火浣布'，藝文類聚卷八十，引玄中記云：'南方有炎火山，四月生火，其木皮爲火浣布'，是火浣布有鼠毛、木皮兩種，故干令升搜神記謂非此山草木之皮枲，則其鳥獸之毛也。太平廣記異人門載梁四公記云：'南海商人齎火浣布三端，杰公謂䫻杰。曰："二是緝木皮所作，一是績鼠毛所作"，問木鼠之異，曰："木堅毛柔"，皆兼木鼠而言之'，列子殷敬順釋文引異物志云：'新調國有火洲，有木及鼠，取其皮毛爲布，名曰火浣'，亦兼木鼠言之，與裴注所引異，新調卽斯調之誤。凡此，皆火浣布之說出於魏、晉以後。而列子湯問篇云：'周穆王大征西戎，西戎獻錕鋙之劍，火浣之布，其劍長尺有咫，切玉如切泥焉，火浣之布，浣之必投於火，布則火色，垢則布色，出火而振之，皓然疑乎雪'，張湛注云：'此周書所云'，疑耀之說，蓋本於此，不知逸周書無其文也。

列子一書，後人所綴輯，蓋出於東晉以後，觀湛所序甚明，本非漢志之舊，其書至唐開元後始大行，故裴世期注魏志，章懷注後漢書，於火浣布皆不引列子，此條綴於湯問篇末，蓋裴、李諸人尚未見之，疑出於張湛以後，其注云云，亦非湛語也。"

### 卮林十卷補遺一卷

是書體近類書，而考訂經史，辨證頗爲該洽。每條以兩字標目，而各引原撰書之人姓以系之，如質魚、諮杜之類，蓋用孔叢子詰墨及王充刺孟之例也。其中如駁王僧虔之紀亥仲，及論杜詩之西川杜鵑等處，亦未免於執滯，然所刊正有據者多，要爲有本之學，非率爾著書也。王士禛池北偶談稱其辨石尤風一條，及解古樂府賜字義一條，君苗無姓一條，高似孫誤引金樓子一條，而謂其詮鍾一條，不知名媛詩歸爲吳下人託名鍾、譚，其中文明太后青雀臺歌、杜蘭香降張碩詩數條，皆不足辨，然鍾惺、譚元春之書，盛行於天啓、崇禎間，至眞贗並出，無由辨别，今鄉曲陋儒，尙奉其緒論，繆種流傳，知爲依託者蓋少，旣悉其謬，卽當顯爲糾正，以免疑誤後人，如士禛之言，出於鍾惺則當辨，不出於鍾惺卽不必辨，則惟攻其人非攻其書矣，以是咎嬰，仍不免於門戶之見也。

李慈銘荀學齋日記壬集下 四四 云："其書雜辨羣籍引用之誤，聞見博洽，立論多有據依。方叔明末人，而文章爾雅，絕無當日纖詭之習，尤難能也。每條以兩字標目，皆系以作書人之姓，如格鮑、嫚張、洗梅、商艾等，謂正鮑彪之國策注，譏張表臣之珊瑚鉤詩話， 嫚字出字林，廣韻未收，集韻、類篇始有之，注云女字，惟後漢書馮衍傳嫘子反於彭城兮，注引呂忱音仕春反，勉也，東觀記作譏，遂謂嫘亦譏刺之意，實無他據也。洗剔梅鼎祚之書記洞詮及詩乘、古樂苑諸書，商略艾南英之墨卷評語，名目頗近佻仄，又如徐青藤之路史、鍾、譚之詩歸及南英之評，此類鄙瑣短書，何足置喙，而一一彈駁，則天壤間書，如入海算沙，豈能窮究。然大致詳塙，在明代說部中爲最有根柢，較之筆精、談薈、蟫雋、疑耀諸書，相去遠矣。蕭山陳氏校刻頗精，間采附近儒駁正之語，亦爲明皙。”

**拾遺錄一卷**

上方楊愼則不足，下較焦竑則勝之多矣。

玉縉案：是書全襲王應麟困學紀聞，不解提要何以竟未檢及？

**日知錄三十二卷**

閻若璩作潛邱劄記，嘗補正此書五十餘條。惟炎武生於明末，喜談經世之務，激於時事，慨然以復古爲志，其說或迂而難行，或愎而過銳，觀所作音學五書後序，至謂聖人復起，必舉今日之音而還之淳古，是豈可行之事乎？潘耒作此書序，乃盛稱其經濟，而以考據精詳爲末務，殆非篤論矣。

吳氏拜經樓藏書題跋記有初刻本八卷，云：“先君子書第八卷九州條下云：‘案此二則，今刻全本日知錄中不載，殆因閻百詩有駁正之語，故亭林遂削之耶’？”又有舊鈔本三十二卷，云：“先君以校刻本，頗多增益。”李慈銘孟學齋日記云：“顧氏此書，自謂生平之志與業盡在其中，則其意自不在區區考訂。世人謂其經濟勝於經史，蓋非虛言，而阮文達據四庫提要所論，以爲矯枉過中，未可爲腐儒道，則予甘受腐儒之譏矣。嘗謂此三十二卷中，直括得一部文獻通考，而俱能自出於通考之外，後儒考古愈精，遂掎摭之以爲疏舛，豈知先生者哉！”

**義府二卷**

生於古音古訓，皆考究淹通，引據精確，不爲無稽臆度之談。如據說文辨周禮秠秬，正賈公彥、丁度之誤，引賈誼論、陳琳檄證尚書漂杵爲漂櫓，引爾雅證禮記鄭注烹魚去乙之誤，引呂覽證朱襮非朱領，引檀弓彌牟爲木證勃鞮爲披，引左傳及詩序證檀弓請庚之庚訓道路，引唐書廉訪證周官六計之廉訓察，引吳越春秋證鄂不即鄂跗，引左傳證出於其類之出訓產，引周禮載師、閭師證夫布、里布爲二事，引詩王風證孟子施施，引左傳劉子語證司中，引繫辭證信信當讀申，引禮記稱說命爲兌命，解行路兌矣當訓說，引漢書證志微噍殺當爲纖微憔悴，引周頌、爾雅證鄭衆解牘應雅之譌，引爾雅證終軍、許愼解豹文鼠之所以異，引後漢書李膺傳證師古解軒中之譌，引孝經疏證後漢書辜較、估較、辜榷、酤榷之義，引史記貨殖傳證刁悍當爲雕悍，引潛夫論證闒龍即豢龍，引莊子證列子蕉鹿之蕉爲樵，引世說注證茗艼即酩酊，皆根柢訓典，鑿鑿可憑。至於引莊子斲在溝中解斷斷，引王莽傳謂青蠅、蒼蠅當作蠅，引國策解氓爲流民，引易奇偶證奇貨，間有穿鑿附會。又哉才通用，引顏眞卿碑不引考古圖，昌樂肉飛，引世說不引吳越春秋，所許通用，引顏師古漢書注不引世說，九德引三國志注不引國語，登時引集異記不用焦仲卿妻詩，亦有失之眉睫之前者。然小小疏舛，不足爲累，雖篇帙無多，其可取者要不在方以智通雅下也。

玉縉案：是書有與字詁互見者，蓋編纂時偶未及檢，遒峻條引三國志趙達傳注，而無所申釋，亦是寫者脱誤，詳字詁條下。

**潛邱劄記六卷**

此本即吳玉搢所重定。　若璩學問淹通，而負氣求勝，與人辨論，往往雜以毒詬惡謔，與汪琬遂成讎釁，頗乖著書之體。然記誦之博，考核之精，國初實罕其匹，雖以顧炎武之學有本原，日知錄一書，亦頗經其駁正，則其他可勿論也。

阮葵生茶餘客話云："潛邱劄記，如日知錄補正、喪服翼注、毛詩說續、朱子古文疑、宋劉攽·李燾·馬端臨·王應麟四家逸事皆未刻。劄記乃未定書，零箋碎紙，投入一筒，捐館後，家人與計簿混入筒中，學林不知抉擇，將他人往還手跡，及陳言狎語游戲之詞，悉條舉而刻之，砆玉並陳，大失潛邱面目，予嘗刪存十之五六，卓然可傳不朽。又徐健庵嘗手輯潛邱緒論一編，曰閻氏碎金，皆洞庭書局中辨論之事，今無傳。"據此，則阮亦嘗刪是書，其吳氏刪定事，茶餘客話亦及之。吳氏拜經樓藏書題跋記有鈔本七卷，後附日知錄補正一卷，云："先君子評閱跋云：'今世所行日知錄三十二卷，乃潘稼堂手定付梓，視未刻時原本，已不無異同。潛邱所見者，猶是初刻本，所補正已如此，使見全本，其舉正又當何如？'又云：'潛邱之學，大約欲與玉峰抗衡，而經濟終不及，淵博亦遜之，錢塘馮山公嘗有潛邱劄記舉正若干條,見解春集'”,此論頗持平。至方東樹儀衞堂文集有是書書後,譏其體例不免偷陋,氣象矜忿迫隘,悻悻然類小丈夫之所發,蓋本全祖望“未能洗去學究氣”之說而甚之,未爲知言也。 張宗泰所學集有跋是書四則:其一空論不錄。其二云:“論語'政逮於大夫四世',集注謂'魯自武子始專國政,歷悼、平、桓子凡四世',潛邱則謂悼子未嗣位爲卿而卒,不足以當一世,當以文子及武、平、桓爲四世,其說較舊解爲愜。然竊以三家亦迭執政柄,夫子未必專爲季氏而發,檢春秋大事表魯政下逮篇,自宣九年至襄五年行父執政,其宣九年以前則執政者襄仲也,襄五年以後,仲孫蔑、叔孫豹相繼執政者各三年,而後武子宿承之,昭八年以後,叔孫昭子執政者十八年,而後桓子意如承之,不過仲、叔二氏多名賢,季氏則早著不臣之迹耳。潛邱謂襄五年上溯至宣元年,疑此四十一年中,皆季孫專政之日則未確也,不然,夫子何不曰季氏之子孫微,而曰三桓之子孫微乎?”其三云:“與戴唐器書第四十一首,不知類要爲何書?案提要類書類有蘇易簡文選雙字類要三卷,晏殊類要二百卷。又與劉超宗書第十九首云:'春秋議論中有李琪者,又有呂大圭者,皆不知其爵里、朝代、生平?又元虞集爲趙汸序春秋云:“近代論筆削有依據無出陳氏右者”,不知此陳氏何人?'案經義考,李琪字開伯,號竹湖,吳郡人,仕國子司業,著春秋王霸列國世紀編三卷,書成於嘉定辛未。呂大圭字圭叔,號樸鄉,泉郡南安人,淳祐七年進士,官至朝散大夫,行尚書吏部員外郎，出知興化軍，遷知漳州，未行而元兵至，迫署降箋，不屈見殺，著春秋或問三十卷，春秋五論一卷。又陳傅良字君舉，號止齋，溫州瑞安人，乾道八年進士，官至中書舍人寶謨閣待制，謚文節，著春秋後傳十二卷，見提要。又與劉超宗書第二十一首云：'宋代諸儒之書，始於孫明復、劉敞，終於趙、呂，請問趙、呂是何人？'案提要呂當卽爲呂大圭，趙爲趙飛鵬，字企明，號木訥，綿州人，著春秋經筌十六卷，亦宋末人。"其四云："潛邱補正日知錄，有正所不當正者。如錄於西漢風俗條下謂魏武旣有冀州，崇獎跅弛之士，下令再三，至於求負汙辱之名見笑之行不仁不孝而有治國用兵之術者，則以毀方敗常之俗歸罪魏武，未嘗不確有證佐。潛邱乃引晉傅玄上疏云云，謂致毀方敗常之俗者，魏文而非魏武，則有意求勝而轉失之矣。又謂東山詩儀與縭叶，亦可讀延知切，不知東山詩是儀與何叶，仍當讀牛何切，此誤駁也。又潛邱以疏忽失檢者，如明弘治中吳寬修姑蘇志而未竟，其後王鏊卽其舊稾續成之，以姑蘇志送閱楊循吉，爲所點嗤，自屬王守溪事，而跋老蘇集下仍以爲吳原博，誤矣。乞言小奏云：'拜懇先生願賜一言'，竟不知此先生爲何如人？補正日知錄第十一條，於襄七年稱昭伯，於昭四年稱昭子，檢左傳昭伯、昭子均謂叔仲帶而不明著其人，亦疏也。" 李慈銘祥琴室日記云："百詩窮力於古，論辨精實而識力未高，壓於宋、元俗儒之說，甚至以詩序爲不足信，以爾雅爲不必讀，故全謝山以陋儒目之。其所著書，自當以四書釋地爲最，故此書所論地理亦多確覈，若以與並時之顧亭林挈量短長，則學識尚相去甚遠，近時平定張穆並作顧、閻二譜蓋不出爲山西人之見而已。百詩與戴唐器書有曰：'十二聖人者：錢牧齋、馮定遠、黃南雷、呂晚村、魏叔子、汪苕文、朱錫鬯、顧梁汾、顧寧人、杜于皇、程子上、鄭汝器，更增喻嘉言、黃龍士，凡十四人'，謂之聖人，猶唐人以蕭統爲聖人之聖。然其他文，於苕文極口詆斥，尤痛闢其古今五服考異之謬，至兩相訴訾，有同仇讐。於南雷亦有違言，條駁其明夷待訪錄之誤，且謂其文章不及牧齋，而於牧齋亦謂其詩勝於文，苕文誠淺狹多妄言，其考据固不足當百詩一吷，若南雷則非百詩所能敵也。錢塘馮山公亦力攻古文尚書者，嘗著淮南子洪保，以與百詩同居淮安時所辨論，故曰淮南子，洪者大也，其名本不經，然其顚倒百詩可謂至盡。而百詩亦力詆之，言其所據在家語、孔叢子、竹書紀年及魯詩世學、世本毛詩古義，眞謬種流傳，不可救藥。蓋其矜己好駡，若同時毛西河、李天生等，亦一時習氣使然也。"玉縉案：李氏所見本爲學林所編，非吳本，今錄於此。又桃華聖解盦日記云："七發廣陵觀濤之爲今揚州江都地，汪容甫之說甚塙，閻氏以曲江爲錢唐江，同竹垞之說已爲非是。至云漢景帝時，會稽郡省併入江都國則大誤矣，漢志會稽郡下云：'景帝四年屬江都，屬揚州'，屬之云者，謂以會稽郡屬於江都國，非省郡而併入江都國也，故下文云屬揚州。謂武帝時江都國已除，始分天下爲十三州，置部刺史，以會稽郡屬揚州，可得謂省併入揚州乎？

且班氏於廣陵國下云:'江都易王非、廣陵厲王胥皆都此,并得鄣郡而不得吳',所謂吳者卽楚、漢之際項氏分會稽所立吳郡,後至武帝始省者。此用全氏祖望主王厚齋說。以漢功臣表、灌嬰傳考之,當時有吳郡無疑也,劉原父及顧亭林、何義門、陳碩甫所說皆非。然則江都國祇兼二郡,吳郡尙不得,何論會稽?"

玉縉案:李詳媿生叢錄稱其友人見潛邱劄記,爲漢陽劉傳瑩題識幾滿,李不言友何人?今此本亦未知尙存否?

**義門讀書記五十八卷**

凡四書六卷,詩二卷,左傳二卷,公羊、穀梁各一卷,史記二卷,漢書六卷,後漢書五卷,三國志二卷,五代史一卷,韓愈集五卷,柳宗元集三卷,歐陽修集二卷,曾鞏集五卷,蕭統文選五卷,陶潛詩一卷,杜甫集六卷,李商隱集二卷,考證皆極精密。

錢大昕潛揅堂集有是書跋云:"宋書陶潛傳云:'所著文章,皆題其年月,義熙以前則書晉氏年號,自永初以來惟云甲子而已。'休文生於元嘉中,所見聞必不誤,其云所著文章,固不云所著詩也,詩亦文章之一,而其體則殊,文章當題年月,詩不必題年月,夫人而知之,隋志載淵明集九卷,今文之存者不過數首,就此數首考之,桃花源詩序稱太元中,祭程氏妹文稱義熙三年,此書晉氏年號之證也。自祭文則但稱丁卯,此永初以後書甲子之證也。自唐五臣注文選誤讀宋書,遂謂淵明詩題如是,義門乃援陶詩書甲子者八事,譏休文紀事失實,不知本傳未嘗及詩也。"

**訂譌雜錄十卷**

其中有闇合前人者，如文選神女賦一條，謂玉字王字顛倒互寫是矣，然始辨其誤者爲姚寬西溪叢語，申明其義者爲張鳳翼文選纂注，而鳴玉仍反覆力辨之，是未見二說也。

李慈銘受禮廬日記云："前有沈歸愚序。凡三百七十四條，其書隨事考證，多限於聞見，尙沿誤說，惟持論平愼，無逷私逞辨之談，一知半解，亦時有可取。其後有自跋，謂'是編之成，僅五閱月，卽付棗梨，未暇點勘，其中有襲前人成說而不必存者，而事近於俗而不足辨者，字音、字畫，亦多疵纇，訂譌而仍蹈於譌，每一展卷，內媿於懷'，則固虛心自知之士也。"又桃華聖解盦日記云："如高唐神女夢一條，辨文選刻本於神女賦中王玉二字傎倒互譌，提要謂姚寬西谿叢語已言之，譏鳴玉未見其書，不知沈括夢溪筆談補先辨之甚詳，存中北宋人，又較令威爲早矣。以夢神女屬襄王，唐人詩已屢用之，蓋其沿誤甚久。"玉縉案：後文解左傳"策名委質"，歷引史記仲尼弟子列傳索隱引服虔注，及國語晉語韋注，白虎通瑞贄篇，以明委質卽委贄，贄本俗字，經典或通作質，或通作摯，而謂是書稱俗因禮有童子委摯而退之文，遂誤讀左傳之委質爲委贄，是沿杜注之譌而不知其非，其說良是。

**論衡三十卷**

充書大旨詳於自紀一篇，蓋內傷時命之坎坷，外疾世俗之虛僞，故發憤著書，其言多激，刺孟、問孔二篇，至於奮其筆端以與聖賢相軋，可謂誖矣。又露才揚己，好爲物先，至於述其祖父頑很以自表所長，傎亦甚焉。其他論辨，如日月不圓諸説，雖爲葛洪所駁，載在晉志，然大抵訂譌砭俗，中理者多，亦殊有裨於風教，儲泳祛疑説、謝應芳辨惑編不是過也。至其文反覆詰難，頗傷詞費，則充所謂"宅舍多，土地不得小，戶口衆，簿籍不得少，失實之事多，虛華之語衆，指實定宜，辨爭之言，安得約徑"者，固已自言之矣。充所作，別有譏俗書、政務書，晚年又作養性書，今皆不傳，惟此書存，儒者頗病其蕪雜，然終不能廢也。

彭維新墨香閣集重刻論衡序云："爲篇八十有五，凡二十餘萬言，所指注亦間切中時弊，然學無根本，理紕繆而文煩猥，槪不自知，其言性之涉舛乖，言命之摭膚末，姑勿暇論，卽其逞無稽以疑誤天下後世，如言舜、禹皆以治水死，商均不軌，項羽以重瞳自知爲舜裔之類，及宣漢、驗符二篇名。之獻諛，不顧與各篇所言符瑞適然者違反，尙不必深責。至謂善惡不足致禍福，禍虛篇。天災無關人事，譴告篇。治亂非繇德化隆替，治期篇。則顯與惠迪從逆之訓，兢惕修省之道背馳。又其甚者，問孔、刺孟，敢悍然舉聖賢以肆抨擊，是直一無忌憚之人而已矣，更何怪其僭擬孔、堯，以煥天文、順地理自贊其書，而自斥其祖父爲勢勇淩人，與祖濁裔淸之云乎？其文意複章宂，詞語多涉鄙俚，漢人諸書，無有劣於此者，蔡中郎乃祕玩以爲談助，又於搜得此書於帳中者戒勿廣傳，此則不可解已？"後漢書王充傳："充少孤，鄉里稱孝。"惠棟補注云："劉知幾曰：'王充論衡之自紀也，述其父祖不肖，爲州閭所鄙，而己答以瞽頑舜神，鯀惡禹聖，夫自序而言家世，固當以揚名顯親爲主，苟無其人，闕之可也，至若盛矜於己，而厚辱其先，此何異證父攘羊，學子名母，必責以名教，實三千之罪人也。'棟案：充鄉里稱孝，此猶華耦稱其祖督之罪，魯人以爲敏明，君子所不許也。" 李慈銘桃華聖解盦日記甲集六四云："此蔡中郎帳中物，然理淺詞複，漢人之文，尠有拙宂至此者。中郎之事，顯出附會，惟言多驚俗，不嫌俚直，以曉愚蒙，間亦有名理解頤者，故世爭傳之。"又云："其問孔篇雖語多荒謬，昔人比之小人之無忌憚，然其問令尹子文章，'未知焉得仁？'謂知與仁本是兩事，可以證舊讀知爲智。問女與回也孰愈章，'吾與女俱不如也'，可以證舊本不上有俱字，作一句讀。問子見南子章，'予所鄙者天厭之'，解爲我所爲鄙陋者，天厭殺我，可證否本作鄙，舊解爲鄙陋，厭本讀如今之壓，舊解爲塡壓，說文，'猒，飽也'，'厭，笮也'，'壓，壞也'，三字孳生而義別，今用厭爲猒，用壓爲厭，而猒之本字、壓之本義皆莫之知。翟氏灝四書考異引此，據下文有臥厭不悟語，謂論衡讀厭爲魘，非也，魘是最俗之字，左傳叔孫穆子夢天厭已，臥厭之厭，本亦讀如壓，天厭之者，卽天厭己之謂，蓋古有此語也。仲任著書，在張侯論未出之前，又嘗受業於班叔皮，考班氏父子，多用魯論中語，則仲任云云，固魯論舊說也。其雷虛、論死、紀妖三篇，最有名理，乃一書之警策，紀妖篇論鬼神陰陽之情狀，可作中庸義疏。" 張氏藏書志有元刊明修本，云："卷一'累害垤成丘山汚爲江河'下一頁，通津草堂以下諸本俱闕。"

**風俗通義十卷附錄一卷**

漢應劭撰。 皇霸爲目五，正失爲目十一，愆禮爲目九，過譽爲目八，十反爲目十，音聲爲目二十有八，窮通爲目十二，祀典爲目十七，怪神爲目十五，山澤爲目十九。 然考元大德丁未無錫儒學刊本，前有李果序。

案劭字當从卪作卲，不从力，詳劉卲人物志下。瞿氏目錄有元大德丁未刊本云："此猶古本舊第，三皇至六國爲首，樂正后夔一足至彭城相袁元服次之，九江太守武陵威至公車徵士豫章徐孺子次之，長沙太守汝南郅惲至江夏太守河內趙仲讓次之，太尉沛國劉矩升至蜀郡太守潁川劉勝次之，商角宮徵羽至菰狄次之，孔子至太傅汝南陳蕃次之，先農至司命次之，世間多有見怪至世間多有見赤白光次之，五嶽至溝洫終焉。"玉縉案：原書三十卷，篇各有名，陸心源儀顧堂集有篇目考，甚詳。 錢大昕養新錄云："盧學士召弓嘗寓書問愆禮篇載徐孺子負筍弁涉齋一盤醊，筍弁二字何義？予答云：'此必算字之譌，史記鄭當時傳，"其餽遺人不過算器食"，徐廣云："算，竹器也，算與匴同"，說文，"匴，渌米籔也"，士冠禮"爵弁、皮弁、緇布冠各一匴"，注，"匴，竹器名"，本算字，誤分爲兩字遂不可識矣。'予又嘗輯應氏逸文一冊，學士見而喜之，爲刊入羣書拾補中，頃歲讀馬總意林、僧玄應一切經音義等書，續有所得，惜學士已逝，不及增入。"玉縉案：張澍養素堂集云："竹下肉當是竹萌，萌即筍，馬援書所謂越駱之菌，菌亦筍也，菌亦作箘，筍當即箘字，弁或是柒字，陽羨茶有羅柒，謂羅片也，筯弁者，當是暴乾之笴片耳。錢大昕謂筯是算字之譌，字形相遠，且孺子遠弔而負算何爲者？” 丁氏藏書志有元大德本十卷，云：“羣書拾補載李果作李晦，尙有謝居仁跋云：‘予觀風浙西，至無錫，有耆儒李顯翁晦來訪’云云，據此，則果當作晦，此本無居仁跋，而王鳴盛所藏大德本亦作李果。”玉縉案：丁說大致本吳氏拜經樓藏書題跋記。

**麈史三卷**

自號鳳亭子，安陸人，嘉祐四年進士，官至司農少卿，陳振孫書錄解題以爲王銍之伯父，案書中神受門第七條，稱王樂道幼子銍，少而博學，善持論，又詩話門第十九條，稱王銍性之嘗爲予言，譏謗門第三條，稱王莘樂道奉議，潁人也，則與銍父子非一族，陳氏誤也。

玉縉案：陳振孫書錄解題云：“其序稱政和乙未行年八十，自號鳳臺子，蓋王昭素之後，王銍性之之伯父，揮麈錄詳載”云云，是得臣與銍父子爲一族，陳說實本王明清揮麈錄，其言當不誤。今考揮麈後錄卷八第二條云：“伯祖彥輔，以文學政事揚歷中外甚久，伯祖名得臣，自號鳳臺子，有注和杜少陵詩、麈史行於世。”又卷七第二十六條云：“先祖早歲登科，留心典籍，所藏書迨數萬卷，貯之鄉里，汝陰士大夫多從而借傳，元符末，坐黨籍，謫官湖外，乃於安陸卜築爲久居計，輦置其半於新居，建炎初，寇盜蜂起，惟德安以邑令陳規元則帥衆堅守，先祖遺書，悉爲元則載去，後十年，元則守順昌，先祖汝陰舊藏書又爲元則所掩有。”是得臣爲明清之伯祖，卽銍之伯父甚明，卽同出一族又甚明，特得臣由汝陰徙安陸，遂爲安陸人，而銍父子仍舊，故解題於此書題安陸王得臣，於雪谿集略題汝陰王銍，於揮塵錄題汝陰王明清，各從其實，初不相妨也。提要但執此書所稱王樂道云云，疑陳氏爲誤，不知陳實本之得臣姪孫所錄，陳氏明言之，而提要若未覩之，何也？又揮麈前錄卷一第十四條云："明清五世祖拾遺，開寶八年，以近臣薦，自布衣召對，講易於崇政殿"，此卽指昭素言，與宋史儒林傳合。此陳氏所以於此書稱得臣爲昭素後，於雪谿集略稱王銍爲昭素後，而於揮麈錄則稱明清爲銍之子也。鳳臺子，提要臺作亭，亦誤。陸氏藏書志有宋刊本及舊鈔本，丁氏藏書志有明鈔本，並題鳳臺子王得臣彥輔撰。

## 夢溪筆談二十六卷補筆談二卷續筆談一卷

趙與旹賓退錄議其積罌一條文字有誤，王得臣塵史議其算古柏一條議論太拘，小小疏失，要不足以爲累。

袁枚隨園詩話九云："沈存中笑香山押餓殍爲夫，又笑杜牧之杜秋詩'厭飫不能飴'，誤飴餹之飴作飲啖用，不知杜牧之用飴字，本東漢童謠，'飴我大豆烹芋魁'，又晉盛彥傳，'婢使蠐螬炙飴之。'香山之押殍作平聲，本唐韻敷字下收殍，作撫俱切，猶之今平韻不收糾字，而嵇康琴賦亦竟作平聲押也。"陳漢章謹案：廣韻十虞，敷，芳無切紐下有殍，若唐韻惟存說文所附，說文無殍，安得有撫俱切。

## 珩璜新論一卷

卷末附錄雜說七條，在詵跋之前，皆此本所佚，疑爲詵所補鈔。

吳氏拜經樓藏書題跋記有一卷，云："先君子從畢氏鈔本補錄七條,書後云:‘乾隆乙巳,有書賈攜散滮畢氏舊鈔本珩璜新論來,書分四卷,末後多數條,因命史補錄。’案晁氏讀書志載孔氏雜說一卷,或云卽此書,果爾,則一卷者乃舊本也。”又載陳鱣跋云:“近從南匯吳稷堂座師處得一舊鈔本,中有竹垞圖記,凡遇宋朝故事俱空一格,知出自宋刻,其書亦作一卷,不分爲四”云云,玉縉案:據吳跋,則卷末七條當亦從四卷本補錄,未必出於沈詵。

**冷齋夜話十卷**

惠洪一名德洪,字覺範,筠州人。大觀中,游丞相張商英之門,商英敗,惠洪亦坐累謫朱崖。 又每篇皆有標題,而標題或冗沓過甚,或拙鄙不文,皆與本書不類,其最剌謬者,如洪駒父詩話一條,乃引洪駒父之言以正俗刻之誤,非攻洪駒父之誤也,其標題乃云:“洪駒父評詩之誤”,顯相背觸。又郱亭湖廟一條,捧牲請福者乃安世高之舟人,故神云舟有沙門乃不俱來耶?非世高自請福也。又追敍漢時建寺,乃爲秦觀作維摩贊緣起,非記世高事也,其標題乃云:“安世高請福郱亭廟,秦少游宿此夢天女求贊”,旣乖本事,且不成文。又蘇軾寄鄧道士詩一條,用韋應物寄全椒山中道士詩韻,乃記蘇詩非記韋詩也,而其標題乃云韋蘇州寄全椒道人詩,更全然不解文義。又惠洪本彭氏子,於彭淵材爲叔姪,故書中但稱淵材,不系以姓,而其標題乃皆改爲劉淵材,尤爲不考。此類不可殫數,亦皆後人所妄加,非所本有也。

案吳曾能改齋漫錄十二云:“洪覺範本名德洪,俗姓彭,筠州人,始在峽州,以醫劉養娘識張天覺,大觀四年八月,覺範入京，而天覺已爲右揆，因劉得祠部一道爲僧，又因叔彭几在郭天信家作門客，遂識天信，因往來於張、郭二公之門。政和元年，張、郭得罪，而覺範決脊杖二十，刺配朱崖軍牢，後改名惠洪。”據此，則德洪乃是本名，其謫亦非止緣張商英一人也。考本書洪覺範、朱世英二偈條，一稱予，一稱世英，洪之爲覺範無疑。又開井法條，稱淵才獻樂書，得協律郎，使予跋其書，曰：“子落筆當公，不可以叔姪故溢美”，洪之於淵才爲叔姪亦無疑。惟彭淵才南歸條明系以姓耳。王正德餘師錄，提要稱各考其謫缺注於下，而卷四洪覺範條下注云：“僧惠洪字覺範，姓喩氏，後易名德洪”，不特先後倒置，又以爲俗姓喩矣。又洪書本有“詩至李義山爲文章一厄”云云，許顗舉“夕陽無限好”兩句，洪即時刪去，詳彥周詩話。　陸氏藏書志有元刊本，並載至正癸未三衢石林葉敦一則云：“是書舊本謫謬，且兵火散失之餘幾不傳於世，本堂家藏善本，與舊本編次大有不同，再加訂正，以綉諸梓”云云。其儀顧堂續跋云：“標題之謬，提要已痛詆之，他如東坡廬山偈分爲兩條，標曰廬山老人，亦謬之甚者，觀此刊跋，恐原本無標題，如玉壺清話之例，其標題乃元人所增，故荒謬如此。”　李慈銘荀學齋日記壬集下五九云：“皆瑣屑不足道之事，其論詩亦甚凡近，此等所謂底下之書。”玉縉案：其中尤謬者，誤以白居易東城尋春詩“老色日上面”，及竹窗詩“輕紗一幅中”，合而爲黄庭堅責宜州詩，且有學道閑雅之語，已爲胡仔漁隱叢話所糾。

# 四庫全書總目提要補正卷三十七

## 雜家類三

**曲洧舊聞十卷**

弁字少章。　然皆追述北宋遺事，無一語及金，故曰舊聞。

絳雲樓書目陳景雲注云："弁乃晁以道之戚，此書多出於晁氏之言。"　瞿氏目錄有舊明刊本，云："朱弁少張撰。案仁和縣志，朱弁字少章，則名與字合，張字疑譌，但錢遵王讀書記及各家書目均仍作張，因識之以俟善本訂正焉。"

**元城語錄三卷附行錄一卷**

據廣信府志，知其嘗登大觀三年進士，據所作嬾眞子，知嘗官江都丞、淅川令、夏縣令，又稱嘗官關中，則不知何官矣？

李氏惜陰軒重刊王崇慶元城語錄解，其識語云："永卿宋史無傳，不能詳其官階？此書舊題'左朝散郎主管江州太平觀賜緋魚袋馬永卿編。'書凡三卷，與晁氏讀書志、陳氏書錄解題合，惟晁、陳二家尙有劉先生譚錄一卷，凡二十一則，韓瓘撰，道護錄一卷，凡十九則，胡珵撰，均輯元城之語，與馬氏書並行，今皆不傳。是編後有行錄一卷，明南京禮部右侍郎謚文敏崔銑續輯，謂之行錄者，宋史藝文志有劉安世言行錄二卷，早佚，馬氏既輯語錄，故文敏作是書以補其闕，當時元城令汝南進士張儒校刊語錄，文敏曾爲作序，並以所輯行錄授之，事見洹詞，迨後于文熙又補益之，故至今附行不輟。”

## 春渚紀聞十卷

薳，浦城人，自號韓青老農。　薳父曰去非，嘗以蘇軾薦得官，故記軾事特詳。其雜記多引仙鬼報應，兼及瑣事，如稱劉仲甫奕棋無敵，又記祝不疑勝之兩條，自相矛盾，殊爲不檢。

案薳字子遠。　李慈銘荀學齋日記壬集下六五云：“薳爲博士去非之子，故是書極推東坡，載其逸事甚多，其餘大率談諧瑣事及神怪果報，乃說部之下者，然亦足資談助。”

鄭翼謹案：薳字子遠，見宋詩紀事及儀顧堂跋，而墨莊漫錄八、容齋隨筆十六並作子楚，薳爲楚姓，作子楚亦確。

## 石林燕語十卷考異一卷

陳振孫書錄解題謂其書成於宣和五年，然其中論館伴遼使一條，稱建炎三年，又論宰相一條，謂自元祐五年至今紹興六年，則書成於南渡之後，振孫之說未核矣。　而成都宇文紹奕亦作考異以糾之。

陸氏藏書志有明刊本石林燕語十卷，題子棟、桯、模編，並載自序云：“宣和五年，余既卜別館於卞山之石林谷，偶遇筆札，隨輒書之，建炎二年，避亂縉雲歸，因令棟更裒集爲十卷，以石林燕語名之。”末云：“八月望日，石林山人序”，是此序當作於建炎二年八月也。書中何以有建炎三年紹興六年字？豈後來增入抑或傳刻之譌歟？又有舊鈔本石林燕語考異十卷，題子楝、桯、模編，宇文紹節考異，節當爲奕之誤。

**避暑錄話二卷**

案晁公武讀書志載此書作十五卷，與此本卷數多寡懸殊，疑今所行者非完帙，然文獻通考已作二卷，毛晉津逮祕書跋云："得宋刻，迥異坊本，亦作二卷"，則宋代亦卽此本，考諸書所引避暑錄話，亦具見此本之中，無一條之佚脫，知讀書志爲傳寫之謬矣。惟本爲蔡京之門客，不免以門戶之故，多陰抑元祐而曲解紹聖。如論詩賦一條，爲王安石罷詩賦解也，葉源一條，爲蔡京禁讀史解也，王姬一條，爲蔡京改公主曰帝姬解也，至深斥蘇洵辨姦論，則尤其顯然者矣。

案陸氏藏書志有影寫宋刊本乙卯避暑錄話二卷，是宋本亦二卷，惟書名多乙卯字，乙卯者紹興五年也。李慈銘荀學齋日記壬集下七六云："其稱京必曰蔡魯公，自其依附之實據，惟其論詩賦云：'政和間，大臣有不能爲詩者'云云，其論葉源云：'源自言熙寧初以上舍優等赴省試'云云，其論王姬云：'周之諸女言姬'云云，凡此皆直言其失，無所回護。至謂深斥蘇洵辨姦論尤其顯然。考老蘇此論，本自可疑，昔人多辨之，且其立言太過，荆公之學行自有本末，其才當日亦無能及之者，無論老蘇卒時，荆公未有所施行，卽眞出老蘇，亦豈足爲定論哉？老蘇文學，萬不敢望荆公，卽論心術，其好言兵亦足以禍國，而縱橫權譎，殆有荆公所不爲者，石林謂韓魏公、富鄭公皆不喜之，魏公且以咎歐公，其言未必無據也。石林頗不滿唐書，是錄屢及之，其辨張九齡傳與李林甫爭牛仙客實封，時方秋，上賜以白羽扇，九齡惶恐獻賦事云云，其辨劉昌傳守寧陵斬孤甥張俊事云云，二事尤有裨於史學。其記歐文忠作范文正神道碑，累年未成云云，案范忠宣刊易歐文事，他書多載之，而不如此之詳。又云：'碑載章獻太后朝正事，謂仁宗欲率百官拜殿下'云云，此尤足見史家輕取野史及各家志狀之非。其記科目云：'唐制取士用進士、明經二科'云云，又云：'唐初以明經、進士二科取士，初不甚相遠'云云，又云：'國初廷試進士，多不過二十人'云云，又云：'國初州郡，猶未限數目'云云，又云：'自建隆至太平興國二年，更十五榜'云云，此等皆足裨史事。其記官制云：'本朝官稱，初無所依據'云云，又云：'唐以金紫銀青光祿大夫皆爲官階'云云，二事亦無人言及，其他有益考據者尙多。石林此錄，本爲消夏而作，故中多言消遣之法及訓子孫之語，格言名論，往往而有，其帥建康被論，而先莊簡公繼其任，頗嚴劾之。毛子晉跋，謂此錄作於紹興五年，蓋據其中有云'建炎己酉春，虜犯維揚，夜從大駕渡江，至今且六七年'也。時由資政殿學士退居湖州卞山，自言山居已七年，又言'明年六十歲，今春治西隖隙地，築室其間名之曰知非'，蓋已有終老之意。至紹興八年五月，復拜江東安撫制置大使，知建康府，宋史文苑本傳，謂'紹興初，起爲江東安撫大使，兼知建康府，八年，除江東安撫制置大使，兼知建康府行宫留守'。考本紀，石林以紹興元年九月代汪伯彦帥江東，二年三月罷，而代以先莊簡，則紹興五年，不得云山居已七年，蓋當在七、八年間也。其錄中絶無一語及莊簡，蓋所論皆公家事，本無可怨，亦見其宅心和厚，得於山水者深。觀其中一條云：'士大夫作小説，雜記所聞見，本以爲游戲，而或者暴人之短，私爲喜怒，此何理哉？歐陽公歸田錄自言不記人之過惡，君子之用心當如此也。'又云：'李德裕是唐中世第一等人物，其才遠過裴晉公，錯綜萬務，應變開闔，可與姚崇並立，而不至爲崇之權譎任數，至其卒不能免禍，而唐亦不競者，特恩怨太深，善惡太明之累也'，其宗恉可知矣。因提要深詆是書，特備論之。"玉縉案：毛跋謂作於紹興五年，蓋據宋本有乙卯二字。又李氏於"更十五榜"下附注云："案建隆元年至太平興國二年丁丑，凡十八年，而十五榜，蓋五代、宋初，皆沿唐制，歲一放榜，宋史選舉志言太平興國三年冬，諸州舉人並集，會將親征北漢，罷之，自是間一年或二年乃貢舉。文獻通考載開寶七年及九年，亦以事罷舉者二科，不知緣何事也？"於"是年得呂文穆公爲舉首與張僕射齊賢宰相二人"下云："案張齊賢謚文定，宋史本傳言'太宗欲置齊賢高第，有司偶失掄魁，上不悦，一榜盡與京官。'選舉志言'是科甲乙等進士及九經，皆授將作監丞大理評事通判諸州。'司馬温公涑水紀聞謂'是榜張齊賢中選，適在數十人後，及注官，乃詔盡與超除。'文獻通考謂'是年定進士優劣爲三等，並賜及第。'畢氏續通鑑考異謂

‘齊賢蓋在二等，故凡二等盡與超除，後人不考，皆云爲張齊賢一榜盡賜及第，非也。齊賢雖在數十人後，固已及第矣。’慈銘案：畢說是也。蓋是時三等皆賜及第，至八年始分三甲，仍皆賜及第，惟遺才再試及特奏名者乃賜出身。至眞宗景德四年，始定爲五甲，亦曰五等，第一、第二甲曰及第，第三甲曰出身，四甲、五甲曰同出身也。又葉氏石林燕語謂‘是年呂文穆爲狀頭，李參政至第二人，張僕射、王參政化基等數人皆在其間’，是更有兩執政矣。”於“改科後焦蹈榜”下云：“案神宗元豐八年乙丑，時哲宗已卽位，在諒闇中，援神宗初故事，不廷試臨軒，以後迄宋世皆如此，凡諒闇皆不親策，以省元爲狀元。曰改科者，謂自熙寧二年，從王安石議更貢舉法，罷進士試詩賦及明經諸科，以經義論策試進士，分四場，初大經義十道，次兼經義十道，次論一首，次策三道，以明經元解人數，及諸科解名十分之三，增進士額也。”李氏又考諸人科分及謚，玆不具錄。 沈濤十經齋文集石林避暑錄跋云：“石林避暑錄四卷吾鄉項德棻宛委堂校刊本，項氏跋云：‘得之陳仲醇鈔本，卽避暑錄話也。’以毛氏津逮祕書本校之，字句微有異同，亦互有得失，毛氏本分上下二卷，與書錄解題合，而此本分爲四卷，似非石林之舊。惟此本多序文一篇，‘紹興五年五月，梅雨始過，暑氣頓盛’云云，末署‘六月十一日，石林老人序’，爲毛本所無。直齋謂石林作於紹興五年，當據此序而言，解題作避暑錄話，而此題爲石林避暑錄，與洪容齋所引合，又能改齋漫錄引作葉少蘊避暑錄，清波雜志引作葉石林避暑錄，雲麓漫鈔亦云石林避暑燕居錄等，是宋人皆稱爲避暑錄，初無話字，不知直齋何以云然？然漫鈔所云燕居錄，蓋即石林燕語之一名也。述古堂書目又作乙卯避暑錄，因紹興五年歲在乙卯故也，亦無話字。"

**巖下放言三卷**

又明商維濬稗海中別有蒙齋筆談二卷，題曰："湘山鄭景望撰"，其文全與此同，但刪去數十條耳。厲鶚作宋詩紀事，稱景望爲元豐、元祐間人，所錄景望潁川一詩，亦即此書之所載，此書舊無刻本，或疑其即剽取景望書而作，然考書中稱先祖魏公，又稱余紹聖間春試不第，又稱大觀初余適在翰林，又稱在潁州時，初自翰林免官，又稱余守許昌時，洛中方營西內，又稱遭錢塘兵亂，又稱余鎮福唐，又稱出入兵間十餘年，所將數十萬，又稱余頃罷鎮建康，所述仕履，皆與夢得本傳相合。又稱嘗撰老子解、論語釋言二書，今考書錄解題，論語類有葉夢得論語釋言十卷，道家類中有葉夢得老子解二卷，併所載老子解中"生之徒十有三，死之徒十有三，本韓非子之說，以爲四支九竅"云云，亦與此書相符。然則爲蒙齋筆談剽此書而作，非此書剽蒙齋筆談而作，確有明證，商維濬、厲鶚蓋皆誤信僞書，考之未審矣。

瞿氏目錄有舊鈔本，云："仁和胡心耘嘗攜葉君調生所得漢陽葉氏家藏本以示，校正爲多。調生云：'鄭景望蒙齋筆談，即此書中下二卷，今案是書引論語"助我"，避父諱而作"佐我"，益可證爲公作，而非鄭氏之書也。'書中有張舜民送葉魏公歸吳中詩，今鮑刻晝墁集遺之，其第七條'豫之義不在豫文也'句下，尙有'爾雅，猶，如麂而善登木，避人，已去，猶疑而再登，則有猶義，左氏謂爲可以已之辭是矣，而猶之義不在猶文也'四十二字，別本多脫，惟漢陽本爲全。"

**卻掃編三卷**

度字敦立。

楊氏楹書隅錄有校宋本，並載陳鱣跋云："張氏照曠閣刻本多一跋，係嘉泰壬戌邵康作，而毛刻及錢氏宋本、穴研齋舊鈔皆無之，壬戌爲嘉泰二年，上距紹興初徐度作此書已七十餘年，大約邵跋在尹家書籍鋪刊行之後耳。考渭南文集跋卻掃編云：'此書之作云云，淳熙己酉十一月書於儀曹直廬'，案是跋先於嘉泰壬戌計十二年，稱其字爲敦立，而邵跋則稱仲立，殆避光廟諱而改敦作仲歟？"

**五總志一卷**

炯仕履未詳？惟宋中興百官題名記載"紹興十三年七月吳炯爲樞密院編修官，八月除浙西提舉"，其始末則不可考見矣。前有自序，題"建炎庚戌，避地無諸城，書於蕭寺之道山亭。"書中有與蘇叔黨自太原至河外事，又有靖康丙午於京兆祥符寓舍被掠事。又第一條內載其大父事仁宗爲御史，嘗言大臣，未報，復上章乞斬姦臣以謝天下，上大書鐵御史三字賜之。又一條稱嘉州歲貢荔枝、紅桑等物，大父爲犍爲令，作三戒詩見意，九重稱獎。又載其父嘗居李邦直幕府，及崇寧乙酉謫居荊南諸事，蓋亦北宋舊族，隨高宗南渡者也。 鄭翼謹案：炯今本作埛，提要別集八北湖集下並同，此條獨作炯，蓋誤爲二人云。

案埛，興國永興人，累官直徽猷閣，成都府路轉運副使，知荆南府，紹興二十四年五月請祠，主管台州崇道觀，未受命死。祖中復，官御史，宋史有傳，父則禮，累官直祕閣，著有北湖集，陸氏儀顧堂題跋考其事蹟甚詳。

**雲麓漫鈔十五卷**

據自序，初名擁鑪閒記，本止十卷，先刻於漢東學宮，後官新安，併刻後五卷，始易今名。案文獻通考載雲麓漫鈔二十卷，又續二卷，與自序不符，豈其後此十五卷之外又有所增加，通考誤十卷爲二十卷，誤續五卷爲二卷也。世傳朱彝尊曝書亭所鈔宋本，乃止十卷，是此書原非一本，未能斷其孰是矣？ 然而辨十八學士圖，乃欽宗畫賜張叔夜、李綱，誤題爲閻立本，又開元亦有十八學士，不止太宗，辨以黑爲盧，即尚書盧弓之訓，非北方土語，辨行香非國忌之禮，辨史記龜策傳諸兆之名，辨王獻之保母墓磚之僞，辨博古圖誤駁三禮圖，辨王莽律權石，辨羅靖碑非父子同名，辨墓祭已見周禮，辨蕭翼無賺蘭亭事，皆言有根據，足資考核。

吳氏拜經樓藏書題跋記載鮑廷博跋云："曹彬侯跋清波雜志云：'雲麓漫鈔二十卷'，觀自序，則此書祇十五卷，曹所云二十卷者恐未足據。"先君子書後云："此書書錄解題亦作二十卷，又續鈔二卷，乃中庸說及漢定安公補記，然藏書家率未聞者，豈不傳耶？"又載陳鱣跋云："綠飲謂余曰：'此書尚缺圖數頁，故未刻入知不足齋叢書。'"玉縉案：蔣氏涉聞梓舊已刊，中有圖數頁。李慈銘荀學齋日記庚集下一七云："太宗使蕭翼取蘭亭事，漫鈔辨云：'開元二十二年初置采訪使，至德三年改爲觀察使，太宗時焉得有觀察使？龍朔二年改門下省爲東臺，中書省爲西臺，太宗時焉得有西臺御史'云云？提要稱其考核有根據，不知此等皆宋人所增飾，唐人絕無此言。有唐一代，無所謂西臺御史者，惟宋以洛陽爲西京，宋初有御史分司者，稱西臺御史，故不知官制者以加之唐。唐稱洛陽爲東都，有留臺，亦有分司御史。如吳說之跋稱閻立本爲右丞相，不知唐高宗及玄宗時止有左相、右相，無右丞相之稱，說亦以南宋之官稱唐人耳。"

示兒編二十三卷

其歷官無可考，第十卷中稱紹熙丁巳三月侍讌春華樓，聞大丞相周益公議論。考之宋史，紹興元年爲庚戌，至五年甲寅即內禪，丁巳實慶元三年，殆寧宗時嘗官侍從，傳寫誤爲紹熙歟？是編凡總說一卷，經說五卷，文說、詩說共四卷，正誤三卷，雜記四卷，字說六卷，中第九卷前爲文說，後爲詩說，李維楨序謂文說三卷，詩說二卷，誤也。

顧廣圻思適齋集有是書跋四則：其一云："履齋原書廿四卷，爲前後編，唯見於趙希弁讀書附志，今世所存，皆其鄉人胡楷重加訂正之本，故廿三卷而不爲前後集，蓋依七條各拚入其門類矣。明潘方凱刻是書，削去楷題誌，本末乃無可考，先從兄抱沖藏姚舜咨家鈔者題誌具在，文句亦迴勝，鮑丈淥飲以盧、抱經。孫、怡谷。徐北溟。三君校正潘刻，屬用姚鈔覆勘，爰細讎一過。第十四卷、十五卷、二十卷，姚鈔皆標廬陵禮津孫奕季昭撰，當是履齋自稱如此，餘卷標廬陵鄉先生云云者，胡楷稱履齋而改之如此也，改有不盡，則兩者岐異矣。禮津必履齋所居之地名，惜今已不復可知？鮑丈或將有以證明之。”其二、其三言覆勘事，從略。其四云：“右宋劉氏學禮堂刊本，己卯十月，閬源汪君見示，且云：‘錢遵王記字說闕文六條，似與此本不全合’，予案姚鈔空六行，蓋錢本亦然，核之此本，乃複衍三行，又太半行，因鈔者始改每條提行，故爲六行也，又因其複衍而不復寫入，故爲闕文也。鈔本通部行款，與刻差殊，非獨潘方凱板不循舊格，遵王既未見此刻，宜所言之不諦矣。辛未歲，鮑以翁開雕是書，爲予據姚鈔所校，今乃獲重讀一過，訂正如此類者實多，惜以翁久遊道山，弗及再加商榷也。”玉縉案：楊氏楹書隅錄有宋刊本，並載顧氏第四跋，蓋即汪本。瞿氏目錄有舊鈔本二十三卷，其解題大率襲第一跋。　陸氏儀顧堂續跋云：“顧千里校宋胡楷刻本，目後有嘉定癸未胡楷重刊跋，履齋仕履，除提要所述外別無可考，勞格雜識，至以北宋之孫奕當之，尤爲張冠李戴。惟元蘇天爵滋溪集有題孫季昭上周益公請改修三國志書槀，稱‘宋鄉貢進士孫季昭，嘗三上書益國周公，請改修三國史志以正漢統，五世孫義方藏其槀於家’云云，則亦留心史學者，曰鄉貢進士，則僅登鄉解而未第進士矣。胡楷，廬陵人，淳熙四年鄉解，見江西通志。偏檢江西通志，紹興至慶元鄉解題名，並無奕之名，楷跋自稱晚學，則奕之發解必在楷之前，惟紹興二十二年有孫逢年，淳熙元年有孫遜功、孫光宗，皆廬陵人，奕或發解後改名，惜無確證耳。”　周壽昌思益堂日札云：“孫氏云：‘世傳北狄來祭皇太后文，楊大年捧讀，空紙無一字，即自撰曰：“惟靈巫山一朵雲”云云，仁皇深喜其敏速。’錢竹汀云：‘大年卒於天禧四年，其時仁宗尚未即位也，章獻太后之崩，則大年死已久矣，其文亦輕豔不可施於母后。’予又案：孫氏論大禹謨五行一條云：‘取五行之相剋者言之，剋下爲財故也，’剋下爲財，此俗傳祿命書中語，豈可引以詁經。他如釋‘竊比於我老彭’，彭讀爲旁，訓爲側，翟氏論語義已駁之。又論六書內謂佘與佘近，不知佘爲俗字，佘自有奢音，秏耗本一字而云耗近秏，此皆通人之蔽。又引紀元有‘神電’二字，盧抱經云：‘未詳？’予徧檢各書，即偏霸僭僞紀元亦無此二字，殆一時偶誤耳。”

**游宦紀聞十卷**

其駁黄伯思八十一首之說，及推闡王湜百六之義，尤極精核。

翟氏目錄有校宋本，云：“書中述黄長睿云：‘興元關表諸郡食肆所貨薑豉用僵字，最爲有理’，案說文，‘薑从艸，畺聲’，此用僵字，不解何理也？”

**密齋筆記五卷續記一卷**

釆伯以世家貴介歘歷中外，洊更麾節，政當謝后用事之時，獨能解組逍遙，致使史官佚其姓氏，則蕭然於榮利之外，一無所預可知。

陸氏儀顧堂續跋云:"采伯紹定間知徽州, 郡與衢、嚴接壤, 前歲盜發常山, 采伯獻言於朝, 調精兵遏其衝, 賊不敢出, 因萃兵四境平之。嘗禱雨感應, 虎豹遁迹, 民立生祠祀之, 後轉中奉大夫, 見徽州府志。是采伯學問政事均有可觀, 未可以戚畹輕之。"

**澗泉日記三卷**

今以散見永樂大典中者裒合排次, 勒爲三卷。 大觀四年四月, 命禮部尚書鄭允中等修哲宗正史事, 亦可補史傳之遺。

張宗泰魯巖所學集有是書二跋, 其再跋云:"卷上大觀四年條下案語云:'淲於大觀、政和時事, 乃所親見, 所記當自不誣', 案宋詩紀事卷五十九, 淲卒於寧宗嘉定中, 嘉定凡十七年, 由嘉定中上推至徽宗大觀、政和, 約百十有餘年, 淲縱老壽, 恐不及親見其時事也。又'趙開府副吳玠軍須'云云, 案宋史紀事本末, 吳玠、吳璘保蜀篇云:'紹興六年八月癸卯, 四川都轉運使趙開罷, 時吳玠爲宣撫副使, 專治戰守, 於財計不問盈虛, 一切以軍期趣辦於開, 數以餽餉不繼訴於朝, 開亦自劾老憊求去, 乃召開赴行在。自金人犯蜀, 開職餽餉, 軍用無乏, 其後計臣屢易, 於開經畫, 無敢變易', 據是, 則趙開府即趙開, 府字當爲衍文, 而案語疑趙開府爲趙鼎者誤也。又卷中引劉向載學記中語, '相觀于善之曰摩', 而疑今本禮記'相觀而善', '而善'二字多不能講亦非也, 陳澔集說謂'甲有善, 乙觀而善之, 乙有善, 甲亦如之, 互相觀感而進於善', 此亦有何不能講? 而謂'而'字不如'于'字之諧也。"

## 老學菴筆記十卷續筆記二卷

惟以其祖陸佃爲王安石客，所作埤雅，多引字說，故於字說無貶詞，於安石亦無譏語，而安石龍睛事，併述埤雅之謬談，不免曲筆。

武億授堂文鈔有是書書後云："其書於當時遺制多所存錄，而中亦多疵繆。四卷內云：'舊制，丞相署敕皆著姓，官至僕射則去姓，元豐新制，以僕射爲相，故皆不著姓。'考之敕賜壽聖禪院額牒，在熙寧元年二月，後署銜左僕射兼門下平章事已不著姓，則必非元豐新制始然。又五卷內云：'本朝進士，初亦如唐制，兼採時望，眞廟時，周安惠公起，始建糊名法'，予綜其實，亦非篤論也。東坡集題伯父謝啓後，'天聖中，伯父中都公始舉進士於眉，年二十有二，時進士法寬，未有糊名也'，東坡題其家集如此，蓋皆得之目見而又在陸氏前，宜其言之不苟，陸氏反謂糊名自眞廟，何也？陸氏嫻於掌故，猶有不可依據，況世之影聞者歟！"　李慈銘桃華聖解盦日記辛集第二集八三云："此書在南宋時，足與猗覺寮雜記、曲洧舊聞、梁谿漫志、賓退錄諸書並稱，其雜述掌故，間考舊文，俱爲謹嚴，所論時事人物亦多平允。提要譏其以其祖左丞之故，於王氏及字說俱無貶辭，不免曲筆，今考其書，於荆公亦無甚稱述，如云輕沈文通以爲寡學，誚鄭毅夫不識字，又不樂滕元發，目爲'滕屠鄭酤'，及裁減宗室恩數諸條，俱不置斷語，而言外似有未滿意。惟一條云：'先左丞言荆公有詩正義一部，朝夕不離手，字大半不可辨，世謂荆公忽先儒之說，蓋不然也’，則荆公本深於經學，所記自非妄說。其言字說亦祗一條，云‘字說盛行時，有唐博士耜、韓博士兼皆作字說解數十卷，太學諸生作字說音訓十卷，劉全美作字說偏旁音釋一卷，字說備檢一卷，又以類相從爲字會二十卷’，以及故相吳元中、門下侍郎薛肇明等詩文之用字說，而亦未嘗加論斷，至所舉‘十目視隱爲直’，則本說文義也。其論詩數十條，亦多可觀，劍南於此事本深，尤宜其談言微中。”又以掌故最多，歷舉二十餘事，謂“提要所稱頗寥寂，故類而錄之，以見放翁學識過人，即以此書而論，亦說部之傑出也”，兹略之。又荀學齋日記云：“筆記中有‘賜無畏’一條，謂唐季五代功臣多賜無畏，引韓偓金鑾密記，云云，當是始於唐末，案唐孟棨本事詩，載玄宗召李白賦宮中行樂詩，白頓首曰：‘寧王賜臣酒，今已醉，倘陛下賜臣無畏，始可盡臣薄技’，是唐初早有此語也。無畏蓋即漢時‘入朝不趨’等事之遺意。”

**琴堂諭俗編二卷**

案宋史藝文志載鄭至道諭俗編一卷。

陸氏儀顧堂題跋云：“至道字保衡，福建莆田人，元豐二年進士，歷知台州之天台，韶州之樂昌，見閩書。”

**鶴林玉露十六卷**

大經字景綸，廬陵人，事蹟無考，惟所記竹谷老人畏說一條，有“同年歐陽景顏”語，知嘗登第。又高登忤秦檜一條，有“爲容州法曹掾”語，知嘗官嶺南耳。

陸氏儀顧堂題跋云：“南宋時，江西有兩羅大經，其一吉水人，嘉定十五年壬午解試，寶慶二年進士；其一咸淳九年解試，廬陵人，未嘗第進士。以時代考之，當以寶慶進士爲近，其人累官容州法曹掾，攝校官，立高登祠於學宮，并祀吳元美，見江西通志及本書。其卷十六記竹谷老人畏說一條，有'同年歐陽景賢'語，景賢當即歐陽瑋之字，發解稱同年，自宋已然矣。"鄭翼謹案：據涵芬樓日本覆萬曆本，畏說在卷三，歐陽景賢作景顏。

## 貴耳集一卷二集一卷三集一卷

其書多記朝廷軼事，兼及詩話，亦有考證數條，二集之末，綴王排岸女孫一條始涉神怪，三集則多記猥雜事，故其序有稗官虞初之文也。書中如論制誥，引陸游南唐書載李煜詞臣有陶穀、徐鉉，考陶穀由晉、漢、周入宋，未仕李煜，南唐書亦無此文也。論物從中國，名從主人，引穀梁傳謂長狄謂善稻爲伊緩，考穀梁傳，乃吳謂善伊謂稻緩，不云長狄也。論易卦，謂漢之周易不以乾坤爲首卦，然後知揚雄太玄經以中孚爲首卦，卽漢之易，考卦氣起中孚，見易緯稽覽圖，卽孟喜六日七分之法，非易卦之次序也。論春秋，謂王安石黜春秋，非聖經，故元祐諸人多作春秋解，自胡安定先生始，考胡瑗仁宗時人，不及見熙寧之制也。論施宜生日射三十六熊賦，謂熊卽侯也，非獸也，案桯史載金海陵王校獵國中，一日而獲三十六熊，廷試多士，遂以命題，則熊，獸也，非侯也。論藝文類聚以雞爲稽山子，以驢爲廬山公，吳越毛勝作水族加恩簿，祖歐陽詢之遺意也，考此乃藝文類聚禽部、獸部集錄舊文，非詢作也。論伶官，謂自漢武帝時東方朔以諧謔進，案優施遠見春秋，不始於朔，朔自官大中大夫，非伶人也。觀其三集，大抵本江湖詩派中人，而負氣好議論，故引據非其所長，往往顛舛如此，然所載頗有軼聞，足資考證，其論詩、論文、論時事皆往往可取，所長固亦不可沒焉。

李慈銘荀學齋日記壬集下六六云："其書筆舌冗俗，罕可觀采，每卷爲一集，卷首各有小引，頗自夸詡，而文尤拙，其所引據之謬，提要已備列之。惟第一條記曾覿奉思陵旨，進祐陵林檎鸜鵒畫扇詩，'玉輦宸游事已空'一絕，桯史以爲康與之所題者誤。案桯史所載與之給中貴事不近情理，此所言近實。其餘紀朝廷時事，亦頗有軼聞，有云：'唐天寶後曲遍繁聲皆曰入破，破者破碎之義，明皇幸蜀，宋宣、政間周美成、柳耆卿輩出，自製樂章，有曰側犯、尾犯、花犯、玲瓏四犯，犯者侵犯之義，二帝北狩，曲中之讖深可畏。'案曲之有破，至宋猶然，柳耆卿仕仁宗朝，非宣、政間人，然詞曲以犯名，至宣和始盛行，實由片玉擅場所致，此語非無理也。正夫於時事多舛，如紀王岐公元夜應制詩，用鳳輦黼山事，謂在宣和時，禹玉爲翰林學士在仁宗朝，卒於神宗元豐八年，安得至宣和？又紀趙良嗣作破遼上京詩，誤作趙嗣良，謂爲裕陵眷遇，案裕陵爲神宗陵名，良嗣以徽宗政和元年來降，安得見神宗？此裕陵或是祐陵傳寫之誤。又云：'天寶間楊貴妃寵盛，安祿山、史思明之亂作，遂有"楊安史"之謠，嘉定間楊太后、史丞相、安樞密亦有"楊安史"之謠，時異事異，姓偶同耳。'案宋人小說中，有言史彌遠通於楊后者，蓋由此等說啓之。然是條在第三集，其序題淳祐丙午，是理宗在位之二十一年，去嘉定僅二十餘年，而敢爲此說，亦可謂無忌矣。又有云：'太后謚聖字者，垂簾典故，用四字謚，慈聖光獻曹后、宣仁聖烈高后、欽聖獻肅向后、昭慈聖憲孟后、憲聖慈烈吳后、恭聖仁烈楊后，獨章獻明肅劉后保佑仁宗十二年之政，諸賢在朝，天下太和，謚不及聖字，或者議有玉泉長蘆之讖，起於側微耳'，此事無人拈出。又有云：'當時李師師家有二邦彥，一周美成，一李士美，皆爲道君狎客，士美因而爲宰相，君臣遇合於倡優下賤之家，國之安危治亂，可想而知矣。'周事人所盡知，而未有言及李者。其第三集序有云：'紹興間，秦檜與會之失歡，諸子多萃前朝所聞，猶未成編，或者以作私史告，稔成書禍，文字之害人如此'，可知吾家當日所爲，本足與眉州、井研二李鼎足而立，乃脊人搆禍，致興大獄，書焚家破，而並時私家著錄，如王仲言父子等皆以畏禍被燬，是不特賊檜之罪通天，即陸升之之肉亦豈足食哉！"玉縉案：釋時異事異四字，張意乃但紀"楊安史"三字與天寶間偶同，似不得以爲無忌。

**脚氣集二卷**

惟謂大學格物，難以訓至，當從玉篇舊訓，作比方思量之義。

王詠霓函雅堂集有是書書後云："集中論格物，引玉篇、廣韻訓爲量度，至爲精當，玉峰不知字義之出處，案李善文選注引蒼頡篇，'格，量度之也'，此玉篇所自本，禮記緇衣，'言有物而行有格'，與大學訓同，家語五儀篇，'口不吐訓格之言'，皆量度之義也。玉峰嘗以'知止有定'以下二條，合聽訟章爲格物之傳，質於魯齋，魯齋驚喜，以爲洞照千古錯簡,作大學沿革論以表之。案大學舊文,即以修身爲知本,以知本爲格物,此在甘泉、念庵、近溪、蕺山諸儒,俱篤信而不疑,亦不必移聽訟一章以爲致知格物之義也。玉峰所著書又有道統録,舊已不傳,世運録、宇宙略紀及宂稿十卷,據謝方石赤城新志,尚有鈔本,更歷三百餘年,蓋未之見,疑散佚久矣。"玉縉案:王氏此篇,考車之學問源流甚詳,大致本於台州府志,今略之。

**佩韋齋輯聞四卷**

德鄰字宗大,號大迂山人。

瞿氏目録有舊鈔本,云:"此本題太玉山人,或作太迂山人。"玉縉案:丁氏藏書志舊鈔本亦作太玉。

# 四庫全書總目提要補正卷三十八

## 雜家類四

### 困學齋雜錄一卷

伯機，漁陽人，官太常寺典簿。

案樞有困學齋詩，久佚，顧嗣立元詩選，載戊午十二月十二日別家詩，陸氏儀顧堂題跋有書後一篇云："此詩乃伯機由杭應薦入都之作，戊午當是戊子之譌，伯機生於淳祐六年丙午，戊午年祗十三歲，若延祐戊午，則前卒十餘年矣"云云。

### 隱居通議三十一卷

書中自稱開慶元年年二十，則宋亡之時已年三十六，故於宋多內詞。然書中又稱至大辛亥爲南劍州學官，計其年已七十二矣，日暮途窮，復食元祿，而是書乃以隱居爲名，殊不可解？考其水雲村稾中，延祐己未重題梅氏海棠詩，有"花甲重周人八十"之句，則壎入元四十四年尚存，最爲老壽。厲鶚宋詩紀事載李義山詩，不能舉其仕履，觀壎所記，乃知其嘗以江東提刑守池州。

陸氏儀顧堂續跋云:“壎聰敏好書,博覽古今,宋末與同里謝祐以詩文鳴,年三十七而宋亡,又十八年,薦署州學正,年七十,受朝命教授延平,年七十八卒,見江西人物志。壎自云開慶元年年二十,則祥興二年宋亡,年當四十,延祐己未重題梅氏海棠詩,‘周甲重開年八十’,與卒年七十八不合,若宋亡之歲年三十七,則延祐己未當年七十七,與卒年七十八合,與開慶元年年二十,延祐己未年八十又不合矣,未知孰是?李義山字伯高,江西豐城人,修己之子,嘉定進士,授大宗正,簶金部,輪對言爲善不可有疑心,去惡不可有悔心,並陳進善不能無疑者三,去惡不能無悔者三,由是出知吉州。後以湖南提刑攝漕帥,楚俗尙鬼,有妖覡譚法祖假禍福惑人,義山曰:‘此張角、孫恩之漸也’,斬法祖,毁其祠。歷階中正大夫,著有後林遺稾、思過錄,見江西林志。厲樊榭宋詩紀事,非但不詳義山仕履,誤以豐城人爲嘉魚,劉壎以爲江東提刑守池州,疑亦有誤。”玉縉案:開慶元年爲己未,祥興二年爲己卯,以開慶己未下推之,其年自是四十,至延祐己未則爲八十,江西人物志之說非也。不解陸氏何以不據其自稱及重題梅氏海棠詩直斷其誤,提要以爲宋亡時年三十六,尤非。

**敬齋古今黈八卷**

此書原目凡四十卷。　皆具有根據,要異乎虛騁浮詞徒憑臆斷者矣。

陸氏藏書志有舊鈔本十二卷,其案語云:“四庫著錄本,從永樂大典錄出,此則舊本也,後有‘萬曆庚子春三月之吉,武林書室蔣德盛梓行'兩行。凡四百七十餘條,首尾完具,似無缺佚,所謂舊本四十卷者恐傳寫之誤。"玉縉案:蔣本,繆氏藕香零拾已重刊,詳余所著未收書目續編。李慈銘孟學齋日記乙集下一二云:"提要極稱是書,謂宋人自王觀國、洪邁、王楙、王應麟外莫能抗衡,今觀其書,議論雖多平實,而不脫學究氣,說經亦時墮宋人雲霧,論詩文尤迂拙,惟考訂諸史譌誤處間有可取耳,以視容齋、厚齋,殆相懸絕。"玉縉案:提要並未嘗以比王觀國諸人,但謂有元一代之說部未有過之,李氏誤。

## 玉堂嘉話八卷

江蘇巡撫採進本。

張氏藏書志有淡生堂鈔本,云:"文瀾閣傳鈔本,卷八頗有闕文,是本較爲完善。"

## 庶齋老學叢談三卷

嘗官崇明縣判官。

瞿氏目錄有舊鈔本,云:"如梓嘗仕於宋,結銜稱崇明州判官,猶宋制也,書迺入元以後所作。"李慈銘桃華聖解盦日記戊集一云:"盛如梓學識凡陋,其論詩文,亦多溺南宋迂腐之習,然其論韓致光當作致堯。過湖湘食櫻桃詩,謂意與少陵同而尤悽惋,則古人所未發。詩云:'時節雖同氣候殊,未知曾薦寢園無?合充鳳食留三島,誰許鶯偷過五湖。苦筍恐難同象匕,酪漿無復瑩蠙珠,金鑾歲歲長宣賜,忍淚看天憶帝都。'今人選致堯詩尠及之者,特載於此,以見本原忠愛,方堪爭豔香匲耳。""盛氏又言:'漢、唐盛時，文章之秀萃於中原，其次淮、漢，唐詩人江南爲多'云云。案盛氏所舉，雖多漏略，如褚亮、許敬宗皆杭州人，沈千運、周朴皆吳興人，駱賓王婺州人，舒元輿睦州人，崔國輔、殷堯藩皆蘇州人，許棠宣州人，張藉和州人，蕭穎士常州人，劉駕江東人，綦毋潛、戎昱皆荆南人，李中九江人，歐陽詹晉江人，張九齡韶州人，孟賓于連州人，曹鄴、曹唐皆桂州人，此俱昭昭在人耳目。卽以吾越言之，如虞世南、徐浩、齊唐、朱慶餘亦皆人所共知，而都未及列，然其言可謂深知古今之變。自宋以後，東南人才益盛，文事敦槃，幾不啻及西北，而金有遺山，明有空同、大復，國朝有漁洋，崛起中原，足以相持不敝，此又天地之元氣相爲旋斡者也。"玉縉案：劉祁歸潛志載楊之美與趙秉文詩，不特文字有異同，卽所稱本事亦大異，李氏以爲盛得其實，詳歸潛志下。

**北軒筆記一卷**

今宋詩補遺亦無傳本。

陸氏藏書志有舊鈔本宋詩拾遺二十三卷，題錢塘陳世隆彥高選輯，其案語云："此本完善無缺，尙是明人鈔本，則小傳所云八卷尙未見全書也。提要云云，則是書之罕見可知。"

**閒居錄一卷**

是書及衍札記手稾，陸友仁得於衍從父家，錄而傳之。

陸氏藏書志有明鈔本，並載至正五年陸友仁跋云："右閒居錄一編，一名閒中編，魯郡吾衍子行所著也，其間皆子行手書。至大四年冬，以事逸去，莫知所終，此得之其從父云。”提要似卽據此，不應不舉出。

## 霏雪錄二卷

績字孟熙。

吳氏拜經樓題跋記云：“霏雪錄鈔本二册，無序目，不分卷，後有胡謐、張文昭二跋，先君子記云：‘余旣手校霏雪錄，復從萬季野先生明史列傳槀見鎦績傳，亟錄於卷首，績字世熙，別本皆作孟熙，唐、鎦、毛、蔡，亦見浙江通志毛鉉傳。’”

## 震澤長語二卷

惟其辨累朝絲綸簿具存內閣，無楊士奇私送司禮監事，焦竑筆乘，嘗據以證士奇之受誣，然考復辟錄載：“初，朝廷旨意多出內閣條進，槀留閣中，號絲綸簿，其後宦寺專恣，奏收簿祕內，徐有貞既得權寵，乃告上如故事還簿閣中”云云，則鏊時所見之簿，乃徐有貞所重取以出，未可爲士奇不送之證，其考訂間有未審。又欲於河北試行井田，殊爲迂闊。夢兆一條，篤信占驗，亦非儒者之言，未免爲白璧之瑕耳。

李慈銘祥琴室日記二九云：“其考據議論，亦頗有佳者。如謂小序不可廢。禮記篇次不可割裂。朱子考大學以聽訟一節釋本末爲可疑。謂本末非綱領，非條目，何用釋？且既釋本末，何獨遺終始？俞廷椿、王次點以周禮五官分補冬官爲亂經。周禮設官之瑣屑不必疑。董子繁露深得春秋之學，而程大昌之辨爲妄。六國時魏之都大梁，乃逼於秦而不得已，後世朱溫、宋祖都之則大謬。明代翰林皆得諡文，不以人而以官，且秉筆出於一二人，無駁正者，爲失古法。宋時一甲三人，皆出知外任，然後召試，今制三人及庶吉士留者皆可坐致清要，既不復苦心於學，又不通知民事，天下以文學名者不得召試，遺才頗多，不若復制科之爲得。唐、宋有勳階，官爵以高下相稱敍，今制惟以官爲定，而勳階隨之，無復敍勞敍功之意。晉書中台星坼以爲大異，張華等應其禍，至國朝而中台星常坼，蓋不立宰相之應。干支等字，皆有本義，史記、說文亦皆有說，而鄭樵言皆爲假借，其說非是。皆卓有所見。其關系尤重者兩條：一云：'宋儒性理之學行，漢儒之說盡廢，然其間有不可得而廢者今猶見於十三經注疏，幸閩中尙有其板，好古者不可不考也。使閩板或亡，則漢儒之學幾乎熄矣。'一云：'爲人臣者，莫難於任怨，不能任天下之怨不能成天下之務，孔子論三代之禮，有所因有所損益，易謂"窮則變變則通"，董子謂"更化可以善治"，夫祖宗之良法，百世守之可也，其間時變不同，益之損之，與時宜之。自宋王安石變法，馴致大亂，後世以爲大戒，少有更張，則羣起而非之曰："又一王安石也"，由是相率爲循默，不敢少出意見，不才者得以自容，才者無以自見，支傾補漏，視天下之壞而不敢爲矣。'嗚呼！觀其前之一說，則明自永樂修大全以後，注疏之不亡者天幸也，其後萬曆時，北監之刻本，未始不由於文恪之言，則其功實不在禹下，至十三經注疏之大半非漢學，則文恪固未能知之。觀其後一說，則明之終淪胥以亡者職由於此，此黃梨洲明夷待訪錄、顧亭林日知錄之所以有激言之也。”

**居易錄三十四卷**

九卷以後，彙及差遣遷除，全以日曆起居注體編年紀月，參錯於雜說之中，其法雖本於龐元英文昌雜錄，究爲有乖義例。

阮葵生茶餘客話云：“王漁洋居易錄雜書官職遷除，直鈔朝報，不嫌淩雜，蓋效文昌雜錄也，未可非議。”玉縉案：此似駁提要有乖義例之語，要以提要爲正。李慈銘荀學齋日記癸集上七五云：“阮亭藏書頗夥，一時往還皆博雅勝流，故見聞既廣，議論皆有本末，其於集部致力最深，提要多取之，惟於經學太淺，又其時目錄之學未盛，往往有失之眉睫可笑者。如云嘗於慈仁寺閱市，見孔安國尚書大傳、朱子三禮經傳通解，吳任臣家有唐會典、開元因革禮之類是也。” 張宗泰魯巖所學集有跋十八則，書卷一後云：“自序云：‘莊、列諸書，爲洞冥、搜神之祖，亦史之屬也。’案莊、列入道家，洞冥、搜神入小說家，均隸子部，以爲史之屬非也。劉知幾史通雜述篇，‘子之將史，本爲二說，然如呂氏、淮南、玄晏、抱朴凡此諸子，多以敍事爲宗，舉而論之，抑亦史之雜也’，究之呂氏、淮南諸書，古今書目，亦無改隸史部者，其說疑亦未允也。又云：‘海鹽胡孝轅唐音統籤戊集二百一卷，皆晚唐、五代人詩。’案既云晚唐、五代人詩，則閏餘六十四卷亦在其中，當云二百六十五卷方合。又‘宋永嘉二劉文集九卷，安上字元禮，安節字元承。’案書錄解題劉左史集下，有‘與從弟安上’之文，則安節乃安上之兄，此弟先兄後，次第少疏。又‘宋刻晁公遡嵩山集五十四卷。’案提要晁說之景迂生集下曰：‘又有別本題曰嵩山集’，此書十四、十六兩卷，亦並有‘晁說之嵩山集’之文，朱竹垞經義考，晁說之堯典日月星考，亦曰載嵩山集，若晁公遡所著，則名嵩山居士集，居士二字不當略去。又謂‘葉石林邃於春秋，集中答王教授二書可見梗概。’案石林著春秋傳二十卷，春秋考十六卷，春秋讞二十三卷，今並著錄四庫中，新城似未及見。”書卷三、四後云：“謂邊華泉詩‘自聞秋雨聲，不種芭蕉樹’，合引花間詞‘笑指芭蕉林裏住’，芭蕉稱林，亦可稱樹。不知維摩經‘是身如芭蕉樹而不堅實’，爲芭蕉稱樹之切證，不煩旁引也。又月泉吟社第二名翁澄字澄翁，此作翁登，亦誤。‘微是詩，世罕知之’，詩亦譌作時。謂‘六朝人畫多寫古聖賢、列女及習禮彝器等圖，如漢儒注疏，多詳於制度名物，宋、元人畫，專取氣韻，如宋儒傳義，廢注疏而專言義理。’竊以佛法初興，惟明因果，及達摩東邁，始啓禪宗，亦是如此，大抵智慧日生，後人自較勝於前人，然欲舉一廢百，則門戶之見也。謂‘顧嗣立選元人詩，自元好問迄張雨輩，起甲終癸，凡百家。’案顧選元詩凡三集，所收共三百家，此所據者初集，不知俠君爲新城門下士，何以反不得其詳也？”書卷五後云：“顧嗣立元詩選，陳深寧極齋稾五言如‘宇宙驚新夢，山河感舊遊’，‘孰能迴白日，我欲問蒼穹’，七言如‘天寒野水搖孤艇，日落浮圖對古臺’，‘樓高近水涵飛鳥，樹密藏雲咽恨鵑’諸聯，殆不勝身世之感，氣格亦殊不卑弱，而此訾其淺劣何耶？又何遜詩，‘薄雲巖際出，初月波中上’，文士語耳，至老杜點化其間，易作‘薄雲巖際出，孤月浪中翻’，便覺奇氣鬱勃，意境非凡，大家之所以别於衆流者以此。新城乃以何詩爲佳句，杜詩爲有傖氣，是則所見不同，竟未可執爲定論也。”書卷七、八後云“捫蝨新語云：‘琴有古人之雅琴、頌琴。’案羅泌路史，‘帝賜舜雅琴’，左氏傳襄公二年，‘穆姜使擇美檟以自爲櫬與頌琴’，此即二琴之出典，無煩旁證也。宋岳珂著桯史，蓋襲李德裕之故名，桯音汀，牀前几也，而此譌作程，當爲校改。漁洋詩話卷中，據宣和御府所藏，有厲歸眞畫常建冒雪入京圖，而此復以爲房從眞，何耶？又‘雜端笑則合座皆笑，謂之烘堂’案書錄解題歌詞類，有盧炳哄堂集一卷，正取合座皆笑意，烘、哄字意各别，此作烘者失之。又‘范祖禹字夢得，溫公爲易字淳父，此范淳祖禹唐鑑’云云，脱去父字，便不成文。又謂‘吳仁傑兩漢刊誤補遺，蓋因劉原父、貢父刊誤而增補釐正之。’案仁傑是書，兼補正原父子奉世説，不惟原父、貢父也。又‘宋趙忠定公撰皇朝名臣奏議數百卷’，檢提要諸臣奏議，祗一百五十卷，云數百卷者失之。又通典載‘唐制，帖經者所以習經，掩其兩端。’據程大昌演繁露，稱‘唐開元中舉行科試之法，以所習經掩其兩端’，此倒作所以習經，便令讀者不明矣。”書卷九後云：“‘明永樂間，胡廣等奉詔撰五經大全，皆鈔錄前人成書，竄易其名，易則董楷、董鼎、董眞卿，詩則劉瑾，書則陳櫟，春秋則汪克寬。’案提要周易大全所本者董楷、董眞卿、胡一桂、胡炳文四家之說，不云有董鼎，檢經義考，鼎所著有尚書輯錄纂注，不見有講易之書，疑此所記有誤。至書傳大全所本者，陳櫟外尚有陳師凱，又禮記大全，所采稍爲詳備，而一以陳澔集說爲主，四書大全，因元倪士毅四書輯說，稍加點竄以成書，均當補入，方無挂漏。又檢元詩選三集仇遠小傳，遠於至元中曾官溧陽州學教授，則其食元祿久矣，稱爲南宋遺老，亦於名義有乖也。"書卷十後云："提要稱郭功夫青山集，才氣縱横，吐言天拔，則其人亦一時之儁也。金山行云：'鳥飛不盡暮山碧，漁歌忽斷蘆花風'；鳳凰臺云：'舞罷青娥同去國，戰殘白骨尚盈邱'，諸詩皆豪宕感激，絕無懦響，知功夫當日藉甚於宗工之口，良非偶然，茲乃詆其詩格不高，何耶？謂'列朝詩選以黃省曾北學於空同而擯之'，案明詩綜於省曾詩，謂其'砂礫滿前，無金可揀'，則其詩未必不在可擯之列，但以空同之故而擯之，則誠意見之偏耳。謂'荊川之徒，選白沙、定山及荊川詩爲二妙集'，案沈初浙江採集遺書總目，有唐順之所輯二妙集，則謂詩法與理俱妙也。順之門人萬士和，亦有二妙集，則所選古今詩七言律、七言絕句二體也，此二妙之爲詩言者也。金段成己、克己兄弟詩稱二妙集，此二妙之爲人言者也。此所選白沙、定山與荊川三人之詩不知亦何以目爲二妙也？又謂'道學之目，乃賈同、胡紘諸奸梑之以攻朱子者。'案提要别史類宋史新編下，謂'太平御覽五百十卷中，嘗引道學傳二條：一爲樂鉅，一爲孔總，乃淸淨棲逸之士'，則道學二字，蓋源於道家，非賈、胡所創也。”書卷十一後云“謂‘唐庚生三蘇之鄉，又前後與東坡貶惠州，而集中無一字及之。’案提要唐子西集下，謂‘集中有聞東坡貶惠州一首，及送王觀復序，“從蘇子於湘南”一句’，又唐宋詩醇卷四十三引唐庚語錄曰：‘東坡詩敍事言簡而意盡，惠州有潭，潭有潛蛟，人未之信也，虎飲水其側，蛟尾而食之，俄而浮骨水上，人方知之，東坡以十字道盡云：“潛鱗有飢蛟，掉尾取渴虎”，言渴則知虎以飲水而召災，言飢則蛟食其肉矣。’則是子西集中未嘗無及東坡者，特不肯寄蘇氏門下故其語無多耳。又謂‘淮南王之伍被，甘佐畔逆，躬陷大戮’，予謂此非平心論人之語也。考史記淮南列傳，王坐東宮，召伍被與謀，被曰：‘王安得此亡國之語？臣見宮中生荆棘露霑衣也。’又曰：‘大王不從臣之計，今見大王棄千乘之君，賜絕命之書，爲羣臣先死於東宮也。’又曰：‘臣聞吳王悔之甚，願王勿爲吳王之所悔’，前後反復千百言，被之忠悃至矣。迨王迫之不已，乃勉強爲王言發兵狀，王尚未自裁，已早詣吏自首以就死，則是被之料事非不明，陳諫非不切，特不勝其骯髒不適之意，故不辭重誅以明其無他耳。論者悲其所事之非主可也，哀其遭遇之不幸可也，必執刻覈之見，令與李士實、劉養正輩同科，豈爲得事理之平哉！”書卷十二、十三後云：“英華、鼓吹、三體、衆妙、聲畫、正音、萬首絕句云云，楊仲宏唐音品第略具云云，案楊士宏選唐音，分始音、正音、遺響三類，不當以其中子目作書名，且明劉仔肩有風雅正音，以正音爲唐音，則二書混爲一矣。

又案:元詩人楊載字仲宏,作唐音之楊士宏則字伯謙,此誤合爲一人。又西塘先生集,宋福清鄭介夫俠著,而此誤作介公。文昌雜錄,龐元英撰,而誤爲文英。又宋詩紀事卷三十三洪朋下云:'朋字龜父,黃山谷之甥,與弟芻駒父、炎玉父、羽鴻父俱有才名,號四洪',此漏去洪羽,而以爲三洪,則考之未審也。謂'黃魯直以秦西巴爲巴西爲趁韻',案放麑事,韓非子作秦西巴,說苑作秦巴西,魯直自用劉子政說,非趁韻也。又謂'宗泐季潭以胡惟庸之獄有連,奉旨免死,命往鳳陽槎峰。'案明詩綜卷九十宗泐下,'晚奉旨佚老,歸鳳陽之槎峰,帝降書曰:"寂寞觀明月,逍遙對白雲,汝其往哉!"其後僧智聰坐胡惟庸黨,詞連宗泐,特詔免死',則命往槎峰事在前,坐胡黨事在後,此所記亦失先後之序也。"書十四、十五後云:"錄謂'內閣衙門進平定方略七十卷',檢提要紀事本末類,平定三逆方略六十卷,進書在康熙二十五年,親征朔漠方略四十卷,進書在康熙四十七年,又據四庫全書簡明目錄,居易錄乃康熙己巳至辛巳十三年中所記,己巳當康熙二十八年,辛巳當康熙四十年,則此所進者,當是平定三逆方略也,但六十與七十卷目不合,疑有誤。又分注,晉郤克追齊至馬陘,郤字是郤之譌。又謂'顧阿瑛選元人詩,亦名玉山雅集。'案提要總集類,顧瑛編錄友朋燕集唱酬之作,一玉山名勝集八卷,外集一卷,一草堂雅集十二卷,此誤合二書之名爲一,其實無所謂玉山雅集也。又謂'唐周曇詠史絕句上下二卷,曇不知何時何許人?'案胡震亨唐音戊籤一百十卷，'周曇，唐末守國子監直講，嘗撰進詠史絕句八卷，今編三卷。'謂'龍蛇歌本介之推事，左傳、史記、呂覽並同'，而左傳則無龍蛇歌也。又余知古渚宫舊事，'枉殺左右寃伍奢，二子懷恨東奔吳'，案伍奢二子，伍尙就死，伍員奔吳，事載昭二十年左氏傳，云'二子奔吳'者失之。謂'郤掃編睢陽徐度編'，檢河南通志沿革，宋應天府所屬有穀熟，無睢陽，當依提要本書下作穀熟人爲是。謂'寶刻叢編二十卷，南宋錢塘陳思撰，思，書賈也。'案沈初浙江採集遺書總目兩宋名賢小集下，'思卽陳道人起之子'，蓋其父子雖託迹市廛，而喜延接四方賢士，耳濡目染，居然勝流，固不得以尋常書賈視之矣。"書卷十六後云："謂'山谷有陶商翁碑，在粤西之興安，未悉陶何如人?'案提要別集類邕州小集下，'宋陶弼字商翁，祁陽人，慶曆中，隨楊畋討湖南猺，以功授陽朔縣主簿，歷官知邕州，四遷爲東上閤門使、康州團練使，詩文書奏十有八卷，今存邕州小集一卷。'又'山谷文才力褊局，不能汪洋趦趄。'案說文，'趦趄，行不前也'，不如作汪洋恣肆爲得，又趦亦赼字之俗體。又謂'鄭淸之相理宗，召還眞西山、魏鶴山諸君子，時號小元祐，亦南渡賢宰執也。'案周密癸辛雜識，鄭淸之穆陵舊學，端平初相，聲望翕然，及淳祐再相，已耄及之，政事多出其姪孫太原之手，有作詩譏之云：'先生自號爲安晚，晚節何爲不自安?'吳之振宋詩鈔，鄭震小傳云：'淳祐丁未，鄭淸之再相，震登其門罵曰："端平敗相，何堪再壞天下'"，是淸之相業，未嘗不自敗於末路也。又宋事實類苑四十卷，據下文所列卷目，共得六十三卷，提要亦正作六十三卷，其爲筆誤無疑。又'灸中腕氣海'，灸當作灸，張祐亦張祜之譌，合爲改正也。"書卷十七後云："陸友記天下湯泉知名者七，'匡廬汝水'云云，案汝水非湯泉也，汝水於湯泉無干，湯泉自在汝州西南六十里，唐高宗於其地置溫湯頓，今俗名湯鍋街，道東有二泉，相去僅二尺許，一寒一熱，判若冰炭，予嘗以目驗而知之，則此汝水合依下文作汝上爲得。又宋林亦之著網山集八卷，陳藻著樂軒集八卷，今並著錄四庫中，乃以網山集屬之陳，樂軒集屬之林，其誤甚矣。又'呂紫微作江西宗派'云云，'內三人袁容、潘仲達、大觀有姓名而無詩'，案仲達即大觀之字，當作內二人。又案：江端本字子之，江端友字子我，詩派有端友無端本，則江子之亦江子我之譌。又石虎鄴中記所述皆石虎之事，其書則陸翽所作也，當依前後所列諸書作陸翽鄴中記爲是。又'漢宮典職'，亦漢官之譌，隋志有漢官典職儀式二卷。又謂'夢梁錄十卷，不著名氏。'案夢粱錄，宋吳自牧撰，取盧生'邯鄲道上黃粱未熟'意以名其書，則作夢梁者亦誤。又'陳師道卒於京師，王立之割田十頃以周其孤'，檢宋詩紀事，十頃亦十畝之譌也。"書卷十九、二十後云"近所聞見異姓云云，山東巡撫爰書有稅姓，戶部文案有倉姓。案王應麟姓氏急就章注引荊州記，'建平信陵有稅姓'，宋登陵記有稅挺，提要有'宋臨卭人稅與權易學啓蒙小傳一卷。'又姓氏急就章'倉姓，黃帝史官倉頡之後'，左氏傳'周有倉葛'，三國志'魏有倉慈'，元魏有倉跋，鄧名世古今姓名書辨證‘唐貞觀所定果州武都郡七姓，一曰佮’，則此二姓亦時有著名之人，非其他僻姓比也。謂‘王厚齋著深寧居士集一百卷，玉海二百卷，通鑑地理考一百卷，困學紀聞、小學紺珠、六經天文編、詩考等，又六百九十餘卷。’案厚齋著述，除深寧居士集、玉海外，有通鑑地理通釋十四卷，通鑑答問五卷，困學紀聞二十卷，小學紺珠十卷，六經天文編二卷，詩考一卷，詩地理考六卷，詞學指南四卷，漢藝文志考證十卷，注史游急就篇四卷，姓氏急就篇二卷，王會一卷，漢制考四卷，踐阼篇解一卷，周易鄭康成注一卷，共十五種，爲卷八十有五，除困學紀聞外，餘並附玉海後。又案：提要玉海下謂考究編次，請於閫帥梓行者，爲應麟之孫厚孫，其時去應麟未遠，卷帙不應有誤，此所列卷目，並玉海、文集數之，尙不足五百卷，不知除去數大書外，何以尙有六百九十餘卷之多，豈習聞其說未及細核耶？又‘東阿陳思王墓道碑，葬時年三十一。’檢三國志本傳，乃四十一之譌。又引說苑太子茲父請於公曰：‘請使目夷立，臣爲之相兄以佐之。’檢左氏僖八年傳，太子茲父曰：‘目夷長且仁’，則目夷乃襄公之庶長兄也，相兄字爲失考矣。”書二十二、三後云：“謂‘吳處厚訐蔡確車蓋亭詩，小人也。’案吳處厚之爲小人，自不待言，然考宋詩紀事吳處厚下，‘蔡確嘗從處厚學賦，及作相，處厚通牋乞憐，無汲引意，乃爲箋車蓋亭詩以報之’，則確之甘心負義亦不當從末滅。又考胡仔苕溪漁隱叢話二十三，‘江輔之謫官累年，後知處州，謝表有云：“淸時有味，白首無能”，蔡持正爲御史，引杜牧詩爲證，以爲怨望，遂復罷’，則確之陷輔之，亦何殊處厚之陷確，所謂‘汝於人何有人亦於汝何有’者，確之謂乎！又霍光以異姓之臣，受顧託之重，擁昭立宣，奠安社稷，商之阿衡，不是過也。雖其後霍山、霍雲以大逆而赤其族，不得不歸咎博陸思患之未至，要其不臣之心則固無有也。何物曹淼，乃以漢家勳舊之臣，取而與篡弒之莽、操例視也，徐溥巨源，以不肖之心窺武侯，前既力詆而痛斥之，玆乃於曹淼之謬說特許爲有見，竊所未喻？”書卷二十四、五後云“謂坡公與殿帥姚麟相謔云：‘傳語本官，今日斷屠’，故人戲以坡書爲‘換羊書’，然麟亦武臣中之錚錚者。案苕溪漁隱叢話三十八，引侯鯖錄魯直戲東坡云：‘昔右軍字爲換鵞字，韓宗儒性饕餮，每得公一帖，於殿帥姚麟換羊肉數斤，可名二丈書爲“換羊書”矣。’公在翰苑，一日以生辰撰製紛紛，宗儒繼作簡以圖報書，來人督索甚急，公笑曰：‘傳語本官，今日斷屠’，據是，則坡公所戲者是韓宗儒，而姚麟乃宗儒用坡書換羊肉之人，且其旣云武臣中之錚錚，亦豈肯爲是鄙細之行，顯係一時筆誤，而池北偶談二十二蘇文下，亦同此誤也。又‘李川父濂撰祥符人物志。’案提要傳記類祥符鄉賢傳下，有曰：‘是書以祥符縣志所載人僅有名氏，而行實未備，乃採其事蹟，附以論贊’，此所云人物志，疑卽鄉賢傳之異名也。”書卷二十六後云“謂蘇蕙織錦回文詩，明僧起宗得詩至三千七百首。案提要璿璣圖詩讀法下，‘起宗得詩云云，康萬民更爲尋繹，又增詩四千二百六首，合起宗所讀，共成七千九百五十八首'，此似未曾檢及也。又案：提要謂'起宗不知何許人？王士禎居易錄載"趙孟頫妻管道昇璇璣圖眞蹟，已稱起宗道人"云云，則其人當在宋、元間'，而此則又以爲明僧起宗，則自相違戾矣。又前卷分注云：'江南、江西總督兵部侍郎傅臘塔卒'，而此卷又出一左都御史傅臘塔，二十九卷又兩處有刑部尙書傅臘塔，豈同時而別一人耶？又陳振孫書錄解題王質詩總聞下，有聞音、聞訓、聞章、聞句、聞字、聞物、聞用、聞跡、聞事、聞人共十聞，又有聞風、聞雅、聞頌等，此所記脫去聞人，添入聞南，合爲改正。又云：'文姜，鄭忽所辭者也，以爲賢而不娶，識者更詳之。'案左氏傳桓公六年，'公之未昏於齊也，齊侯欲以文姜妻鄭太子忽，太子忽辭，及其敗戎師也，齊侯又請妻之'，是時文姜已歸於魯，此所請者，別一女也，詩人所刺，其爲初辭與再辭之女不可知？則固無以定其賢否也。"書卷二十八後云："謂北齊書不載高植姓名，不知高植附魏書高肇傳，則固魏人，非北齊人也。謂九域志第一卷京東東路多闕軼，正吾鄉'緇青'等州，祝穆方輿勝覽亦闕此數卷。案'緇青'當作淄、青，方輿勝覽成書在理宗時，是時中原隔絕，久不隸輿圖，所述惟南渡疆域，云有所闕者似失之。又謂'董澤在河東猗氏、聞喜二縣間，九域志載於兗州。'案左氏傳宣十二年，廚武子曰：'董澤之蒲，可勝既乎？'則董澤爲晉地，安得在兗州也？謂'董父好龍，舜遣豢龍於陶邱，爲豢龍氏。'又云：'豢龍城在潁昌府許昌郡'，又謂'劉累豢龍城在汝州臨汝郡',又謂'豢龍井即劉累畜龍之井,在滑州靈河縣。'案左氏傳昭二十九年,'昔飂叔安有裔子曰董父,擾畜龍以事帝舜,帝賜之姓曰董,氏曰豢龍',又'劉累學擾龍於豢龍氏,以事孔甲,夏后嘉之,賜氏曰御龍,龍一雌死,夏后使求之,懼而遷於魯縣',又禮運言龜龍在宮沼,舜都蒲阪,夏都安邑,不過畜龍於近郊、遠郊之地,豢龍城何至遠在許昌與汝州、滑州也?魯縣去汝州甚近,劉累以懼罪之故遷魯,又何敢仍理故業?而汝州何得有豢龍城也?又'雜國名有牆國曰廧也,昭二十三年有廧人。'案昭二十三年'劉子取牆人',僖二十三年'晉人伐廧咎如',注,'赤狄别種',二字不當混爲一,亦非一地。"書二十九卷至三十四後云:"謂'雪詩韓退之之"銀杯縞帶",蘇子瞻之"玉樓銀海",不免傖父氣。'案韓詩形容纖巧,誠不爲佳句,若坡詩則獨闢異境,實饒奇趣,豈容概加排詆。又據晉和嶠校正穆天子傳,官屬有傅瓚,遂以注漢書之臣瓚爲傅瓚。不知宋上虞李衎跋宋祁筆記,引水經注謂臣瓚爲薛瓚,久有定說,稱于瓚、傅瓚者皆非也。任淵序山谷精華録云:'黄太史山谷集幾萬其篇章。'案葉夢得避暑録稱魯直舊有詩千餘篇,中歲焚三之一,存者無幾,則安得有所謂萬篇者?蓋此乃作僞之本,而新城不能辨也。又七月十五日以'河魚腹疾'未入直,四字涉於褻黠,有乖著書之體。謂'狄道之人不懟卓之不臣而務其爲鬼',務字頗不可解?又唐伯虎良知圖,圖中二人偶坐林下,旁有童子及石鼎茗具之屬,似是記朱、陸鵞湖之會。案方回瀛奎律髓寄贈類詩注，鵞湖之會，在淳熙二年夏五月，與會者有陸九淵、九齡兄弟，及劉淸之、呂祖謙與朱子而五，此圖只作二人，則非爲此事作也。且'良知'二字，王陽明方拈爲論學宗旨，此當別有所指也。又'宋九域志十卷，總三十三路。'案書錄解題作二十三路，則上三字誤。又'更就李爲語兒鄉。'案就李卽檇李，就檇聲相近。謂'侍者字見國語及漢書。'案左氏昭十三年傳，'侍者曰小人，老而無子'云云，侍者已見於此。又前第八卷有葉紹翁四朝聞見錄，而此又作三朝聞見錄亦誤。"其書卷二後，據顧嗣立元詩選、錢大昕元史藝文志所載有耶律楚材湛然居士集等，及提要藝術類有盛熙明法書考，以補色目人之著名者，實未能盡，今從略。

**池北偶談二十六卷**

凡談故四卷，皆述朝廷殊典及衣冠勝事，其中如戊己校尉裙帶官之類，亦間及古制。談獻六卷，皆明紀中葉以後，及國朝名臣、碩德、畸人、列女，其中如論王縉、張商英、張綵之類，間有摘斥其惡者，蓋附錄也。談藝九卷，皆論詩文，領異標新，實所獨擅，全書精粹，盡在於斯。談異七卷，皆記神怪，則文人好奇之習，謂之戲錄可矣。

錢大昕養新錄云："偶談謂東坡詩，'司馬相如'如作上聲，考東坡和陶雜詩，'昆蟲正相齧，迺比藺相如'，如讀去聲，與去、慮、住爲韻，非讀司馬相如爲上聲也。"　張宗泰魯巖所學集有跋十則，跋談故云："康熙二十六年，江西巡撫安世鼎疏云：'宋儒陳澔'云云，案澔禮記集說，成於元英宗至治壬戌，壬戌當二年，是時元代混一區宇已四十四年，不當仍係之宋人。又'鳳凰山玉皇宮宋藝祖以下四聖御押，藝祖乪云云'，案周密癸辛雜識載宋諸帝御押，其文與此無一相合，豈變更不一耶？抑所傳者誤耶？又'宋神宗熙寧二年，王安石參知政事，是年始增置宮觀官。'案朱彝尊杭州洞霄宮提舉題名記，玉清昭應宮使，趙安仁、王旦、丁謂領之，景靈宮使，寇準、馮拯領之，會靈觀使，王欽若、李迪領之，則宮觀置官，自眞廟時已然，此謂始自熙寧二年者考之未審。"跋談獻云："談獻云：'空同山在禹州，獻吉本扶溝人，且生於汴，故取爲號，歿卽葬焉，非平涼之空同。'案明詩綜李夢陽下，引曹溶說云：'獻吉雖生於秦，其父正教授封邱，遂徙家大梁，故登科記直書河南扶溝人，居於康王城，葬於大陽山麓'，而提要於梁園風雅下，亦稱夢陽爲秦產，則謂其產於汴者誤矣。且夢陽生於秦而遷於豫，不忘故土，而以空同爲號，所謂空同者，安知非卽平涼之空同也。又'廬陵張幹臣學上世祖獻'，案唐李文公集，有所作皇祖實錄一篇，後人頗譏其僭妄，此張幹臣之祖，亦不應稱世祖，疑世字上或有脫漏。又謂'宋人小說載坡公與章惇題名石壁事'，案題名事見東都事略章惇本傳，非小說也。又'前書魯仲連子十四篇在儒家。'案前書爲前漢書，對後漢書言可稱前書，單言漢書，則漢字不當略去。又'齊孫氏故二十卷，轅固齊人，說詩獨不見於班史。'案藝文志齊孫氏故二十七卷，此脫去七字。又案：轅固齊詩傳，見荀悅漢紀。又'南海縣義女黃隨香罵賊捐軀赴焰死，禮部覆無旌表僕女之例。’案宋榮全陷高郵，妓女毛惜惜駡賊而死，朝廷尙封爲英烈夫人，安在僕女遂無旌表之例，禮部之不學甚矣。”再跋云：“自比古人云：‘王儉自比謝文靖，張濬自比裴文忠，王昭遠自比諸葛武侯。’案新城於此條略不置可否，似其人眞能上比古人矣，玆補正之。王儉區處軍國大事，裁決明敏，亦自才氣無雙，然宋明帝選尙陽羨公主，拜駙馬都尉，恩禮非不隆厚，顧甘心爲齊帝佐命功臣，名節掃地矣，尙欲攀附謝安石耶？張濬依楊復恭、田令孜進身，本自倚託非人，及旣與政柄，措置乖方，挑釁河東，卒亦不爲梁祖所容，致全家死於非命，其視裴晉公之勳德聞望，殆天淵也。王昭遠本孟昶給使左右之人，孟昶昏惑，特擢用之，實則豚犬材耳。宋師伐蜀，昭遠爲都統，三戰三北，及王全斌克劍州，聞之股栗，至據胡牀不能起，乃欲自比武侯，恐武侯笑人矣。”跋談獻葉文莊論陶南村云：“陶九成宗儀者，洪武初年守令薦舉人才，以病自免，亦未嘗不思抗西山之節，而其後老景旣頹，丹心漸冷，遂至入都門有詩，早朝有詩，率諸生赴禮部試有詩，給賞謝恩咸有詩，無非歸美興朝之意，而聞皇太孫卽位，又有‘老臣抃舞南村底，笑對兒孫兩鬢霜’等句，蓋至是而故主山河之思渺不復關其念慮矣。談獻採孫大雅滄螺集，稱其藝圃種菊，有靖節之風，所論爲失實矣。”跋談藝云：“僖負羈饋盤餐，檢僖二十三年傳，是‘饋盤飧’，經典釋文亦同。又林景曦詩，‘山酒柏香春壽母，按書芸冷夜呼兒’，據白石樵唱，‘按書’是‘案書’之譌。又

'三原孫枝蔚豹人,老詩人也,以年授官,放還山。'案枝蔚康熙己未召試鴻博,以年老授官正字,此敍述未明。又'李西涯詩,"秋來霜露滿東園"云云,字極妙。'案此詩爲東坡作,新城不容不知,此條係論前輩墨蹟,則詩字當爲帖字之譌。又'今世所傳朱淑眞"去年上元節,花市燈如晝"生查子詞,見歐陽文忠集,因譌爲朱氏之作,遂疑淑眞有失德。'案此詞猥褻處在'月上柳稍頭,人來黄昏後'二語,歐公不容淫豔至此,相傳爲不相悅者所作,羼入公集,以洩其忿,則歐公被誣已在前也。又'東坡序武道士彈琴云:"賀若宣帝時待詔,卽若夷也。"案鄧名世古今姓氏書辨證,"北俗謂忠正爲賀若,後魏孝文時,代人皆改單姓,惟賀若氏以先祖有忠正之號不改",則賀若之爲姓無疑,此卽若夷也,若字當爲衍文。又左氏傳,'王貳於虢','王叛王孫蘇',公羊傳,'昭公欲弑季氏',皆畔道背經之言,乃詫爲奇文,何耶?又昭二十年'衛侯賜析朱鉏曰成子',此作析朱成,亦誤。又朱文公與徐賡載書云:'放翁詩讀之爽然,如此篇初不見其著意用力處,而語意超然。'案此篇竟不知爲何篇,不免疏忽之失矣。"再跋云:"朱淑眞璿璣圖記云:'初,家君宦浙西,一日,宴郡倅衙,偶於壁間見是圖,償其値得歸遺予。'案提要斷腸集下云:'朱淑眞,錢塘女子,嫁爲市井民妻,不得志以歿。'如記所云,'家君宦游浙西',豈有其父曾登仕籍而其女乃嫁爲市井民妻者,所記恐或有依託。又謂'漢武秋風辭,史記、漢書皆不載,藝文志又無漢祖歌辭,不知祖於何書?'案秋風辭見漢武故事，高祖大風歌見本紀十二年，鴻鵠歌見張良傳，此所考未審。又西亭之子勤羨當作勤美，提要授經圖下有辨。又'劉知幾以名類玄宗，改名子玄。'案新唐書本傳，劉子玄名知幾，以玄宗諱嫌，故以字行，非改名也。又'金陵王著字宓草'，宓當作虙，即伏羲之伏。玉縉案：伏羲或作宓羲、虙羲實一字。又'秋色從西來'，西譌東。'黃葉落三徑'，徑譌經。'此是吾師七字詩號'，不當脫去詩字。又'無復湘中見汜人'詩，十一卷、十八卷不當並見。又'王子後才臣作內禪頌'，子後亦子俊之誤。又'月泉吟社二十名田起東，注，劉汝鈞號蒙山。'案宋詩紀事卷八十一，劉汝鈞號蒙山，三山人，吟社第十二名，託名鄧草徑，又第十七名劉蒙山，崑山人，託名田起東。則是託名田起東者劉蒙山也，蒙山其名，託言鄧草徑者，劉汝鈞也，蒙山其號，此誤合二人爲一。"跋學杜後云"謂'宋、明以來詩人學杜者云云，陳簡齋最下。'案簡齋詩，五言如'烏鵲無言暮，蓬蒿滿意秋'，'一時花帶淚，萬里客憑欄'，'孤鶯啼永晝，細雨濕高城'，'時改客心動，鳥啼春意深。'七言如'涼風吹落宮南木，老雁孤鳴漢北秋'，'乾坤萬事集雙鬢，臣子一謫今五年'，'天翻地覆傷春事，齒豁頭童祝聖時'，'後飲居蘇驚已老，常乘舴艋竟安歸'，'自古安危關政事，隨時憂喜到漁樵'，皆聲情激發，意境悲涼，其一飯不忘君父，竊以其得杜爲獨深。故提要謂其'感時撫事，寄託遙深，往往突過前人'，吳之振宋詩鈔，謂其'天分既高，用心亦苦，意不拔俗，語不驚人，不肯輕出'，是後人論簡齋者率盛相推重，茲獨有意排斥之，殆一時抑揚之詞，非篤論也。"書中南草堂圖後云："王右丞中南草堂圖，有梅道人、吳仲圭、紫芝俞和詩各一首，向疑俞紫芝秀老游王荆公之門，反退居吳仲圭後，嫌其編次無法，及讀明張泰階寶繪錄，乃知紫芝俞和爲元人，非宋之俞紫芝也。又檢寶繪錄中紫芝俞和詩頗夥，顧嗣立元詩選窮力搜討，所收元人詩凡二百家，而不見有紫芝俞和者，倘取錄中俞紫芝詩薈萃爲一，以附黃子久、高房山之後，是亦可補顧氏之缺。"書談異後云："來陽伯，三原人，案三原人三字一條中再見，合删其一。又筆記云：'錢勰字穆，范祖禹字淳，本皆一字。'案宋詩紀事，錢勰字穆父，范祖禹字淳父，畢竟是二字字，不當與爰絲、房喬並論。 鄭翼謹案：老學庵筆記十云"錢、范字皆一字，交友以其難呼，故增父字。"是漁洋不誤。 又淨池魚條下，所說皆鳥事，則魚字當是鳥字，而卷首總目亦誤作魚。又李神仙下，'洗耳目同高士潔'，目亦自字之譌。筆蘆條下云：'舒頔，元末人，有華陽文集七卷。'案提要謂頔華陽集不傳，今著錄四庫者爲貞素齋集，顧嗣立元詩選所收者亦貞素齋集也。又黃大王爲河南偃師人，有祠在洛河南岸，族人聚居其旁，後人多傳其異蹟。云'黃本篙師，嘗同夥伴多人，駕船適千里外，時值元夕，有思故鄉燈火之鬧者，黃令各入船艙穩睡，勿得開目視，但聞兩岸波濤之聲洶湧不絕，比泊舟，則已在門首矣。素與登封王孝廉某相善，邑中歲有放河燈之戲，王適來觀，而大風不息，黃但呼其奴名九子者令收風，霎時風定波平，滿河燈光，極歡而罷。'談異不知黃大王爲某縣人，爲補書其大略如右。”總跋云：“新城說部諸書事多互見，文有彼此詳略之分，亦有一字不異者，然猶各自爲書也。而偶談第十二卷爾雅翼序體下，與十九卷羅鄂州下，大致相同，然字句尚微有出入也。至秦、羅子孫一條，既收入第十卷，官銜一條，既收入第十八卷，而二十三卷中全然複出此二條，並標目亦一字不異，蓋刊版時無人爲之覈對，故有是繁複之失。”

**香祖筆記十二卷**

惟論尹吉甫一條，最爲紕繆，又如姚旅露書，以章八元詩爲盧照鄰，某詩話以柳惲詩爲趙孟頫，記憶偶誤，事所恆有，指其疏舛足矣，而一則以爲無目人語，一則以爲眯目人道黑白，肆口毒詈，皆乖著書之體。士禛池北偶談任惇表語一條，何嘗不以劉禹錫“覆舟側畔千帆過，病樹前頭萬木春”二句爲白居易詩，漁洋文略遊攝山記，何嘗不以左思“振衣千仞岡，濯足萬里流”二句爲郭璞詩乎？此由晚年解組，侘傺未平，筆墨之間，遂失其沖夷之故度，斯亦盛德之累矣。又第十二卷一條曰：“輟耕錄言或題畫曰‘特健藥’，不喻其義，余因思昔人如秦少游觀輞川圖而愈疾，黃大癡、曹雲西、沈石田、文衡山輩皆工畫，皆享大年，人謂是煙雲供養，則‘特健藥’之名不亦宜乎？”案法書要錄載武平一徐氏法書記曰：“駙馬武延秀聞二王之迹，強學寶重，乃呼薛稷、鄭愔及平一評其善惡，諸人隨事答稱，爲上者題云‘特健藥’，云是突厥語”，其解甚明，士禛乃以字義穿鑿殊爲失考。

張宗泰魯巖所學集有跋五則，其書卷二、三後云：“汝於西之日，即升於東之日，非有二也，陳士業言日生一日，非以昨日之日爲今日之日，是說也，以廣異聞則可，若執以爲眞斯妄矣。謂尹吉甫惑後妻之言，至使其子伯奇衣苕帶藻，作履霜之操，疑吉甫不得爲名臣。案此事見琴操，其眞妄不可知？縱令有之，而帝王世紀載武丁有賢子孝己，高宗惑後妻之言，放之而死，事正相類，謂吉甫不得爲名臣，將高宗亦不得爲中興之主乎？五代劉昭禹謂律詩四十字，如四十賢人，著一屠沽兒不得，謂五言律詩也，而以爲五十四字，何也？楚成王請食熊蹯而死，而以爲靈王亦誤。"書卷五後云："'李清照詩不槪見，兄西樵撰然脂集，止得其詩二句，陳士業寒夜錄，乃載其和文潛浯溪碑歌二篇，未言出於何書？'案清照中興頌詩二篇，見周煇清波雜志，清照又有上韓樞密、工部尙書胡公詩各一首，一五古，一七古，見趙彥衞雲麓漫鈔，又曉夢一首，感懷一首，春殘一首，見彤管遺編。夜發嚴瀨一首，見釣臺集。又朱弁風月堂詩話載其'詩情如夜鵲，三遶未能安'一聯。胡仔苕溪漁隱叢話，'南來尙怯吳江冷，北狩應悲易水寒'，'南渡衣冠少王導，北來消息欠劉琨'兩聯。老學菴筆記，載其嘲張子韶一聯云：'露花倒影柳三變，桂子飄香張九成'，而國朝陸景編歷代名媛詩詞，又有皇帝閣一首，春殘一首，絕句一首，知易安居士詩流傳尙夥矣。"書卷七、八後云："太史公報任安書，'隨而媒孽其短'，顏師古注，'孽如麴孽之孽'，案孽爲俗孼字，有罪之女，沒入於公，得幸而有所生曰孼，若木既伐而生枿，故於文从子辥爲孼。麴櫱之字下从米，其音義各别，師古誤合爲一，而此不爲駁正，何耶？謂集句詩起於宋人，是則然矣，然晉傅咸集經傳成語爲詩，其文載歐陽詢藝文類聚，則集句又遠在其前。劉楨詩不多見，然馮惟訥詩紀尚得楨詩十四首，中多感歎之音，贈從弟詩三首，所云‘豈無園中葵，懿此出深澤，豈不罹凝寒，松柏有本性’等語，殊蒼勁不卑靡，鍾嶸詩品所謂‘眞骨淩霜高風跨俗’者良非虛鑒。而魏文帝與吳質書，謂‘公幹有逸氣’，亦非出於標榜也。筆記顧詆其無一語可採，抑揚失實矣。王士祿撰然脂集搜羅閨閣著述至五十六卷，可謂博矣，然如尼衍密印語錄、尼濟仁風語錄、尼自如語錄，曾何與於文章之事，而概行編入，亦榛楛勿翦矣。”書卷十後云：“韓愈寄盧仝詩，‘春秋三傳束高閣，獨抱遺經究終始’，以仝所著有春秋摘微四卷也，此以爲玉川子詩，誤矣。”書卷十一、二後云：“鄧名世古今姓氏書辨證，分楊與揚爲二姓，是从木之楊與从手之揚，本判然各别，而漢書揚雄傳，據雄自序，謂出於晉之楊侯，其說本參錯不可據依，筆記謂揚州字从手，子雲姓正此揚字，又謂古侯國名，今山西洪洞縣是。考春秋昭二十八年傳，‘僚安爲楊大夫’，杜注，‘今平陽府洪洞縣’，與筆記所說正合，而楊之所以别爲揚，自何時始？則均未能明言之也。春秋二百四十二年間，其賢士大夫合爲立傳，何啻數十人，乃史記於春秋人物，有傳者，不過管仲、晏子、伍員、孫叔敖、子產數人，且子產相鄭，其綜理之密，法紀之肅，前後諸國卿大夫鮮克與之相埒者，而循吏傳所載，寥寥數語，殊不稱其功烈，知史公所據者世本、國語、國策諸書，若左傳見否未可知？其實固未嘗取以入史也。筆記謂子長采左氏内外傳、國策、世本以爲史記，考覈未審。又謂輟耕錄言或題畫曰‘特健藥’，檢輟耕錄卷十二本條下，凡二百九十五字，始終是論法書，於畫理無涉，此亦誤記也。前輩説老泉蘇氏每作文字，雖目前習見之事，必令人檢出覆審之，此其所以足法歟？”玉縉案：日生一日之説既妄，何廣異聞之有？又張辨卷十所論梁園風雅，兹錄入總集類風雅集下。　李慈銘荀學齋日記云：“筆記自論詩外，可觀者尠，惟論陳子昂爲唐室罪人一條，最爲有識，其淺謬者，不特提要所駁強解‘特健藥’名義一條也，如謂方勺引劉中壘謂‘泥中、中露衞二邑名’，此説甚新，不知毛、鄭説皆如此。謂馬永卿云：‘李西臺書小詞羅敷作羅紨，後讀漢書昌邑王賀妻嚴羅紨，紨音敷，’羅敷作羅紨，必有據依，不知漢書武五子傳本作嚴羅紨，顔注‘紨音敷’，並不作紨，李建中誤書作紨，馬永卿又誤記之耳。謂唐時郎官直宿，有‘侍女新添五夜香’之句，侍女當是何色人？不知此乃東漢之制，唐時郎官與漢異，無有此事，詩家用漢事耳。謂段成式諸皋記‘天翁張堅竊據劉翁位’一條，類於病狂，不知此乃南北諸朝時之寓言，爲曹、馬以來篡竊者發之，柯古此記，多用舊文耳。謂詩話類編載高適官兩浙觀察使，過清風嶺題詩，‘前山月落一江水’句，駱賓王改‘一’字爲‘半’字，辨其詩語時代之非，不知唐豈有兩浙觀察使之官，即五字已可知其妄，不待更辨。而其最謬者莫如唐修隋書，不爲文中子立傳一條，謂仇俊卿通史它石論謂'王凝次子勴劾貶侯君集，君集與長孫無忌善，因而惡及其祖，修史者畏無忌，不敢爲通立傳'，此本於文中子關朗篇，言'通弟凝嘗爲御史，劾侯君集'，而誤爲勴事，又謂'通子凝，凝子福時'，眞癡人說夢，通子福時，福時子勴，安得謂凝子？福時於高宗咸亨三年壬申許敬宗死時，方爲太常博士，駁敬宗之謚，而侯君集於太宗貞觀十七年癸卯已以謀反誅，乃其子勴先已劾貶侯君集，其荒謬不足辨。仇俊卿亦不知何人？通史它石論亦不知何書？觀其立名，可笑已甚，而阮亭以爲快論可破千古之疑，是并新、舊唐書俱未寓目矣。" 玉縉案：郝懿行曬書堂外集，有駁漁洋三議篇，蓋議卷五論宋予祠之制，卷十一論宋仕宦卒葬終身不歸其鄉，及閥閱名家不以再嫁爲恥三事，雖亦有見，要以王語爲正，兹不錄。

## 古夫于亭雜錄六卷

其中如據西京雜記鉤弋夫人事以駁正史，則誤採僞書。據貴耳集以王安石爲秦王廷美後身，則輕信小說。據詩"元龜象齒"之文，謂韓非"希見生象"之語不足爲信，據易"匪其彭"之文，謂論語"竊比老彭"，彭當音旁，訓爲側，據子華子證詩"有美一人"，據示兒編解詩"黽勉從事"，則附會經義。以張爲爲南唐人，以倪文豹爲元人，亦失於考核。

張宗泰所學集有跋云："世說新語德行注，引李康家誡曰：'昔嘗侍坐於先帝，有三長史俱見，上曰："爲官長當淸、當愼、當勤"'，先帝謂司馬昭也。雜錄謂'淸、愼、勤'三字始自呂本中官箴，尙未得其出典也。隋書高熲傳及后妃列傳，熲妾生子，獨孤后聞而惡之，屢譖於帝，除名爲民，事在文帝開皇十九年。自是歷二十年，又仁壽四年，至煬帝大業三年，熲以諫徵散樂事忤旨見殺，時后已崩數年，顧謂后譖熲於帝而見殺，失其先後之序矣。祝穆方輿勝覽，宋眞宗以袁安臥雪圖賜丁謂，謂至金陵，遂張之水心亭，雜錄謂賜王欽若，不知是偶然誤記，抑所見異詞。春秋昭公二十五年傳，公伐季氏不克而孫於齊，嗣是淹滯於齊與鄆者三年，至二十八年始如晉，復歸於乾侯。雜錄謂昭公二十三年平子作亂，昭公奔晉，於情事之前後未合。溫庭筠商山早行詩，'雞聲茅店月，人迹板橋霜'，於旅館寥落之況，侵晨淒淸之境，摹寫入微，乃謂其近於俗諦，評殊未允。"

**分甘餘話四卷**

大抵隨筆記錄，瑣事爲多，蓋年逾七十，借以消閒遣日，無復考證之功，故不能如池北偶談、居易錄之詳核。中如引懶眞子稱漢書昌邑王賀妾名羅紨即羅敷，不言二字何以通用？俟考云云，今案漢書昌邑王傳實作羅紨，顏師古注曰："紨音敷"，說文糸字部有此字，注曰"布也，一曰粗紬，从糸，付聲"，蓋紨字同音，故得與敷字通用。馬永卿誤引漢書，士禛不加辨正，而轉以設疑，殊爲疏舛，是亦隨時摘錄不暇繙檢之明驗矣。

張宗泰所學集有跋三則，書卷一後云："餘話謂柳耆卿卒於京口，王和甫葬之，又謂儀眞西地名仙人掌，有柳墓。案曾敏行獨醒雜志，‘柳耆卿風流俊邁，聞於一時，旣卒，葬於棗陽縣之花山，遠近之人，每遇淸明日，多載酒殽飮於耆卿墓側，謂之“弔柳會。”’祝穆方輿勝覽，‘耆卿流落不偶，卒於襄陽，死之日，家無餘財，羣妓合金葬之於南門外，每春日上冢，謂之弔柳七。’據是，則耆卿之卒葬自在襄陽，此以爲卒於京口，墓在儀眞，或有附會之失也。‘山抹微雲秦學士，露花倒影柳屯田’，乃東坡嘲少游詞，葉夢得載之避暑錄話中，遂誤以爲夢得詩。侯官縣有薛老峯，本以唐詩人薛逢得名，事詳鄭方坤全閩詩話，薛給事奮生之號，蓋沿前人之舊，乃詫爲姓氏巧合甚奇，似不知唐代已有薛老峯者。張功父稱史邦卿詞，分鑣淸眞，平睨方回，考功父、邦卿，同出入韓侂胄之門，密謀用事，故不免爲是溢量之譽，乃因此遽推爲詞中大家，稱獎不失實否？謂南宋有李心傳三朝朝野彙編，檢提要編年類，有李心傳建炎以來繫年要錄二百卷，其書只述高宗朝三十六年之事，政書類有李心傳建炎以來朝野雜記四十卷，疑卽三朝朝野彙編之別名，然本書下有‘於高、孝、光、寧四朝禮樂、政刑之大，以及職官、科舉、兵農、食貨無不該貫’語，則於三朝字又不合，疑莫能明也？日知錄卷十六，‘自宋以來，以取中士子所作之文謂之程文，金史承安五年，詔考試詞賦官各作程文一道，示爲舉人之式，至於本朝先亦用士子程文刻錄，後多主司所作，遂又分士子所作之文別謂之墨卷’，是主司所作爲程文，士子所作稱墨卷，自前明已然，乃以江西解元李紱之文爲程文，亦爲失考矣。”書卷二後云："沈休文之在六朝，雖非詩家上乘，然亦獨步一時者，至任彥昇之詩，則板實乏韻矣，所以鍾嶸詩品，一則曰：'任昉王元長等句無虛語，語無虛字，拘攣補衲，蠹文已甚'，再則曰：'昉既博物，動輒用事，所以不得奇至'，若謝玄暉詩，則名章秀句，層出不竭，太白曰：'中間小謝又清發'，趙師秀曰：'玄暉詩變有唐風'，則謝朓乃轉移風氣之人，餘話顧謂彥升詩過休文遠甚，當時惟謝朓足與相匹，不稱量失實否？謂李九如少卿藏宋宰輔編年錄，及王祕閣稱東都事略三百卷。案徐自明宋宰輔編年錄二十卷，王偁東都事略一百三十卷，合二書計之，亦祗一百五十卷，不知何以溢作三百卷？稱亦當作偁。謂岑參詩'山風吹空林，颯颯如有人'，本古詩'羅幃舒卷似有人開'意。案羅幃二語，見太白獨漉篇中，岑、李出一時，何至相為剽竊，是亦記憶之疏矣。又'白樂天自寫其集三本'云云，漁洋詩話無龍門香山寺之本，此所記則無東都聖善寺之本，是亦知白集有四本矣，而兩處皆云三本，又互有不同，竟未參訂使歸於一，何也？"書卷三、四後云"謂'大曆十子，苗發、夏侯審詩名不甚著，未可與諸子頡頏'，信矣，又謂'皇甫兄弟齊名，不應有曾而無冉，又韓翃同時盛名，而亦不之及。'不知郡齋讀書志所列十子，皇甫兄弟皆無之，韓翃實與其數，此等標榜之目，往往所記不同，不獨此一事然也。'湘潭雲盡暮山出，巴蜀雪消春水來'，為許渾淩歊臺詩之頸聯，而譌為趙嘏。劉原父私謚公是先生，貢父私謚公非先生，然至今稱原父之文為公是集，貢父止稱彭城集，晁公武辨之甚明，而此乃云'貢父公非集'者，殆不曾睹其集，循名而未及核實歟？前漢書有地理志，續漢書則作郡國志，而引姚寬說作'後漢書地理志'，亦失於檢點。他如引東坡說，謂'山谷詩如江瑤柱，多食則發風動氣'，而脫去動字；武則天改名曰曌，乃譌作曌；宋至由編修至福建僉事，至譌作致，均合爲更正云。"玉縉案：吳騫拜經樓詩話亦引獨醒雜志，以眞州柳墓爲傳聞之譌。

# 四庫全書總目提要補正卷三十九

## 雜家類五

### 負暄野錄二卷

舊本題曰陳㮙撰，不著時代，卷末有至正七年王東跋，乃云不知何人所述？是當時所見之本未署名也。今考書中秦璽一條，稱"㮙嘗聞諸老先生議論"，則其人名㮙無可疑，但不知何據而題爲陳姓？案閩書，陳㮙，陳幾之孫，長樂人，紹熙元年進士，書中秦璽條內稱，"近嘉定己卯"，光宗紹熙元年下距寧宗嘉定己卯，首尾三十年，又西漢碑條內，亦稱"聞之梁溪尤袤，惜不再叩之"，袤亦當光、寧之時，疑卽此陳㮙也。其書上卷論石刻及諸家書格，下卷論學書之法及紙墨筆研諸事，皆源委分明，足資考證。

翁方綱復初齋集跋是書云："負暄野錄二卷，後有題云：'陳㮙與范石湖、張于湖、姜白石、同時'，然此內有嘉定己卯，則其人至寧宗末尚存，蓋是其晚年筆也。唐文宗年號大和，是大小之大，從來史傳文集多誤作太和，此作大和，可據以裨考證。又云：'洪丞相隸釋載元壽中郫縣碑'，案郫縣五官碑，宋淳熙隸韻有之，洪氏隸釋實無此碑，豈此君所見是洪文惠初槀而後來删去歟？此亦足備考也。”

**意林五卷**

前有唐戴叔倫、柳伯存二序，與文獻通考所載相同，唐志著錄作一卷，叔倫序云三軸，伯存序又云六卷。今世所行有二本：一爲范氏天一閣寫本，多所佚脫；是以御題詩有“太玄以下竟亡之”之句，此本爲江蘇巡撫所續進，乃明嘉靖己丑廖自顯所刻，較范氏本少戴、柳二序，而首尾特完整。然考子鈔原目，凡一百七家，此本止七十一家，洪氏載總所引書，尚有蔣子、譙子、鍾子、張儼默記、裴氏新書、袁准正書、袁子正論、蘇子、張顯析言、于子、顧子、諸葛子、陳子要言、符子諸書，此本不載。又通考稱“今本相鶴經自意林鈔出”，而永樂大典有風俗通姓氏篇，題曰“出馬總意林”，此本亦並無之，合記卷帙，當已失其半，併非總之原本矣。

黄以周子敍，意林校本敍云：“唐志一卷，一蓋六字之譌，元、明以來，流傳之本，卷二殘闕兩家，卷六全缺四十一家，以仁和汪家禧所藏照宋本書六卷爲最完善，世間罕見其書。諸家所據校者，一爲道藏本，一爲四明范氏天一閣鈔本，一爲明廖自顯刻本，其書皆止五卷，無六卷，五卷之末，或誤以物理論爲傅子，以傅子爲中論，以傅子、中論爲物理論，或又割唐子之半以當傅子，又躐越傅子之文入物理論中。諸家有據廖氏所刻校以天一閣本者，今之聚珍本，爲乾隆館閣諸公所校者是也。內校語有云一本作某者，即指天一閣鈔本。有據天一閣所鈔校以聚珍本者，今之周廣業所校本得於綠飲鮑氏者是也。有補卷二之逸文，輯卷六之遺子者，今之張氏借月山房所刻陶鏡寰校本是也。有據道藏本考定其次，補其闕目者，嚴可均所校四錄堂本是也。有據照宋本以校周本，補完全書，復歸六卷者，李遇孫補校本、汪遠孫復校本是也。總覈各書，天一閣鈔本凡六十有二家，嘉靖廖刻本凡七十有一家，周校本於廖刻外采輯逸文五條，張刻本又於七十一家外采錄逸子五家，李、汪兩家，均依照宋本補足，凡得一百一十一家，今參考諸家，以借月山房本爲主"云云。玉縉案：黄氏復輯意林中所錄逸子之語散見於古籍者，凡四十四種，各爲之敍，提要稱洪氏載總所引書，有袁淮正書，袁子正論，實皆袁準作，準一作准，而淮即准之誤也。陳漢章謹案：今有譚廷獻校本意林，錄黄氏校本識語，視此爲略，而言李遇孫所補第六卷，僅云假汪選樓照宋本補校，不及張氏借月山房本。又案：借月山房彙抄十六集，並無意林，惟張氏所刻學津討源第十二集有意林，而亦止五卷。又案：蔣光煦涉聞梓舊，補意林十葉，即第六卷四十一家，不解黄氏何以不及？

**紺珠集十三卷**

使此書果出其手，何至刊校之人俱不能詳知姓氏？

陸氏藏書志有舊鈔本，其案語云："書錄解題秦中歲時記下又云，'朱藏一紺珠集'，則是書爲朱勝非撰無疑，其書隨手摘錄，以備遺忘。勝非亦紹興時人，想詹寺丞所得傳鈔之本，不著姓名，故曰不知起於何代也？" 吳氏拜經樓藏書題跋記載周廣業跋云："歲甲辰，客都門，分校續寫四庫書，中有紺珠集十三卷，原本字句錯誤不可讀，爲校正二千餘字，重寫送館，另錄爲四冊藏之。去夏，彝牀出此見示，其本亦不免譌字，然視原本則善矣。其異者，彼前題朱勝非撰，而此無明文，又多天順間賀、欒二後序耳。”

**類説六十卷**

慥字端伯，晉江人，官至尙書郎直寶文閣，奉祠家居，撰述甚富。　其二十五卷以前爲前集，二十六卷以後爲後集，其或摘錄稍繁卷帙太鉅者，則又分析子卷，以便檢閱。書初出時，麻沙書坊嘗有刊本，後其版亡佚，寶慶丙戌，葉時爲建安守，爲重鋟置於郡齋，今亦不可復見，世所傳本，則又明人所重刻也。

秦恩復刊樂府雅詞跋云：“慥字端伯，自號至遊子，溫陵人，丞相懷之從兄，官至太府卿，奉祠退居銀峰，多所撰述，有類說六十卷，道樞二十卷，集仙傳十二卷，宋百家詩選一百卷，樂府雅詞三卷，拾遺二卷，存於今者，惟類說及雅詞而已。” 張氏藏書志、瞿氏目錄，並有舊鈔本五十卷，瞿云：“明人刊本，多所刪節，此猶存寶慶本之舊。”張氏又有宋刊殘本，云：“自序‘編纂成書’下，直接‘名曰類說’，無‘分五十卷’四字，則慥之原本，本不分卷，此汲古閣祕本書目所以有眞本之稱也。” 陸氏儀顧堂續跋傳錄宋麻沙本五十卷，云：“前有總目，卷一、卷十四、卷十九、卷二十七、卷三十、卷三十六、卷三十七、卷四十二、卷四十六、卷四十七分上下卷，卷二十六、卷四十分上中下三卷，實六十四卷。每卷有目，連屬篇目，采書二百五十九種，拾遺總類所采四十餘種不與焉。書名低二格，有撰人者，各注撰人，每條有目，低三格，每葉二十二行，每行二十二字，版心有'清思軒'三字。是書紹興庚申始刊於建陽之麻沙，字小而刊不精，見寶慶本葉時序，此本似從麻沙本傳錄，以秦酉巖傳錄寶慶本互勘，較有條理，而羼奪較多。卷一穆天子傳，'天子之弓'條後，脫'造父三百'一條，計二十餘字。飛燕外傳伶玄自序在前，無荒田野草之目，卷二'王老'條前，奪續仙傳標目及'漁父詞'、'踏踏歌'、'掘栒栒'三條，計二百五十餘字。'雨塵'條後，奪'李八百'一條，計二十五字。蓋麻沙本雙行小字，此既一律改寫大字，所據本又有缺葉，有錯訂之葉故耳。"又影宋寶慶本五十卷云："前有紹興六年曾慥序，寶慶丙戌葉時序，子卷與清思軒本同，每卷有目，連屬篇目，書名下間不著撰人，每條之目，接連本文，以墨線隔之，每葉二十行，每行十八字。書錄解題卷數同，郡齋讀書志作五十六卷，明天啓六年岳鍾秀刊本分爲六十卷，刪削羼亂甚多，非足本，四庫著錄之本亦分六十卷，蓋皆以子卷隨意分析耳。是書先有紹興麻沙刊本，寶慶中，葉時知建州，思得大字善本，徧令搜訪，知小字版亦不存，因以所藏是正，鋟版郡齋，此即從葉本傳錄者，其序尚摹時手書也。與清思軒本互勘，分卷既不盡合，去取微有參差，想皆葉時所更定者。"玉縉案：當即撰禮經會元之葉時。鄭翼謹案：飛燕外傳伶玄撰，陸跋伶作冷，誤。又葉時見提要禮類一禮經會元下，理宗初，以顯謨閣學士知建寧府。

## 事實類苑六十三卷

少虞始末未詳？　分二十二門，各以四字標題，曰：祖宗聖訓，君臣知遇，名臣事蹟，德量智識，顧問奏對，忠言讜論，典禮音律，官政治績，衣冠盛事，官職儀制，詞翰書籍，典故沿革，詩賦歌詠，文章四六，曠達隱逸，仙釋僧道，休祥夢兆，占相醫藥，書畫技藝，忠孝節義，將相才略，知人薦舉，廣智博識，風俗雜記。自序作二十八門，蓋傳錄之譌也。

張氏及陸氏藏書志並有舊鈔本，陸氏案語云："江少虞提要云里貫未詳？案少虞字虞仲，常山人，政和八年進士，調天台學官。寇至，守、倅皆遁去，少虞獨率弱卒堅守兩旬，慷慨感激，人有死志，首射殺渠魁，賊遂潰。歷延、饒、吉三州守，治皆第一。見弘治衢州府志。"其儀顧堂題跋所考尤詳。丁氏藏書志有日本翻宋紹興癸酉痲沙本七十八卷，有談諧戲謔、神異幽怪、詐妄謬誤、安邊禦寇四門，與自序作二十八門合，提要以爲傳錄之譌，眞武斷矣。

**仕學規範四十卷**

鎡字功甫。

陸氏藏書志有舊鈔本，並載淳熙丙申自序，末稱秦川張鎡時可序，然則鎡爲秦川人，又字時可。

**自警編九卷**

其書乃編次宋代名臣、大儒、嘉言、懿行之可爲法則者。凡學問類子目三，操修類子目十二，齊家類子目四，接物類子目七，出處類子目五，事君類子目十一，政事類子目十七，拾遺類子目二，共八類五十五目。

陸氏藏書志有宋刊本，不分卷，並載嘉定甲申自序云："集我朝諸公言行，越三年而成編，名以自警。書甫成，市書徐生售典刑錄，嘉言善行，臚分品列，間類予所編，因廣教育、攝養、好生、使命數門，置之座右，期無負初意。”又端平元年再序云：“遂鋟木於九江郡齋。”又有弘治、嘉靖兩本，皆九卷。據此，則原本不分卷，刊於九江，弘治本已分九卷，而丁氏藏書志謂嘉靖四十年陳善改編，殆非也。陸氏儀顧堂集宋板是書跋云：“是書徵引故實，多注出處，弘治本存十之二三，嘉靖本脱落甚多，出處書名，一概削去，不足據也”，然則嘉靖本更劣於弘治本。又引歙縣志，“趙善璙字德純，宗室趙不俄兄不彼之子，登嘉定進士第，嘗謂‘縉紳不明大法九章無以斷疑’，未幾，中法科，除大理評事，後通判廣德軍，有政聲，召爲尚書郎，有自警編行世。”以善璙自爲書後觀之，端平中當又知九江，歙志尚未詳也？玉縉案：志載其字，足補提要之缺。楊氏楹書隅錄有宋本云：“分八類，五十六子目，無卷第，板心以天干字紀之，學問、操守爲甲，齊家、接物、出處爲乙，事君上爲丙，事君下爲丁，政事、拾遺爲戊，卷首有嘉定甲申趙善璙自序，此本則缺佚矣。四庫全書總目云：‘九卷，共八類，五十五子目’，與此殊不合，蓋所據者乃萬曆間巡撫徐栻重梓本，已非宋時原刻之舊，然總目所載，無政事一類，及子目十二，與八類、五十五之數，亦頗矛盾，或纂輯諸臣偶爾筆誤耶？” 玉縉案：總目有政事一類，未知楊氏所據何本？楊氏又云：“趙氏自序作九類者當是分事君上下爲二。”瞿氏目錄有宋刊本云：“共分甲、乙、丙、丁、戊五卷，乃原本也。”

**說郛一百二十卷**

考楊維楨作是書序，稱一百卷，孫作滄螺集中有宗儀小傳，亦稱所輯說郛一百卷，二人同時友善，目睹其書，必無虛說。

絳雲樓書目陳景雲注云：“水東日記第五卷言‘近聞陶九成說郛百卷尚存其家，有九成塗改去取處，不知如何？’其亦未成之書與？”

**古今說海一百四十二卷**

其存於今者，修文殿御覽以下皆其例也。

案提要著錄太平御覽，不著錄修文殿御覽，此書今亦罕見，惟絳雲樓書目有之。陳景雲注云：“三百六十卷，祖珽撰。”然則修文殿殆太平之譌。

**玉芝堂談薈三十六卷**

然其捃摭既廣，則兼收並蓄者不止一途，軼事舊聞，往往而在，故考證掌故訂正名物者亦錯出其間，披沙揀金，集腋成裘，其博洽之功，頗足以抵宂雜之過，在讀者別擇之而已。

陸以湉冷廬雜識一云：“談薈類摭故實，累牘連章，可稱華縟，然其書尚有二失：一則搜羅未徧，即正史猶有所遺，一則援引昔人文辭，每不標明某書，前之失猶可言也，後之失既乖體要，且蹈攘善之愆矣。”

**儼山外集三十四卷**

案靜嘉堂祕籍志載儼山文集，其外集作四十卷。

**純吟雜錄十卷**

是書凡家誡二卷，正俗一卷，讀古淺說一卷，嚴氏糾謬一卷，日記一卷，誡子帖一卷，遺言一卷，通鑑綱目糾謬一卷，將死之鳴一卷。

李慈銘祥琴室日記云："定遠學問不足言，而頗有見地。其卷一、卷二家戒、卷八遺言、卷十將死之鳴所言多合事理；卷三正俗皆論詩；卷四讀古淺說兼論詩文，尤其學力有得之言；卷五嚴氏糾謬，專駁滄浪詩話之誤，雖取恉不同，各有是非，而辨正時代體製自爲較確；卷六日記，卷七誡子帖，多論碑帖及學書之法，亦有微悟。其議論最佳者，如云'古人文章，自有阡陌，銘誄之文，不當入詩，馮惟訥詩紀載入古銘誄、箴誡、祝讚、繇辭者失之。''陸法言定韻之夕，如薛道衡北人也，顏之推南人也，當時已參合南北而定之，故韻非南音也，今人但知沈休文是吳興人耳。''夫子曰："信而好古"，宋人讀書，未聞好古，只是一肚皮不信，讀書不可先讀宋人文字。''嘻笑怒罵，自是蘇文病處，君子之文必莊重，蘇公自有大文字，宋儒議論，是非不平，便是心不正處。''太史公云："諸家言黃帝多不雅馴，縉紳先生難言之"，其不好奇明矣，揚子雲譏之，不知何見？子雲作蜀本紀，其書雖不傳，然所言上古蠶叢以來奇事，頗有存於他書者，皆非六藝所述，恐太史公不必信也。''新唐書列傳論讚，大有不可及處，宋公未可輕議也。歐陽公文甚高，然用心不平，不便作史論。''爾雅乃詩、書之義訓，不讀此，不能讀詩、書。''讀書而言古人之不善，不如稱其善之有益於人'，'讀書須從上讀下，先看後人書，於古人好處便不相入。''宋人論文有照應波瀾起伏等語，若著一字於胸中，便不能看史記'，'眞西山文章正宗，謝疊山文章軌範，唐人論文，絕無此等議論。''文章無定例，只在合宜，王荊公論仲尼不應作世家，只是不知變例。'凡此諸條，皆非深造者不能道。卷中所附何義門評語，亦多精當。至若痛詆荀子，則定遠之學固未足以知之。又謂'庾子山詩，太白得其清新，老杜得其縱橫，齊、梁詩學問源流，氣力精神，有遠過唐人處'，則其好尙之偏，不足爲據。又謂'韓吏部變今文爲古文，歐陽公變古文爲今文，歐文不如唐人四六尙有古意'，以及詆明詩爲更下於宋，詆楊用修好妄而健忘，其書幾於一字不可信，詆王、李爲實是妄庸，詆譚元春、鍾惺爲不通文理，不識一字，皆未免過當。歐文何可易言。明詩實勝於宋。升庵固好僞撰，其學識才情究爲有明第一人。王弇州大非李比，其才雄學富遠過震川，妄庸之譏，豈爲定論。友夏、伯敬，亦有淸才，學雖近俚，不無機悟可取也。定遠又云：'余於前人未嘗敢輕詆，老人年長數十歲便須致敬，況已往之古人，然有五人不可容：李禿謂卓吾。之談道，此誅絕之罪，孔子而在，必加兩觀之誅。程大昌之演繁露，妄議紛紛。義門評曰：'泰之不惟妄議，其健忘而謬誤處亦多。'楊用修之談古，欺天下後世以爲無一人。譚元春、鍾惺之論詩，俚而猥，乃狹邪小人之俗者。'予謂以用修與此四人伍，究屬不倫。"

**附案**：左圭百川學海出，始彙裒諸家雜記。

錢泰吉曝書雜記云："百川學海，四庫雖未列其目，然雜編之屬案語，固詳著之矣。'左圭百川學海，始彙裒諸家雜記'，又附存目中王氏邱陵學山提要云：'彙刻諸書，以擬左圭百川學海，然考訂未精，遠遜左圭'，則固深取左氏之書也。"玉縉案：左圭自序題昭陽、作噩歲，而不著年號，錢大昕潛研堂集有學海跋，考定其爲咸淳癸酉，近繆荃孫藝風堂藏有明鈔本儒學警悟一書，其書收石林燕語辨十卷，演繁露六卷，懶眞子五卷，考古編十卷，捫蝨新語上集四卷，下集四卷，螢雪集說二卷，爲宋太學俞鼎孫同兄經編。藝風藏書記云："百川學海序題昭陽、作噩，中收李之彥東谷所見錄，成於咸淳戊辰，以是推昭陽、作噩，當是咸淳癸酉，盛伯羲祭酒購得此編，刻於宋嘉定間，則前於禹錫數十年矣。"

## 雜家類存目

### 於陵子一卷

王士禛居易錄曰："萬曆間，學士多撰僞書以欺世，如天祿閣外史之類，人多知之，今類書中所刻唐韓鄂歲華紀麗，乃海鹽胡震亨孝轅所造，於陵子其友姚士粦叔祥作也。" 凡十二篇：一曰畏人，二曰貧居，三曰辭祿，四曰遺蓋，五曰人問，六曰先人，七曰辯窮，八曰大盜，九曰夢葵，十曰巷之人，十一曰未信，十二曰灌園。前有元鄧文原題詞，稱前代藝文志、崇文總目所無，惟石廷尉熙明家藏，又稱得之道流，其說自相矛盾，又有王鏊一引一跋，鏊集均無其文，其僞可驗，惟沈士龍一跋，引揚雄方言所載齊語，及竹書紀年、戰國策、列女傳所載沃丁殺伊尹，齊、楚戰重邱，及楚王聘仲子爲相事，證爲古書，其說頗巧。然摭此四書以作僞，而又援此四書以證非僞，此正朱子所謂採天問作淮南子，又採淮南子注天問者也。士龍與士驁友善，是蓋同作僞者耳。

翟灝四書考異云："世有於陵子書十二篇，明山陰徐渭評，其第十一篇云：'於陵子不食且三易旦，積雪拒門，突生微煙'，以孟子螬李言之，仲之三日不食，時屬夏也，安得有積雪乎？陳仲在荀卿所非十二子中，當時應曾著書，而漢志不錄，則其亡久矣，徐氏所評，必是贋物。"玉縉案：譚廷獻復堂日記以爲徐渭撰，蓋因徐評而肊斷之，無他據也，當以王說爲近。

**天祿閣外史八卷**

詞旨凡鄙，顯出一手。

李慈銘孟學齋日記云："託名漢黄憲著，凡八卷，分題賓韓文、賓魯文、賓齊文、賓魏文、賓秦文、賓晉文、賓蜀文、賓楚文，卷又各分子目，共一百二篇。前有王鏊序，謂由唐人田弘所傳，而宋人韓洎得之，無論所載事跡乖謬，與叔度時勢出處無一相合，其辭旨卑宂，雖無目人亦不能欺以爲漢人作。世謂楊升菴僞撰，以余觀之，殆出宋、元間馬醫夏畦輩所爲，升菴尚不至此也。至卷首載田弘評語，有云：'東漢都於大梁，卽魏國也'，則又不知東西南北者矣。"又自注引湧幢小品及戒菴漫筆云云，謂"逢年爲明司業同祖子，其六世孫卽西莊也。"玉縉案：此蓋自正其宋、元間所爲之失。

**冬遊記一卷**

謚文恭。所言性命學問，浸淫佛氏，淪於虛寂，幷守仁本旨而失之。

李祖陶邁堂文略念菴文錄引云："謚名，明史稾暨明史俱作文莊，而府志與他書作文恭，莫詳其所以異同之故？其學未遊陽明之門，而私淑其敎爲弟子，闡明致良知之說，到處聚徒講之，而能救其流弊。與王龍谿交好至篤，所見則始終不同，其見於夏遊記之所駁詰者逐層洗發，幾於截斷衆流，故梨洲學案稱'先生於陽明之學，始而慕之，已見其門下承領本體太易，亦遂疑之，及工夫純熟，而陽明進學次第洞然無間，天下學者亦遂因先生之言而後得陽明之眞，其嘵嘵以師說鼓動天下者反不與焉'，可謂天下之公論矣。"

**辨學遺牘一卷**

明利瑪竇撰。利瑪竇有乾坤體義已著錄，是編乃其與虞淳熙論釋氏書，及辨蓮池和尚竹窗三筆攻擊天主之說也。

近陳垣重刊排印本序云："前編爲利復虞淳熙書，此書爲袾宏和尚所已見，雲棲遺稾答虞淳熙曾提及之，後編爲辨竹窗三筆天說，殆非利撰，據袾宏自序，竹窗三筆刊於萬曆四十三年乙卯，而利已於三十八年庚戌物故，豈其書未刻其說先出，故利得而辨之。然天說四筆，皆三筆編末之文，庚戌與乙卯，相距五年，利未必得見，且細考原辨語意，明在三筆刊行以後，而其中並無一語可確指爲利作之據。如復淳熙書之屢自稱竇云云者，則又顯非志在託名利作，以動人觀聽，當時天教人材輩出，西士中士中能爲此等文者不少，此必教中一名士所作，而逸其名，時人輾轉傳鈔，因首篇係利復虞書，遂并此篇亦題爲利著，李之藻付梓時，偶未及考，故未訂正耳。之藻跋謂此係得自友人一鈔本，則其文爲之藻本來所未見可知也。”

**西學凡一卷附錄唐大秦寺碑一篇**

末附唐碑一篇，明其教之久入中國。

案此卽景教流行中國碑，朱一新無邪堂答問考之甚詳，以爲景教卽火教。楊榮鋕考正，則以爲碑中所稱‘三一分身景尊彌施訶’卽耶穌也。

**激書無卷數**

明賀貽孫撰。貽孫有詩觸已著錄。

案別集類水田居士文集五卷，提要云：“國朝賀貽孫撰，貽孫有詩觸”云云，與此及詩觸下異，當以文集下所題爲正。

**潛書四卷**

順治庚子舉人。　凡分上下二篇，而上篇、下篇又各析爲二，凡九十七目，大略仿論衡之體，自心性、治術以至處世、淑身之理無不具列。甄與魏禧友善，故其文格頗相類，然所載多據當時見聞及友朋酬對之語，其尊孟篇頗詆伊川，法王、虛受、知行三篇，又力崇良知之學，皆未爲醇粹。

李慈銘荀學齋日記己集下六八云：“鑄萬順治丁酉舉人，官山西長子縣知縣。其書分上下篇爲四卷，上篇子目五十，下篇子目四十七，大率憤時嫉俗，多寓經濟於議論，而文無根柢，傷於剽鋭，亦間爲澀體而彌不正，其論亦或迂謬不可行。如謂'天子亦可效庶人夫婦居家之法，縫紉庖廚，數妾足以供之，灑掃糞除，數婢足以供之，入則農夫，出則天子，內則茅屋數椽，外則錦壤萬里，益顯天子之尊，而奄人、宮女之患永絕'，此足以笑倒千人矣。然亦有快利可喜，且可以考見當日事勢者。前有韓城張尚書廷樞、吳江潘次耕兩序。"案其鄉舉，提要云庚子，李作丁酉，朱琦古文彙鈔小傳亦作丁酉，俟考。

**兩山墨談十八卷**

是書考證古籍，頗爲詳贍。

梁起超中國歷史研究法云："霆考出唐僖宗之崩以馬踐，宋太宗之崩以箭瘡發，二事史冊皆祕之不言，霆考證前事，據幸蜀記，考證後事，據神宗諭滕章敏之言，前事在歷史上無甚價值，雖佚不足惜，後事則太宗因伐契丹，爲虜所敗，負傷遁歸，卒以瘡發而殂，此實宋代一絕大事，後此澶淵之盟，變法之議，靖康之禍，皆與此有直接間接關係，此蹟湮滅，則原因結果之系統紊矣。"

**灼薪劇談二卷**

明朱承爵撰，字子儋，不知何許人？

案承爵江陰人，縣志列入文苑傳，云"有鯉退稾等編"又無聲詩史云，"承爵又號左庵。"

**讀書考定三十卷**

明陳良儒撰。良儒字穉修，湖北人，崇禎中，由蔭生官光祿寺典簿。

盧弼四庫湖北先正遺書札記云："提要但云湖北人，案湖北通志引孝感志，程良孺字穉修，孝感人，由選貢任行唐知縣，歷戶部員外郎，榷滸墅關，卒於任。存目誤以程爲陳，以孺爲儒。又云：‘崇禎中由蔭生官光祿寺典簿’，亦異。”玉縉案：程良孺作陳良儒，乃傳刻之譌，觀類書類茹古略集提要可見。

**菰中隨筆三卷**

然編次不倫，餖飣無緒，當爲偶錄稾本，後人以名重存之耳。

吳氏拜經樓藏書題跋記云：“後附詩律蒙告數葉，先君書云：‘自稱詩律蒙告一卷，而此只寥寥數條，恐非全本。’”

**別本潛邱劄記六卷**

蓋學林尊其家學，不欲一字散失，故全錄舊文，漫無體例。如卷一中突出一條云：“此自其勝場，安可爭鋒”，又突出一條云：“此書詎復須注，徒棄人作樂事耳”，此類至多，當時不過以備簡牘之用，乃一概錄之，亦復何取。又六卷皆錄若璩之詩，若璩學無不通，惟詞賦一道涉之甚淺，凡所持論，多強不知以爲知，學林錄而刻之，適足以彰其短。

徐時棟煙嶼樓讀書志十五云：“潛邱劄記有二本：一爲吳玉搢所編，一爲其孫學林所編。學林所編極叢雜無體例，一卷、二卷，皆錄其平日摘記之語，三卷爲釋地論，四卷上爲雜文，下爲喪服翼注，及補正日知錄，五卷爲書牘，六卷爲詩賦，末復附潛邱子詠左汾近稾，近稾中有詩話、有書、有詩、有雜記，餖飣如此可笑也。所錄平日摘記之語，皆多漫無斷制發揮者，往往爲百詩當日摘出備用之語，爲日既久，雖百詩亦將茫不知摘此何爲者？而子孫乃刻以問世，可謂不愛其先人之至矣。即如一卷中一條，引李鄴嗣云：'前輩言著作之富，前無如葛稚川，後無如先生'云云，所謂先生者何人耶？案杲堂所謂先生者，王厚齋也，此甬上耆舊集厚齋傳後語，百詩摘錄之，蓋其箋注厚齋困學紀聞時備用語也，而刻以爲劄記可乎？"

**天祿識餘二卷**

杭世駿道古堂集有是書跋曰："錢塘高侍郎以儒臣獲侍先皇禁幄，退而著書二冊，題曰天祿識餘，意謂延閣廣內祕室之藏，有非窮巷陋儒所得窺見者。今觀其書，則笑牒言鯖，豈足以當天廚一臠也，迹其所徵引辨說，大半皆襲前人之舊，一二偏解，時有牴牾。不觀左傳注，妄謂窒皇爲冢前之闕；不觀漢書注，妄引後漢紀以證太上皇之名；不觀水經、文選兩注，妄詑金虎冰井以實三臺；不觀地理通釋，妄分兩函谷關爲秦、漢。其尤踳駁不可據者，青雲二字，莆田周方叔以爲有四解，迺遽以隱逸當之。聚頭扇已見之金章宗詞詠，出歸潛志。乃謂元時高麗國始貢。銀八兩爲流，本漢書食貨志，乃引集韻以爲創獲。八米盧郎既見之齊、隋兩書，姚寬叢語云：'蓋關中語歲以六米、七米、八米分上中下，言在穀取米取數之多也'，黃山谷、徐師川何嘗誤用，乃用元微之'八采詩成未伏盧'爲證，是知一未知二也。"

陸以湉冷廬雜識五引杭跋"不觀左傳注"云云，謂"余觀此書，有經書習見語亦皆采入，其誌冷僻之典，又多不標所出之書，至於舛誤之處亦不止此。如十洲記，'漢武帝天漢二年，西國王獻吉光毛裘，色黃，蓋神馬之類，入水經日不沈，入火不燋'，乃謂入水不濡，又脫'入火不燋'句。古今注，'荷花一名水芝'，酉陽雜俎，'湖目蓮子也'，乃謂蓮子湖目，芡實水芝。親家見後漢書應奉傳注，見於史者，始於隋書房陵王勇傳，乃謂見唐蕭嵩傳。儀禮士昏禮云：'日入三商爲昏'，賈公彥疏，'商謂商量，是漏刻之名'，乃謂周禮漏下三商爲昏，商音滴。梁元帝纂要，'日在未曰昳'，本左傳昭五年杜注，乃以昳爲映，而引王仲宣詩'山岡有餘映'證之，於此見著述之不易也。"陸說足補杭跋所未及。案錢大昕養新錄又斥其"漏下三刻爲商"之說，謂"商、啇二字，形聲俱別，豈可讀三商爲漏滴之滴，且其文出儀禮鄭注，乃誤作周禮，又妄改爲'漏下三刻'，是并周禮亦未嘗讀也。"鄭翼謹案：八采說見猗覺寮雜記，三商說見焦氏筆乘，高氏皆不注出處，宜其代人受過矣。

## 古今釋疑十八卷

中履名父之子，學有淵源，故持論皆不弇陋，然鎔鑄舊說以成文，皆不標其所出，其體例乃如策略，不及其父通雅之精核也。

李慈銘桃華聖解盦日記丙集第二集五一云："其書康熙中太平知府楊霖爲之刊行，自經籍至算法衡度，凡分一百七十五目，目爲一篇，辨論縱橫，取裁頗博，惟好詆訾先儒，深不滿於鄭注及許氏說文，至極詈周禮，以爲不經，又貶禮記爲非先聖之書，辯左傳爲非邱明作，則悍而肆矣。卷首有朱記云：'曾經御覽'，而四庫列之存目，提要謂'中履傳其家學，自非弇陋，而引書不載出處，近於策略，不及其父通雅之淹博', 所論亦中其失, 然本原通貫, 自爲可取, 其肊決逞辯, 亦密之家法也。所論人身脈理骨節方藥, 及音韻反切, 皆甚詳, 大致本於通雅之說, 其論姓氏一篇, 獨爲明晳。論日月交食及彗、孛、奔星、雷、電、霜、雪、風、雨之理, 多取西人熊三拔所言, 猶西說之近理者。其謂彗、孛、奔星, 皆地上熯氣上薄陽光激射而成, 則近日西人言彗、孛皆可推者又不符矣。"又云: "此書實策略之學, 發明甚稀, 當名'古今略說', 不當云釋疑也。"

**螺江日記八卷**

是書雜志經史疑義, 如尚書篤信古文, 大學遵用古本, 皆守其師毛奇齡之說, 持論亦甚辨博。

徐時棟煙嶼樓讀書志十五云: "螺江日記, 論說頗有淵源, 亦時有見到處。余尤愛其辨夷、齊讓國, 解論語'夫子爲衛君'章, 極有卓識。"

**試筆一卷**

惟蘇軾一跋, 凡猥殊甚, 決非軾語, 或刊是書者所依託歟?

案陸氏藏書志有宋刊本, 亦載是跋, 無以見其凡猥殊甚, 特不甚經意耳。

**捫蝨新話十五卷**

史繩祖學齋佔畢稱其字子彙, 蓋有兩字。善, 羅源人, 學齋佔畢稱福州, 蓋舉其郡名也。其書考論經史詩文, 彙及雜事, 別類分門, 頗爲宂瑣, 持論尤多踳駁。大旨以佛氏爲正道, 以王安石爲宗主, 故於宋人詆歐陽修, 詆楊時, 詆陳東, 詆歐陽澈, 而詆蘇洵、蘇軾、蘇轍尤力, 甚至議轍比神宗於曹操。於古人詆韓愈，詆孟子，誤讀論語，甚至謂江西馬師在孔子上，而於周邦彥諛頌蔡京之詩，所謂"化行禹貢山川外，人在周公禮樂中"者，則無譏焉。善，南北宋間人，其始末不可考？觀其書顚倒是非，毫無忌憚，必紹述餘黨之子孫，不得志而著書者也。

陸氏藏書志有明刊本潮溪先生捫蝨新話十五卷，並載無名氏序云："陳善字子兼，福州羅源縣人，紹興間爲大學生，所與游者天下名士，時秦檜當國，子兼慷慨言論，慕何蕃、陳東之爲人，嘗力詆和議爲非是，不徇俗俯仰浮湛，有司心雅惜子兼，畏權臣，卒不敢取。所居有小溪，與潮合流，因自號曰潮溪。嘗隨圍城中，有談新話者，子兼因與謂言，而不知其爲子兼也，遂得脫然。"提要所見本似無此序。又載黃丕烈手跋云："隨取津逮中本略爲對勘，亦覺此刻居前，稍勝毛本，而潮溪先生小傳，惟此猶存，洵善本也。"據此，則是序當卽小傳。 李慈銘荀學齋日記壬集下云："此書提要極詆之，謂'顚倒是非毫無忌憚，必紹述餘黨之子孫不得志而作'，又謂'葉夢得避暑錄話，雖陰抑元祐，而曲解紹聖，至深斥蘇洵辨姦論，然終怵於公論，隱約其文，不似陳善黨邪醜正，一槪肆其狂詆。'見避暑錄話提要。今平情閱之，其中雖頗言元祐之務反荆公所爲，及言荆公晚年刪定字說，貫串百家，語簡意深，今晚生小子，亦隨例譏評，厭讀其書，非獨不喜新法也。又舉山谷和張文潛詩曰：'荆公六藝學，妙處端不朽，諸生用其短，頗復鑿戶牖，譬如學捧心，初不悟己醜'，謂'元祐諸公惟此一人議論稍自近厚'，似爲紹述餘黨，然其他言'荆公新經穿鑿，其書經新義意在規諷二蘇，至大誥篇則幾乎駡'，又言其'新經、字説，多用佛語'，又言'荆公經術、東坡議論、程氏性理，三者各立門戶，末流皆不免有弊'，是亦持平之論。至謂'熙寧間王荆公用事，一時字多以甫，押字多以圈，案荆公押名，石字作畫圈，如歹字，見宋人說部。時語云：'表德皆連甫，花書盡帶圈'，則直指其短矣。善爲福建人，而於紹述之呂、章諸人，皆不一及，惟兩言蔡京，皆稱蔡相，亦以紀他事及之，不一涉其行事。其於子由，雖言其作神宗御集序比之曹操，然此語當日程子門人攻蘇者屢見章疏，至謂'老蘇之辨姦論，子瞻元祐初撰贈王司空制，皆修怨之詞'，又謂'新法免役一事不可改，至今賴之'，其言皆是非之公。老蘇辨姦論，不特立言太過，文亦不高，且老蘇卒時，治平二年。荆公尚未大用，何以知其後必誤國，故昔賢以此論爲僞作，或子由兄弟欲示其父先見之明，託辭爲之，即眞出老蘇，亦是一時快其筆舌，以報荆公斥爲策士之怨，固不足爲定論。其餘推美永叔、東坡、山谷之詩文字畫，連篇累紙，惟謂'歐陽公信經廢傳，其疑繫辭、左傳皆太泥'，則正中歐陽之失。至其書區分門類，誠爲瑣屑，議論亦近卑陋，又過尊佛經，尤涉偏謬。然如謂'古人多假借用字，論語中如"孝弟也者其爲仁之本與"，"觀過斯知仁矣"，"井有仁焉"之仁，皆當作人。'又謂'論語自有章句，而說者亂之，如"祭如在"兩句，"唐棣之華"四句，"色斯舉矣"兩句，"微子去之"三句，皆是古語，孔子因而爲說，故弟子併記之，而下加“子曰”二字。又如德行顏淵一節，當連下“子曰回也非助我者也子曰孝哉閔子騫”爲一章，蓋德行四科，是當時孔門中有此科目，弟子記之，遂因而記孔子所言顏、閔於其後，以見顏、閔所以爲四科之首。“柴也愚”四句，亦是當時有此品論，其下“子曰回也其庶乎”兩節，當連此爲一章。’又言‘孟子莊暴章，惟鼓樂之樂，爲禮樂之樂，其他樂字，皆當音洛，爲悅樂之樂’，其語皆有名理，足裨經說。又謂‘堯讓天下於許由，及堯、舜讓天下於子州支伯、善卷、石戶之農，及堯之師曰許由，由之師曰齧缺，缺之師曰王倪，倪之師曰被衣，此等皆莊子寓言，其人名字，與子虛、亡是、烏有無異，而後世誤信之’，亦爲有識。”又云：“提要又詆其謂‘江西馬師在孔子上’，案此語在第十卷儒釋迭爲盛衰條，乃述王荆公轉述張文定方平之語，陳氏謂‘此等今不必論，然自馬大師後，釋門不聞有人，近世歐陽文忠公、司馬溫公、范蜀公皆不喜佛，然其聰明照了，德行成就，豈在馬大師下，惜荆公不聞此語’，是亦不以其言爲然。”

**宜齋野乘一卷**

枋字木方。 似又經删節，非原書也。

陸氏藏書志有明仿宋刊本五卷，續一卷，題江陰吳枋方才。

**碧湖雜記一卷**

此據說文“貪財曰饕，貪食曰餮”之說，似乎有理，而實膠固，說文所注，特因左傳稱貪於飲食，冒於貨賄，天下之人謂之饕餮，因而分屬立訓耳。考呂氏春秋稱“周鼎饕餮，有首無身，食人未咽，害及其身”，則饕餮本屬獸名，獸貪食有之，獸貪財則無是事，觀字並从食，其義可推，通用爲貪食之名，於理無害，不必執也。

案貪財爲饕，貪食爲餮，乃杜預注，孔疏謂“賈、服等相傳爲然”，是杜襲舊注也。至說文則並云“貪也”，無貪財、貪食之分，故其字並从食，視賈、服爲勝，不得以誣許也。呂氏春秋，見先識篇。

**志雅堂雜鈔一卷**

是編分爲九類。 其間惟論殷玉鉞一條，知元時劈正斧，亦宣和內府之物，爲他書所未載，可資考證耳。

丁氏藏書志有舊鈔本八卷，云：“是書凡藏三本：一爲蕭山王氏十萬卷樓舊鈔，一爲余集寫刊，皆分兩卷，次第紛雜，宜提要謂經後人裒綴別成也。茲鈔本分九類，卷一書，卷二史，三、四、五圖書碑帖，卷六諸玩寶器，卷七人事醫藥，卷八陰陽、算術、仙佛，洵爲清晰。”玉縉案：提要所見本亦分九類，丁說似附會，但卷數懸殊，則提要非足本也。粵雅堂本伍崇曜跋云：“元史禮樂志紀劈正斧事頗詳，故趙孟頫宮詞云：‘天步將臨玉斧來’，葛邏祿迺賢宮詞云：‘玉斧參差擁畫闌’，徐大年讀元史詩亦云：‘斧號劈正當龍顏’，均未言宣和遺物，獨陶九成輟耕錄稱‘劈正斧以水蒼玉碾造，高二尺有奇，廣半之，自殷時流傳至今者，朝會時，一人執之，立於陛下酒海之前，所以正人不正之意’，疑即本是書而較詳，則草牕宋人、九成元人故耳。而朱竹坨靜志居詩話疏徐大年詩，遂並及之。趙雲松陔餘叢考稱'所著各書，在宋人說部中最可觀，洵能文之士，而依附賈似道，卽其書可見，其曾否造膝雖不可考？而立論多爲訟寃。'今考是書，如江上奏功一條，祭器銘一條，據事直書，自可於言外見意，至刻奇奇集一條，則直謂其鋪張過實，原未嘗彌縫掩覆也。" 李慈銘桃華聖解盦日記庚集一五云："其書多言圖畫古器及類記瑣聞，中一條論道學云：'嘗聞鄉曲沈子固先生云：道學之黨名起於元祐'云云，公謹此言，蓋爲鄭淸之一輩人而發，此如霍光秉政而用丞相蔡義，王鳳秉政而尊太傅張禹、用丞相匡衡，王莽秉政而用太師孔光、大司徒馬宮，何嘗不是名儒帝師，而首施齪齪，皆爲權臣狎玩之物，故班孟堅極崇經學，而匡衡等傳贊，不因其儒宗而稍寬。公謹此書，成於元代，道學之風甚盛，而能爲是言，此是非之公也。近世一目之士，動以詆斥宋儒爲莫道之罪，亦愚甚矣。至公謹言賈似道之禍國辭直如是，而趙雲松猶謂其依附賈氏，多爲訟寃，又何其不樂成人之美也。"

**海涵萬象錄四卷**

又謂"春官大司樂，其祭祀之樂不用商聲，朱子與蔡西山俱不說出"，案周禮太師曰："皆文之以五聲，宮、商、角、徵、羽"，則周未嘗不具商聲。且大司樂曰："凡樂圜鍾爲宮"，又曰："黃鍾爲角"，乃謂黃鍾爲夷則宮之角，又曰："太簇爲徵，姑洗爲羽"，乃謂林鍾宮之徵及羽，非謂圜鍾之宮止有角、徵、羽三聲而闕商聲也，後韓邦奇苑洛志樂論之甚詳，潤玉未詳考經文也。

沈濂懷小編云："新唐書楊收傳，收曰：'上古祀天地宗廟皆不用商'云云，依收言，則古祀天地宗廟樂皆無商，漢祭雖有商聲而宗廟不用商，至章帝時始旋十二宮有商聲。推廣其說者，並謂記言佩玉右徵、角，左宮、羽，周人不用商聲，不惟祭祀，舊說皆然，若黃潤玉據志樂之說，則又自爲新義矣。"

**荷亭辨論十卷**

大抵持論詭異，攻擊朱子之說，往往過當。

丁氏藏書志有盧文弨鈔校本，並載盧跋於鍾山書院云："此書論經而兼及古今事蹟，往往多剏獲，讀之而釐然有當，間有與朱子異者，夫非好爲異也，反求之而實有不慊云。"

**眞珠船八卷**

其曰眞珠船者，陸佃詩注引元稹之言，謂"讀書每得一義，如得一眞珠船"也。案佃詩注今不傳，此據胡爌拾遺錄所引。陸以湉冷廬雜識八云："困學紀聞，'王徹之云："觀書每得一義，如得一眞珠船"，見陸農師詩注'，陳耀文正楊以爲王徹之，胡爌拾遺錄以爲元微之，案陸農師佃和孫勉教授詩，'仲舒玉杯足瑕纇，中散珠船不光彩'，自注云：'中散謂王徹之'，則陳、胡之說皆誤。"玉縉案：謝肇淛文海披沙，以此爲書名好異之一。

**七修類稾五十一卷**

如以宋李建中爲南唐人，謂謝無逸以蝴蝶詩得名，後李商隱竊其義，則以唐人而蹈襲宋人，引武陵女子金麗卿詩“梅邊柳外識林蘇”句，譏其不能守禮，出則擁蔽其面，皆極爲王士禛所詆斥，見於香祖筆記中。此外如紀楊維楨爲明太祖所召，託疾固辭，作詩縊死，則全無事實。桓溫妻我見猶憐之語，不知爲李勢妹，而但云溫娶妾甚都，則失之耳目之前。至“周公恐懼流言日王莽謙恭下士時”一詩，以爲不知姓名？必宋人所作，則幷白居易集而亦忘之。

陸以湉冷廬雜識二云：“類稾謂李商隱襲謝無逸詩句，又以西臺爲南唐李建中，香祖筆記曾訾其誤，余觀疵謬尚不止此。如隱語昉於左傳‘麥麴山芎窮’之喩，而以爲起自東方朔‘口無毛，聲警警，尻益高’。南道主人，見魏書裴延儁傳，而以爲始於唐鄭餘慶。親家翁，見隋書房陵王勇傳，而以爲始於五代李愚誚馮道。謂今之祭物衆矣，名亦工文，備述‘黍曰薌合’數語，而不知其出於曲禮。謂表德用甫字始於王荆公，而不知後漢書已有之，如袁閎字夏甫，杜密字周甫、葛龔字元甫之類是也。謂點心始於能改齋漫錄，而不知本於唐書鄭傪傳，吳氏特引其語耳。謂趙明誠爲清獻公中子，是誤以正夫爲閱道也。謂劉健今尚在，年已一百七，而考之明史，則云卒於嘉靖五年，年九十四。其他謬誤尚多，未遑悉正也。” 玉縉案：劉越石扶風歌，“在昔李騫期”，騫卽愆之通叚字，乃曰李騫期，陵耶？字耶？官耶？是幷李善文選注亦未一檢。

### 留青日札三十九卷

是書欲仿容齋隨筆、夢溪筆談，而所學不足以逮之，故蕪雜特甚。

丁氏藏書志有明刊本四十卷，云："是書一名香宇外集，間有考訂，所談掌故，亦資史志藝文之助。"

**櫱瓦三編十二卷**

是編凡讀經二卷，讀史二卷，迹訓二卷，談藝二卷，匡時二卷，紀廱二卷。

朱㻂小萬卷齋文稾有重刻櫱瓦編序云："乾隆間，僅據第三編列之存目，而初、二兩編從闕，頃八世孫錫祺，偶於坊市遇初編、二編，購歸重付剞劂，然三編轉難驟覓。書計初編十卷，二編十二卷，綜提要所載三編亦十二卷，祗三十四卷，顧郡志藝文門作四十卷，疑別有續編六卷，否則志誤耳。曰'櫱瓦'何？蓋取蒙莊之語，自謙無用，原序詳其義，故不復覼縷。"

**湧幢小品三十二卷**

是書雜記見聞，亦間有考證，其是非不甚失眞。

錢大昕養新錄云："援引古書，多有差誤，如張彪稱其妻爲鄉里，見南史，而誤以爲楊彪。王文公父名益，而誤以爲蓋。'止謗莫如自修'，魏司空王昶語，見三國志，而誤以爲文中子。宋置顯謨閣藏神宗御集，寶謨閣藏光宗御集，見宋史職官志，而誤仞寶謨爲神宗閣名。元進士分左右兩榜，蒙古色目人爲左，漢人南人爲右，今元統癸酉、至正辛卯兩科題名具在，左右榜各分三甲，犂然不紊。乃謂漢人不得居榜首，以第二爲狀元，則紕繆之甚矣。彼特見本紀及選舉志例書'廷試進士賜某某等及第出身有差'，漢人必在第二，故剏爲此說，而不悟其爲史家省文，且左右榜之分，選舉志有明文，朱亦未能細檢也。”

**焦氏筆乘八卷**

然多勦襲說部，沒其出處。

粤雅堂叢書有筆乘六卷，續八卷，伍崇曜跋云：“提要作八卷，或采進本偶殊，是書所錄醫方一卷及續錄，均注出典，而全書顧不如是，宜提要以‘多勦襲說部沒其所出’譏之，續筆支談一卷，乃專以西方直指化誘後學，幾如宗門導師，亦可駭矣。然書實淹博，似不讓楊用修、朱鬱儀。”

**棗林雜俎無卷數**

案吳氏拜經樓藏書題跋記有舊鈔本棗林外索三集，不分卷，云：“每集有目錄，談孺木先生著，首有甲午秋七月自序”，未知卽一書否？

**讀書偶然錄十二卷**

前明崇禎辛未進士，官尚寶司卿，入國朝，授光祿寺丞，官至工部侍郞。

李慈銘孟學齋日記乙集下一三云：“正揆弘光時以諭德降清，授光祿寺丞，官至工部侍郎，提要謂正揆在明官尚寶司卿，而顧亭林聖安本紀大書左、右諭德兼翰林院編修等官程正揆、李景濂、劉正宗、張居迎降。案李映碧南渡錄，正揆先官尚寶司卿，後官右諭德，是以京堂改坊局者也。”

**筠廊偶筆二卷二筆二卷**

然如“風風雨雨送春歸”一詩，向謂乃無名道士詩，此獨載爲鬼詩，劉廷璣在園雜志又考校字句，辨其是非，實則明人所刊醒世恆言傳奇中詩，不知何以譌傳至是也？亦足徵小說之不足憑矣。

李慈銘受禮廬日記上集四一云："偶筆、二筆皆僅百許則，牧仲故不讀書，所記無足觀者。其關侯祖墓碑一條，以杜撰荒唐之事而深信爲眞，壽亭侯印一條，乃不知侯所封者爲漢壽亭，尤爲可笑。又云：'壯繆非佳謚'，不知古繆穆字通，此又沿楊升菴秦穆公論之妄說也。弇陋如是，他可知矣。其體例亦甚蕪雜，在說部中最爲下乘，惟所載雪堂墨品及徐巨源友評兩則，可資談柄，萬曆補謚諸臣一條，足備掌故耳。"鄭翼謹案：壯繆非佳謚亦見湧幢小品，然王圻謚法考已作壯穆，而乾隆歉四庫館臣，猶執是以責陳壽，見提要卷首。 姚元之竹葉亭雜記云："天啓好貓，貓兒房所飼十五成羣，牡者人稱某小廝，牝者稱某丫頭，或加職銜，則稱某老爺，比中宮例關賞，見陳悰天啓宮詞，偶筆所載尙不詳。"

**居家必用事類全集十卷**

辛集中有大德五年吳郡徐元瑞吏學指南序，聖朝字俱跳行，又永樂大典屢引用之，其爲元人書無疑。

丁氏藏書志有明刊本，云："東瀛經籍訪古志著錄有元槧壬、癸二卷。"

**飛凫語略一卷**

德符字虎臣，又字景伯，又字景倩，秀水人，萬曆戊午舉人。其中多與所著敝帚軒剩語相同，疑即從剩語中鈔出者。

案字里已見政書類秦璽始末下，此重出。又此書十八條，實即野獲編卷二十六之玩具一門，提要未見野獲編，因以爲從剩語中鈔出矣。

**臥游錄一卷**

前二十一則,全錄劉義慶世說新語,次十八則,全錄蘇軾雜著及陶潛集,惟後二則不知爲誰語?其言參差不倫,了無取義,祖謙必不如是之陋,此本出陳繼儒普祕笈中,殆明人依託也。

瞿氏書目云:"此書見陳氏書錄,謂成公晚歲病廢臥家,取史傳所載古今人境勝處錄之,而以宗少文臥遊之語寘之卷首,亦見公弟監倉子約所作公年譜,爲公臨歿時作。"據此,則祖謙實有臥遊錄一書,但決非此本。

**忍經一卷**

永樂大典本。

丁氏藏書志有元刊本,云:"此雖闕馮序,而後有正統二十四年鄭季文重整字跡,其爲明卿原刻無疑",是尚有原書也。

**瑯嬛記三卷**

舊本題元伊世珍撰,語皆荒誕猥瑣,書首載張華爲建安從事,遇仙人,引至石室,多奇書,問其地,曰"瑯嬛福地也",注出元觀手鈔,其命名之義,蓋取乎此。然元觀手鈔,竟亦不知爲何書?其餘所引書名,大抵眞僞相雜,蓋亦雲仙散錄之類,錢希言戲瑕以爲明桑懌所僞託,其必有所據矣。

俞正燮癸巳存稾瑯嬛記識語云:"此三卷,是順治年間寫本,署元伊世珍撰,其文皆市井機鋒挑激,相傳明常熟桑悅造,其書明末始出,常熟毛氏刻津逮祕書,近張君海鵬刻學津討源、墨海金壺、借月山房叢書甚精,而兼及此書,蓋以其爲常熟狂士。今覽其書，引姚鷟尺牘、周達觀誠齋雜記言唐女子足小事，又郭霄鳳江湖記聞言石尤風事，文筆冗俗，如出一手，又'嫏嬛'二字不可解？所造嫏嬛福地事，不涉女子，似嫏嬛字皆當从玉，謂琳瑯環之，字匠筆誤从女，好奇者因而不革耳。"玉縉案：俞所見寫本瑯亦从女作嫏，與提要本異。

**勸善書二十卷**

永樂大典本。

丁氏藏書志載明刊小字本，有永樂三年御製序，五年趙王高燧後序，末又有邱福等謹上啓、胡廣謹撰二條，俱署全銜，是尚有原書也。

**君鑒五十卷**

而自二十九卷及三十五卷，皆紀明祖宗之事，則用范祖禹帝學例也。

丁氏藏書志有明內府刊本，云："卷一至二十八卷，自三皇伏羲歷五帝、夏、商、周、兩漢、蜀漢、西東晉、南北朝、唐、五代、宋、金、元迄仁宗，二十九卷至三十五卷，則述太祖、太宗、仁宗、宣宗四朝，皆善可爲法者也。卷三十六至五十，則自夏之太康歷商、周、秦、漢、兩晉、南北朝、隋、唐、五代、宋、遼、金，元之順帝，皆惡可爲戒者也。仍援臣鑒之例耳。"提要語太簡，得此乃明。

**景仰撮書一卷**

明王達撰。

丁氏藏書志有明初刊本，云："此書一名尚論篇，明初刻本，黄蕘圃後記云：'景仰撮書世不多傳，達亦不塞爲何時人？卷中遇宋太宗、仁宗及敕字皆提行，似著書者爲宋人。'案蕘圃疑達善爲宋人，固誤，豈達善録宋人書，其後人誤爲達善所自著歟？無序無跋，靡所折衷。"

**爲善陰騭十卷**

明永樂十三年官撰頒行。

丁氏藏書志有明刊本，云："永樂十七年三月十三日敕刊頒行。永樂自壬午陷南都，癸未遷都北京，十七年歲次己亥，是書成後五年甲辰，崩於塞外。當靖難師成，誅戮忠良，千載而下，有餘慟焉，爲是書者，其有感發斯民之心乎？抑有暮年懺悔之意乎？"據此，則十三爲十七之誤。

**灼艾集八卷**

不著撰人名氏，書前亦無序例，據高儒百川書志云："九沙山人萬表灼艾時所集也。"表有海寇議，已著録，是編凡分正、續、餘、别四集。

丁氏藏書志有明刊本，題四明萬表選集，分灼艾集、續集、餘集、新集，蓋别一刻。

**歷代小史一百五卷**

不著編輯者名氏，首有沔陽陳文燭序，稱侍御李公所集而中丞趙公刻之，皆不著其名字里籍，不知爲何許人也？

孫星衍廉石居藏書記云："明李栻輯録路史而下至明代諸家所紀，種各一卷，皆節其文者，殆陶氏説郛之類歟？"

**智品十三卷**

明樊玉衡撰。

盧弼四庫湖北先正遺書札記云:“案湖北通志云:‘樊玉衡撰,存目作玉衡,蓋刊誤,千頃堂書目作樊衡玄智品十三卷,亦誤。’案玉衡字玄之,千頃堂書目或因此譌寫。”

**稗史彙編一百七十五卷**

而輾轉稗販,虛列其名者居多,如三輔決錄、吳錄、三齊略記、太原記、湘中記、雞林志、申子、尸子之類,圻雖博洽,何由得見全帙?又卷首雖列書名,卷中乃皆不注出處,是直割裂說部諸編苟盈卷帙耳。

虞兆漋天香樓偶得云:“類書所鈔纂者必詳出自何書?方可令覽者參考,觀稗史彙編一書,不能一一明注所出,至有以古人所稱余者,儼若纂者自稱,古人所稱是時者,儼若纂者之時,甚可怪也。”

**愧林漫錄十卷**

是編成於崇禎丙子,雜鈔諸儒之言,分爲學問、居心、規家、酬世、在位、積德、讀書、究竟、攝生、依隱十篇,儒、墨兼陳,蓋林居時錄以自警,大旨歸於爲善而已,非辯別學術之書也。

王應奎柳南隨筆云:“媿林云者,公之自號,蓋取內典‘慚媿林’之義也。其自序識歲月爲崇禎丙子仲秋,越十五年而公留守桂林,以身死國,媿與桂同音,自號實爲之讖,亦奇矣哉!”玉縉案:前說是,後說鑿。

**廣百川學海無卷數**

舊本題明馮可賓編,可賓,益都人,天啓壬戌進士。是編於正續百川學海之外,捃拾說部以廣之,分爲十集,以十干標目,然核其所載,皆正續說郛所有,版亦相同,蓋姦巧書賈,於說郛印版中抽取此一百三十種，别刊序文目録，改題此名，託言出於可賓也。

錢泰吉曝書雜記中云："左圭百川學海，四庫總目雜家類雜纂之屬未收，蓋其所輯百種多已分録其目矣，附存目中但録廣百川學海者，辨其託名馮可賓所編也。"

**五子纂圖互注四十二卷**

士离爵里無考。其於文中子則並無互注。至老子之首列三圖：一曰混元三寶，一曰初眞内觀靜令，一曰金丹。

吳氏拜經樓藏書題跋記有宋本纂圖互注文中子十卷，云："前有文中子纂事世系年表一篇，題河汾肄子王壬"云云。又有老子二卷，云："卷首序題太極左仙公葛玄造。"陸氏儀顧堂續跋云："前有景定改元龔士卨六子全書序，葛玄道德經序，初眞之圖，金丹之圖，老氏聖紀圖，混元三寶圖，是有四圖，非三圖。"陸氏又云："所稱解曰者，不著作者姓名，乃出林希逸鬳齋老子口義，希逸，福建人，士卨，亦福建人。"

**昭代叢書一百五十卷**

國朝張潮編，潮字山來，徽州人。是編凡甲、乙、丙三集，每集各五十卷。

案是編成於康熙間，又有丙集，乃與其弟漸同編者，當時亦付刊，今本則丁至辛七集，乾隆間，震澤楊復吉續輯，壬、癸二集，及甲至辛八集補編，道光間吳江沈楙悳增輯，仍彙入各集。雖間有要書，而大致國朝小品居多，其原編之太纖瑣者則另入别集。漸字進也，復吉字列歐，楙悳字翠嶺。

# 四庫全書總目提要補正卷四十

## 類書類

### 編珠二卷補遺二卷續編珠二卷

或明人所依託，士奇偶未審歟？

李詳媿生叢錄云："編珠自昭德晁氏、直齋陳氏皆未著錄，故提要頗具疑詞，余檢覈杜氏自注所引，皆無異書，疑是後人僞撰，文恪蓋爲朱竹垞所惑也。曝書亭集杜氏編珠補序，言是書余獲自中簿，手鈔以歸，詹事錢唐高君按其目補之。"

### 藝文類聚一百卷

葉大慶考古質疑，論其正月十五日有蘇味道夜遊詩，洛水門有李嶠游洛詩，寒食門有沈佺期、宋之問詩，四子皆後人，歐陽安得預編之，則傳寫又有所竄亂，非盡詢等之舊也。　彭叔夏文苑英華辨證，亦摘其引梁君射白雁事，云出莊子，莊子無其語，則皆中其失。

瞿氏目錄有明刊本，云："陳子準以馮己蒼校宋本訂正脫譌。馮云：'八十五至八十七三卷中，宋本亦雜亂無緒。'

陳云:'似有後人增入處,非率更原書也。'" 李慈銘桃華聖解盦日記云:"類聚引莊子梁君射白雁事,案此與新序雜事篇二所載大略相同,太平御覽三百九十人事部,引此亦作莊子,困學紀聞卷十載莊子逸篇三十九條,此事亦據類聚、御覽諸書輯入,是本不誤,而提要乃據辨證云'莊子無其語',謂'所摘中其失',以是知考據之難也。"

**北堂書鈔一百六十卷**

玉海云:"二館舊闕書鈔,惟趙安仁家有本,眞宗命內侍取之,手詔褒美",蓋已甚珍其書矣。此本爲明萬曆間常熟陳禹謨所校刻。

案趙安仁事,亦見宋史本傳。張氏及陸氏藏書志並有明鈔本一百六十卷,張云:"此本係永興原本,未經陳氏增删竄亂者,分甲、乙、丙、丁、戊、己、庚、辛、壬、癸十册,卷一百三十九車總載篇,卷一百五十八至一百六十穴、泥、沙、石四篇,俱係大字無注,與全書異,陳氏改從一例,立題分注,遂使原本面目不復可識,且所增補或羼入五代十國事,更失限斷,藏書家每以不得一覩原書爲恨。今細核陳氏之書,大約原書所引之句與題不甚協者則删,絕無文義可通者則删,其書人人習讀無所用注者則删,其書世無傳本不復可校者則删。或改引他書,如謝承、袁山松等後漢書,則改引范蔚宗書,十八家晉書,則改引房玄齡書是也。有原本正文而改作小注者,有原本小注而改作正文者,有陳氏所增而未注補字者,有元書所有陳氏稍加增改而注補字者,攙亂删改,不可枚舉。"陸氏儀顧堂集有跋云:"嚴氏可均謂江、浙有書鈔原本五：一爲孫淵如本，一爲季滄葦古唐類範，即朱竹垞大唐類要本，一爲張月霄本，一爲汪小米本，一則嚴氏所有也。此本前明舊鈔，又在嚴氏所見五本之外。”

**初學記三十卷**

李匡乂資暇集則曰：“初學記月門，以吳牛對魏鵲，魏鵲者，引曹公歌行‘月明星稀烏鵲南飛’爲據，斯甚疏闊，漢武秋風辭云：‘草木黄落兮雁南歸’，今月門既云魏鵲，則風事亦可用漢雁矣。若是採掇文字，何所不可，東海徐公碩儒也，何乖之甚”云云，其説頗是。

陸以湉冷廬雜識四云：“揚子雲十二州箴，冀、兗、青、徐、揚、荆、豫、益、雍、幽、并、交是也，初學記所載多涼、潤二州，其潤州箴云：‘蔣廟鍾山，孫陵曲衍，江寧之邑，楚曰金陵，吳、晉、梁、宋，六代都輿’，此皆漢以後事，豈得謂子雲所作，徐公碩儒，當不若是之舛，或其書爲後世妄人所增，有是誤耳。”

**元和姓纂十八卷**

觀樵姓氏略中，譏寶作姓纂，而不知林姓所自出，則藝文略中，本作林寶可知也，焦竑國史經籍志亦因之作李林寶，誤之甚矣。其論得姓受氏之初，多原本於世本、風俗通，其他如世本、族姓記、三輔決錄以及百家譜、英賢傳、姓源韻譜、姓苑諸書，不傳於今者，賴其徵引，亦皆班班可見，鄭樵作氏族略全祖其文，蓋亦服其該博也。但寶以二十旬而成書，援引間有譌謬，且當矜尚門第之時，各據其譜牒所陳，附會攀援，均所不免。觀白居易集自敍家世，以白乙丙爲祖，而云出自白公勝，顚倒時代，悖謬顯然，其他可知。洪邁容齋隨筆稱元和姓纂，誕妄最多，蓋有由也，然於唐人世系則詳且核矣。書至宋已頗散佚，故黃伯思東觀餘論，稱得富弼家本已闕數卷，陳振孫書錄解題，亦稱絕無善本，僅存七八。此本在永樂大典中，皆割裂其文，分載於太祖御製千家姓下，又非其舊第，幸原序猶存，可以考見其體例，今仍依唐韻，以四聲二百六部次其先後，又以宋鄧名世古今姓氏辨證所引各條補其闕佚，仍釐爲一十八卷。

王應麟困學紀聞十四云："林寶元和姓纂十卷，自皇族之外，各依四聲類集，每韻之內，以大姓爲首，鄧名世謂稍能是正數十條，而齊、秦之屬，亦所未暇，至鉏邱、茅夷，指爲複姓，又不勝其謬，鄭樵謂寶不知自姓所由來"，翁元圻注，引鄧名世古今姓氏書辨證卷四齊下，卷六秦下，卷十一茅夷下以證，又引姓纂卷五林殷云云，及通志氏族略，謂林氏出自姬姓云云，以爲與林寶所云不同，故鄭氏譏之。又引王穀睦曰："今所傳姓纂、姓氏辨證，皆從永樂大典錄出，不全之本，鉏邱一姓，兩書皆闕，鄧氏於齊駁姓纂姜姓之非，其文亦多闕佚，於秦明出自姬姓，而不辨姓纂嬴姓之說，意有佚文，所云是正數十條者，俱不可得而考證矣。"玉縉案：此皆讀是書者不可不知也。又賀鑄慶湖遺老詩集自序，"據謝承會稽先賢傳，謂賀本王子慶忌之後，姓纂臆謂慶封後，非是。"此亦足正姓纂之失。 張澍養素堂文集姓氏論下云："東平陵之終氏，謬爲陸終氏；吳壽夢之子蹶由，謁爲周人姓厥名由；列禦寇姓列也，而以列禦爲複姓；落下閎姓黃名閎也，落下乃巴郡地名，而以爲複姓，此類殆不可枚舉。” 沈濤十經齋文集有書是書後云：“元和姓纂，見唐書藝文志，今已失傳，孫淵如從永樂大典中採輯成書，後用鄭樵通志氏族略、王應麟姓氏急就篇、謝枋得祕笈新書所引校補之，然猶有未備者，偶閱趙明誠金石錄及羅泌路史，並注，中引元和姓纂，與今本異同者甚多，孫氏皆未之采，如金石錄跋尾漢梁相費汎碑，林寶元和姓纂云云，凡此皆足訂今本之闕誤，余故詳著其說於簡末”云云，文繁不具錄。

**白孔六帖一百卷**

玉海引中興書目，稱“居易採經傳百家之語，摘其英華，以類分門，悉注所出卷帙名氏於其下”，晁公武讀書志則稱“居易原本不載所出書，曾祖父祕閣公爲之注，行於世”，其說不同。然公武述其家事，當必不誤，且玉海又引中興書目，稱白居易以天、地、事分門類，爲聲偶，而不載所出，其說亦自相矛盾，蓋當代所行，原有已注出處之本，又有未注出處之本，應麟各隨所見書之耳。此本注頗簡略，亦不題注者姓名，其卽晁公所注與否？不可復考。

陸氏藏書志有北宋刊本白氏六帖事類聚三十卷，其儀顧堂題跋云：“是書原名白氏經史事類，見新唐書藝文志，六帖者，時人以爲括帖之用而名之，見書錄解題引醉吟先生墓志。衢本郡齋讀書志，‘六帖，白居易撰，凡天、地、事、物分門類爲對偶，而不載所出書，曾祖父祕閣公爲之注’，是唐本無注，而注乃公武曾祖祕閣所爲矣。案王珪華陽集晁君仲衍墓誌銘，稱‘仲衍以唐白傳所撰事類集傳者寖舛，乃參考經史一以刊是之，仍據舊目，補考摭新，別爲續集三十卷，曰類事後集’，即此書也。然自宋至今，無人知爲仲衍注者，可慨也。仲衍字子長，祖迥，父宗慤，宋史皆有傳，公武其曾孫也。”

## 蒙求集注二卷

晉李瀚撰。 “顏叔秉燭”句云：“事出毛公詩傳”，今詩傳實無此文。

黄廷鑑第六絃溪文鈔卷三書李翰蒙求後云：“蒙求一書，晁氏讀書志未載，陳直齋書錄解題兩云唐李翰撰，明顧起綸序，以爲即昌黎云作張巡傳者也，今四庫提要定作五代晉之李瀚，引李匡乂資暇及五代史桑維翰傳爲證，豈不以匡乂爲唐末時人，距元和時隔六、七十年，而去石晉時未久歟？然終有可疑者。考宋葉大慶考古質疑引李翰蒙求‘吕望非熊’一條，下文有曰：‘杜甫、李翰、白居易皆唐人也’，又宋釋文瑩玉壺清話，載李瀚事兩條，一云：瀚及第於和凝相榜下，後與座主同任學士，一云：宋太祖擒劉鋹，遣學士李瀚就尚書張昭問俘廟之儀，又王栐燕翼貽謀錄載太宗興國二年，右拾遺李瀚上書切諫云云，則瀚又嘗仕宋，未終於晉也。今以諸書觀之，則資暇所云宗人李翰，自屬作張傳之李翰，桑維翰傳之李瀚，即仕宋之李瀚，本爲二人，名字亦異。蓋所云宗人者，不過同姓之稱，不必並時，則以屬前之李翰原不妨礙，若以屬後之李瀚，則瀚作蒙求，更無他證，而匡乂爲唐僖、昭時人，既見其成書，其年齒當亦相近，自僖、昭至宋太平興國之初，相去百餘年，而瀚尚爲學士，其可疑一也。且和凝顯於五代石晉朝，瀚既出其門，後又仕宋太宗，計其人當生於五代之初，似非匡乂所云之宗人，其可疑二也。文瑩、大慶、王楙諸人，去唐、五代未遠，其言當非無據，猶今日談勝國事者不得不以國初人之言爲徵信也。聊記見聞，以附質疑之義云爾。”玉縉案：陸氏藏書志有東洋刊本蒙求三卷，題“唐安平李瀚撰注”，有李華序及天寶五年李良上表，則瀚當爲玄宗時人，李表稱前信州司馬倉參軍李瀚，李序稱安平李瀚，此據祕籍志所引。是其人爲定州安平縣人，其官爲信州司馬倉參軍也。 俞正燮癸巳存稾云：“其傳今具小雅巷伯‘哆兮侈兮成是南箕’下。”玉縉案：李慈銘桃華聖解盦日記亦及之。

## 册府元龜一千卷

內府藏本。

案陸氏有殘宋本四百七十一卷，以明季李如京刊本校之，脫文已一萬三千餘字，顚倒改竄者三卷，詳儀顧堂集北宋本是書跋，未知提要是否李本？陸跋又云：“又藏有舊鈔本一千卷，卷首題曰‘監本新刊册府元龜’，然第五百九十三卷末葉亦缺，卷五百二十顚倒，卷五百五十七改竄，卷七百三十缺文與今本同，當從南宋本影寫，則是書在南宋已鮮善本，此本雖殘，殊可貴也。”

## 事物紀原十卷

明正統間南昌簡敬所刊。 蓋後來又有所增益，非復宋本之舊。 其所考論事始亦間有未確。

陸氏藏書志有宋慶元丁巳余氏刊本二十六卷，目錄二卷。

瞿氏目錄有校宋本，云："正統間刻本，文多脫譌，友人邵朗僊以毛氏校宋本訂正。宋本作二十卷，與解題合，凡標題各類之部字，俱作門字，引宋朝會要，宋作國字，亦有作本朝者。明刊本於州郡方域門中驛字條下，脫去四條：一曰敕書樓，談苑曰：'太祖令天下置敕書樓，今天下所有是也。'一曰鼓角樓，唐百官志曰：'節度使辭日，賜雙節，行則建節立六纛，入境，州縣立節樓，迎以鼓角'，今州郡有樓以安鼓角，俗謂之鼓角樓，蓋自唐始也。一曰酒務，唐德宗建中元年制，禁人沽酒，官司置店，自沽收利以助軍費。唐制云：'正元二年，天下置肆以沽也'，通典云：'隋開皇三年罷酒坊'，則玆事起自隋前而唐復之也。一曰遞舖，蓋自三代有也，國語曰：'晉以傳召伯宗'，又吳王曰：'徒遽來告我'，注云：'徒，步，遽，傳也。'孟子曰：'德之流行，速於置郵而傳命'，皆周事也，其事自周始也。餘校定脫文羨字，不勝枚舉。" 玉縉案：毛校蓋據宋閩中刊本，詳張氏藏書志。又案：正統本爲趙弼略加刪節，成化本有李果序，乃足本，丁氏藏書志均載之，近李氏惜陰軒本，卽李本。簡敬均作閻敬，提要爲傳寫之誤。又案：撫字長民部"縣令"下云："縣令及丞，自秦孝公始"，州郡方域部"縣"下云："名縣之始，自秦孝公，陸法言切韻曰：'楚莊王滅陳以爲縣'，縣之名自此始。" 提要引宣公傳爲糾，豈切韻語已爲弼删去耶? 抑但據長民部而未詳究方域部耶?

陸氏儀顧堂集,宋本重修事物紀原跋云:"重修事物紀原二十卷,目錄分上下,慶元丁巳建安余氏刊,蓋寧宗時麻沙本也。以成化八年李果重刊閻敬本校之,大抵明本以二卷并爲一卷而稍有參差,凡宋本作門,明本皆作部,字句之間,多所異同。惟明本第七卷庫務職局部騏驥院條下,脫'周官有十二閑,蓋國馬之所也,漢末有未央廄,唐有飛龍院,國'二十一字。宋本卷十三。州郡方域部驛條之後,又脫'敕書樓、鼓角樓、酒務、稅務、遞舖'五條,總二百八十字,而誤以遞舖條末左傳'楚子乘馹'以下三十二字連於驛條之末。然宋本亦有脫落云云,論宋本者,以麻沙本爲最下,良不誣也,想閻敬所據,亦善本耳。惟宋本卷二十至謝豹止,明本目錄亦然,而書有狘、畢方、鹿蜀、猣猣、蛸蠨、犰狳、鷅七條,當是後人竄入耳。" 玉縉案飛龍院國,"國字"可疑,二十一,"一字"亦誤,俟考。

**書敍指南二十卷**

蓋若隱若顯,幾五、六百年。

丁氏藏書志有明嘉靖刊本十二卷,云:"北宋槧本,流傳絕少,嘉靖六年,御史沈松得沁水李瀚藏本,分八十三類,二十卷,刻於山西。此亦嘉靖三十七年爲四明柴通所增定,事類則益,卷帙轉損,採掇簡要,各疏出處,以供啓劄之用。"據此,則沈本當屬原本。案嘉靖丁亥黃景星刻本,李氏惜陰軒重刊。

**海錄碎事二十二卷**

閩書稱廷珪性喜讀書，每聞士大夫家有異書無不借讀，讀卽無不終卷，常恨無貲，不能盡寫，因作數十大册，擇其可用者手鈔之，名曰海錄。旣知泉州，公餘無事，因取類之，爲門七十五，爲卷二十有二，事多新奇，未經前人引用。

案此卽本葉自序，惟爲門七十五句稍異，蓋七上脫百字耳。楊守敬叢書舉要云："海錄雜事，其文多成片段者；海錄碎事，分百七十五門，其事細碎如竹頭木屑者；海錄未見事，未知故事所出者？海錄事始事，物興造之原；海錄警句圖，詩人佳句曾經前輩所稱道者；海錄本事詩，有事迹著見本詩之由，見碎事自序。碎事尙有傳鈔本行世，餘久已湮佚矣。惟碎事自序百七十五門，現存之書爲部十六，爲門五百八十四，與自序不合，何也？"

**古今姓氏書辨證四十卷**

宋鄧名世撰，而其子椿裒次之。名世字元亞，臨川人，祖孝甫，見宋史隱逸傳，卽原序所稱文昌先生者是也。椿有畫繼已著錄。李心傳繫年要錄稱紹興三年十月詔，撫州進士鄧名世赴行在，以御史劉大中薦也。四年三月乙亥上此書，時吏部尙書胡松年以其貫穿羣書，用心刻苦，遂引對，命爲右迪功郎。王應麟玉海所載亦同，惟言名世初以草澤得召，上書後始詔賜出身，充史館校勘，朱子語類又謂其以趙汝愚薦，以白衣起爲著作郎，後忤秦檜勒停，均與心傳所記不同，則未詳孰是耳？ 後椿作畫繼，亦號賅洽，殆承其討論之餘緖乎？閒有徵引譌謬者。

案陸氏儀顧堂題跋據高棐是書序、李心傳繫年要錄、陳騤中興館閣錄、朱子語類、西江人物志、淩稚隆萬姓統譜諸書，考其事跡甚詳，而終之曰："繫年要錄六十九稱撫州進士鄧名世，卷七十四又稱草澤鄧名世，中興館閣錄亦稱以草澤上殿，則前之稱進士衍文也，非不同也。其由草澤召對出於劉大中之薦，要錄、玉海皆同，其遷著作佐郎，或出於趙汝愚之推轂，其歷官初授右迪功郎，終於著作佐郎，要錄、玉海與朱子語類似異而實同也。至晝繼乃雙流人鄧椿字公壽所纂，名世之子名椿年，非名椿，不但里貫如風馬牛，卽名亦不同也。晝繼提要與姓氏書辨證提要兩歧，當從晝繼提要爲是。" 鄭翼謹案：萬姓統譜淩迪知撰，迪知字稚哲，陸跋作稚隆，誤。稚隆有左傳測義，五車韵瑞，此陸氏鄉人不容不知，當是筆誤。 張澍養素堂文集十七姓氏論下云："朱元晦亟稱之，以爲熟於春秋時事，而一往謬盭，如覺鞠，書名也，而譌爲人姓，出就遬濮，匈奴部落也，而譌爲校尉遬濮，似此者不可勝摘。" 玉縉案今本無此二條，遬濮條，宋本有之，見守山閣本校勘記，濮作僕。

## 帝王經世圖譜十六卷

其書分類纂言，大要以周禮爲綱，而諸經史傳以類相附，於先聖大經大法，咸縱橫貫串，曲暢旁通，故以帝王經世爲目，其所繪畫州居部分，經緯詳明，具有條理，其所辨訂，不甚主注疏舊說，而引據博贍，亦非杜撰空談。蓋考證之學，議論易而圖譜難，圖譜之學，陰陽奇偶，推無形之理易，名物制度，考有據之典難，仲友此編，可徵其學有根柢矣。

黄式三儆居集讀唐氏九經發題云："帝王經世圖譜，四庫提要極贊之，他如封建、大小軍乘人數、明堂步筵諸說，後儒已駁之，不足以傳世。”玉縉案：發題久佚，四庫不著錄，有張氏輯本。

## 職官分紀五十卷

逢吉字彥同，富春人，事蹟具宋史本傳，前有元祐七年秦觀序，陳振孫書錄解題亦載之。考逢吉舉宋隆興元年進士，距元祐七年凡七十二年，又考朱子罷經筵直講，逢吉代講詩權輿篇，事在紹熙五年，距元祐七年凡一百三年，逢吉至寧宗朝尙官祕書監吏部侍郎知太平州，距元祐七年則一百幾十年矣。謂元祐時秦觀序之，殆謬誤也。

陸氏儀顧堂續跋明鈔本跋云：“前有元祐七年秦觀序，提要駁其謬誤，是矣，愚考淮海集亦無此文，惟所采各書及所敍官制，均至神、哲時止，徽宗以後無一字，頗疑爲北宋人作，因而徧考各書，知宋時孫逢吉有三：一蜀人，孟昶時爲國子毛詩博士，附宋史勾中正傳。一吉州龍泉人，字從之，隆興元年進士，官至權吏部侍郎，謚獻簡，宋史四百四有傳。生紹興五年，卒慶元五年，著有靜閱居士集七十卷，外集三十卷，樓攻媿撰神道碑，不字彥同，亦不言著有職官分紀。一杭州富春人，字彥同，浙江通志有傳，即著此書者。所采五代史職官志，爲薛史舊文，邵二雲輯薛史時，僅校內職一條，其餘尙未詳校。其采宋代事迹，頗有出宋史外者，亦考宋史者所當考也。余又藏有舊鈔本，校此本脫譌極多。”下舉若干事，今略之。

## 歷代制度詳說十二卷

此書凡分十三門:一曰科目,二曰學校,第三門原本闕頁,佚其標題,所言乃考課之事,四曰賦役,五曰漕運,六曰鹽法,七曰酒禁,八曰錢幣,九曰荒政,十曰田制,十一曰屯田,十二曰兵制,十三曰馬政。皆前列制度,敍述簡賅,後爲詳說,議論明切,元泰定三年刊行,前有廬陵彭飛序,稱爲祖謙未竟之書,故止於此,其或然歟?

陸氏藏書志有影宋鈔本十五卷,並載馬玉堂手跋云:"此本凡十五卷,每卷分一門,首科目、次學校、次賦役、次漕運、次鹽法、次酒禁、次錢幣、次荒政、次田制、次屯田、次兵制、次馬政、次考績、次宗室、次祭祀凡十五類,與四庫本分卷敍次,多有先後。又分門止有十三,而此本所載宗室、祀事不與焉,俱足以資考訂。"其儀顧堂續跋云:"考績門之首及錢幣、荒政兩門,亦無缺葉,乃是書完本。"丁氏藏書志有舊鈔本十五卷,云:"浦江戴殿江云:'嘗讀朱子答東萊書曰:"近日建陽印一小冊,名精騎,云出於賢者之手,此書流傳,恐誤後生輩讀書愈不成片段,雖是文學,亦當求全篇中考其節目關鍵",年譜之不入,或有感於朱子之言歟?'是宋刻初名精騎,廬陵彭氏得其舊本,目爲未竟之書,刊布以傳,當與羣書會元、截江網、源流至論同觀可耳。"

**錦繡萬花谷前集四十卷後集四十卷續集四十卷**

不著撰人名氏,前有自序,題淳熙十五年十月一日,蓋宋孝宗時人。 前集之末,獨附載衢州盧襄西征記一篇,於體例殊不相類,或撰此書者亦衢人,故附載其鄉先輩之書歟?

天一閣書目云:"宋衢人蕭贊元著,有淳熙十五年自序。"

徐時棟煙嶼樓讀書志十五云:"錦繡萬花谷編次體例,頗不甚善,其前集卷末,載衢人蕭贊元西征記一長篇,標目一記字,尤爲無謂,記凡三千六百言而全載之,且僅此一篇,余疑著書人無名氏,或即是作記之人,故以生平遊歷之記載之卷末以當自序耳,識以俟考。"玉縉案:同一懸揣,提要以作記者爲鄉先輩,此以爲自記,似較近情。

**事文類聚前集六十卷後集五十卷續集二十八卷別集三十二卷新集三十六卷外集十五卷遺集十五卷**

前集之首,有淳祐丙午穆自序,每集各分總部,而附以子目,條列件繫,頗爲賅備。每類始以羣書要語,次古今事實,次古今文集,蓋沿用藝文類聚、初學記之體而略變其例。

錢泰吉曝書雜記云:"和父爲朱子母黨子姪,嘗讀書於考亭書院,得聞緒論,故卷首即標太極之目而詳列陸子靜與朱子辨論之書,爲他類書所未有。和父嘗撰方輿勝覽,故此書不及輿地,新集、外集爲富大用編,皆詳官制,補和父所未及也。" 丁氏藏書志云:"穆字和父,此序又題伯和,豈兩字耶?別藏日本刊本,七集之外,又有雜集二卷,無撰人名氏,疑明人所增。"

**記纂淵海一百卷**

是書分門隸事,與諸家略同,惟一百卷中,敍天道者五卷,敍地理者二十卷,敍人事者六十四卷,敍物類者僅十一卷,詳其大而略其細,與他類書小異。其郡縣一部,以臨安爲首,蓋據南渡割裂之餘,而五嶺、兩川之後更及開封諸府,存東京全盛之舊,亦與方輿勝覽諸書刪淮以北不載者體例有殊，其中性行、議論諸部子目，未免瑣碎，然亦不失爲賅備也。此本刻於萬曆己卯，卷首於自牧名後，題"中憲大夫大名府知府前監察御史東魯王嘉賓補遺"字，則亦如陳禹謨之改北堂書鈔，已非自牧之舊。又陳文燧序，稱其先世求之閩、蜀，得其前編，周流吳、越，復購後編，此本不分前後編，蓋復經合併，益失其眞。

瞿氏目錄有宋刊本一百九十五卷，云："題金華潘自牧編，前有自序。卷一至三十六爲論議部，卷三十七至七十九爲性行部，卷八十至卷百一爲識見部，卷百二至百十一爲人倫部，卷百十二至百十五爲人道部，卷百十六至百二十一爲人情部，卷百二十二至百三十五爲人事部，卷百三十六至百三十七爲人己部，卷百三十八爲物理部，卷百三十九至百四十五爲敍述部，卷百四十六至百四十九爲接物部，卷百五十至百五十三爲問學部，卷百五十四至百五十六爲言語部，卷百五十七至百五十九爲政事部，卷百六十至百六十五爲名譽部，卷百六十六至百七十爲著述部，卷百七十一至百七十五爲生理部，卷百七十六至百七十九爲喪紀部，卷百八十至百八十二爲兵戎部，卷百八十三至百八十五爲釋部，卷百八十六至百八十八爲仙道部，卷百八十九至百九十五爲閫儀部，每部又有子目，總千二百四十有六門。案是書詳於纂言，不主紀事，與他類書異。明萬曆中重編百卷本，增入天文、地理、物類各部，顚倒次序，盡失原書之舊。卽所存原本各部中亦多闕失，如論議部'憎人及胥門'下，脫去'衆口難調'一門，性行部'反覆門’下，脫去‘面是背非’一門，‘絕物門’下，脫去‘徑直’一門，問學部‘代筆門’下，脫去‘醇正’一門，其‘生理部’易爲‘民業部’，‘園池門’下，脫去‘李氏園’一門，閫儀部‘悼亡門’下，脫去‘哀挽’一門，其每部中脫失全文字句尤不可稱數，潘氏原序亦未載，今備錄其文”云云。玉縉案：原序有“爲部二十有二，爲門一千二百四十有六，合一百九十五卷，總八十萬言”等語，末稱“嘉定己巳九月朔從事郎新差充福州州學教授潘自牧序。”

**名賢氏族言行類稾六十卷**

定，建安人，仕履無考。然於有宋一代紀述頗詳，其人其事，往往爲史傳所不載，頗足以補闕核異。

陸氏儀顧堂續跋明鈔本跋云：“福建通志職官志，章定，嘉泰四年以承務郎知仙遊縣，嘉定己巳，上距嘉泰四年僅五年，時代相合，當卽其人，所載多五代以前事迹，宋以後采錄寥寥，自序謂‘文籍不備，多所遺缺’，良不誣也。”

**羣書會元截江網三十五卷**

前有至正七年東陽胡助序。

陸氏藏書志有明弘治刊本，並載胡煦序，末稱至正四年戊寅，考至正四年爲甲申，七年爲丁亥，皆非戊寅，而元刊玉海亦有胡煦序，爲至元四年戊寅，其結銜正同，知兩序同作於順帝至元四年也。“正、七”二字誤。瞿氏目錄有元刊本通用啓劄截江網六卷，專載慶壽一門，云“當出一人所撰”，陸志作七十四卷，云“宋熊晦仲撰。”

**全芳備祖前集二十七卷後集三十一卷**

宋陳景沂撰，號肥遯，天台人，仕履未詳？是書前有寶祐元年韓境序，據序所言，此書於理宗時嘗進於朝，其事亦無可考。後集第一卷至八卷爲果部，十卷至十二卷爲卉部。

勞氏碎金卷中有是書鈔校本，題“江淮肥遯愚一子陳景沂編輯，建安祝穆訂正。”勞權云：“後集卷廿二又廿七引錦繡萬花谷，提要說未的。”又云：“據韓境序，此書出萬花谷後。”陸氏藏書志有舊鈔本，並載寶祐丙辰自序，末稱“江淮肥遯愚一子”，似“肥遯”非即其號，又其書後集一卷至九卷果部，十卷、十一卷卉部，十二、十三卷草部，提要脫九卷。

## 山堂考索前集六十六卷後集六十五卷續集五十六卷別集二十五卷

內府藏本。

瞿氏目錄有元刊延祐小字巾箱本，云：“前集六十六卷，其目：六經諸子、諸經、諸子百家、韻學、字學、諸史、聖翰、書目、文章、禮、禮器、樂、律呂、曆數、天文、地理凡十六門；後集六十五卷，其目：官制、官、士、兵、民、財、賦稅、財用、刑凡九門；續集五十六卷，其目：經籍、諸史、文章、翰墨、律呂、律曆、五行、禮、樂、封建、官制、兵制、財用、輿地、君道、臣道、聖賢凡十七門；別集二十五卷，其目：圖書經籍、諸史、禮樂、曆、人臣、士、財用、兵、夷狄、邊防凡十門。案其標目分合，與四庫本絕異，當是俊卿舊第也。”玉縉案：陸氏儀顧堂續跋元槧本跋云：“以明正德戊辰劉洪慎獨齋刊本互勘，頗有刪削移易處，此爲初刊祖本，勝慎獨遠甚”，然則提要所據，殆劉本歟？

**源流至論前集十卷後集十卷續集十卷别集十卷**

履翁字吉父，不知其里貫？疑亦閩人也。

丁氏藏書志有元大德丁未本，張氏及陸氏藏書志有元延祐丁巳本，其别集並題前進士三山黄履翁吉父編，並載嘉熙丁酉自序，亦同此稱，則爲閩人無疑。陸氏儀顧堂題跋云：“履翁，寧德人，紹定五年進士，以林坰所輯源流至論未備，復爲彙輯别集十卷，見閩書”，是其事蹟亦具閩書，不解提要何以知有駉不知有履翁也？瞿氏目錄亦有元刊本，云：“吉父與德頌同爲三山人，亦同時，故既序其書而復補作别集，明刊本以前集、續集互倒，且於太極論前增太極圖及朱子太極圖解，全失原本之舊矣。”

**玉海二百卷附辭學指南四卷**

案明貝瓊清江集有所作應麟孫王厚墓誌，稱應麟著玉海，未脱稾而失，後復得之，中多闕誤，厚考究編次，請於閫帥鋟梓，幷他書十二種以傳，據此，則諸書附梓，實始於元代，惟瓊稱慶元初刻之時附書十二種，而今爲十三種，慶元刊書原序，亦言公書鋟於郡學者凡十有四，玉海其一，則十三種爲不誤，或清江集傳寫之譌歟？

陸氏藏書志有元刊本，載牒文及各序，並載厚孫跋，詳敍失而復得及又刊詩考諸書。今數之，凡十三種，是貝所爲墓誌實本此，二蓋三之誤耳。應麟孫名厚孫，提要厚下脱孫字。儀顧堂續跋云：“至元三年，乞里不花爲浙東道宣慰使，據國子學博士趙承德呈請，刊於慶元路學，至正九年，阿殷圖爲總管，修補六萬字，始成完書。明初版歸南京國子監，正德元年，缺五十餘版，二年，缺二百餘版，續修至萬曆止，而元刊十不存一，其存者多模糊不能辨，又缺二百餘葉，亦未補完，乾隆中，康基田爲江寧布政司使，以萬曆本重刊，缺葉如故，此本元刊元印，無一缺葉，杭州書局重刻，姚蓮槎主政就皕宋樓校對補完，三百年後，復見完書，賴有此耳。"玉縉案：今人皆重康本而忽浙本，特錄此。

## 姓氏急就篇二卷

每句之下，各注其受氏之源，與歷代知名之士，必一一標所據之書，尤爲詳密。其跋亦作韻語，舊本遂誤合於正文，考應麟所作爾雅翼序即用此體。

張澍養素堂文集十七姓氏論下云："如僖姓出黄帝之子孫，而以爲出曹之負羈，伊姓本於堯時伊長孺，而以爲始於殷之陟奮，如此者不可更僕數。"案玉篇自跋，"余幼好奇，耕獵詞圃"云云，亦用此體。陸氏儀顧堂續跋元槧本跋云："自序雖有韻語，在卷下後别爲一葉，版心刊'姓氏急就篇題辭五十一上'十一字，未知何故？俗本連屬正文尤非。"

## 韻府羣玉二十卷

案黄虞稷千頃堂書目云："陰幼遇一作陰時遇，字時夫，奉新人，數世同居，登宋寶祐九經科，入元不仕，其兄中夫，名幼達。"據此，則時夫乃幼遇之字，而中夫又時夫之兄，與世所傳不同，當必有據，然舊刻皆題其字，未詳何義也？　曹安讕言長語亦曰:“韻府羣玉亦收之博矣,其中正要緊者漏之,如足字欠管寧濯足,栅字欠青溪栅,蘇峻攻青溪栅,卞壼拒之,高熲殺張麗華於青溪栅,二字尙失之,則其他可知也”云云,今以欽定佩文韻府考之,陰氏之所漏寧止於是,安之所舉,如一葉一花,偶然掇拾,未覩夫鄧林之茂蔚也。

陸氏、丁氏藏書志並有元刊本,題“晚學陰時夫勁弦編輯,新吳陰中夫復春編注”,據此,則時夫、中夫,當是其名。又佩文韻府誠爲鄧林之茂蔚,然足字仍缺管寧濯足,栅字雖有青溪栅,而高熲殺張麗華事仍未載,使曹安有知,恐將反脣相稽矣。

**排韻增廣事類氏族大全二十二卷**

蓋元人所編次。

陸氏儀顧堂續跋元槧本跋云:“分甲至癸十集,不分卷,癸集末夾谷姓下,注曰:‘大金支裔’,其爲元人所撰無疑。”丁氏藏書志有明萬曆刊本二十八卷,云:“以韻排姓,以姓綴人,以人著傳,合一百九十三姓,計千八百九十一家。”

**荆川稗編一百二十卷**

是編義例,略仿章如愚山堂考索,薈萃羣言,區分類聚。

錢泰吉曝書雜記云:“唐荆川有左編以纂史,右編以紀言,文編以錄文,稗編以類事,左編梓於浙西,右編梓於閩中,茅鹿門撰稗編序,謂胡公宗憲、姜公寶所刻也,今皆罕見。四編中要以稗編爲最,羅列藝文,無所論纂,雖不及山堂考索之精核,亦考古者所必資矣。”

## 萬姓統譜一百四十六卷附氏族博考十四卷

其書以古今姓氏分韻編次，略仿林寶元和姓纂，以歷代名人履貫事蹟，案次時代分隸各姓下。又仿章定名賢氏族言行類稾，名爲姓譜，實則合譜牒、傳記而共成一類事之書也。

李慈銘祥琴室日記六八云："凡一百五十卷，其書分韻編次，先常姓，後希姓，每姓下先注郡望五音，及所自出，而後依時代分列人物，至明萬曆朝而止，其希姓雖乙科、丞、尉亦備錄之。其書失於過繁，厖雜牴牾，固難悉數，又不講字學，時病舛譌，然臚載詳盡，考姓氏者，莫便於是書，所列明嘉、隆以前人尤詳，多足補明史所未備。其前冠以氏族博考十四卷，分姓氏總論、氏考、氏源、氏案、氏目、字辨、譜系、事實、譜籍、族望、世家、附錄十二門，亦多有資考證，迪知字稚哲，由工部員外郎出爲知府，致仕歸，有自序，及王世貞、吳京字朝卿，烏程人。兩序。"鄭翼謹案：鄭堂讀書記據原刊本有王世貞、王穉登二序。玉縉案：提要於左國腴詞下但稱官至兵部員外郎，李說足正其誤，惟云書凡百五十卷，非。翁方綱復初齋集金壇蔣氏三世合傳云："蔣驥謂萬姓統譜有複有漏，因別條次之，曰姓本，曰封國，曰氏別，曰姓氏合併，曰代北姓，曰遼、金、元姓，曰改氏，曰無徵，凡百八十卷。"玉縉案：蔣書未見，驥字勉齋，即拙存老人衡之子。

## 御定佩文韻府四百四十四卷

考王掞等恭製韻府拾遺序，有曰："佩文韻府書成，卷帙一百有六，聞諸臣分纂之時，每繕初稾，先呈御覽，我皇上十行並下，點摘闕遺，舉凡六經奧義，詁訓之所難通，四部僻書，衷梨之所未録，莫不親加批乙，宜付諸臣，再三稽考。”

顧堃覺非盦筆記七云：“韻府‘押’字下收‘行押’，引北史崔浩傳云云，今檢浩傳，乃是‘行狎’，从犬不从才，作狎爲是，从才非也。浩傳稱‘弘善草隸，爲世模楷，行狎特盡精巧’，乃謂浩父弘也，而韻府改云‘范陽盧弘’，此甚可笑。當日纂修諸公，讀書鹵莽如此，推此一事，其他譌謬誤人者可勝道哉！”玉縉案：如斯巨帙，自不能無譌誤，惟欲檢尋出處，或援引故實，頗便初學，特仍當考原書耳。此書雖有拾遺，而缺漏尚多，每韻下固各以四部爲次，而三禮先記次周、儀，所未喻也？

讀書紀數略五十四卷

其書分天、地、人、物四大綱，天部分子目四，地部分子目十，人部分子目二十九，物部分子目十一，凡諸書所載故實有數可紀者，各以類從，大抵以王應麟小學紺珠、張九韶羣書拾唾爲藍本，而稍摭宋、元、明事附益之，較二家之書頗爲賅備，每類先標目錄，亦較二家之書爲易檢尋。

李慈銘桃華聖解盦日記丙集二集四六云：“分天、地、人、物四部，自理氣至草木凡五十四類，前有陳相國廷敬、王尚書鴻緒兩序，夢仁進書、進書式、進書版三表及凡例，其成書時，夢仁年已七十七矣。雖較王氏小學紺珠增輯爲多，而王氏學有根柢，即緒餘所記，亦自條理秩然，夢仁全以王氏爲先河，而庬雜牴牾，錯謬疊出。偶取其人部族望類訂之，如‘六人一品’一條下，‘崔邠、鄲爲禮部吏部，酆司農卿，郇大理卿，鄯右金吾將軍，郾相宣宗。’考舊唐書崔邠傳云:'昆弟六人,仕官皆至三品,邠、郾、鄲三人知貢舉,掌銓衡,冠族閥望,爲時名德,邠終於太常卿,正三品。贈吏部尚書;亦正三品。鄯官太子詹事,正三品。轉左金吾衞大將軍,亦正三品。贈禮部尚書;亦正三品。郾終於浙西觀察使,唐代諸道節度觀察使,猶明及國朝乾隆以前之總督、巡撫,無專品,而唐制節度、觀察皆兼上州刺史,爲從三品。贈吏部尚書;正三品。鄲由太常卿正三品。同中書門下平章事,加中書侍郎,正三品。門下中書侍郎,本正四品上階,代宗大曆二年升。相文宗、武宗,卒於西川節度使;郇大理卿;從三品。酆司農卿,從三品'。皆見新唐書宰相世系表。小學紺珠作'六人三品'本不誤,而下又系之曰:'邠、郾、鄲凡爲禮部五,吏部再',此語本於新唐書崔邠傳,謂'邠、郾、鄲三人,凡五爲禮部侍郎,再爲吏部侍郎也',夢仁誤去'郾'字及'五字',又誤以'再'字指邠、鄲兩人皆爲禮部、吏部,不知唐制六部侍郎止正四品上階也。鄲相文宗、武宗,紺珠誤以爲相宣宗,夢仁又誤以鄲爲郾,是全不知檢對本書者矣。中山五王一條下,注云:'水經注王莽子興生五子,並隱居涿郡,光武封爲五侯',考此出水經 易水篇,注云:'昔北平侯王譚,不從王莽之政,子興生五子,並避時亂隱居'云云。小學紺珠引之,作'王譚北平侯不同王莽,子興生五子'云云,夢仁乃截去'不同'以上字,竟作'王莽子興',漢書王莽傳言'莽四子宇、獲、安、臨俱早死,所幸侍者生男興及匡,更始到長安,下詔非王莽子他皆除其罪',則莽之子孫已盡滅,安得復封,是於漢書幷不寓目矣。三世司隸一條,列鮑宣子永、孫昱，而後漢書郭躬傳載下邳趙興子峻、孫安世，三葉皆爲司隸，乃不見收。父子宰相二家一條，列韋仁約子承慶、嗣立，鄭珣瑜子覃、朗，而總注曰：'唐武后朝'，考兩唐書及唐會要韋思謙即仁約。相武后，承慶相武后、中宗，嗣立相武后、中宗、睿宗，鄭珣瑜相德宗、順宗，覃相文宗，朗相宣宗，鄭之與韋，時代懸絕，乃俱係之武后。此二條爲紺珠所無，提要言夢仁以紺珠及張九韶羣書拾唾爲藍本，案九韶明人，羣書拾唾亦名羣書備數，予未之見，夢仁凡例中以紺珠與備數並言，疑二條本於九韶之書，而夢仁亦未嘗考之後漢、兩唐等書也。又如輔佐類三元一條，於宋止列孫何、王曾、楊寘、馮京四人，此紺珠原本如此，自爲可據，後人謂唐代三元有崔元翰、張又新、武翊黄三人，然舊唐書崔元翰傳止稱進士擢第，登弘詞賢良科，三舉皆升甲第，張又新傳，亦止稱其登進士第。又宋代三元有陳堯叟、宋庠、王巖叟，然堯叟史僅稱其舉進士第一，庠舉開封、禮部試皆第一，而時當仁宗諒陰不殿試，遂以禮部試爲正奏名，此宋制如是。巖叟爲明經第一，厚齋宋人，所考自確，止舉四人是也。至金之孟宗獻，元之王宗哲，皆是三元，明見正史，而夢仁亦不數之，但續列明之商輅一人，則又疏矣。"

**別號錄九卷**

宋、金、元人共一卷，明人八卷，時彌近者彌易詳也。

案宋、金、元三朝，凡一千八百人，有明一朝，凡一千二百人，提要此語未核。其卷數之懸殊者，一但注時代，一兼注爵里耳。

## 宋稗類鈔三十六卷

國朝潘永因編，永因有讀史津逮已著錄，是書以宋人詩話、說部，分類纂輯，凡五十九門，末附搜遺一卷，以補諸門之所未備，亦江少虞事實類苑之流，惟皆不著所出，是其一失，蓋明人編輯舊文往往如是，永因尚沿其舊習也。又如異數門中盧延讓紅綾餅餡事，則上及唐末，符命門中庚申帝事，武備門中泰定間鄧弼事，則下及元時，諂媚門中徐學詩劾嚴嵩嘉定人有與同姓名者，遂改爲學謨事，併闌入明代，皆失斷限。至武備門中載狄青不祖狄仁傑、不去黥文之類，分隸亦多未允。

張宗泰所學集有跋四則，其初跋云："明金沙潘永因宋稗類鈔八卷，案永因字長吉，金壇人，著讀史津逮之潘永圜，其兄也。其書分四十九子目，搜羅宋代遺聞軼事極爲賅備，然所採率不著其出典，猶沿明代著書之陋習。如卷五文苑類，'嘗游博白之宴石山'，竟不知游者爲誰？卷八草木類，'滕處士昌祐居州東北隅'，不知州爲某州？鳥獸類'萬安軍南傍海石崖，中有道士，予謁之'，亦不知謁者爲誰？皆於著書之體有乖。考凡例稱所採之事，有幾經竄易裁節而後定者，至採一事而取其事之相類者牽連附入，亦復所在而有。竊意永因此書，其專採一書者當著其書名於每條下；其一條兼用三四出處者，則當曰右據某書某書修，庶有合於無徵不信之旨；至事後有自爲論斷者，則跳行低一格，用'稗史氏曰'云云書之，斯於體例無可議矣。”再跋云：“君範云：‘太平興國中，諸降王薨，其羣臣或宣怨言，太宗盡收置之館閣使修羣書，如册府元龜、文苑英華、太平御覽、廣記之類’，案提要類書，英華、御覽、廣記並修於太宗太平興國中，以年號名其書，若元龜則修於眞宗景德二年，至祥符六年書成，蓋非一時所修，而此爲失考矣。符命云：‘昭州山水絕佳，郡國有亭名天繪，建炎中，吕巫爲守，以天繪近金國號，思有以易之’案大金國志，天會爲金太宗吳乞買所建號，則此當作金國年號，疑脫一‘年’字。文苑云：‘紹興中，福建吳中實元美爲吳縝新唐書糾謬後序，有云：“鍼膏肓，起廢疾，杜預實爲左氏之忠臣”，案何休好公羊學，作左氏膏肓、穀梁廢疾，鄭康成乃作鍼膏肓、起廢疾以攻之，與杜預不相干涉，而妄相牽引，爲失於詳審矣。”三跋云：“潘邠老答謝無逸書云：‘昨日閑臥，聞攪林風雨聲，欣然起題壁曰：“滿城風雨近重陽”，忽催租人至，遂敗意，止此一句奉寄’，南唐詩僧賦中秋月云：‘此夜一輪滿’，至來秋方得‘清光何處無’之對，喜躍，夜半起撞鐘，二事傳誦藝林，所謂詞壇嘉話也，乃不入之詩話，而入之紕謬，配隸殊未諦當。宋詩紀事釋子類，饒節字德操，本撫州士人，爲僧名如璧，宗乘乃云如璧江西進士，饒節夾子也，夾子二字何所指？似以饒節、如璧爲二人矣。又紀事卷十九，‘陳洎亞之，彭城人，后山之祖’，卷三十三，‘陳師道字無己，一字履常’，報應類乃云：‘陳公洎之孫道履，皆以詞學爲一時聞人’，似節取后山之名與字而以爲二人者，考蘇門六君子中黃山谷有兄大臨元明，弟叔達知命，秦少游有弟秦覯少章，而晁氏門材爲尤盛，補之兄弟行有說之、詠之、沖之，並知名當世，若后山兄弟，絕不聞有以文名著者，知此所謂道履云者，亦誤。”鄭翼謹案：鐃節云云，乃墨莊漫錄誤記。又后山之兄，師黯字子直，光山令，其論學見孏眞子。師仲字傳道，將作監主簿，荆公草制，稱其文章卓煒，見荆公集。又東坡與書，稱其詩筆老思深，不意餘生，復見斯作，見坡集。是亦不讓山谷之元明、知命也。 書頤養後云：“頤養之爲義云云，今所收者率吐故納新之術，習靜安眠之方，雖有當於中散之旨，竊病其類例之過拘矣。”玉縉案：別史類存目，讀史津逮爲永圜撰，此處乃屬之永因，謬甚。

## 類書類存目

### 聖賢羣輔錄二卷

唐、宋以來，相沿引用，承譌踵謬，莫悟其非，逦以編錄遺書，始蒙睿鑒高深，斷爲僞託。

陶澍文毅公全集有是書序云：“靖節此錄，雖係僞作，究爲北齊以前人所依託，其中甄述兩漢及東、西晉書，皆非班、范史及唐人所撰之晉史也。如三輔決錄、張璠記、謝承書之類，今全書雖佚，猶散見於羣籍，以南北、六朝及唐初諸子書，並李善文選注、虞世南北堂書鈔、徐氏初學記、歐陽氏藝文類聚、太平御覽、册府元龜等書考之，大半符合”云云。玉縉案：北齊以前人依託一語，最爲扼要，蓋雖僞託而亦古書也。提要於唐以前僞書大率著錄，而此列存目，祇仰承高宗意耳。

## 標題補注蒙求三卷

而每句之下俱有評識二字,如好賢、循吏、孝義、廉介之類,卽所謂標題,蓋坊刻改竄之本,不足取也。

丁氏藏書志有明萬曆刊本,題唐李翰撰,宋徐子光補注,明顧起綸補輯,云"翰本作瀚,晉人非唐人,此明句吳顧玄言起綸以中多佳事儁語,特著標目,復署類編次,改作三卷,并自爲序,時在萬曆元年,寫刻精工,版心刊奇字齋三字。" 玉縉案:當卽此本,則非坊刻改竄也。

## 春秋經傳類對賦一卷

屬對雖工而無當於義理,其徵引亦多舛漏,前有皇祐三年自序,云"首尾貫串,十得八九",殊未然也。國朝高士奇嘗爲之注,通志堂經解亦收之,末有元至大戊申長沙區斗英一跋,稱"江陰路總管太原趙嘉山得善本,授郡庠俾鋟梓"云。

玉縉案:俞樾俞樓雜纂有左傳連珠,其卷端小引云:"徐晉卿賦數聯一韻,而不求事之相類,如第一段'欒伯獻麋郤至奉豕'之下,卽繼以'許絕太岳之禋,鄭廢太山之祀',殊爲不倫,余謂止取兩事之相類則不宜作賦,而以連珠爲宜"云云。據此,則不特義理無當,首尾未能貫串,卽體裁亦殊乖失也。

## 詩律武庫前後集三十卷

然歷代制度詳說具有條理,且刊自元人,亦有所授受,此書則徵引故實,大抵習見之事,在類書中最爲淺陋,斷非祖謙之所爲,殆後人依託也。

陸氏藏書志有宋刊本,並載今得呂氏家塾手鈔武庫一帙云云,是其不出於祖謙無疑,但提要意似以元刊非元刊爲斷,不知是書固有宋刻也。楊氏楹書隅錄有校宋舊鈔本,並載黃丕烈識語云:"宋刻前集卷一慶誕,卷二幼敏,卷三榮貴,卷四榮貴慶壽,卷五、卷六仙道,卷七聲樂,卷八、卷九、卷十釋學,卷十一文章,卷十二詩詠,卷十三、十四遊賞,卷十五贈送;後集卷一、卷二酒飲,卷三檢約、名譽,卷四才能、識鑒,卷五識鑒、恩德、書畫,卷九靈異,卷十雷雨,卷十一佳人,卷十二曠達,卷十三感慨,卷十四感慨、警懼,卷十五賢豪。"

**璧水羣英待問會元選要八十二卷**

元華亭沈子潍選。

丁氏藏書志有宋刊本九十卷,無"選要"二字,乃劉氏原帙也。

**翰墨大全一百二十五卷**

宋劉應李撰,應李自稱鄉貢進士,其里籍未詳?

瞿氏目錄有元刊本一百二十七卷,云:"凡甲集十二卷,乙集九卷,丙集五卷,丁集八卷,戊集五卷,己集七卷,庚集廿四卷,辛集十卷,壬集十二卷,癸集十一卷,後甲集八卷,後乙集三卷,後丙集六卷,後丁集八卷,後戊集九卷。"玉縉案:瞿目爲一百三十七卷,與二十五之數不合。丁氏藏書志亦有元刊本新編事文類聚翰墨全書一百二十七卷,其丁集作五卷,後丙集亦作五卷,云是元時麻沙坊刻,其後乙集三卷,乃元混一方輿勝覽。又案據本書,應李字希泌也。

## 侍兒小名錄拾遺一卷

公武稱"舊本但題朋溪先生，不著名氏。又稱或云董彥遠家子弟爲之，彥遠乃董逌之字，其子弟則不知爲誰?"鄭翼謹案：以上直齋語，提要誤。

吳騫拜經樓詩話三云："彥遠名逌，朋溪居士，蓋卽其子弅也，字令升，'朋溪'在宜興縣東北五里，弅嘗僑居於此，自謂與溪爲朋，故號曰朋溪，孫覿爲之記，又建頌楚亭於溪側。侍兒小名錄，明人刻入稗海，題曰'侍兒小名錄拾遺'，共祇一卷，似已非董氏之舊。弅所著閒燕常談、廣川家學、新定志等書，並見於書錄解題，獨此書稗海又妄題張邦幾，而次諸張邦基墨莊漫錄之後，邦幾、邦基，一人邪？兩人邪？傳疑六、七百年，而今始得作者名氏，亦一快事。令升詩集，今亦失傳，朱翌有陪董令升西湖觀察競渡詩，載灊山集，蓋弅守新定時也。" 吳氏拜經樓藏書題跋記云："董令升遺事，先君子記云：'直齋書錄解題有侍兒小名錄一卷，續一卷云云，某案彥遠爲逌之字，則此二卷，亦弅所著無疑，今此書未見有專行本，惟明商濬刻稗海中有侍兒小名錄拾遺一卷，題宋晉陽張邦幾撰，但陳氏又曰："且爲分類，其中多用古字"，今稗海本不分類，亦不見有古字，似經後人竄削，非復令升之舊矣。'"

## 諸史偶論十卷

然自題曰校，則非其所著。

瞿氏目錄有舊鈔本，云："前有無名氏序，謂司馬溫公作，核其書，乃備科舉試策之用，當出南宋人所爲，僞託溫公也。”

**歛求機要十六卷**

舊本題月梧劉實撰，鳳梧劉茂實注，而撰人於劉字之下實字之上空一字，疑二人兄弟，本以實字連名。

陸氏、丁氏藏書志並有舊鈔本，題“月梧劉芳實撰，鳳梧劉茂實注”，則空處爲芳字。

**四六叢珠彙選十卷**

前有明嶅序，稱宋季葉氏云云，則卽宋人四六叢珠舊本而爲之摘錄者也。

陸氏藏書志有舊鈔本聖宋名賢四六叢珠一百卷，題“建安葉蕡子實編”，其案語云：“目後有‘建安陳彥甫刻梓於家塾’兩行，葉蕡仕履無考，卽與魏齊賢同編播芳文粹者，文粹署曰南陽，蓋葉氏郡望，此署建安，則其里貫也。凡十六門，提要云云，則四庫館中當亦未見全本。”

**永樂大典二萬二千八百七十七卷目錄六十卷**

定都北京以後，移貯文樓，嘉靖四十一年，選禮部儒士程道南等一百人，重錄正副二本，命高拱、張居正校理，至隆慶初告成，仍歸原本於南京，其正本貯文淵閣，副本別貯皇史宬。明祚旣傾，南京原本與皇史宬副本並燬，今貯翰林院庫者卽文淵閣正本。

錢大昕養新錄云：“朱國楨曰：‘永樂大典二萬二千九百三十七卷，一萬一千九十本，目錄九百本，貯之文樓，世廟甚愛之，凡有疑，按韻索覽。三殿災，命左右趣登文樓出之，夜中傳諭三四次，遂得不毀。又明年，重錄一部，貯他所。’國楨所謂重錄本，卽翰林院所貯，乃不言翰林而言它所，是初寫時本藏大內，國朝乃移於翰林也，今移貯於文華殿。” 禮親王昭槤嘯亭續錄云：“皇史宬在東華門外迤南，余於丁卯冬，奉迎純皇帝實錄曾一至其地，嘗聞徐昆山先生述李穆堂侍郎言，其中藏全分永樂大典，較翰苑所貯者多一千餘本，蓋卽姚廣孝、解縉所修初本，繕寫精工，非隆慶間謄本所能及，未審是書尙存否也？” 明張岱瑯嬛文集云：“永樂大典一書，胡儀部青蓮先生尊人曾典禁中書庫，攜出三十餘本，一韻中之一字猶不盡焉。烈皇帝時，廷議再鈔一部，計費十萬餘金，遂寢其議。” 俞樾茶香室三鈔云：“案此，則在明時此書已有爲人攜出者，禁中未必有全書矣。” 朱彝尊靜志居詩話云：“善啓字東白，號曉庵，長洲人，主蘇州永定寺，尋主松江延慶寺，授僧綱司副都綱，預修永樂大典。” 又云：“大同字妙止，會稽人，鄞縣延慶寺僧，預修永樂大典。”俞樾三鈔云：“案此，則永樂大典一書，方外勝流，亦預纂修之列矣。” 明解縉文毅集中有封事云：“陛下好觀韻府雜書，鈔輯蕪穢，略無文體，若喜其便於檢閱，願集一二儒英，隨事類別，勒成一經”云云，俞氏九九銷夏錄六云：“後來成祖修永樂大典似用其議，然解大紳之意欲隨事類別，則是類書而非韻書，永樂大典分韻編纂，則仍是好觀韻書之本意也。” 明劉若愚酌中志云：“若愚曾聞成祖勅儒臣纂修永樂大典一部，係湖廣王洪等編輯，時號召四方文墨之士，累十餘年而就，計二萬二千八百七十卷，一萬一千九十五本，因卷帙浩繁，未遑刻板正寫，此原本至孝廟弘治年，以大典金匱秘方外人所未見者，乃親灑宸翰，識以御寶，賜太醫院使臣王、聖濟殿內臣寵，蓋欲推之以福海內也，閣臣王文恪鏊恭撰頌以揄揚盛美。相傳至嘉靖年間，於文樓安置，偶遭回祿之變，世廟亟命挪救，幸未至焚，遂敕閣臣徐文貞階復令儒臣照式摹鈔一部，當時供謄寫官生一百八名，每日人鈔三葉，自嘉靖四十一年起，至隆慶元年始克告完，及萬曆年間，兩宮三殿復遭回祿，不知此新、舊永樂大典二部，今又見貯藏於何處也？” 王文清鋤經文略宋儒易山齋先生周禮總義序附記云：“清閱永樂大典之書，爲卷凡數萬，分帙以韻，幅長尺有八寸，廣尺許，皆寫本，大字徑寸，小字五分，朱格皆用辰砂畫，墨尚帶古香，書法遒勁，通體無懈筆，紙厚比高麗，而潔白過之，絳帛爲表，紫玉爲籤，修自明永樂中，總裁數十人，纂修數百人，執筆墨從事者千餘人。書成，卷軸充祕閣，終明代不能鋟版，後張江陵奏寫副本二部，一藏華蓋殿，一藏武英殿，及李賊焚華蓋殿，此書亦焚，惟武英殿本尚在，世祖龍飛初，時駐蹕此殿，乃移此書置皇史宬，後移祕閣。其書羅列萬有，書目多外間所未聞，惜其徵引太繁，頗傷宂雜，臨川穆堂嘗欲向此中挑出數百種，鋟以行世，吁，向微祕閣尚存此書，山齋之心血冷矣。” 湖南文徵卷六十三錄此文羅汝懷附記云：“永樂大典係湖廣王洪等編輯，計二萬二千八百七卷，萬一千九十五册，目錄六十卷，嘉靖中，大內回祿，世宗亟命挪救，書幸未焚，敕閣臣徐階復令儒臣照式摹鈔一部，寫手百有八人，自嘉靖四十一年至隆慶元年始克告竣，見延陵姜紹書韻石齋筆談，與此文所紀小異。姜以弘光元年致仕，其於明事或較確也。我朝乾隆中，允安徽學政朱筠之奏，以歲癸巳特開四庫全書館，將大典并各省採進之書分類校讎，於是隱帙奧篇，胥得著錄，而典籍之富，遠邁前古矣。”玉縉案：此書光緒庚子之役，爲聯軍所分掠，今歐洲、日本諸圖書館中，每館或有一、二本至十數本不等，本國則京師圖書館存一百六十本，教育部存四本而已。李詳媿生叢錄云：“朱笥河先生請選擇永樂大典古書刊布於世，當時朝廷命館臣從中編輯，凡爲書三百八十五種，四千九百二十六卷，此議康熙時徐健庵司寇已發之，徐序高澹人所刻編珠云：‘皇史宬永樂大典，鼎革時亦有散失，往者嘗語詹事，“值皇上稽古右文，千古罕覯，當請命儒臣重加討論，以其祕本刊錄頒布，用表揚前哲之遺墜於萬一，”余老矣，詹事孜孜好古，幸他日勿忘此言也。’”

**彊識略四十卷**

明吳夢材撰。

案明史藝文志作吳楚材強識略二十四卷，與此不同。

**續文獻通考二百五十四卷**

大旨欲於通考之外，兼擅通志之長，遂致牽於多岐，轉成踳駁。

查愼行人海記卷上云：“華亭王圻續文獻通考，藝文類中載琵琶記樂府、水滸傳，又明朝宗室鄭、趙、襄、荆、淮、滕、梁、衛八王，並仁宗子，而云成祖子，其誤尤甚。”陳兆崙紫竹山房文集五朝續考輿地門序云：“王圻本大書明代郡縣於上,小書繫前代遺蹟於下,是爲一代之皇輿,而不得謂之考。又變九州爲綱之例,而舉各道爲標,是舍古法之最善以就夾漈所病易廢之書,而猶謂之續,過矣。”

提要於欽定續文獻通考下,“王圻續通考,體例糅雜,顛倒叢生,遂使數典之書,變爲兔園之策,論者病焉。”

**春秋內外傳類選八卷**

舊本題明進士楚潛樊王家撰,其始末無考。太學進士題名碑,萬曆癸未有三甲進士樊王家,湖廣潛江人,當卽其人也。

盧弼四庫湖北先正遺書札記云:“案湖北通志云:王家,江陵人,萬曆三十二年進士,官至參政,存目謂潛江人,蓋誤。”玉縉案:萬曆癸未、甲辰進士,各有樊王家,是書旣題楚潛,當以提要爲得。

**同姓名錄八卷**

然如寧都魏禧,至康熙己未,尙薦舉博學鴻詞,而取與崇禎末年之魏沖相配,題曰兩魏叔子,則取州縣戶籍而閱之,同姓名者萬人可得,何止此八卷乎?

李慈銘受禮廬日記云:“至倉橋書肆,見有會稽陳蜨園同姓名錄十冊,蜨園名棻,初名鶴林,字士莊,由諸生官天台訓導,其書分韻編次,采取極博,前有齊息園侍郎序及自序各一首,寫本未刊。”玉縉案:據李說,陳書當勝於王書,近未知有刊本否?附錄於此,以待訪求。鄭翼謹案:陳書原名同姓名譜,近人輯同姓名辭典,曾就原稾分別采入,並錄李越縵後記,略謂:“書爲傅節子購去,後以歸予。其書采取浩博,分韻編次,洵爲可傳,惜詳略未當,不載出處,沿譌襲誤,未爲完書”,又歷舉其挂漏者若干事云云。

# 四庫全書總目提要補正卷四十一

## 小說家類一

### 西京雜記六卷

然庾信指爲吳均，别無他證，段成式所述信語，亦未見於他書，流傳既久，未可遽更，今姑從原跋，兼題劉歆、葛洪姓名，以存其舊。

朱亦棟羣書札記云：“庾子山詩，用西京雜記事者不一而足，成式所引‘此吳均語不足用者’，乃其詩句偶與吳同，故旋自追改，非以西京雜記爲吳均作也，細玩下文自見。後人動以此語爲口實，所謂‘拾得封皮當信讀’者也。”玉縉案：盧氏抱經堂校定本，據書中稱“成帝好蹴踘，羣臣以爲非至尊所宜，家君作彈棋以獻”云云，以歆謂向爲家君，直題漢劉歆撰矣。陳漢章謹案：焦氏續筆乘卷五云：“蹴鞠譌以鞠从足作踘”，是盧抱經亦沿俗譌。　李慈銘孟學齋日記乙集上四一云：“此書託名劉歆所撰，葛洪所錄，論者謂實出梁吳均之手，其文字固不類西漢人，且序言班固漢書全出於此，洪采班書所未錄者得此六卷，然其中如趙飛燕女弟昭陽殿一段，傳介子一段，又皆班書所已錄，稚川之言，固未可信，至謂出於吳均，則未必然。觀所載漢事：如殺趙隱王者爲東郭門外官奴，惠帝後腰斬之而呂后不知；元帝以王昭君故，殺畫工毛延壽、陳敞、劉白、龔寬、陽望、樊育等；高賀誚公孫弘'內服貂蟬，外衣麻枲，內廚五鼎，外膳一肴'，弘歎曰：'寧逢惡賓，不逢故人'；高祖爲太上皇作新豐，匠人吳寬所營；匡衡勤學，穿壁引光，又從邑人大姓文不識家傭作讀書；成帝好蹴踘，家君歆稱其父向。作彈棋以獻；王鳳以五月五日生；楊王孫名貴，京兆人；平陵曹敞在吳章門下，好斥人過，世稱輕薄，後獨收葬章屍，平陵人生爲立碑於吳章墓側，在龍首山南；郭威、揚子雲及向、歆父子論爾雅實出周公所記，'張仲孝友'之類，後人所足；霍將軍妻一產二子，疑兄弟先後；廣川王去疾好聚無賴少年發掘冢墓，諸條必皆出於兩漢故老所傳，非六朝人所能憑空僞造。又如記輿駕、飲酎、䊮水、家臣諸制，尤足補漢儀之闕，其一二佚事，亦可考證漢書。如云：'衛青生子，有獻騧馬者，乃命曰騧，字叔馬，後改爲登，字叔昪'，登即封發干侯者。'公孫弘著公孫子，言刑名事'，今漢志有公孫弘十篇，此類皆是。黃俞邰序稱其'乘輿大駕，儀在典章，鮑、董問對，言關理奥'者，誠不誣也。惟所載靡麗神怪之事，乃由後人添入，或出吳均輩所爲耳。其顯然乖誤者，如云：'霍光妻遺淳于衍蒲桃錦、散花綾、走珠等，爲起第宅，奴婢不可勝數。'案漢書言衍毒許后，出過見顯，相勞問，亦未敢重謝衍。且此時方有人上書告諸醫侍疾無狀，顯恐，急語光，署衍勿論，豈有爲起第宅厚於賂遺之理？又云：‘廣陵王胥有勇力，常學格熊，後爲獸所傷，陷腦而死。’案漢書武五子傳，‘胥以祝詛事發覺，自絞死。’又云：‘太史公遷作景帝本紀，極言其短，及武帝之過，後坐舉李陵下遷蠶室，有怨言，下獄死。’案遷作史記，在遭李陵禍之後，史記、漢書俱有明文，漢書又言‘遷被刑之後，爲中書令，尊寵任職’，故有報故人任安一書，而云下獄死，紕繆尤甚。若果出叔庠，則史言‘均好學，將著史以自名，欲撰齊書，從梁武求借齊起居注及羣臣行狀，帝不許，使撰通史，起三皇訖齊代，均草本紀世家已畢，惟列傳未就而卒。又注范曄後漢書九十卷，著齊春秋二十卷，廟記十卷，十二州記十六卷，錢塘先賢傳五卷’，是叔庠固深於史學者，豈於史記、漢書轉未照覆，致斯舛誤乎？蓋由漢代稗官紀載傳譌致然，故歷代引用皆不能廢，其趙飛燕女弟居昭陽殿一條云：‘砌皆銅沓黃金塗’，正可證今本漢書趙后傳作‘切皆銅沓冒黃金塗’，冒字爲涉注文而衍者也。”

## 世說新語三卷

孝標所注，特爲典贍，高似孫緯略亟推之，其糾正義慶之紕繆，尤爲精核。

案困學紀聞倚書類引世說注云：“推周公城錄，冶城宜是金陵本里”，今本闕此語。又王先謙重刊本序云：“劉注匡弼之功，尤爲此書增重，而唐人修晉書，如周安東求絡秀爲妾，韓壽私賈充女之類，經孝標糾正者猶取入傳，何其迷謬者與！桓靈寶、殷仲文亂賊之徒，言行無足稱述，而書中稱舉至於再四，良以其時篡奪相仍，綱常廢墜，不復知忠義爲何物，此難以苛責臨川，又豈孝標所敢舉正者哉？”

**朝野僉載六卷**

其書皆紀唐代故事，而於諧噱荒怪纖悉臚載，未免失於纖碎，故洪邁容齋隨筆譏其記事瑣屑擿裂，且多媟語。然耳目所接，可據者多，故司馬光作通鑑亦引用之，兼收博採，固未嘗無裨於見聞也。

俞正燮癸巳類稾十三有書是書後云：“此書止三卷，似從太平廣記所載復錄出者，其記英公爲鄉人設餅，兼及宇文朝王羆事，極可爲世法”云云。下歷引他書之與此事相類者，意在厲風俗，而於書之得失無關，不具錄。所據三卷，非提要所見本也。

**劉賓客嘉話錄一卷**

雖殘闕之餘，非復舊帙，然大槩亦十得八九矣。

張禮游城南記自注云：“嘉話錄謂‘張莒及進士第，閑行慈恩寺，因書同年姓名於塔壁，後以爲故事。’案唐登科記有張台，無張莒，台於大中十三年崔鉶下及第，馮氏引之，以爲自台始，若以爲張莒，則台時已有題名之說焉。”玉縉案：此條未知見此本否？俟考，莒蓋台之誤耳。

**大唐傳載一卷**

記唐初至元和中雜事，唐、宋藝文志俱不載，前有自序，稱“八年夏，南行嶺嶠，暇日瀧舟，傳所聞而載之”，考穆宗以後，惟太和、大中、咸通乃有八年，此書不著其紀元之號，所云八年者，亦不知其在何時也？

瞿氏目錄云："所記皆唐代公卿遺事，至寶曆年止，繹書名，當出唐人所撰，自序云八年云云，或是元和八年耳。"

**教坊記一卷**

所記多開元中猥雜之事，故陳振孫譏其鄙俗。

瞿氏目錄云："或謂陳直齋斥其鄙俗，今案書錄解題中有北里志而無此書，未知何據？"鄭翼謹案：鄙俗爲晁氏語，提要誤。

**松窗雜錄一卷**

案此書書名、撰人，諸本互異。

陸氏藏書志有明仿宋刊本松窗雜錄一卷，題唐李濬編。

**雲仙雜記十卷**

即其自序稱天復元年所作，而序中乃云天祐元年，退歸故里，書成於四年之秋，又數歲，始得終篇，年號先後，亦復顛倒，其爲後人依託未及詳考明矣。

丁氏藏書志有宋開禧刊本雲仙散錄一卷，前有天成元年十二月自序，後有開禧元禩郭應祥跋，稱"雲仙散錄，唐天成中，金城馮贄取家世所蓄書，撮其異說而編之者也"云云。丁氏案語云："陳振孫疑贄爲子虛烏有之人，趙與旹、洪邁說亦同，張邦基載爲王銍僞造，後又改稱雲仙雜記，大抵因序署天復元年，而文內天祐四年成書，年號倒置，致生疑議。今此序實作天成，非天復，案天成後天祐四年，陳漢章謹案：後唐天成元年上距唐天祐元年凡二十四年，此云天成後天祐四年，誤。是原本年號本不倒置，不知直齋何以誤作天復耶？豈成字草書與復字相近，傳寫致誤耶？鏤版寬大，字畫端秀，且用嘉定及開禧等年官印册紙所印”云云。據此，則天復原作天成，而散録實止一卷，陳氏非誤記也。

**唐摭言十五卷**

舊本不題其里貫，其序稱王溥爲從翁，則溥之族也。陳振孫書録解題謂定保爲吳融之壻，光化三年進士，喪亂後入湖南，五代史南漢世家，稱定保爲邕管巡官，遭亂不得還，劉隱辟置幕府，至劉龑僭號之時尚在，其所終則不得而詳矣？考定保登第之歲，距朱温篡唐僅六年，又序中稱溥爲丞相，則是書成於周世宗顯德元年以後，故題唐國號，不復作內詞，然定保生於咸通庚寅，至是年八十五矣，是書蓋其暮年所作也。同時南唐鄉貢士何晦，亦有唐摭言十五卷，與定保書同名，今晦書未見。　是書述有唐一代貢舉之制特詳，多史志所未及，其一切雜事，亦足以覘名場之風氣，驗士習之淳澆，法戒兼陳，可爲永鑒，不似他家雜録，但記異聞已也。

錢大昕十駕齋養新録云：“唐摭言十五卷，題云‘光化進士琅邪王定保撰’，書中稱王方慶爲七世伯祖，今檢唐書宰相世系表，琅邪王氏未有名定保者，唯太原王氏有定保字翊聖，乃起之曾孫，蕘之子，今書中於起直書其姓名，於蕘字亦不回避，則別是一人，非太原之定保矣。唐有兩王定保，而史僅載其一，此表之脱漏也。其書有云從翁丞相溥，考昭宗時宰相有王摶字昭逸，出自琅邪，有王溥字德潤，出自太原，定保既出琅邪，則溥當爲摶之譌。但依表所列，摶爲方慶八世孫，而定保稱方慶七世伯祖，則於摶不當有從翁之稱，是亦可疑也。”玉縉案：劉毓崧通義堂文集摭言跋，據本書及新、舊唐書申明錢說甚詳，又謂"自方慶至搏實止六世，自方慶至定保實止八世，祇可據摭言以訂世系表，不可援世系表以改摭言"，文繁不具錄。陳振孫書錄解題云："唐摭言十五卷，鄉貢進士何晦撰，其序言大歲癸酉下第於金陵鳳臺旅舍，癸酉者，開寶六年也，時江南獨未下，晦蓋其國人歟？"劉毓崧云："其成書後於王定保五十六年，惜久佚不傳，無以知其體裁之同異？"李慈銘荀學齋日記壬集下一七云："王定保雖世家，而識趣甚卑，故所載多委瑣，亦有謬誤，且筆舌冗漫，所分門目多可笑，每門下綴以論，亦每近不辭。然唐人登科記等盡佚，僅存此書，故爲考科名者所不可少，太平廣記中幾於十收八九，則宋初已重其書矣。雅雨堂刻本亦有誤字。"玉縉案：劉毓崧歷舉書中所載，盛稱其識力之高，學術之邃，性情之厚，氣槩之峻，而於直齋書錄解題"棄妻弗顧"之語，力辨其誣，允爲知己。

**鑑戒錄十卷**

皆近俳諧之言。

陸氏藏書志有舊鈔本，並載吳焯手跋云："所錄詩文，多取俚鄙，僅成小說家耳，錄中頗多點竄他人之詩，不解何故？至後數卷，又多采摭唐人詩話，與鑑戒命名之旨似無取焉。"提要引趙希弁讀書後志，以爲輯唐以來君臣事迹云云，案簡明目錄趙希弁七字，作書錄解題，誤。趙懷玉亦有生齋集七書後云："解題不載此書，當是鑑誡別錄之誤，別錄三卷，宋歐陽邦基撰也"，疑亦未覈，當檢解題。

鄭翼謹案：鑑戒錄，後蜀何光遠撰，見晁志，別錄，宋歐陽邦基撰，見書錄解題，各自爲書。別錄有洪邁、周必大序跋，時代當在南渡以後矣。

**南部新書十卷**

易字希白，吳越王倧之子，眞宗朝，官至翰林學士。於考證尙屬有裨。

案樓鑰攻媿集云："希白名易，吳越國王俶之子，與其兄昆，隨俶歸朝，願從科舉，年十七，舉進士，御試三題，日中而就，太宗嘗語蘇易簡曰：'朕恨不與李白同時'，易簡對曰：'有錢易者李白才也'，太宗喜曰：'若然，當如唐故事召入禁林'，會盜起劍南，不果。官翰林學士，爲文數千言頃刻而就，又善行草，有文集在祕閣。"據此，則易爲俶之子，非倧也。俶爲倧弟，提要殆誤，俟考。吳氏拜經樓藏書題跋記云："其壬集內智永千字文'律召調陽'一條，先君子辨云：'案六朝人最精音韻之學，周散騎千文，妙處尤在雙聲疊韻，一起一結，四句中便有五雙聲，中間更難悉舉，此律呂與上句成歲並雙聲，斷不容改呂爲召，況律呂對閏餘，彌覺工穩，而律召殊屬牽强，智永一人之書，豈可遂據爲典要，總由唐以後學者置此道於不講，故希白亦有此論耳。自時厥後，凡書千文者率以召易呂，使散騎抱怨於地下，殆將千載，余特爲辨之如此，以俟知者正之。'"李慈銘桃華聖解盦日記庚集一五云："其書言唐事者十之九，多資掌故，足裨兩書之闕，希白世據吳越，唐之故老，多居其國，故承平文獻，述之尤詳。其辨讖之原始一條云：玉縉案此見庚集。'讖之始，本自南齊竟陵王，因夜夢往東方普光如來所云云，近南人新開印本，去其慧式二字，蓋不知本末也'，此亦言內典者所當考，希白爲廢王倧之子，世居於越，今粵雅堂本伍崇曜跋誤以爲忠懿王俶之子，其書譌字甚多，較之學津討源諸本無以勝焉。" 玉縉案：壬集內有薛老峯一條，稱"一夕風雨倒立"，今案此峯在今進香臺畔，唐薛逢題，梁克家三山志云："咸通中，逢爲侯官令，與神光寺僧靈觀善，登此峯，醉後倒書薛老峯三字。" 據此，是倒書，非峯倒也。

**澠水燕談錄十卷**

蓋此本爲商濬稗海所刻，明人庸妄，已有所刪削矣。

陸氏藏書志有舊鈔本，題"齊國王闢之聖塗"，並載紹聖二年自序，稱"久而得三百餘事"，元祐四年滿中行題語，稱"齊國王闢之聖塗，余同年進士也。" 又載李北苑手跋云："稗海所刻，缺第十卷談謔一則，以第四卷分作兩卷，以符十卷之數，又缺序目，非足本也。是册第十卷從宋雕錄出，每卷較稗海又多三十一條，粲然完備。" 玉縉案：稗海本二百八十五條，即增三十一條，仍不足三百六十餘之數，丁氏藏書志有校宋鈔本，未知何如？ 吳氏拜經樓藏書題跋記云："原本忠、孝、才、識爲四卷，依宋本，卷五高逸一門仍是第四卷，以下遂遞差一卷。先君子記後云：'前原序自云十卷，今據綠飲所校則止有九卷，豈此下尚少一卷乎？當更叩之參軍耳。'"

**歸田錄二卷**

自序謂以唐李肇國史補爲法，而小異於肇者不書人之過惡。

其中不試而知制誥一條，稱"宋惟楊億、陳堯叟及修三人"，費袞梁谿漫志，舉"眞宗至道三年四月，以梁周翰夙負詞名令加獎擢，亦不試而知制誥，實在楊億之前"，糾修誤記。

張宗泰所學集有跋是書云："自言不書人之過惡，故書中於丁謂、王欽若、夏竦並採錄其遺事，而未嘗有一字斥其憸邪，惟歐公素不講音韻之學，故於文字之通轉假借未能會通而歸於一，如契丹之阿保機，一作阿布機，一作阿保謹，保布、機謹聲相近，所謂雙聲之學也，而不能明其通轉之故，故以爲未詳孰是？又謂湯餅唐人謂之不托，今俗謂之餺飥，不餺亦雙聲字，二字似異實同，亦不能決，劉原父嘗譏歐九不讀書者其此類之謂歟？"

## 嘉祐雜志二卷

文獻通考及宋史藝文志皆作三卷，而稗海、唐宋叢書皆不分卷。　又刻本皆題云："臨川江休復"，而史與墓誌皆云陳留人，頗爲舛異。

陸氏儀顧堂題跋有跋二則：其一據稗海本，以爲"郡齋讀書志、直齋書錄解題、宋史藝文志、文獻通考皆作三卷，此本不分卷，不知所據何本？曾慥類説第二十二卷，採此書甚多，有五十一條皆此本所無，侯鯖錄引兩條，通鑑長編有十三條，愛日齋叢鈔有一條，皆此本所無。"其一趙輯熙舊藏本二卷補遺一卷，中有孫慶增據宋本校補二十條，後有羅正季借天一閣本校補七條，以爲"所補二十條皆見侯鯖錄，不云盡出鄰幾，核以世所傳醴泉筆錄，無一不合，則孫氏所云宋本，或醴泉筆錄之宋本，非眞雜志宋本也。惟休復卒於嘉祐五年，所補'前世錢未有草書者'一條內，有'崇寧、大觀間'云云，'王介甫'條，稱'此老又引山谷茶磨銘'，及稱'高力士薺菜詩、張宛邱夜直館中詩、蘇邁伯達詩'皆與時代不合，恐醴泉筆錄之名，是南宋時人僞造，且有所羼入，轉不如稗海本未失眞也。"玉縉案：丁氏藏書志有校宋鈔本江鄰幾雜志二卷補一卷，當即從此本傳錄，丁氏乃謂此寫本二卷，後一卷云："從宋刊本補錄，蓋淺山趙氏遺籍也"，殊未分曉。又隆平集，"江休復字鄰幾，雍邱人"，則休復蓋陳留之雍邱人。

**龍川略志十卷別志八卷**

案晁公武讀書志載龍川略志六卷，別志四卷，稱"轍元符二年夏，居循州，杜門閉目，追惟平昔，使其子遠書之於紙，凡四十事，其秋，復紀四十七事。"此本龍川略志作十卷，別志作八卷，略志凡三十九事，較晁公武所記少一事，別志則四十八事，較晁公武所記又多一事。蓋商維濬刻本離析卷帙，已非其舊，又誤竄略志中一事入別志中，並轍序所稱十卷之文，亦維濬所追改也。

陸氏藏書志有宋刊本蘇黃門龍川志略十卷，丁氏藏書志有明覆宋本同。幷載自引云："凡四十事，十卷，命曰龍川志略，倘有別志八卷未嘗倂梓。"據此，則晁所見或別一本，或傳寫之誤，未必濬所追改。

**後山談叢四卷**

洪邁容齋隨筆議其載呂許公惡韓、范、富一條。

張爾岐蒿菴閒話云:"叢談云:'梁氏之父名茂,始讀戊爲武,温嗜殺,並諱其嫌耳。'琅邪代醉編云:'舊五代史,梁開平元年,司天監上言,日辰內戊字,請改爲武,朱温父名成,以戊類成故耳。'陳説是易其聲,張説是易其形;二説不同。今案温父名誠,不名成,曾祖名茂琳,二説並失考。"

陳漢章謹案:洪邁容齋續筆云:"戊字與茂同音,吳中術者稱武,偶閲舊五代史,梁開平元年,司天監上言戊字改武,朱温父名誠,以戊字類誠字故諂之耳。"然則張鼎思代醉編襲容齋説而誤誠爲成,蒿庵先生辨之,引温曾祖茂琳,又與張淏雲谷雜記説暗合。

**孫公談圃三卷**

宋臨江劉延世錄所聞於孫升之語也。

陸氏藏書志有宋刊本,並載建中靖國元年劉延世述之引,知延世字述之。又載乾道二年升孫兢題語云:"請於外舅郡太守晁公,槧於木,爲臨汀故事",是卽王楙所謂臨汀本也。

**孔氏談苑四卷**

今考其所載,往往與他書相出入。

絳雲樓書目陳景雲注云:"朱子言此書多鈔取江鄰幾嘉祐雜志中語。"

**湘山野錄三卷續錄一卷**

文獻通考引晁公武讀書志以爲吳僧,今案讀書志實無吳字,通考誤也。 續錄中太宗卽位一條,李燾引入長編,啓千古之論端,程敏政宋紀受終考詆之尤力,然觀其始末,並無指斥逆節之事,特後人誤會其詞致生疑竇,是非作者本意,未可以爲是書病也。

瞿氏目錄有宋刻元鈔本云:"宋刻不題名,仁宗以前御諱有闕筆,餘皆不闕,元鈔續錄,題'吳僧文瑩如晦編',下卷都尉李和文公,注云:'犯御名。'案和文名遵勗,勗爲神宗嫌名,知亦從北宋本出也。以毛氏津逮祕書本相校,舛譌甚多,其中卷末'眞宗欲擇臣僚'條,'伴虜使射弓時雙'下,脫去'備者惟陳康肅公堯咨可焉,陳方以詞職進用'十六字,遂至不可讀矣。"玉縉案:六爲八誤。 吳氏拜經樓藏書題跋記云:"宋紀受終考三卷,程敏政著,其辨太祖、太宗傳禪之誤,以歐陽諸公正史爲據,而疑湘山野錄之未實。讀書敏求記野錄條下,謂'成化間尹直等奉勅編纂宋元通鑑,辨宋太祖、太宗傳禪之誤,蓋自李燾刪潤湘山野錄啓之',并載野錄謂'太祖、太宗對飲燭影下,時見太宗有不可勝之狀,而燾改"不可勝"爲"遜避",太祖戳雪,顧太宗曰:"好做好做",而燾改"戳雪"爲"戳地","好做"爲"好爲之",又加"大聲"二字,遂不免有畫蛇添足之病。'此書辨之曰:'太宗留宿禁內,此亦謬誤,太祖旣不豫,寧復自登閣,且至殿庭戳雪乎?'其說更爲明快。" 李慈銘荀學齋日記壬集下六四云:"所記皆宋初及仁宗以前事,雖多關國故,非盡小說,而多傳聞失實不足取信,其續錄中記太祖'燭影斧聲'事,本涉語怪,以彰道士之神異,全出無稽,不足辨也。" 陶宗儀輟耕錄十五云:"能改齋漫錄:唐陽郇伯作妓人出家詩云云,湘山野錄乃謂陳彭年作,此不考之過也。"

## 玉壺野史十卷

周必大二老堂詩話嘗駁其記王禹偁事之譌，趙與旹賓退錄亦詆其誤以梁固之弟爲固之子，王楙野客叢書又摘其誤以龐籍對仁宗事爲梁適，蓋不無傳聞失實者。

李慈銘孟學齋日記云："道溫此書，最足以據證五代、宋初之事，然如苗訓一條有云：'太祖即位，樞密使王朴建隆二年辛酉歲，撰金雞曆以獻'，夫朴死於周世宗時，安得至太祖建隆二年乎？亦可謂失於眉睫者矣。"

## 侯鯖錄八卷

令畤字德麟，燕王德昭玄孫，元祐中，簽書潁州公事，坐與蘇軾交通，罰金入黨籍，紹興初，襲封安定郡王，同知行在大宗正事。

陸氏藏書志有二卷本，題"聊復翁德麟"，並載盧文弨手跋云："前題聊復翁德麟，則著書之人也。德麟者，宋宗室，名令畤，太祖子燕懿王德昭之五世孫也。黃魯直爲宮教，德麟受業焉，與蘇子瞻同官潁川，故其所交多一時名士。後從高宗南渡，襲封安定郡王，紹興四年薨，貧至無以爲殮，宋史有其傳。此書分上下兩卷，而明商氏梓於稗海中者則爲八卷，與趙希弁讀書附志所載卷數合。蓋在當時，外間或有二本，傳者不同，而以之相校則此本爲勝。商本第五一卷，全載王性之辨會眞記事，而演其事爲鼓子詞十二章，全類俳優，此書不載，蓋本不當載也。餘商本有而此本無者僅五條"云云。又載鮑廷博手跋，論商本之譌誤，及兩本之異同，今略之。提要八卷本不言何本？疑即商本也。

**國老談苑二卷**

考陳振孫書錄解題、宋史藝文志作國老閒談，卷數與此相合，而注稱夷門君玉撰，不著其姓，然則此名後人所改，王字亦後人所增也。

陸氏藏書志有宋刊本國老談苑二卷，題"夷門隱叟王君玉編"，亦作談苑，亦有王字。

**墨客揮犀十卷**

案北宋有兩彭乘，一爲華陽人，眞宗時進士，官至翰林學士，宋史有傳；其作此書者則筠州高安人，史不載其仕履，故始末無可考見。書中稱嘗爲中書檢正，又稱至和中赴任邕州，而不言其爲何官？又自稱嘗至儋耳，其所議論，大抵推重蘇、黃，疑亦蜀黨中人也。陳振孫書錄解題載此書十卷，續十卷，稱不知撰人名氏。今本爲商濬刻入稗海者，卷首直題彭乘姓名，蓋以書中所自稱名爲據，而止有十卷，則已佚其續集矣。書中如陳瑩中言後苑牧猳豘、潘大臨作"滿城風雨近重陽"詩、彭淵材遊興國寺諸條，惠洪所作冷齋夜話亦載之，皆全同其文，不易一字，惠洪本高安彭氏子，與乘同族、同時，不應顯相蹈襲若此。又如魏舒詣野店、張華博物、傅融有三子諸條，皆全錄晉書、北魏書原文，別無考證，亦不相類。疑原本殘闕，後人又有所竄入，然於宋代遺聞軼事以及詩話文評，徵引詳洽，存之亦頗資參考焉。

玉縉案：續墨客揮犀十卷，阮元揅經室外集著錄。 張文虎雜著甲上復朱述之大令書云："商濬稗海所刻墨客揮犀,提要疑其原本殘闕,後人又有竄入,今考之,其出筆談者四十六條,出夜話者十八條,出閒覽者十二條,出因話錄者三條,出晉書者二條,出北魏書、耆舊續聞者各一條,其'淵材好談兵'及'彭淵材初見范文正畫像'二條,亦類冷齋夜話,今本夜話及遯齋閒覽俱不全,蓋其所掇拾有今所未見者。又續編'應天鰻井'條,本筆談文,而前編'蟹泉'條末云:'此亦"應天鰻井"之類',句意相應,語氣亦絕類沈存中,安知非筆談佚文,然則不特續編非眞本,即前編亦贋作也。惠洪系出高安彭氏,夜話及石門文字禪屢及淵材,蓋其同族,淵材名几,僅見談兵條注,宋史張商英傳,郭天信以方技隸太史,商英因客彭几與往來,蓋即其人,而厲樊榭宋詩紀事即以淵材署名,未免失考。彭乘爵里無徵,惟能改齋漫錄十四云:'彭乘撰茅亭客話',魏泰東軒筆錄載一條云:'彭乘爲翰林學士,有邊帥乞朝覲,仁宗許候秋涼即途,乘爲批答曰:"當俟蕭蕭之候,爰堪靡靡之行",王琪性滑稽,乘死,爲挽詞,有"最是蕭蕭句,無人繼後風",蓋謂是耳。'據此,則彭乘之死在王琪前,考宋史琪仕仁宗朝,卒年七十二,琪爲王珪從兄,珪死於哲宗初立之年,年六十七,使琪長一歲而死於珪後,亦當在元祐四年,而彭乘之卒,必在四年以前,乃揮犀前編有曾子宣一事,又及東坡在惠州事,皆在紹聖初,乘何從而知之?其爲僞撰,無可疑者。是書著錄於書錄解題,蓋當時坊估託名以射利耳。"鄭翼謹案:近人王國維亦主是說,惟張氏既云彭乘爵里無徵,而猶考及仁宗時翰林學士彭乘之卒年,此即宋史有傳之華陽人,提要已明言非著此書者矣。

## 唐語林八卷

讜之名不見史傳，考書中裴佶一條，佶字空格，注云"御名"，宋惟徽宗諱佶，則讜爲崇寧、大觀間人矣。

陸氏儀顧堂題跋云："讜，呂大防子壻也，元祐四年七月除國子監丞，右司諫吳安詩言其不協公論，大防亦自請改除，改少府監丞，見李燾通鑑四百三十卷。"其藏書志有明刊本，齊之鸞序。　李慈銘桃華聖解盦日記庚集二十云："守山閣本，卽武英殿聚珍本，其前四卷，爲明齊之鸞原刻，後四卷，則從永樂大典各韻下輯入者，故別之曰補遺，而不系門目。王氏本仿世說三十五門，又益以'嗜好'至'計策'十七門，爲五十二門，采集小說五十家，大典中尙載其所采書名、原序目、及門類總目，今諸書多或亡佚，賴此存其梗概。且所載多嘉言韻事，爲考唐事者所不可少之書，錢氏系以校勘記一卷，多取諸書之間存者以相參考，時足正今本沿刻之誤。"

## 南窗記談一卷

不著撰人名氏。　中載葉景修述延祐戊午開元宮立虞集碑一條，乃元仁宗五年事，殊不可解？檢核別本，此條獨低二格書之，乃知上一條記蔡寬夫在金陵鑿地丈餘，得竈灰及朱漆匕箸事，元人讀是書者，因記王眉叟掘地丈餘得花臺魚池事，批於其旁，故稱與此事相同云云，此事卽指蔡寬夫事也。曹溶所藏之本，因傳寫者不究文義，一槩錄作正文，故致是譌異耳。

陸氏藏書志有舊鈔本，其案語云："施注蘇詩卷十五，送顏復兼寄王鞏詩注，鞏大父文正公住牛行街，見徐度南窗紀談，則是書度所著也。中間有引虞道園立碑事，乃元人所注，以爲蔡寬夫鑿地見竈之證，傳鈔既久，誤入正文，或據此以爲元人作則謬矣。內有廿二條與曲洧舊聞同。"其儀顧堂題跋云："書中有石林與徐敦濟問答語，疑即敦濟所著，考徐度字敦立，徽宗時大宰處仁子，南渡後寓居湖州，著有卻埽編，敦濟疑即敦立弟兄也。困學紀聞云：或云漢書'內長文所以見愛也'，古寫無注本'內長文'作'而肆赦'，王念孫讀書雜志從之，不知紀談先有此說矣。葉景修條，此本低二格寫，尚不羼亂。"玉縉案：志據施注定爲徐度作，其說較題跋爲勝。

**過庭錄一卷**

公偁仕履未詳？據其所言，乃仲淹之玄孫，而不言其曾祖爲誰？觀其稱純禮爲右丞，純粹爲五侍郎，則必非純禮、純粹二人之後，純祐惟一子曰正臣，官太常寺太祝，與所言祖光祿者不合，則亦非純祐之後。考純仁傳末稱二子正平、正思，此書皆稱爲伯祖，則併似非純仁後，惟純仁傳中有"沒之日，幼子五孫皆未官"語，正平傳中亦稱以遺澤官推與幼弟，後蔡京與僞造純仁行狀之獄，正思與正平爭承，則純仁沒時，正思已不年幼，知純仁尚有一幼子，光祿即所廕之官，公偁之父，蓋即其子，書中稱其於純仁沒後，未及釋服而卒，故後來不預行狀事，而史遂但稱純仁子二人耳。以是推之，知爲純仁之曾孫也。

陸氏儀顧堂題跋云:"公偁自言爲文正公仲淹之玄孫,光祿之孫,提要推爲純仁之曾孫,光祿爲純仁幼子。愚案忠宣五子,長正明,次正平,次正思,次正路,次正國,正明官單州團練推官,與正路皆前卒,忠宣薨時,正平官忠武軍節度推官,正思官宣德郎,正國未官,見曾肇范忠宣公世濟忠直之碑。宋史正平傳中有'以遺澤推與幼弟'語,蓋以正國未官,故以遺澤與之,是正國爲忠宣幼子,確有可徵矣。錄稱忠宣捐館許下,服中先光祿卒,其人當卒於建中、崇寧之間,不得至南宋尚存,而正國於紹興五年賜三品服,爲江東轉運判官,八年知臨江軍,九年爲廣西轉運判官,見繫年要錄,則所稱先光祿,決非正國可知矣。錄稱子正爲六伯祖,子夷爲七伯祖,而於其祖則述忠宣語稱爲八郎,子正,正明字也,子夷,正平字也,正明行六,正平行七,則八郎爲正思可知,史不言正思官位,略也,碑稱宣德郎乃階也,非官也,碑言階而不言官,略也,其官當爲光祿之屬,故公偁稱爲先光祿也。由是推之,公偁之祖,乃正思也,非正國亦非正路也。忠宣孫七人直彥、直方、直雍、直英、直清、直舉、直儒,亦見忠宣墓碑,錄中稱先君子者十而不著其字,查直方於紹興元年,以直祕閣爲荆、吳宣撫使吳敏參謀官,五年以刑部員外提刑福建,六年爲左司員外郎都督府推行功賞文字,改右司員外郎,十年試司農卿,爲淮北宣撫楊沂中謀議軍事,爲万俟卨論罷,見繫年要錄,與公偁所稱'先子有御營參謀之除','先子四十一歲已爲員外郎,張德遠督兵淮上,先子咨議幕中'等語合，則公偁當爲忠宣第三子正思之孫，直方之子，非幼子正國之孫也。”

## 萍洲可談三卷

故彧作是書，於二蘇頗有微詞，而於亶與惠卿則往往曲爲解釋。甚至元祐垂簾，有“政由帷箔”之語，蓋欲回護其父，不得不回護其父黨，旣回護其父黨，遂不得不尊紹聖之政而薄元祐之人，與蔡絛鐵圍山叢談同一用意，殊乖是非之公。然自此數條以外，所記土俗民風，朝章國典，皆頗足以資考證，卽軼聞瑣事，亦往往有裨勸戒，較他小說之侈神怪，肆詼嘲，徒供談噱之用者猶有取焉。

守山閣本錢熙祚跋云：“彧書雜記見聞，頗多軼事，雖於紹聖諸臣意存回護，尙不至如魏泰東軒筆錄之悖謬，惟青眉、紫姑諸條，間涉神怪，未離小說之習云。”　李慈銘桃華聖解盦日記庚集三七云：“萍洲，其所居名也。所言宋制，多史所未及，如云‘祖宗故事宰相呼相公’云云，此以知相公外尙有‘公相’之稱也。云‘朝時集禁門外’云云，案此所記火城，與唐制異，唐時每日早朝，宰相至，以燭環繞，謂之火城。又‘宰相禮絕庶官’云云，‘故事有官人應舉謂之鎖廳’云云，‘本朝五等之爵自公、侯、伯、子、男皆帶本郡縣開國’云云，‘故事節度使初除小鎭’云云，‘典制寄祿官三品紫衣金魚’云云，‘猊座文臣兩制武臣節度使以上’云云，所載皆較他書爲詳。其云‘姚祐，元符初爲杭州學教授’云云，此可爲近日癖好宋槧者下一味出汗藥。”

## 高齋漫錄一卷

錄中如給舍之當服韉帶，不歷轉運使之不得爲知制誥，皆可補史志所未備。

李慈銘桃華聖解盦日記庚集三八云："錄言祖宗故事，不歷轉運使不除知制誥，提要以爲可補史志所未備。案唐語林載'牛叢任拾遺補闕五年，多論事，上密記之。後自司勳員外郎爲睦州刺史，入謝，上命至軒砌問曰："卿頃任諫官頗能舉職，今忽爲遠郡，得非宰臣以前事爲懲否？"叢曰："新制未任刺史縣令，不得任近侍官，宰臣以是獎擢，非嫌忌也"'，此正與宋制相類。"

### 默記三卷

未必盡構虛詞也。

案默記"宋平江南，大將謂李後主寵姬"云云，漁洋作南唐宮詞用之。吳騫拜經樓詩話三云："賢愚因緣經'王昇七寶殿，彌離夫人在其殿上，所坐之牀用紺流離，王令坐，彌羅夫人言"王來大善，但王衣服有微煙氣，令我淚出"，王因問"汝家不然火邪？冥暮何以爲明？"答言"用摩尼珠"，即便閉目出珠，明逾晝日'，默記似從此傅會，要皆無稽之談也。"

### 揮麈前錄四卷後錄十一卷第三錄三卷餘話二卷

書錄解題稱其官曰朝請大夫，宋詩紀事則曰泰州倅，未詳孰是也？

錢大昕養新錄云："予嘗見宋刻殘本，僅後錄首兩卷及第三錄三卷耳，卷首題'朝請大夫主管台州崇道觀王明清'姓名，又有慶元元年實錄院移泰州牒二道，並云'訪聞泰州通判王明清有揮麈前後錄’，而不及第三錄者，據明清自述，前錄乾道丙戌奉親會稽日作，後錄紹熙癸丑官都下作，第三錄慶元改元吳陵官舍作，吳陵即泰州也，甫經脫稾，尙未流傳都下，故公牒未之及耳。前錄言紹興丙辰，明清甫十歲，計其生年，當在建炎元年丁未，至慶元乙卯倅泰州，年已六十九矣，朝請大夫，蓋其所終之官，享年若干？則無從考也。仲言習於掌故，所記載有裨正史者甚多，說文無摠字，總管、總領之總，皆當从糸旁，前史多作摠，或作惣，此隸體之譌變。治平改都部署爲都總管，其文从糸不从手，是爲復古，仲言轉以稽考不審訾之，此以不狂爲狂也。”玉縉案：提要亦及實錄院牒文，不解何以不於此辨別？陸氏藏書志有宋刊前錄四卷，後錄存二卷，三錄三卷，每卷第二行題“朝請大夫”云云，與錢氏所見本同。其儀顧堂集有跋云：“是書有毛晉、張海鵬刊本，後錄卷一昭慈孟后條，‘外議初云東宮增創八十間，疑欲以處二后，衆以爲未安’二十二字，宋本連接正文，毛本改爲細字夾注。卷二元符末掖庭謫言條，艮嶽百詠詩，亭臺樓館諸名，皆黑質白文，毛本、張本一律連寫，眉目不淸，又删去明清結銜，皆謬。其目錄亦毛氏所增也。” 李慈銘荀學齋日記壬集下五十云：“前錄後有自記，言是‘乾道丙戌冬奉親居會稽時所作’，又有自跋，謂‘乾道之初，竊叢祠之祿，偏奉山陰，親朋相過，偶及昔聞，間有可記，隨而筆之，曰揮麈錄。’其曰‘偏奉’者，時其父雪谿銍已沒，止奉母也。末題淳熙乙巳，系銜曰：‘朝請大夫主管台州崇道觀’，蓋去成前錄時已二十年，仲言時已老矣，不知終於何官？其跋前標目云'王知府自跋'，不知何人所題也？是錄皆朝章國故，最爲可觀，後錄末有自跋，言'紹熙甲寅書於武林官舍'，所載紹興以前士夫軼事爲多，亦間及典制。如卷五紀后妃、太子、諸王、公主、宗室、宰相、執政、文臣、武臣、外戚、內臣諡，續宋宣獻春明退朝錄而作，宋止於熙寧三年，此止於孝宗朝，多足補宋史之闕。三錄言趙叔近被王淵差張俊冤殺一條，呂頤浩、趙鼎相排一條，曾紆上宣仁后辨謗錄一條，皆足存是非之公。至言招降孔彥舟爲張浚族子某，而浚信讒不納，然云途遇族兄，從而攫金不得，因譖之浚，所云族兄者，似指南軒，恐不可信。又記先莊簡公在海外，嘗寓書秦檜求內徙事，檜之恨先莊簡甚矣，莊簡之居瓊、儋，坦然自安，絕無介意，遺集尙在，並無此書，且豈不知秦之深仇而尙肯效祈哀之請，尤恐無此理。況云'莊簡以書寄會稽，其子弟不敢以人入都，就令齋書之隸自投相府'，夫子弟畏禍尙如此，豈莊簡轉有不知，然則王趯之獄，自係檜疑趯爲莊簡門人，恐莊簡私至全州就趯耳。其記吳處厚與蔡確搆隙之由，頗不直處厚；記南渡采石拒亮之捷，全由王權所部兵士及統制官時俊、盛新之功，虞允文適至，遂與王琪報捷於朝，此二事可存備異說。又言曹筠以曾留秦檜一飯，遂由黃巖主簿召爲敕局删定官，驟遷至四川制置使。陳汝錫知紹興府，當搶掠之後，安輯經理，美效甚著，以秦檜素懷睚眦，坐罪貶竄。吳棫娶孟忠厚之妹，以爲忠厚撰移帥浙東謝上表，語含譏刺，爲秦檜所怒,罷任廢斥。汪澈以求再任衡州敎授爲秦檜所疑,改沅州,適万俟卨以忤檜居沅,與汪投分甚歡,及卨大拜,力薦之,七年間遂登政府。皆宋史所未詳。其據中書舍人李正民乘桴記載建炎己酉七月至庚戌正月,高宗自金陵避敵至溫州,皆逐日繫事,李心傳繫年要錄全采之。至載秦檜於靖康丙午上金人請立趙氏兩狀,據其孫塤之門客所錄,則仲言尙未聞何珫等之說也。餘話與三錄,皆仲言晚歲所作,慶元間同後錄併刻於昭武者,所記大率高宗以前事,其據游九言定夫之孫。謂靖康中秦檜所上金人議狀,乃監察御史馬伸之文而強秦列名者,又備載王俊所首岳侯罪狀,李氏繫年要錄亦據此全錄之。其第一條'帝王自有眞'云:'永昌陵卜吉,命司天監苗昌裔往相地,謂董役內侍王繼恩云:"太祖之後,當再有天下",繼恩默識之,太宗大漸,繼恩乃與參知政事李昌齡、樞密趙鎔、知制誥胡旦、布衣潘閬謀立太祖之孫惟吉,適洩其機,呂正惠時爲上宰,鎖繼恩而迎眞宗即帝位,繼恩等尋悉誅竄。熙寧中,昌齡之孫逢登進士第,以能賦擅名一時,逢素聞其家語,與方士李士寧、醫官劉育、熒惑宗室世居共謀不軌,旋皆敗死。靖康末,趙子崧守陳州,子崧先在邸中,剽竊此說,至是天下大亂,二聖北狩,與門人傅亮等歃血爲盟以俟非常,傳檄有云:"藝祖造邦,千齡而符景運,皇天佑宋,六葉而生眇躬",繼知高宗已濟大河,皇懼歸命,遣其妻弟陳良翰奉表勸進,後與大將辛道宗爭功,道宗得其文檄進之,詔置獄究治,高宗不欲暴其事,以他罪竄子崧於嶺外。'案王繼恩事，宋史及東都事略、續通鑑長編皆言謀立楚王元佐，湘山野錄、夢溪筆談誤以爲謀立秦王廷美，蓋牽引盧多遜事併合之，獨未有以爲謀立燕懿王子惟吉者，此所記恐不足信，或以元佐字惟吉因而致誤。世居事，宋史、東都事略皆甚略，長編載之稍詳，邵伯溫聞見錄所述尤略，皆不言逢爲昌齡之孫，亦未言欲奉世居以反，惟涑水紀聞謂李士寧以爲太祖肇造宋室，子孫當享其祚，會仁宗有賜英宗母仙游郡君輓歌，微有傳後之意，士寧竊其中間四句，易其首尾四句，密言世居當受天命以贈之，續通鑑謂士寧以此詩贈世居之母康，本於宋史刑法志，此所記可裨史闕。子崧事，繫年要錄亦采此書，宋史宗室傳亦載苗昌裔事，而極言子崧之功，但云檄文頗涉不遜而已，此事於宋最有關系，故備著之。苗昌裔蓋苗訓一家，宋史方伎傳載訓子孫亦無昌裔名，諸書止言李逢爲餘姚縣主簿，宋史李昌齡傳亦不載逢事，如三錄言'王寀子彥融，官至節使直內閣，彥融二子萬全、萬樞皆官正郎，諸孫登進士第者相繼'，而宋史王韶傳亦不一及，其疏往往如此。"又癸集上八六云："汲古本誤字甚多，錢竹汀氏嘗謂此書因春明退朝錄所載宋臣之謚，多足以裨史闕，此在後錄第五卷譌舛尤甚。如莊敏一謚，所載有藺中謹，考宋代士夫，並無藺姓，惟宋史三百八十六卷有王藺，字謙仲，廬江人，光宗時樞密使，寧宗時卒，史不言有謚，仲言餘話成於寧宗慶元六年，蓋在藺卒之後，而後錄成於光宗紹熙之末，所載謚大率迄孝宗之世，何以獨載藺謚。且其謚分宰相、執政、文臣，蘭謚當入執政，不應入文臣，然其文臣中如宇文虛中、范成大，皆應入執政，知不免有舛誤。而蘭以功名終，其卒史稱薨，不應無謚，蓋史失之而仲言補入其謚於此錄也。”鄭翼謹案：書錄解題十八王藺軒山集下云：“其在經帷，論宮僚攀附，陳義凜然，嘉定以來，其子孫不敢請謚，至端平，乃謚獻肅。”據此，藺謚非莊敏，且在理宗朝，似非仲言所及知，李説恐未核。

## 張氏可書一卷

知甫不知何許人？

陸氏藏書志有舊鈔本，其案語云：“張知甫，襄陽人，見韋居安梅磵詩話。” 盧弼四庫湖北先正遺書札記云：“案湖北通志云：‘書中自書大父諱問，字昌言，初與种世衡有舊，及憂居，世衡遺以汝州田十頃，辭不受，’考張問，襄陽人，宋史本傳及康熙志並載其辭田不受事，歸安陸心源藏書志亦云：‘張知甫，襄陽人’云云，是書原本，心源從穴硯齋舊鈔傳錄，刊入叢書，首闕一葉，所存凡一百一十二條，視今館閣輯本多六十二條，其云‘大父諱問’一條，亦輯本所無也。”

## 聞見前錄二十卷

是書成於紹興二年，前十六卷記太祖以來故事，而於王安石新法始末及一時同異之論，載之尤詳。其論洛、蜀、朔三黨相攻，惜其各立門戶，授小人以間，又引程子之言，以爲變法由於激成，皆平心之論。其記鐙籠錦事，出文彥博之妻，於事理較近。其記韓、富之隙由撤簾，不由定策，亦足以訂強至家傳之譌。周必大跋呂獻可墓誌，謂“伯溫是書，頗多荒唐，凡所書人及其歲月鮮不差誤”，殆好惡已甚之詞，不盡然也。十七卷多記雜事，其洛陽、永樂諸條，皆寓“麥秀黍離”之感。十八卷至二十卷，皆記邵子之言行，而殤女轉生、黑猿感孕，意欲神奇其父，轉涉妖誣。又記邵子之言，謂老子得易之體，孟子得易之用，文中子以佛爲西方聖人，亦不以爲非，似乎附會。至投壺一事，益猥瑣不足紀，蓋亦擇焉不精者，取其大旨可耳。

李慈銘荀學齋日記壬集下六二云：“子文所記，頗近翔實，而於荆公父子有過甚之詞，然亦謂荆公本賢者，可與司馬溫公並稱，爲雱及呂惠卿等所誤。其書蓋隨時筆記，故語多複沓，至言雇役、差役各有病，秦、晉之民利差役，吳、蜀之民利雇役，溫公、荆公皆早貴，未歷州縣，故狃於一偏，章子厚雖賢否不同而性聰明，深知吏事，故於溫公改役法時，言‘往日行免役法，以行之太驟故多弊，今日改法，宜詳酌而緩行之，庶幾無弊’，而溫公不聽，此則萬世之公言也。”

**雞肋編三卷**

季裕名綽，以字行，清源人，其始末未詳？惟呂居仁軒渠錄，記其狀貌淸癯，人目爲“細腰宮院子”，又薛季宣浪語集，有季裕箴法新儀序，亦皆不著其生平，據書中年月，始於紹聖，終於紹興，蓋在南、北宋之間。又尹孝子一條，自稱嘗攝襄陽尉，又原州棠樹一條，稱作倅臨涇，李倢食糟蟹一條，稱官於順昌，瑞香亭一條，稱官於澧州，其爲何官？則莫可考矣。其記遼、宋誓書一條，大旨以和議爲主。

案季裕南渡後寓居江西之上饒，建炎中，累官右朝請郎，充江南西路安撫使參謀官，二年，朝奉郎都總管同幹公事，紹興元年，通判建昌軍，奏言大觀以後避龍天萬載等字，更易州縣名，不當詔復舊名，十二年，朝奉大夫知筠州，又守鄂州，程俱北山集有詩送行，陸氏儀顧堂集考其事蹟甚詳。周壽昌思益堂日札云："季裕錄此書，不過記其格式，並責其初渝盟失信，以啓敵釁。其中卷第一條，記靖康初皇弟肅王使敵，爲其拘留未歸，种師道欲擊之而議和既定，縱其去，遂不講防禦之備。又引李易安'南渡衣冠欠王導，北來消息少劉琨'，並'南遊尙覺吳江冷，北狩應悲易水寒'之句，皆含隱恨，似非專主和議者。"又云："雞肋編云：'潁昌府城東北門內，多蔬圃，俗呼香菜門，因更修其鐵樞，鑄字云："風和二年六月造。"'案'風和'紀元，與示兒編所載'神電'二字，均無可考。"玉縉案：丁氏藏書志有鈔本，並載邵懿辰記云："近琳瑯祕室叢書始得影元鈔本，用活字擺印，姚仲芳因以此見贈，閣本刪去一條，刪改二條，皆爲補正。"又云："季裕生南、北宋之交，遭時亂離，所記引杜詩'喪亂死多門'二條，極爲沈痛。紹興初，元兵馬錢糧之數，亦他書所未載，岳侯一軍五萬人，月約五十餘萬緡，視今亦不相遠。"

**聞見後錄三十卷**

是書兼及經義、史論、詩話，又參以神怪、俳諧，較前錄頗爲瑣雜，又伯溫書盛推二程，博乃排程氏而宗蘇軾，觀所記游酢、謝良佐之事，知康節沒後，程氏之徒欲尊其師而抑邵，故博有激以報之，蓋怙權者務爭利，必先合力以攻異黨，異黨既盡，病利之不獨擅，則同類復相攻，講學者務爭名，亦先合力以攻異黨，異黨既盡，病名之不獨擅，則同類亦相攻，固勢之必然，不足怪也。至其彙輯疑孟諸說，至盈三卷，證碧雲騢眞出梅堯臣手，記王子飛事稱佛法之靈，記湯保衡事推道敎之驗，論晏殊薄葬之非，詆趙鼎宗洛學之謬，皆有乖邵子之家法。他若以元稹詩作黃巢之類，引據亦頗疏略，惟其辨宣仁之誣，載司馬光集外章疏之類，可資考訂。議通鑑削屈原之非，駁王安石取馮道之謬，辨伊川易傳非詆垂簾，證紹興玉璽實非和璧，論皆有見，談詩亦多可採。

李慈銘荀學齋日記壬集下六三云："公濟詞務簡潔，而頗近枯澀，其詆荆公尤峻，於程、蘇亦頗致不滿，所極推者溫公及張安道、陳了翁、呂獻可數人，論文重韓、柳，而於歐陽有微辭，論詩重子美及韓，具有特見。其全載溫公疑孟、李泰伯常語、了翁尊堯集序及雷簡夫太簡薦老蘇三書，皆他書所未及。其論古人，如謂王濬在益州作大艦長百二十步之不可信，唐太宗誅建成、元吉之未可非，李淳風言女子姓武之讖近怪，皆有卓識。"又云："後錄云：'紹興己未春，金人初許歸徽宗梓宮，宰臣上陵名永固，有王銍者，言犯後魏文明、後周文宣二后陵名'云云。慈銘案：陵名前後相襲，不勝僂指，即昭陵之名，後周明帝已先用之，故曹魏皆加陽字，晉皆加平字，劉宋皆加初字，元魏自孝文以後，皆加永字，俱恐其複也，而趙宋亦加永字，適與元魏相犯，公濟謂不能盡避誠是。然徽宗梓宮北還，而陵名二字適與前之北朝二后相犯，故王性之議改而朝廷從之，不得以爲非。”後魏文明后馮氏，文成帝后，後周文宣后叱奴氏，武帝母，皆別葬，故別立陵名，津逮祕書本甚錯誤。

**北窗炙輠錄一卷**

其書明以來傳本亦稀，朱彝尊始得是本於海鹽，乃稍稍傳鈔流播，殘編蠹蝕，幾佚幸存，亦可云希覯之祕笈矣。

陸氏藏書志有舊鈔本二卷，其案語云：“闕子開令蔣姓匠開圖書一條，荆公、溫公最得中制一條，奇晉齋叢書刻本無，蓋以其殘缺而幷删之耳。書貴舊鈔，良有以也。”

**步里客談二卷**

至於評論文章，頗多可採，如謂陳師道“李、杜齊名吾豈敢，晚風無樹不鳴蟬”句，與黃庭堅“坐對眞成被花惱，出門一笑大江橫”句，皆學杜甫縛雞行而陳爲不類。又引王剛中語，謂“文字使人擊節賞歎，不如使人肅然起敬”，又謂“文章態度，如風雲變滅，水波成文，直因勢而然”，以議蘇軾敷擬盤谷序之非，皆爲有見。

李慈銘桃華聖解盦日記庚集三八云：“客談論詩文頗有識，如云‘美新不類子雲文字，畏死杜莽不敢去，後人遂以此汙之，君子惡居下流。’云‘古人作詩斷句，輒旁入他意，最爲警策，如老杜云：“雞蟲得失無了時，注目寒江倚山閣”是也，黃魯直作水仙花詩，亦用此體，云“坐對眞成被花惱，出門一笑大江橫”，至陳無己云：“李、杜齊名吾豈敢，晚風無樹不鳴蟬”，則直不類矣。’云‘羅池廟碑，古本以“涉有新船”爲“步有新船”，“春與猿吟兮秋與鶴飛”，作

"秋鶴與飛",永叔以"步有新船"是而"秋鶴與飛"爲不然',說者以是爲歐、韓文字之分,蓋篤論也。"

**桯史十五卷**

是編載南、北宋雜事凡一百四十餘條,其間雖多俳優詼諧之詞,然惟金華士人著命司諸條,不出小說習氣爲自穢其書耳,餘則大旨主於寓褒刺,明是非,借物論以明時事,非他書所載徒資嘲戲者比。所記遺事,惟張邦昌、劉豫二冊文可以不存,又康與之題徽宗畫一條,爲張端義貴耳集所駁,敖陶孫譏韓侂胄詩一條,與葉紹翁四朝聞見錄互異,亦偶然失實。 惟其以桯史爲名,不甚可解?考說郛載柳珵常侍言旨,其第一條記明皇遷西內事,末云:"此事本在朱崖太尉所續桯史第十六條內",則李德裕先有此名,珂蓋襲而用之,然考工記曰:"輪人爲蓋,達常圍三寸,桯圍倍之",注曰:"桯,車杠也",說文解字曰:"桯,牀前几也",皆與著書之義不合,至廣韻訓爲碓桯,集韻訓與楹同,義更相遠,疑以傳疑,闕所不知可矣。

李慈銘荀學齋日記云:"此書雖間及諧戲怪瑣之事,然大率記朝政得失,及南渡士大夫佚事爲多,惟筆頗宂漫,不似所著媿郯錄之簡潔。其記韓平原八字,爲壬申、辛亥、己巳、丙寅,日者謂至卯年壬子月必得奇禍,而竟驗,亦足以資異聞。"又云:"其克敵弓一條,謂本於种詵所上鳳凰弓,非卽太祖之神臂弓,以容齋三筆爲誤,然洪氏親試詞科,用之入賦而得雋,所紀當得其實,倦翁或別存一說耳。" 陸氏藏書志有元刊本,並載嘉定七年自序云:"亦齋有桯焉，介几間，楘表可書，余或從搢紳間閧閧見見歸，倦理鉛槧，輒記其上，編已，則命小史錄藏去，月率三五以爲常。每竊自恕，以爲公是公非，古之人莫之廢也，見睫者不若身歷，滕口者不若目擊，史之不可已也審矣。"是桯史取義，自序甚明，提要所據本，豈缺此序耶？瞿氏目錄引直齋書錄云："桯史，猶言柱記也。集韻訓桯與楹同，大約取楹書之義"，說雖不誤，而亦未能引自序以明之。荀學齋日記壬集下五九云："桯，牀前小几也。此因李衛公書名而用之，取几案間私史之義，不過與筆記隨衍等類耳。"

**癸辛雜識前集一卷後集一卷續集二卷別集二卷**

是編以作於杭州之癸辛街，因以爲名。後烏程閔元衢於金閶小肆中購得鈔本，毛晉爲刻入津逮祕書，始還其原帙。

丁氏藏書志志雅堂雜鈔下，引余集跋云："弁陽翁，濟南人，吳興章文莊爲其外王父，故占籍吳興，又與楊和王有連，故又爲杭人，所居癸辛街，卽楊氏瞰碧園也。"又癸辛雜識下云："癸辛街者，宋楊和王之府，因屋向得名也。"錢大昕養新錄云："毛氏汲古閣本最爲完善，而魯魚亥豕之譌難以枚舉。其最可笑者，別集上卷兀朮石蜻修四朝國史，其贊史浩略云云，'兀朮石蜻'四字乃'尤木石熶'之譌，尤熶，理宗朝史官，木石蓋其號。別集載蔡杭事，此西山之孫，九峯之子，宋史本紀、表傳並作蔡抗，予曾見石刻題名，乃是杭字，雜識固誤，宋史亦未可據。"鄭翼謹案：杭字仲節，兄模字仲覺，見福建通志。眞西山集有九峰墓表，明刻以下並作抗，疑據宋史改。

## 東南紀聞三卷

所載惟論蚳醢、論揖兩條，偶涉古事，餘皆南、北宋之軼聞，間與他書相出入，疑亦雜採說部爲之。

丁氏藏書志有舊鈔本，並載邵晉涵記云："中間有與桯史相同者，其爲鈔撮而成歟？抑各記其所聞歟？其紀史彌遠、嵩之之凶險，有出於諸家紀載之外者，當時遺老痛心於彌遠者深矣。"

## 歸潛志十四卷

元劉祁撰，祁字京叔，渾源人。 第十二卷題曰"錄崔立碑事。" 國朝郭朝釪編纂金詩，所採錄僅及前七卷，知其未見全帙，此本一十四卷，與王惲渾源世德碑相合，當猶從元本傳錄。

玉縉案：時有兩劉祁，一字仲文，眞定人，見傳記類西使記下；一字文季，渾源人。又案：郭編奏進後，旋蒙改爲御定全金詩，朝當爲元。 楊氏楹書隅錄有校舊鈔本，並載施國祁識語云："此舊鈔原校，與鮑刻略同，惟歸潛堂記之銅壺，此作銅臺，向閱鮑本，壺字不解？曾擬改作鞮字，今見此臺字，乃知舊本之足貴。" 彭元瑞知聖道齋讀書跋云："卷中敍崔立碑事，乃京叔平生疚心處，鮑氏附注，元裕之外家別業上梁文，郝陵川辨甘露碑詩，可謂得是非之公，京叔、裕之乃兩造之辭，其以'伊誰受賞'一語歸獄京叔，則京叔並不諱言之，且以其時京叔安用崔立所賜之進士出身爲也。陵川乃裕之門下士，觀其集中裕之墓誌、京叔哀辭，於二子軒輊可見，要之碑辭之作，無論爲元爲劉，而裕之乃右司員外郎，京叔布衣，情事有間，特附此備考。”玉縉案：趙翼廿二史劄記金史條後，亦論崔立碑事，可參。

李慈銘桃華聖解盦日記丁集八一云：“一卷至六卷，雜記人物，雖意主詩詞而旁及時事，略如傳體，七卷雜記宣宗南渡後政教風俗之弊，八卷、九卷雜記文章詞賦，十卷雜記時事，十一卷錄大梁被圍事，十二卷錄崔立碑事及辨亡雜議論，十三卷皆泛論事理而附以雜文及詩，十四卷爲歸潛堂記及同時人所作銘詩。京叔多交金源名士，熟於掌故，其所聞見，足以傳信。予嘗謂說部之佳者如世說語林、唐語林、國史補，宋之春明退朝錄、揮塵錄，金之此書，元之輟耕錄，皆足稱小史，與他書之偶存故事者不同。惟京叔文筆頗拙，又世仕完顏，而以身久不第，於宣、哀二宗頗無恕辭，幽蘭之炬，青城之刑，千古慘變，而苛貶末帝，京叔稱哀宗爲末帝，與金史及諸書皆異。絕無哀痛之言，文人浮薄，可太息也！至其辨金之亡，不咎宣宗輕棄燕都，而摭拾浮談亦爲非要，余已於丙辰年日記中論之詳矣。”玉縉案：今印本自咸豐癸亥始，無丙辰日記。又戊集二云：“歸潛志載正大初，朝廷以夏國爲北兵所廢，將立新主，命趙公秉文入使，冊之，既行，館閣諸公以爲必厚獲，至界上，朝議罷其事，飛驛追回，楊之美爲禮部尚書，寄以詩云：‘中朝人物翰林才，老學叢談作謫仙才。金節煌煌使夏臺，馬上老學叢談作得句。逢人唾珠玉，筆頭到處灑瓊瑰，老學叢談作揮毫落紙散瓊瑰。三封書貸揚州命，老學叢談作一封書貸揚州牧。半夜碑轟薦福雷，自古書生多薄命，老學叢談作窮達書生略相似。滿頭風雪卻回來。’案金宣宗元光二年十二月崩，哀宗即位，是月，夏神宗遵頊傳位於子德旺，非由蒙古所廢，次年金改元正大，至四年蒙古滅夏，是時金已自顧不暇，安能尙爲夏計。夏國旣覆，冊立新主，將置之何地？且使者安得尙有厚獲？徧考金史各書，俱無其事。庶齋老學叢談亦載此詩，而云趙秉文奉使西夏，中塗聞夏主殂而回，楊以詩戲之，疑盛氏所紀爲得實，京叔雖身歷其時，恐亦有傳聞之誤也。”

**山房隨筆一卷**

元蔣子正撰。

瞿氏目錄有明鈔本，云：“元蔣正子撰，正子字平仲，舊題全愚或作子正者譌。較稗海本固勝，核鮑氏校刻本，大致相似，惟翟惠父詠鬼門關云：‘小昌休苦笑揶揄’，此本作‘猖’，卷末記賈似道死事，‘汝也宜得一檢’，此本‘宜’作‘直’，似鮑本譌。”玉縉案：繆氏藕香零拾本有補遺十一則。

**遂昌雜錄一卷**

至正丁酉，除平江路儒學教授，移疾去，後七年，復擢浙江儒學提舉，卒於官。

玉縉案：元祐嘗官檇李，不徒平江路及浙江也，詳僑吳集下。

**樂郊私語一卷**

所記軼聞瑣事，多近小說家言，然其中如楊額哲武林之捷，張士誠杉青之敗，頗足與史傳相參。所辨六里山天册碑、秦檜像贊、魯訔注杜甫詩諸條，亦足資考證。

周壽昌思益堂日札云："趙子固孟堅，爲賈似道幕官，卒於宋度宗寶慶二年，樂郊私語云：'子昂入元後爲學士，過子固家'云云，不覈時代，設此詆諆，後來以爲子昂口實。"玉縉案：寶慶爲理宗年號，周說未是，孟堅蓋卒於度宗咸淳丁卯前，詳見錢大昕養新錄"浙江通志"條下，提要於別集類彝齋文編下亦及之。

**輟耕錄三十卷**

但就此書而論。則於有元一代法令、制度及至正末東南兵亂之事，紀錄頗詳，所考訂書畫文藝，亦多足備參證。

絳雲樓書目陳景雲注云："第十八卷記宋宮殿一條，載元人楊奐汴故宮記，余諦觀之，楊所記者，乃是金章宗南渡以後事耳。又汴梁宮人詩中，有'二后睢陽去，潛身泣到明'，又'北去遷沙漠，誠心畏從行'，皆詠金亡時事，以爲記宋宮殿者南村之誤也。" 錢大昕養新錄云："第一卷載'世皇取江南，大軍次黃河，苦乏舟楫，夜夢一老叟曰云云，此楊太史瑀所云也。'予謂世祖取江南，初未親在行間，其時河南久入版圖，何至濟軍無舟，時勢絕不相應，此必太宗壬辰春由河淸縣白坡渡河事，而誤以爲世祖也。"玉縉案：由白坡渡河，見金史烏林答胡土傳，錢氏亦引之，今略。 張宗泰魯巖所學集有跋是書六則，其跋卷六云："宋趙希鵠洞天淸錄一卷，皆論古器書畫之事，係說部，非文集，南村於'淳化祖石刻'條下，卷十八'敍畫'條下，均於'錄'下誤增一'集'字,當加刊正。又家翁條下,云'世言家之尊者曰家主翁,亦曰家公,唐代宗謂郭子儀曰:"不癡不聾,不作家翁"',案代宗所謂家翁,讀作姑翁,即禮記所云姑舅也。後漢書列女傳,'扶風曹世叔妻班昭,帝數召入宮,令皇后諸貴人師焉,號大家',蓋尊禮之詞。惠棟後漢書補注曰:'今人讀大家爲太姑,此古音之僅存者',南村以家翁與家主翁、家公牽合爲一類,蓋不講古音通轉假借之故。"跋卷十七、十八云:"花蕊夫人條下云:'蜀主孟昶納徐匡璋女,拜貴妃,號花蕊夫人,或以爲姓費氏,誤矣。'案吳任臣十國春秋,前、後蜀有兩花蕊夫人,前蜀則導江費氏,後蜀則徐氏,今所傳宮詞百首,則徐氏作也。若是,則陳無己所云姓費者亦自不誤,但不當混二花蕊爲一耳。十國春秋又謂有南唐宮人能詩,歸宋後,目爲小花蕊,則是當時號花蕊者且三人矣。至徐匡璋,十國春秋作國璋,當是花蕊歸宋後,以避太祖諱而追改,非誤也。"玉縉案:俞正燮癸巳類稾書舊五代史僭僞列傳三後,考證兩花蕊最爲詳盡。末云:"兩花蕊夫人皆在蜀,皆有宮詞,皆爲國死,王建、孟昶又皆屬冤,著書者又皆自以爲是,故難明也。" 張氏又云:"敍畫條下,歷引張彥遠歷代名畫記、郭若虛圖畫見聞志、鄧椿畫繼、趙希鵠洞天清錄、湯垕畫鑒,而於吳興夏文彥,極稱其家世儲藏之富,賞鑑品藻之精,謂其得古今能畫者一千五百餘人,而於文彥所著圖繪寶鑑五卷續編一卷,竟未及出其書名,則前所云云,不知於何處登載之?斯亦筆墨之小疏矣。"跋卷二十四云:"歷代醫師若干人，搜羅頗爲詳備，而舛錯亦所不免。如史記云太倉公者，齊太倉長，臨淄人也，姓淳于氏，名意，乃以太倉爲一人，公淳于意爲一人。梁書陶弘景傳，弘景明醫術本草，卒謚貞白先生，乃既有陶弘景，又有貞白先生。又唐愼微本宋元祐間人，見趙與旹賓退錄卷三，而列之蜀漢。又譌全元起爲金元起，掌禹錫爲劉禹錫，龐安常爲龐安時，均當一爲釐正。至醫師之未見收者更不一其人，尸子醫竘者秦之良醫，呂氏春秋巫彭作醫，岐伯祖世之師曰僦貸季，漢藝文志俞拊黄帝時醫，說苑上古醫曰苗父，郭璞巫咸山賦序，巫咸以鴻術爲帝堯醫，又唐王燾著外臺祕要，宋寇宗奭著本草衍義，雷斆著雷公炮炙，錢乙以治小兒得名，均醫師中之表表者，而均未收入。又遺去陳師文、裴宗元、高保衡、孫奇、朱肱、韓祗和、王賓諸人，酉陽雜俎卷七有名醫王彥伯、張方福二人，至元朱震亨傳羅知悌之學，則知悌亦深於醫者，李杲著東垣十書，遂爲醫家大宗，而皆不見其名，知此條之當增補者多矣。”餘跋從略。玉縉案：寶鑑續編乃明人韓昂纂，東垣十書非皆李杲著，此誤。鄭翼謹案：太倉應連下讀，如神應王扁鵲之例，傳鈔誤空一格。又龐安時字安常，見本傳，藝文志、書錄解題並同。又朱呟，下注無求子，卽朱肱之誤。至醫竘、僦貸季、巫彭、巫咸陶錄備載，豈張氏所見本有佚脫耶？

俞正燮癸巳類稾七有拔都還音義篇，首舉霸都魯拔突等稱，中云：“輟耕錄謂漢人賜名者惟史天澤、張弘範、張興祖，今案宗室表有拔都大王，卽鐵速傳之宗王拔都也。”表又有合丹八都兒云云，後云：“其言拔都、霸都、八都魯、霸突魯、巴土魯、拔都兒、八都兒、與霸都魯拔突、皆單字還音，即今巴圖魯，史志分爲二，明人不深解元語意也。”玉縉案：此說致爲精確，是爲讀元史者標準，非止補闕也。

沈濤十經齋文集元槧本南村輟耕錄跋云：“陶南村輟耕錄，海虞毛氏刻入津逮祕書中，蓋據成化間華亭彭氏之本，末有成化己丑中秋日華亭彭瑋跋語，予在洺州得一本，於帝后、太子等字皆空一格，其標題曰‘南村輟耕錄’，蓋元時初刊本，前有靑溪野史邵亨貞募刻疏一篇，爲毛本所無，目錄後有‘凡五百捌拾肆事’一語，較毛本二十二卷少‘禽戲’一事，餘俱相同。其中可訂毛本之誤者不一而足，即如第七卷官制資品一條，‘從七從仕郎’，考元史百官志，文散官四十二，有從事郎從七品，元典章作從仕，予所見元人碑刻，皆作從仕郎，無作從事郎者，此本作仕，正與元典章合，而毛本作事，蓋淺人據誤本元史所改也。”

## 菽園雜記十五卷

中間頗有考辨，如元王柏作二南相配圖，棄甘棠、何彼襛矣、野有死麕三篇，於經義極爲乖剌，而容獨歎爲卓識。又文廟別作寢殿，祀啓聖公而配以四配之父，其議發於熊禾，而容謂叔梁紇爲主，出於無謂，孟孫激非聖賢之徒，不當從祀，尤昧於崇功報本之義，皆不足爲據。然核其大致，可採者較多，王鏊嘗語其門人曰：“本朝紀事之書，當以陸文量爲第一”，即指此書也。

李慈銘桃華聖解盦日記庚集三九云：“中論經義多可笑，此明人之學，不過如是，其紀載故事，亦不及筆塵、國榷、雙槐歲鈔、野獲編諸書，王震澤謂本朝紀事之書以此爲第一者，據文恪時所見言之也。中如云'本朝將軍之名不一，如子授鎮國將軍'云云，所紀較史志爲詳。其云'本朝六卿之設雖祖周官'云云，此可證六科之本屬通政司也。左右二司郎中員外郎卽尙書令左右僕射之屬，爲左右丞之次，亦居都堂，宋謂之都司。其一條最切警云：'後生新進議論政事最宜愼重'云云，其云'太監牛玉之敗，南京六科給事中王徽等因上疏'云云，此事明史及吾郡縣志皆未采及。其云'正統間工部侍郎王某貌美而無鬚'云云，乃山陰人王佑也，其事明史不見，而明鑑易知錄中已載之。其云'各鎭戍鎭守內官競以所在土物進奉'云云，亦足爲多識之助。"“陸氏所紀巡撫、總兵之制，猶據成化以前言耳，而明志多略之。如云'今巡撫官蘇、松等處'云云，'各處總兵官印文，遼東曰征虜前將軍'云云，其云'本朝中官，自正統以來'云云，尤足補史所未及。"

**先進遺風二卷**

是書略仿宋人典型錄之體，載明代名臣遺聞瑣事。

盧弼四庫湖北先正遺書札記云："明史藝文志、湖北通志俱編入史部傳記類。"

# 四庫全書總目提要補正卷四十二

## 小說家類二

### 山海經十八卷

觀書中載夏后啓、周文王，及秦、漢長沙、象郡、餘暨、下嶲諸地名，斷不作於三代以上，殆周、秦間人所述，而後來好異者又附益之歟？觀楚詞天問多與相符，使古無是言，屈原何由杜撰，朱子楚詞辨證，謂其反因天問而作，似乎不然。至王應麟王會補傳，引朱子之言謂"山海經記諸異物飛走之類，多云東向，或曰東首，疑本因圖畫而述之，古有此學，如九歌、天問皆其類"云云，則得其實矣。

玉縉案：光聰諧有不爲齋隨筆甲說是書有六則，其第三則云："中山經，'青要之山，南望墠渚，禹父之所化'，據此一語，已知非禹、益所作，何必指摘其載有夏后啓、文王及秦、漢郡縣名，而後定其爲後來附益耶？化熊非美事，禹忍言耶？其時雖質朴無諱，益亦何必述之。"第四則云："經中屢稱郡縣，畢本解之曰：'淮南子，"夏桀、殷紂之盛也，人跡所至，舟車所通，莫不爲郡縣"，則郡縣之名，夏、殷有之，不獨周矣，世俗以此疑經非也。’案：淮南子‘莫不爲郡縣’之語，蓋卽後來之制明之，猶云莫不有君長耳，政如左傳‘陳桓公方有寵於王’之例，安得以辭害意，遽謂夏、殷已有郡縣之稱。”

**穆天子傳六卷**

此書所紀雖多夸言寡實，然所謂西王母者不過西方一國君。

朱一新無邪堂答問云：“穆天子傳，人多疑其荒忽，而道里風俗，證以今之地望，大致皆合。巨蒐卽禹貢之渠搜，河宗之國，當在積石左右，崑崙邱卽葱嶺，其下多玉石，管子輕重篇‘崑崙之虛不朝請，以璆琳琅玕爲幣’，爾雅言‘西北之美者，有崑崙虛之璆琳琅玕’，卽今和闐葉爾羌是也。踰崑崙而西，人多膜拜，乃西戎之舊俗，佛書所云南無，卽膜字之切音。西王母國名，見爾雅釋地、大戴禮少間篇、尙書大傳、竹書紀年、淮南墬形訓，其人虎齒蓬髮戴勝，殊形詭服，外夷多有之，非異事也。其以王母名國者，當如唐書東女國、西女國之比，蓋西人重女子之俗，彼時已然也。自宗周至河宗三千四百里云云，所言道里亦近翔實。史記謂條支有西王母，地猶可考，非齊諧志怪之比也。”

張氏藏書志有舊鈔本，云：“前有荀勗序，序首有結銜五行，云‘侍中中書監光祿大夫濟北侯臣勗，一行。領中書令議郎上蔡伯臣嶠，言部二行。祕書主書令史譴勳給三行。祕書校書中郎張宙，四行。郎中傅瓚，校古文穆天子傳已訖，謹並第錄’，五行。世行本無此五行。案史記索隱引穆天子傳目錄云：‘傅瓚爲校書郎，與荀勗同校定穆天子傳’，蓋卽指此。”玉縉案：此可考見古本面目，並足證小司馬之說。

**神異經一卷**

觀其詞華縟麗，格近齊、梁，當由六朝文士影撰而成。

案文十八年左傳“謂之渾敦”，孔疏云：“服虔案神異經云：‘檮杌狀如虎，毫長二尺，人面虎足猪牙，尾長丈八尺，能鬬不退，饕餮獸名，身如牛，人面，目在腋下，食人’”，是其書自漢已有之，與漢書東方朔傳云：“後世好事者取其奇言怪語附著之朔”合。又詩雲漢疏引旱魃事，提要皆未及。

**漢武故事一卷**

舊本題漢班固撰，然史不云固有此書，隋志著錄傳記類中亦不云固作。晁公武讀書志引張柬之洞冥記跋，謂出於王儉，唐初去齊、梁未遠，當有所考也。所言亦多與史記、漢書相出入，而雜以妖妄之語。

絳雲樓書目陳景雲注云：“司馬溫公考異云：‘漢武故事，詞多虛妄，必後人僞爲此書託之班固也。’”俞樾春在堂隨筆四云：“漢書公孫弘傳，‘凡爲丞相御史六歲，年八十，終丞相位’，所言如此，漢武故事乃云：‘上帝輕服爲微行，時丞相公孫弘數諫弗從’云云，此事與漢書絕異，使弘果以尸諫而自殺，則亦漢之賢相矣。漢武故事，舊稱班固撰，然其載長陵女子徐儀君事，云‘至今上元延中，已百三十七歲矣’，案元延乃漢成帝年號，則此書乃成帝時人所爲，非班固也，晁公武讀書志引張柬之云云，益無據矣。”玉縉案：書本僞託，則所稱今上元延亦奚足據。

## 漢武帝内傳一卷

蓋明人删竄之本，非完書矣。

陸氏藏書志有舊鈔本漢武帝内傳一卷，外傳一卷，並載黄廷鑑手跋云："漢武帝内傳一書，凡太平廣記所錄及明漢魏叢書諸刻，皆非完帙，向稱汲古閣刊道藏本爲最善，惜傳本亦希，今從陳子準處借得舊鈔足本讀之，知俗本皆删節過半，即毛刻亦多脱落，爰影寫一帙，復取宋人續談助中節本，彙諸刻細校一過，以備參考。又談助卷末跋中載有唐道士跋，詳淮南八公姓氏，爲他書所未經見，與玉海所引合，并錄之。又内外傳本一書，如吳越春秋之例，外傳即内傳之下卷，自删本僅存内傳，不知者遂以外傳爲别一書，觀談助跋語自見，然不得此本，又孰從而證明之？"案張氏藏書續志有鈔本漢武帝内傳一卷，並載黄氏此跋，其標題似誤。瞿氏目錄並有舊鈔本内、外傳各一卷。守山閣本錢熙祚跋云："今文瀾閣本、説郛、漢魏叢書本，略與太平廣記同，皆非完帙，惟道藏本文多至倍，前人所引西王母侍兒歌及朱鳥窗事咸在焉。别有外傳一卷，首條全襲十洲記，餘亦出入漢武故事、神僊傳等書，内鉤弋夫人、魯女生、李少君三事，太平御覽、孔氏六帖、事文類聚並引作内傳，考諸家著錄，無漢武外傳，玉海五十八引中興書目，漢武内傳二卷，載西王母事，後有淮南王、公孫卿、稷邱君八事，乃唐終南玄都道士游巖所附，今悉在外傳中，後得晁伯宇續談助本内傳，自太初元年提行另起，後附公孫卿、魯女生、封君達、李少君四條，有王游巖跋云：'右從淮南王至稷邱君凡八事附之’，正與中興書目合，乃悟古本當以太初元年以下爲下卷，好事者附錄雜聞，後人覺其不類，遂析之爲外傳，而幷原文二卷爲一耳。此書舊題‘班固撰’，中興書目題‘漢光祿大夫郭憲’，而晁伯宇以爲葛洪僞造，書中年月日名，依附本紀，其論神仙服食及五嶽眞形圖四十一年傳云云，與抱朴子仙藥、遐覽諸篇相涉，首紀景帝夢赤彘事，卽洞冥記之文，洞冥記亦題郭憲撰。若欲與漢武故事景帝夢高祖曰‘王美人得子當名爲彘’語互證者。漢武故事亦題班固。晁伯宇以爲王儉造。又御覽引漸臺神屋等五條，亦絕似洞冥記，大約東晉以後，浮華之士，造作誕妄，轉相祖述，其誰氏所作？不足深究也。藏本流傳少見，爲參校各本，訂其異同，仍遵四庫卷目，其外傳及逸文並錄卷後，付刊後續有所見，別記校勘如左方。”玉縉案：是書以錢本爲最善，李慈銘桃華聖解盦日記庚集三三盛稱之，以爲亦小說中不可廢之書是也。

**漢武洞冥記四卷**

今憲序及拾遺俱已佚。

陸氏藏書志有明嘉靖仿宋本漢武帝別國洞冥記四卷，並載憲自序。

**拾遺記十卷**

其言荒誕，證以史傳皆不合。

譚廷獻復堂日記五云：“奢虐之朝，陽九之運，述往事以譏切時王，所謂陳古以刺今也，篇中於忠諫之辭，興亡之迹，三致意焉。蕭綺附錄，大義軌於正道，是非不謬於聖人者已。又案篇記異物，輒詳所出，蓋皆自注語，傳寫誤連正文耳。"

**續齊諧記一卷**

李善注文選，於陸機豫章行引其田氏三荆樹一條。

朱珔文選集釋云："今尤氏文選但引古上留田行而未及續齊諧記，殆所據别本耳。"玉縉案：顔延年讌曲水詩注引東陽無疑齊諧記東晳對武帝一條，今見此書，知鈔合者又有竄入矣。

**博異記一卷**

瞿氏目録有舊鈔本博異志一卷，云："是書見崇文總目、晁氏讀書志、陳氏書録，皆作博異志，或作博異記者譌。"

**杜陽雜編三卷**

其中述奇技寶物類涉不經，大抵祖述王嘉之拾遺，郭子横之洞冥，雖必舉所聞之人以實之，殆亦俗語之爲丹青也。所稱某物爲某年某國所貢者，如日林、大林、文單、吳明、拘弭、大軫、南昌、渤東、條支、鬼谷、河陵、兜離，唐書外國傳皆無此名，諸帝本紀亦無其事，即如夫餘國久併於渤海大氏，而云武宗會昌元年夫餘來貢，罽賓地接葱嶺，漢書、唐書均有明文，而云在西海，尤舛迕之顯然者矣。然鋪陳縟豔，詞賦恆所取材，固小説家之以文采勝者，讀者挹其葩藻，遂亦忘其夸飾。

張蔭桓三洲日記二云："各國方言互異，即能繙譯，而字義亦無可詁，杜陽雜編，四庫嗤其祖述拾遺、洞冥諸記云云，然以近日海外諸國衡之，蘇鶚所記，當係南洋羣島之與中國近者，譯音互異，唐書偶失載，未可概目爲夸飾也。”

**劇談錄二卷**

其中載元微之年老擢第，執贄謁李賀一條，古夫于亭雜錄辨之曰：“案元擢第既非遲暮，於賀亦稱前輩，詎容執贄造門，反遭輕薄，小說之不根如此”，其論最當。然稗官所述，半出傳聞，眞僞互陳，其風自古，未可全以爲據，亦未可全以爲誣，在讀者考證其得失耳，不以是廢此一家也。

李慈銘荀學齋日記壬集下五五云：“此錄雖多涉神怪瑣事，然如紀鄭畋之忠義及含元殿、曲江諸條，猶有裨於史事。”

**唐闕史一卷**

張耒宛邱集，稱賈長卿嘗辨此書所載白居易母墮井事，此本無之。

吳騫拜經樓詩話二云：“看花墮井事，見陳直齋所作香山年譜，其載闕史之言曰云云，直齋所記彥休之語如此，今鮑氏所刻唐闕史不載此事，蓋非全本也。”玉縉案：據此，則逸文尙見年譜，惟所記有原文有駁語耳。

**甘澤謠一卷**

此本爲毛晉所刊，云得之華陰楊儀，篇數與讀書志合。

瞿氏目錄有舊鈔本，云：“是書見晁氏讀書志、陳氏書錄、文獻通考，皆云凡九篇已全，太平廣記中反多數篇，非原書也。中有圓澤傳一篇，蘇文忠嘗删改而書之，今譌入集中。”

**稽神錄六卷**

案今本止六卷，而反有一百七十四事，末又有拾遺十三事。

陸氏藏書志有舊鈔本六卷，補遺二玉縉案：疑一字之誤。卷，並載嘉靖癸卯姚舜咨手跋云："稽神錄七卷，南唐徐鉉撰，記神怪之事，序稱乙未歲至乙卯凡二十年，僅得百五十事，馬端臨經籍考其爲說如此，今錄七卷，共一百九十一條"云云，據此，則較提要所見本又多四事矣。又儀顧堂題跋，秦酉岩鈔本跋云："稽神錄本十卷，此本六卷，乃從太平廣記輯出，用廣記逐一校過，改正不下千餘字，廣記有而爲此本所遺者計三十條，刻本又較此本少四條，其郭厚、張易、廣陵木工三條，皆見廣記，林覿一條，其前半乃集異記朱覿條之前半，後半則稽神錄張謹之後半也，今一一改正。周延翰一條，廣記二百七十九引作廣異記；建業婦人一條，廣記三百八十六引作搜神記；洪州樵人一條，廣記三百七十四引不注出處；董昌一條，廣記二百九十引作會稽錄；熊迺一條，廣記四百十七引無'貯在庭中'以下三十四字，當是輯書者竄入耳。郡齋讀書志作六卷一百五十條，恐亦非全本也。"

**太平廣記五百卷**

以太平興國二年三月奉詔，三年八月表進，此據宋會要之文，玉海則作二年三月戊寅所集，八年十二月書成，未詳孰是？六年正月勅雕版印行。此本爲明嘉靖中右都御史談愷所刊，卷頁間有闕佚。

陸氏藏書志有明刊本，並載表文，稱太平興國八年八月十三日，後載各銜名，又載八月二十五日奉敕送史館，六年正月奉聖旨雕印版，此當同，會要八年字恐誤。旣稱八月十三日，又有八月二十五日送館字，則玉海八年十二月之文恐非。丁氏藏書志，又談氏刊本云:“尙闕嗤鄙類”云云，今從別本鈔足，是此書猶有完帙也。

**夷堅支志五十卷**

此本僅存自甲至戊五十卷，標題但曰“夷堅志”，以其序文校與旹之所載，乃支甲至支戊，非其正集。然其中詩詞之類，往往可資採錄，而遺聞瑣事亦多足爲勸戒，非盡無益於人心者，小說一家，歷來著錄，亦何必拘於方隅，獨爲邁書責歟？

阮元揅經室外集著錄夷堅甲志二十卷，乙志二十卷，丙志二十卷，丁志二十卷，是其正集。陸氏藏書志有宋刊本，已刻入十萬卷樓叢書。又有明覆宋本新編分類夷堅志五十卷，題宋鄱陽洪邁景盧記述，建安葉氏祖榮類編，爲別一本。陸以湉冷廬雜識六云:“夷堅志急於成書，妄人多取太平廣記中事改竄首尾別爲名字以投之，徑以入錄，致爲後人所訾。”

**博物志十卷**

間有附注，或稱盧氏，或稱周日用。

李慈銘桃華聖解盦日記己集六九云:“周日用，未知何時人？然郡齋讀書志、文獻通考皆已載之，則必北宋以前人矣。”案周心如紛欣閣本，後附校訂，又輯補編二卷，采綴諸書，各標出處。

**酉陽雜俎二十卷續集十卷**

而胡應麟筆叢云:“酉陽雜俎，世有二本，皆二十卷，無所謂續者，近於太平廣記中鈔出續記，不及十卷，而前集漏軼者甚多，悉鈔入續記中爲十卷，俟好事者刻之”，又似乎其書已佚，應麟復爲鈔合者，然不知應麟何以得其篇目？豈以意爲之耶？其書多詭怪不經之談，荒渺無稽之物，而遺文祕籍亦往往錯出其中，故論者雖病其浮誇而不能不相徵引，自唐以來，推爲小說之翹楚，莫或廢也。其曰“酉陽雜俎”者，蓋取梁元帝賦“訪酉陽之逸典”語，二酉藏書之義也，其子目有曰“諾皋記”者，吳曾能改齋漫錄以爲諾皋太陰神名，語本抱朴子，未知確否？至其貝編、玉格、天咫、壺史諸名，則在可解不可解之間，蓋莫得而深考矣。

陸氏藏書志有舊鈔本，並載嘉定癸未鄧復序云：“雜俎三十卷，唐藝文志載之於小說家，今陳君所刊，止前集二十卷，又缺其序，余以家藏續集十卷幷前集之序畢之，遂爲全書。”又載泰昌元年張丑跋云：“今刻本有前後二種，皆二十卷，而續集不傳，雖以胡元瑞之廣收博取，卒未遇其原本，僅於太平廣記錄出爲一冊，亦莫能完十卷之舊，語具二酉綴遺中。此雜俎續集十卷，字畫樸拙，次序詳整，的係宋人寫本，實典常妹倩所贈也，典常陸其姓，子餘給諫之曾孫。”玉縉案：此本爲張丑舊藏，其鄧序則勞權據他本增入者，權有手跋，稱“米芾間有校正處，且分金剛經鳩異作上下則，不知其何所據？今姑注於邊闌之下。此本米芾定爲宋鈔，殆未必然，乃從宋刻傳鈔爾。”據此，則是書尚有完帙，提要所見本，當爲原書，並非胡應麟鈔合矣。

據祕籍志，正集卷二十末，又有勞氏手跋二則。其二云：“是書聞有元刻本，此舊刻雖非佳書，顧尚出宋槧，據以是正此本，補諾皋記二百四十餘字，廣動植木篇比閭一條，凡十九字，它亦多所補正，其差謬亦校注之，非無持擇，以其本之不易覯也。” 張宗泰魯巖所學集讀是書云：“中多詭異之談，不足深爲辨論，而貶誤、語資二篇頗佳，廣動植諸篇，亦有資於多識，支塔記上下卷，徵事拈韻，咸古奥可喜，間有失於重沓者，如芝天寶初一條，既見物異篇，又收入草類，是則其失於檢校耳。” 李慈銘桃華聖解盦日記辛集第二集八六云：“雜俎雖多迂怪瑣屑，其門目如忠志、天咫、玉格、壺史、貝編之類，尤爲纖詭，然采取甚博，遺聞佚事，往往而存，實小說之淵藪。續集寺塔記二卷，據兩京新記及游目記爲本，而益以所目見，其自序謂武宗癸亥三年夏，與同官張希復、鄭夢符約一旬尋兩街寺，以街東興善爲首，游及慈恩，知官將併寺，僧衆草草，乃泛問一二上人，及記塔下畫，游迹於此遂絕。大中七年，追次所記，編成兩卷，其每寺下備載塔院像設，靈蹤古蹟，名木奇卉，尤詳繪事，實洛陽伽藍記之比。宋敏求長安志、李好文長安圖，皆據以考見當時街巷，近時徐氏松撰唐西京城坊考，亦全賴此書，所采甚多，是其最可傳者也。又砭誤一卷，雖亦意在瓌異，而時足以考證史事，如一條云：‘相傳德宗幸東宮，太子親割羊胛，今本誤作脾。水澤手，因以餅潔之，太子覺上色動，乃徐捲而食，司空贊皇公案此指李衞公德裕也。衞公武宗時由司徒遷太尉，宣宗時貶謫，懿宗時追復太子少保衞國公，贈僕射，兩唐書、通鑑皆同。而唐會要謚法門作司空衞國公李德裕謚忠，余昔年日記據之，以爲衞公追復太子少保後又加司空贈謚，而史失之，觀此稱司空益可證。著次柳氏舊聞，又云是肅宗，劉餗傳記云:‘太宗使宇文士及割肉,以餅拭手,上屢目之,士及佯不悟,徐捲而啖’,此蓋以劉記爲得實矣。”

**清異錄二卷**

是書皆採摭唐及五代新穎之語,分三十七門,各爲標題,而注事實緣起於其下。

瞿氏目錄有隆慶六年葉氏菉竹堂刊本,云:“前有隆慶壬申河間俞允文序云:‘葉伯寅有元時孫道明鈔寫本六卷,凡十五門,二百三十事,遺缺過半,後復得鈔本,不第卷次凡三十七門,六百四十八事,比道明本爲備,而文獨簡略,爲陶宗儀删定本。’今參校勘正十有二三,而疑誤難正者並復存之。”據此,則明本非穀之舊也,特未知提要所據何本耳?

## 小説家類存目

**燕丹子三卷**

然其文實割裂諸書燕丹、荆軻事雜綴而成,其可信者已見史記,其他多鄙誕不可信,殊無足採。

李慈銘孟學齋日記云:“此書四庫退入小説存目,以爲僞作,孫淵如與洪筠軒更爲校訂,凡三篇,分爲三卷,以復唐志之舊。其末篇記荆軻刺秦王事,自‘圖窮而匕首出’下云:‘軻左手把秦王袖’云云,所言與國策、史記大異,以情理度之,皆非事實。然文甚古雅,孫氏謂審是先秦古書,誠未必然,要出於宋、齊以前高手所爲,故至隋志始著錄,而唐人如虞世南北堂書鈔、張守節史記正義、李善文選注、馬總意林諸書，皆得引之，存此以廣異聞可也。”

**漢雜事祕辛一卷**

沈德符敝帚軒剩語曰：“即愼所僞作也。”

李慈銘孟學齋日記乙集上三十云：“祕辛雜事，楊升菴因隋書經籍志有晉雜事之名依託而作。祕辛者，書部甲乙之目，而今刻者倶作雜事祕辛，傎倒不通矣。”

**談藪一卷**

則其僞作自前明矣。

絳雲樓書目陳景雲注云：“說海中所刻談藪，皆記南宋時事，而其末龐元英撰恐誤云云，說海中又有文昌雜錄，其下不著撰人名氏，蓋‘龐元英撰’四字，當綴此下，而傳寫者誤錄於前耳。”陳漢章謹案：道光辛巳翻刊古今說海，說略部內談藪及文昌雜錄下，並題宋龐元英，又非明陸楫思豫原刻本。

**三朝野史一卷**

舊本題宋無名氏撰。　然賈似道甲戌寒食一詩，厲鶚宋詩紀事即據此採入。

案瞿氏清吟閣書目有李遜之三朝野紀七卷，疑厲鶚采賈詩乃據此本。

**雙槐歲鈔十卷**

其書首尾貫串，在明人野史中頗有體要，然亦多他書所載，無甚異聞。

李慈銘荀學齋日記己集下七六云：“多記當時掌故，其言洪武丁丑科場之獄特詳，自稱本於太祖所定‘薄福不臣榜’，故多明史所未及。所載張信等獲罪之由，及丁丑狀元陳郯、探花劉諤 進士碑錄、紹興府志皆作士諤，山陰志、貢舉考略亦同，是書作諤，蕺山集及劉氏譜作鍔，水澄巷有當時所建探花坊作士諤。誅貶始末，亦他書所未見。張信定海人，明史無傳，劉附見紹興府志其父子華傳中，亦不載其獲罪事。”

**孤樹裒談十卷**

考千頃堂書目，以是書爲趙可與作，注云：“可與字念中，安成人，正德癸酉舉人，福建鹽運司提舉，舊作李默誤也。”未審所據？姑兩存之。

王士禛皇華紀聞云：“廣州督糧道署西圃中，有管樹一株，根幹奇古，略如榕樹，明太宰古沖李公默著孤樹裒談於此樹下，蓋數百年物，李公有記刻石”云云，金武祥粟香五筆云：“李默官廣東僉事，卽居此廨，暇則著書管樹下，所撰孤樹裒談，千頃堂書目誤以爲趙與可作，屈翁山、王漁洋、翁覃溪皆以爲是書撰於管樹之下，翁書管作梡。居官之所，以樹名書，均可爲據。藥洲九曜第一石，督學吳鵬題名，有‘同建安李默載酒來觀’云云，蓋嘉靖時同官於粤，後默累官吏部尙書，以不阿嚴嵩，下獄忿恨卒。”

**今世說八卷**

文學門中載吳百朋以殹鄦二字問吳任臣，任臣對以殹也同，本秦權古文，鄦許同，本說文長箋，百朋嘆服。案殹字出秦權是矣，然說文自有殹字，注曰：“擊中聲”，惟趙宧光說文長箋，以說文也字訓義不雅改從秦權，以殹字代也字，不得舉一遺一也。說文有鄦字，卽鄦字也，注，“甫侯所封，在潁川”，今通作許，其正作鄦字者，則見史記鄭世家，“鄦公惡鄭於楚”，注，“許靈公也。”是其字見於正史，任臣以爲出說文長箋，殊不得其本，晫遽以爲博洽而記之，亦爲不考。

案是門又載“周亮工偶晰一字之疑，引據證明，必指其出何書？載何卷”云云？今考亮工字觸中所注出處，舛誤不一而足，則此言亦未可信。

**幽怪錄一卷續幽怪錄一卷**

唐書藝文志作玄怪錄，朱國楨湧幢小品曰：“牛僧孺撰玄怪錄，楊用修改爲幽怪錄，因世廟時重玄字用修不敢不避，其實一書，非刻之誤也。”然宋史藝文志載李德裕幽怪錄十四卷，則此名爲複矣。

瞿氏目錄載宋刊本續幽怪錄四卷，云：“目錄後有‘臨安府太廟前尹家書籍舖刊行’一行，玄改作幽，避宋諱也。”據此，則朱國楨以爲楊用修改者非也。四庫又有續玄怪錄四卷，凡二十三事，與瞿錄合，而幽仍作玄，殆別一本。

胡珽琳琅祕室本續幽怪錄校勘記云：“周密癸辛雜識已稱幽怪錄，余又見通玄眞經宋刻作‘通元’，知其改已久，湧幢之說非確論。復言續錄讀書志作十卷，謂分仙術、感應二門，原作三門，今從文獻通考訂。唐志及館閣書目作五卷，書錄解題則曰：‘今但有玄怪錄十一卷而無續錄’，蓋宋末已無一定，此尹家書籍舖刊行本，合併而去其門類，或出更定者耶？四庫全書存目云：‘此本凡二十三事，蓋從太平廣記錄出’，余以廣記詳加勘訂，其辛公平、竇玉妻、梁革三條，廣記未載，足徵其非錄出。范氏止有鈔本，提要故有是疑，玆則確然宋刻，更定之說，洵爲允洽云。”

**青瑣高議前集十卷後集十卷**

前有孫副樞序,不稱名而舉其官。

陸氏藏書志有舊鈔本前集十卷,後集十卷,別集七卷,並載孫序云:"劉斧秀才者,自京來杭謁余,吐論明白,有足稱道,復出異事數百篇,予愛其文,求余爲序"云云,結銜署資政殿大學士孫副樞,是副樞乃其名,非其官也,提要殊誤。並知趙與旹賓退録稱爲劉斧撰,卽本此序。丁氏藏書志所載亦有別集,提要所見本蓋闕。

**五色線二卷**

載毛晉津逮祕書中。

丁氏藏書志有舊鈔本三卷,前有弘治二年七月淮南冀綺刊序,並載毛扆識云:"五色線凡三卷,先君舊藏,止上下二卷,刊入津逮祕書,辛酉夏,訪書於章邱李氏中麓先生之後,得冀刻,乃有中卷,其序述原委甚明,今鈔入家刻中,且附冀公事略於序後,特存此書,以代補遺。"據此,則津逮非足本也。

**續夷堅志二卷**

前有自序,見於遺山集。

丁氏藏書志有舊鈔本二卷,云:"今檢遺山集亦無此序。"

**效顰集三卷**

第三卷中闕疥鬼對、夢遊番陽傳二篇。

丁氏藏書志有明宣德刊本,此二篇不闕。

**敝帚軒剩語三卷補遺一卷**

德符有飛鳧語略,已著録。

案政書類秦璽始末在前，語略在後，此失照。又此書乃從野獲編中錄其神怪俳諧諸事，其嚴世蕃爲厲鬼以報林潤，則在卷二十八果報門中也。

**觚賸八卷續編四卷**

隨所至之地錄其見聞。

王漁洋詩話中云："京堂銓翰兩衙門云云，觚賸載之，而不知爲余作"，香祖筆記同。

**古杭雜記詩集四卷**

不著撰人名氏。　案陶宗儀說郛內亦載有是書，題作元李東有撰，然與此本參較，僅首二條相同，餘皆互異，未喻其故？

張氏藏書志有精鈔本古杭雜記詩詞集四卷，題元李有撰，詩下有詞字，李有不作李東有，目錄後亦有題識，與提要本同。

## 釋家類

**弘明集十四卷**

末有僧祐後序而首無前序，疑傳寫佚之。

丁氏藏書志有明鈔釋藏本，並載前序云："祐以末學，志深弘護"云云，凡八十字。陸氏題跋云："明萬曆支那本，顧千里以釋藏本校過，藏本每卷有目，連屬篇目，支那本皆削之，又改每篇標目，上目下名，如時文之式，顧氏詆之當矣。惟劉君白當爲劉善明之字，故藏本一則曰'劉君白答'，再則曰'劉君白重答'，與全書一律，顧氏謂君白非字，以君代名，則白字又作何解？名善明而字君白，其義相通，史善明傳不著其字，缺也，藏本標目，皆著作者之字，支那本改書名，不悟君白之卽善明而獨書其字，未免自亂其例。”

**廣弘明集三十卷**

然二十七卷以後每卷各分上下，實三十四卷也。

陸氏儀顧堂題跋云：“明萬曆支那本，顧千里以釋藏本校過，其删去每卷之目，改易篇目，與弘明集同，藏本卷二十七分上、中、下三卷，此本合爲上下二卷。荀濟仕梁，力攻佛氏，在當時可稱特立之士，其奔魏也，爲高澄所殺，氣節亦有足稱者，梁書不爲立傳，北史雖有傳而不載闢佛之表，均爲缺陷，道宣採之，以爲濟罪，愚謂正可藉此以補史缺。”

**法苑珠林一百二十卷**

唐釋道世撰，道世字元惲，上都西明寺僧，是書成於高宗總章元年，朝散大夫蘭臺侍郎隴西李儼爲之序，稱事總百篇，勒成十帙，此本乃一百二十卷，蓋百篇乃其總綱，書中則約略篇頁而分卷帙。如千佛篇、十惡篇，則一篇分七八卷，善友篇、惡友篇、擇交篇，則兩、三篇共一卷，故書凡一百一十八卷，而目錄二卷亦入卷數，與陸德明經典釋文例同，合之共爲百二十也。每篇各有述意，如史傳之序，子目之首，則或有述意，或無述意，爲例不一。大旨以佛經故實，分類排纂，推明罪福之由，用生敬信之念。

李慈銘桃華聖解盦日記戊集一八云：“道光初，常熟蔣氏據釋藏本勾賓所刻，首有駢文序一篇，極密麗，末題萬善花室女弟子呂琴姜撰，蓋皆文人潤飾爲之。序言‘明萬曆時刊本，妄析爲百二十卷，與新唐書藝文志百卷之目不符，以致簡錯章離字句脱誤，虞山蔣伯生大令之篋室董中林用藏本校勘，因集百人，凡費千鎰，人刻一卷，以還其舊’云云。第九十九卷末，題‘翰林院編修江都秦恩復妾端木守柔刻’，第一百卷末，題‘奎文閣典籍元和顧千里妻韓道映刻’，則其書當經秦、顧二君勘過，而譌脱仍疊未爲善本，豈釋藏本誤，未由是正耶？書成於高宗時，道世之名，何以不避太宗之諱，殊不可解？序亦駢文，似有殘缺，書分劫量至傳記共百篇，皆以兩字標題，於佛典故事以類敍述，其每篇又各分子部，部猶篇也，每篇首皆有述意一部，猶之小序也。大指不過張大經像，申言報應，而辭理清雅，猶有東晉支、惠遺風。”又云：“閱畢數卷，覺詞義繚複，令人欲睡，蓋彼教書止可佐清譚消閒暑耳，尋味其理，轉生厭棄。”玉縉案：蔣刻據釋藏本，足正提要謂與經典釋文例同之失。呂琴姜爲方履籛之妻，其序卽方代撰，在萬善花室駢體文中。至道世不避太宗諱，殆以太宗本有“非連讀者不避”之旨歟？　劉毓崧通義堂文集有書後一篇云：“凡紀佛家事實，均標所出之書，或言依經，或言依論，或言依律，莫不條舉件繫，以示有徵。其詳略異同，並附列於其間，藉備參考，而語意未顯者復設爲問答，以申其指歸，在彼敎中，可謂能務實而不蹈虛矣。且陳、隋以上之舊籍，唐初存者較多，各卷部末篇終，廣爲援引，其無傳書者可以爲蒐討之用，其無足本者可以爲校補之資，於藝苑學林，自有裨益，不得因異端當斥而遂不節取之。況其時釋家最著者，北宗有神秀，南宗有慧能，爭以提倡宗風傾動天下，而書中絕無一字稱之。卽其紀載前代諸僧，所推重者亦以數百計，而獨於達摩一派，未嘗偶及其名，與宗門之不立文字率意自行者途徑迥殊，其不相和協者，雖未免於門戶之私，然而守律義之謹嚴，救空談之放恣，此固善於彼矣。"

**法藏碎金錄十卷**

明嘉靖乙巳，迥裔孫翰林院檢討瑮，始從內閣錄出，鋟版以行，改其名曰迦談，殊爲無謂，今仍從迥原名著於錄焉。

瞿氏目錄有明趙府居敬堂刊本，云："陳氏書錄、晁氏讀書志俱作法藏碎金，案文元裔孫瑮跋語及此本板心，亦無'錄'字，則卷首標題，當是趙府臆加也。"玉縉案：趙府謂趙藩。

**道院集要三卷**

舊本題爲道院集，宋晁迥撰，宋史藝文志載道院集要三卷，注曰："不知作者"，考晁公武讀書志載道院別集十五卷，稱五世祖文元公撰，文元卽迥謚也，又別載道院集要三卷，稱元祐中，侍從王古編，併載古序曰："文元晁公，博觀內書，復勤於著述，其書曰道院別集，曰自擇增修百法，曰法藏碎金，曰隨因紀述，曰耄智餘書，余嘗徧閱之，以爲名理之妙雖白樂天不逮也，輒删去重複，總集精粹，以便觀覽"，則此書乃王古選錄迥書，故名集要，此本以爲卽道院集者誤也。

吳氏繡谷亭薰習錄有道院集要三卷，云："治平乙巳，清源王古序，以文元公所著道院別集"云云，據此，則吳本不誤，勝於提要所見本。

**佛祖統紀五十四卷**

如謂已超方外，則不宜襲國史之名，如謂仍在寰中，則不宜擬帝王之號，雖自尊其教，然僭已甚矣。

玉縉案：內載淨因自覺禪師語，於司馬光、歐陽修諸人每多誣妄，俞正燮曾辨之，詳史評類唐鑑條下。

**神僧傳九卷**

不著撰人名氏，焦竑國史經籍志載此書，卷帙相符，亦不云誰作？所載始於漢明帝時摩騰法蘭，終於元世祖時國師帕克巴，凡二百八人，蓋元人所撰。帕克巴傳稱大德七年卒，皇慶間，追號大覺普惠廣照無上帝師，則書成於仁宗以後也。

丁氏藏書志有明秦藩刊本，云："此書首列永樂十五年正月御製序，云'有閒繙閱，采輯其傳，總爲九卷，使觀者不必用力搜求，一覽而盡得之，遂用刻梓以傳'，似爲永樂時御撰之書，何以焦氏國史經籍志云：'不知誰作？'豈未見原序耶？"李慈銘荀學齋日記壬集下三云："明槧神僧傳，首有序一葉，前題御製神僧傳序，末題永樂十五年正月初六日，提要未見此序，以其第九卷終於元帝師瞻巴，故疑元仁宗時人所爲也。其書雖成祖偶然鈔撮而成，且惟載著迹靈異者，其高行古德如敎宗之天台智者，律師之終南道宣，亦皆見遺，然頗便於尋覽。"玉縉案：釋如惺大明高僧傳序云:“成祖文皇帝爲神僧傳,迄於元順帝而止”,與原序合,亦一證。

## 道 家 類

### 陰符經解一卷

至所云“唐永徽初,褚遂良嘗寫一百本”者,考文徵明停雲館帖,所刻遂良小字陰符經,卷末實有此文,然遂良此帖,自米芾書史、寶章待訪錄、宣和書譜即不著錄,諸家鑒藏,亦從不及其名,明之中葉,忽出於徵明家,石刻之眞僞尚不可定?又烏可據以定書之眞僞乎?

案虞集跋子昂書陰符經後云:“褚河南已有奉勅書本,則其來亦久矣”云云,是徵明所刻當有所本。

### 陰符經考異一卷

書中有黃瑞節附錄,徵引亦頗賅備,考吉安府志,“瑞節字觀樂,安福人,舉鄉試,授泰和州學正,元季棄官隱居,嘗輯太極圖、通書、西銘、易學啓蒙、家禮、律呂精義、皇極經世諸書,幷加釋注,名曰諸子成書”,此及參同契,蓋亦其中之二種。

黃虞稷明史藝文志補云:“黃瑞節字觀樂,以薦授泰和州學正,不赴,輯朱子太極圖、通書、正蒙、西銘諸解,及易啓蒙、家禮、律呂新書、皇極經世、陰符經、參同契注,而以己所見爲附錄。”玉縉案:元刊朱子成書,正如黃虞稷所舉十種,前有大德乙巳劉將孫序。所注爲律呂新書,非律呂精義,其名爲朱子成書,非諸子成書,標題爲“廬陵後學黃瑞節附錄”，非安福，吉安府志誤。且提要於李光地注解正蒙下、李文炤正蒙集解下，均已引黄瑞節，亦不應於此處始引吉安志詳其仕履也。

**道德指歸論六卷**

此書爲胡震亨祕册彙函所刻，後以版歸毛晉，編入津逮祕書，止存六卷，錢曾讀書敏求記云:“曾得錢叔寶鈔本，自七卷至十三卷，前有總序，後有‘人之饑也’至‘信言不實’四章，今皆失去”，又引“谷神子序云:‘道德指歸論，陳、隋之間已逸其半，今所存者止論德篇’，近代嘉興刻本，列卷一之卷六，與序文大相逕庭”云云，此本亦題卷一之卷六，然則震亨所刻即據嘉興本也。　至於所引莊子，今本無者十六七，不應遵之所取，皆向、郭之所棄，此必遵書散佚，好事者摭吳澄道德經注跋中“莊君平所傳章七十有二”之語，造爲上經四十、下經三十二之說目，又因漢志莊子五十二篇，今本惟三十三篇，遂多造莊子之語以影附於逸篇。

吳氏拜經樓藏書題跋記云:“先君子書云:‘通考所引讀書志乃衢本，世行板本乃蜀本，故互異也。’又書云:‘案六卷本指歸論，前列谷神子序者，安知非明末人從十三卷中鈔此序以冠卷首，晁氏所云十三卷谷神注，今道藏尚有之，原未嘗佚闕，所稱莊子曰即君平，以旣諱嚴，即稱莊子，誤認爲子甫，殊費詞矣。’”　楊氏楹書隅錄有校宋本十三卷，並載錢謙益跋云:“嘉興刻道德眞經指歸，是吾邑趙元度本，後從錢功甫得乃翁叔寶鈔本，自七卷訖十三卷，前有總序，後有‘人之譏也’至‘信言不美’四章，與總序相合，其中爲刻本所闕落者尤多，焦竑輯老氏翼，亦未見此本，良可寶也。但未知與道藏本有異同否？”又載黄丕烈識語云：“道藏本能字號計十一卷，其能一至能四爲李約道德眞經新注，其能五至能十一爲道德眞經指歸”云云。玉縉案：據黄説，似道藏指歸論爲七卷矣，未知視十三卷本異同若何？惜未覩此校本也。陳漢章謹案：白雲霽道藏目錄自注闕一至六，則七至十三正止七卷，無十三卷。 陸氏儀顧堂題跋云：“道德眞經指歸，存卷七至卷十三，題曰‘蜀郡嚴遵君平撰，谷神子注’，舊鈔本，先列經文，後接指歸，低一格，前有君平自序，以胡震亨祕册彙函本校之，前脱君平自序千餘言，卷一卽鈔本之卷七云云，卷六卽鈔本之十二，至鈔本之卷十三，凡八千餘言，祕册本全缺，每卷有杜撰篇名而不列經文，字句奪落，亦復不少，敏求記著錄之錢叔寶手鈔本，卽此本所祖也。谷神子注曰：‘嚴君平者，蜀郡人也，姓莊氏，故稱莊子，書中所稱，多設爲問難之辭，莊子蓋君平自謂，非引莊周書也。’津逮、學津兩本，與胡刊同，蓋祕册彙函之版，明季歸毛子晉，增爲津逮祕書，津逮之版，後歸張海鵬，增爲學津討原，故與胡刊無異，皆非善本也。”玉縉案：旣佚前六卷，何以獨存序，豈如史記之例，序本在後歟？而陸氏卻云前有自序。陳漢章謹案：錢謙益、錢曾皆云前有總序，意卽自序。

## 老子注二卷

然二跋皆稱不分道經、德經，而今本經典釋文，實上卷題道經音義，下卷題德經音義，與此本及跋皆不合，豈傳刻釋文者反據俗本增入歟?

玉縉案:易州唐玄宗御注石本亦分析。武億授堂金石跋云:"分老子道經卷上,德經卷下,亦與古本相仿,後陸放翁題跋云:'晁以道謂王輔嗣老子曰道德經,不析乎道德而上下之,猶近於古,今此本已久離析',然則宋已失輔嗣定本,今邢氏論語疏引老子德經云:'天網恢恢,疏而不失',此其可徵之一也。然又考漢書注,如顏氏於魏豹傳引老子道經曰:'國家昏亂有忠臣。'田横傳引老子德經曰:'貴以賤爲本,高以下爲基,是以侯王自謂孤寡不穀。'楚元王傳引老子德經云:'知足不辱。'嚴助傳'老子所謂師之所處,荆棘生之者也',師古曰:'老子道經之言也。'揚雄傳'貴知我者希',師古曰:'老子德經云:知我者希,則我貴矣。'酷吏傳'老氏稱上德不德,是以有德'云云,師古曰:'老子道經之言也。''下士聞道大笑之',師古曰:'老子道經之言也。'西域傳注,老子德經曰:'天下有道,卻走馬以爲糞。'蓋其所引以道、德分篇者若此,而與釋文題道經音義者並合。又賈公彥周禮師氏疏,亦以爲老子道經云:'道可道,非常道',其下案德經云:'上德不德,是以有德',章懷太子注後漢書翟酺傳,則又謂老子道經曰:'魚不可以脱於泉。'是數子於初唐時並同所證,夢眞容碑,稽之道經,以慈爲寶。其必襲自晉、宋舊本如此,碑所分題固有據也。"

**道德眞經注四卷**

澄學出象山,以尊德性爲本,故此注所言,與蘇轍指意略同。

雖不免援儒入墨，而就彼法言之，則較諸方士之所注精邃多矣。

粤雅堂本伍崇曜跋云："元史類編稱其徵拜翰林學士，會勅寫金字藏經，詔爲之序，草廬曰：'輪迴之事，習彼敎者猶或不言，其徒遂創爲薦拔之說以惑世，寫經追薦，撰爲文辭，不可以示後世'云云，而乃注此書，或者遂有援儒入墨之論。不知草廬晚年之學，實本於陸象山，嘗序象山語錄曰：'道在天地間，今古如一，當反之於身，不待外求，先生敎人以是，豈不至簡至易而切實哉'云云？則其於二氏之旨，如膠投漆，如豆合黃，入與俱化，所謂殊塗同歸，與道大適，三敎同源之說，何必諱言之。且所注者何書也？而猶欲以援儒入墨議之，眞不揣其本而齊其末矣。"玉縉案：此跋似駁提要，然意實襲蘇轍道德經解提要，可謂狡矣。

**關尹子一卷**

俞琰席上腐談稱舊有陳抱一注，又元大德中有杜道堅注，名曰闡元，今皆未見云。

案丁氏藏書志有明刊本陳顯微抱一子注三卷，陸氏藏書志有元刊本言外經旨三卷，丁氏亦有明刊本三卷，據錢氏守山閣叢書本跋，二書實爲一書，此書阮元揅經室外集已著錄，謂吐屬淵雅，質有其文。瞿氏目錄有舊鈔本杜道堅闡元三卷，謂原書本與釋氏相通，注闡發精要亦近禪悅家言，余已載入未收書目續編。

**列子八卷**

不知向言魯穆公時，遂誤爲鄭耶？　其注自張湛以外，又有唐當塗丞殷敬順釋文二卷，此本亦散附各句下。然音注頗爲淆亂，有灼然知爲殷說者，亦有不辨孰張孰殷者？明人刊本，往往如是，不足訝也。

案林希逸列子口義自序云："其曰'與鄭繆公同時'，必繻字傳寫之誤，而鄭溪西羣書會記、晁氏讀書志並因之，又以繆爲穆，此皆未深考者。"玉縉案：以繆爲繻誤，祇以鄭爲魯誤較合情理。　瞿氏目錄有宋刊本沖虛至德眞經八卷，云："題列子張湛處度注"，顧澗薲云："書中所附音，乃作注者舊音，核之殷敬順釋文所云'一本作某'者皆合，則此本猶在殷氏釋文未行以前也。"玉縉案：錢大昕日記鈔又引顧千里云："殷注似宋人僞託，當即出碧虛子陳景元之手"，百宋一廛賦黃丕烈注亦引顧說云："殷敬順釋文，乃宋道士碧虛子陳景元依託。"

**沖虛至德眞經解八卷**

此書焦竑國史經籍志作二十卷，與今本不符，然今本首尾完具，不似闕佚，竑所著錄，大抵雜鈔史志書目，舛漏相仍，僞妄百出，所記卷數，不足遽也。

丁氏藏書志有鈔本八卷，云："明白雲霽道藏目錄洞神部至訣類列此解，凡二十卷，宋杭州學內舍生臣江遹進，此解天瑞篇盡性達命之旨，焦竑志當據此載列也。八卷首尾完具，當是合幷之本。"

**南華眞經新傳二十卷**

王宏撰山志曰："注道德、南華者無慮百家，而呂惠卿、王雱所作頗稱善。"

案呂注四庫未收，楊氏楹書隅錄有宋本呂太尉經進莊子全解十卷。

**莊子口義十卷**

是編爲其三子口義之一。

陸氏藏書志有明正德及萬曆本老子口義二卷，萬曆本列子口義二卷，四庫皆未收，幷此所謂三子口義也。

**文子二卷**

漢志道家文子九篇，注曰："老子弟子，與孔子並時，而稱周平王問，似依託者也。" 案馬總意林列文子十二卷，注曰"周平王時人，師老君"，又列范子十三卷，注曰"並是陰陽曆數也。" 又曰："計然者，葵邱濮上人，姓辛名文子，其先晉國公子也。" 其書皆范蠡問而計然答，是截然兩人兩書更無疑義，遲移甲爲乙，謬之甚矣。

案漢書人表，文子，梁玉繩考證云："藝文志云云，檢道德篇平王問一條，無周字，末云'寡人敬聞命'，其非周王甚審，通考以爲楚平王，上仁篇有王良，更足證爲楚平時人。"玉縉案：提要辨李暹之誤，大致本容齋續筆，杜道堅文子纘義自序云："文子晉之公孫，姓辛氏，名鈃，字計然，文子其號，家睢之葵邱，屬宋地，一稱宋鈃，師老子學。楚平王聘而問道，范蠡從而師之，勾踐位以大夫，佐越平吳，功成不有，退隱封禺之地"，亦混計然、文子爲一。

**文子纘義十二卷**

道堅字南谷，當塗人，武康計籌山昇元觀道士也，其始末無考。是書諸家書目亦罕著於録，惟考牟巘陵陽集有爲道堅所作序，又別有計籌峯眞率録序，稱“洞微先生常主昇元觀席，德壽宮錫之寶翰，至今歲某甲，道堅實來，上距祖君十二化然才百年”云云。案自高宗內禪居德壽宮時，下至景定壬戌，正一百年，則道堅當爲理宗時人，而李道純久和集序，乃道堅所作，題大德丙午，則入元久矣。　自元以來，傳本頗稀，獨永樂大典尚載其文，其精誠、符言、上德、下德、微明、自然、上義七篇，首尾完備，惟道原、九守、道德、上仁、上禮五篇，原本失載，或修永樂大典之時已散佚不完歟？今檢校原目次第，排録成帙，所闕之五篇亦仍載其原文，釐爲十有二卷，仍符隋、唐志文子舊數。

案道堅字處逸，當塗采石人，自號南谷子，延祐五年卒，趙松雪集杜眞人碑載其事蹟頗詳，陸氏儀顧堂題跋引之。又瞿氏目録有舊鈔本通玄眞經纘義十二卷，云：“此書傳本絕稀，文瀾閣本，從永樂大典録出，闕道原、九守、道德、上仁、上禮五篇，此明人從道藏本録出，猶足本也。”玉縉案：張氏藏書志亦有舊鈔本，有道原等五篇而作十卷，疑脫二字。

**列仙傳二卷**

舊本題漢劉向撰，紀古來仙人自赤松子至玄俗凡七十一人，人係以讚，篇末又爲總讚一首，其體全仿列女傳。陳振孫書録解題謂“不類西漢文字，必非向撰”，黄伯思東觀餘論謂“是書雖非向筆，而事詳語約，詞旨明潤，疑東京人作。”今考是書，隋志著録，則出於梁前，又葛洪神仙傳序，亦稱此書爲向作，則晉時已有其本。然漢志列劉向所序六十七篇，但有新序、說苑、世說、列女傳圖頌，無列仙傳之名，又漢志所錄，皆因七略，其總讚引孝經援神契，爲漢志所不載，涓子傳稱其琴心三篇有條理，與漢志蜎子十三篇不合，老子傳稱作道德經上下二篇，與漢志但稱老子亦不合，均不應自相違異，或魏、晉間方士爲之，託名於向耶？振孫又云："館閣書目作二卷，七十二人"，李石續博物志亦云："劉向傳列仙七十二人"，皆與此本小異，惟葛洪神仙傳序稱"七十一人"，此本上卷四十人，下卷三十人，內江妃二女應作二人，與洪所記適合，檢李善文選注及唐初藝文類聚諸書所引，文亦相符，當爲舊本。其篇末之讚，今槪以爲向作，隋志載列仙傳讚三卷，劉向撰，鬷續、孫綽讚，又列仙傳讚二卷，劉向撰，晉郭元祖讚，此本二卷，較孫綽所讚少一卷，又劉義慶世說新語，載孫綽作商邱子胥讚曰："所牧何物？殆非眞豬，儻遇風雲，爲我龍攄"，此本商邱子胥讚亦無此語，然則此本之讚，其郭元祖所撰歟？以舊刻未列郭名，疑以傳疑，今亦姑闕焉。

玉縉案：此書王照圓有校本，在郝氏遺書內，又沈濤與其妻墨鸞有斠注，未見傳本。十經齋文集有序云："劉向列仙傳二卷，不見於漢書藝文志，案楚元王傳，言'淮南有枕中鴻寶苑祕書，書言神仙使鬼物爲金之術，及鄒衍重道延命方，更生幼而讀誦，以爲奇，獻之，言黃金可成，上令典尙方鑄作事，費甚多，方不驗，上乃下更生吏'，又云：'向采取詩書所載賢妃貞婦及孼嬖亂亡者，序次爲列女傳，凡八篇，及采傳記行事，著新序、說苑，凡五十篇，奏之'，蓋向懲前事，此傳獨未經奏御，則中祕本無其書，班藝例所不載，不得疑後人僞託也。崇文總目道書類，'列仙傳二卷，劉向撰，凡七十二人'，陶隱居眞誥亦云：'劉向撰列仙七十二人'，抱朴子論仙篇，'劉向撰列仙傳，仙人七十有餘'，而今本及道藏本皆止七十人。郝蘭皐農部德配王安人嘗校此書，據史記索隱、藝文類聚補羨門、劉安二傳，以符七十二人之數，然史記老子列傳集解，引列仙傳曰：'老萊子楚人也'云云，則有老萊子傳，太平廣記七十六方士部，'武昌趙廓齊人也'云云，出列仙傳，則又有趙廓傳，皆在七十二人之外，非徵引有譌，卽傳刻或謬，與其過廢，無寧過存矣。卷末讚文一篇，王安人謂卽郭元祖讚序，余與墨卿定爲向所自作，案隋書經籍志云：'漢時阮倉作列仙圖，劉向典校經籍，始作列仙、列士、列女之傳'，而讚云：'余嘗得秦大夫阮倉撰仙圖，自六代迄今，有七百餘人'云云，與隋志合。此蓋子政書成，敍其所以作者之意，抱朴子論仙篇亦云'向撰列仙傳，自刪秦太史暨漢書中出之'，秦太史蓋卽阮倉，隋志謂漢時者誤。"又校訂異文甚夥，茲從略。

## 周易參同契通眞義三卷

獨曉此本尙傳，共分九十章，以應陽九之數，又以鼎器歌一篇字句零碎難以分章，獨存於後，以應水一之數，又撰明鏡圖訣一篇，附下卷之末，曉自作前後序，闡發其義甚詳。諸家注參同契者以此本爲最古，至明嘉靖中，楊愼稱南中有發地中石函者，得古文參同契，以爲伯陽眞本，反謂曉此本淆亂經注，好異者往往信之。然朱子作參同契考異，其章次並從此本，永樂大典所載參同契本，亦全用曉書，而以俞琬諸家之注分隸其下。則此本爲唐末之書，授受遠有端緒，愼所傳本，殆豐坊古大學之流，殊荒誕不足爲信。

毛奇齡太極圖說遺議云："參同契圖，自朱子注後，則學者多刪之，惟彭本有水火匡廓圖、三五至精圖、斗建子午圖、將指天罡圖、昏見圖、晨見圖、九宮八卦圖、八卦納甲圖、含元播精三五歸一圖，然或并至精、歸一圖，或并斗建、將指圖，故或七或九，今藏書家與道家多有之。" 惠棟易漢學卷三"五位相得而各有合"條，有圖，以爲圖見宋本參同契，當是仲翔所作。陳壽熊讀易漢學私記云："參同契惟五代彭曉本爲最古，然宋俞玉吾已謂其移易本文，又謂彭曉作五位相得而各合圖，是宋刊已非舊本，而是圖殆又刱自彭曉，安得遂據爲仲翔手定耶？" 陳其揚有石函古本注，其自序云："自前代以來，注參同者數十家，莫不從舊本錯簡爲之。乾隆七、八年間，偶於方外得石函古本，歸而讀之，初不敢信，及考伯陽自言，有曰：'書成，密獻徐從事，徐爲立注'，從事，卽今本景休其人也，而非伯陽之弟子，高象先云：'叔通從事魏伯陽'，是叔通者，乃伯陽之弟子也，亦旣實有其人矣。又案景休上中下三篇，皆於伯陽三篇次第發明，不爽豪髮，叔孫自謂補遺，篇中實有補遺之語，其理又皆不爽，然則此書決非好事之流故爲矯誣，以瞀嗜古者之目可知矣。昔朱文公亦知此書方外之書也，而以參同於周易，故反覆於其間，惜其所得皆錯簡本，今得此書，則條理脈絡井然矣。”玉縉案：此本與蔣一彪本、李光地本又不同，特附記於此。

**周易參同契考異一卷**

蓋遭逢世難，不得已而託諸神仙。

朱一新無邪堂答問云：“朱子注參同契，與注楚辭意同，楚辭注爲趙忠定而作，參同契爲蔡季通而作，皆寓身世之感，非徒注其書也。”

**抱朴子內外篇八卷**

此本爲明烏程盧舜治以宋本及王府道藏二本參校，視他本較爲完整，所列篇數，與洪自序卷數相符，知洪當時蓋以一篇爲一卷。　其書內篇論神仙吐納符籙尅治之術，純爲道家之言，外篇則論時政得失，人事臧否，詞旨辨博，饒有名理，而究其大旨，亦以黃、老爲宗，故今併入之道家，不復區分焉。

瞿氏目錄有舊鈔本內篇二十卷，外篇五十卷，云：“此明人從正統道藏本錄出，外篇中百家、文行二篇，爲尚博篇複出，顧澗薲謂當刪併改定，合自序恰得五十篇，與自序所云直齋書錄所載自合。顧爲平津館校刻此書，即權輿於是本也。”　陸氏儀顧堂續跋舊鈔本跋云：“明刊以魯藩爲善，分七十卷，此本凡與魯藩本異者與道藏本同，或從元刊鈔出，或從宋藏鈔出，其非從明刊鈔出無疑。玉縉案：上文歷舉前後卷連屬處，謂皆宋、元刊舊式，明以後所無。平津館本大略多同，惟削別旨一篇，間有據他書增補處。明盧舜治本亦用魯藩、道藏兩本校，惟上下篇各并爲四卷，以別旨一篇附內篇末，玉縉案：上文云別旨在內篇後外篇前，各爲起訖，不相連屬。亦間有肊增一二字處，雖無删削，要不如此本之善。”丁氏藏書志云：“孫刻亦祇删內篇末之別旨一篇，及於詰鮑篇內二百七十字疑當移易云云，餘則小小校正，無大異同。”李慈銘受禮廬日記中八八云：“外篇意救衰俗，皆通正明達之言，而理淺思卑，文繁旨複，詞弱而不揚，氣漫而不整，蓋東晉文筆之最下者。內篇全是養生丹訣之說，更淺陋不足觀。”李治古今黈云：“抱朴子內篇二十卷，外篇數十卷，內篇多述仙人丹藥神變之事，外篇則文字雜著而已。唐藝文志錄內篇於道家，而神仙類闕之，其外篇正宜歸之道家，而列於雜家類中，蓋皆考之不精也。”玉縉案：唐志正以內篇爲文字雜著，故列雜家，李說未允，要不如提要之併入道家。

**眞誥二十卷**

兩淮馬裕家藏本。

瞿氏目錄有明刊本，云：“此明俞安期依道藏本雕刻，前有高似孫、屠隆序，每卷末附音釋辨譌，考訂文字，極爲詳愼。”玉縉案：提要本未知何本？俟考。

**亢倉子一卷**

晁公武讀書志曰：“案唐天寶元年，詔號亢桑子爲洞靈眞經，然求之不獲，襄陽處士王士元謂‘莊子作庚桑子，太史公、列子作亢倉子，其實一也’，取諸子文義類者補其亡，今此書乃士元補亡者，宗元不知其故而遽詆之，可見其銳於譏議也。”今考新唐書藝文志，載王士元亢倉子二卷，所注與公武所言同，則公武之說有據。宋史藝文志別有亢倉子音一卷，殆即釋其奇字歟？

案劉肅大唐新語云："道家有庚桑者世無其書，開元末，處士王源撰亢倉子兩卷以補之，序云庚桑、亢桑、亢倉一也"，公武蓋本此。絳雲樓書目陳景雲注云："李肇國史補中言天寶間人僞爲此書，其詞鄙俚，非聖賢書也。" 瞿氏目錄有宋刊本洞靈眞經五卷，云："題亢倉子，又題何粲注，卷末附音義一葉，案明黃諫音釋本，與何注糅雜，無復辨別，此則猶存何注之舊。且是書雖多古字，而出諫所改竄者亦復不少，如全道篇'亢倉子居羽山之顏三年'，今黃本子作𢀓，三作弎，年作秊，皆是也。"

## 雲笈七籤一百二十二卷

君房，岳州安陸人，景德中進士及第，官尚書度支員外郎，充集賢校理，祥符中，自御史臺謫官寧海。

案君房字尹才，以校道書得館職，後知隨、郢、信陽三郡，王得臣麈史載其仕履及著述頗詳，陸氏儀顧堂題跋引之。

## 古文龍虎經注疏三卷

此書宋史藝文志不著錄，或疑出羽流依託，然龍虎經之爲古書尚無確驗，亦何必究注之眞僞。

惠棟易漢學卷三云："龍虎經似宋初人僞撰，如圓照東方甲，坤生震兌乾，皆不知漢易者也"云云，陳壽熊讀易漢學私記云："龍虎經語，多襲參同而綜雜凡近，其僞固無可疑，但先天之乾，何由在甲？納甲之乾不在甲，復當何在？坤生震兌乾，乾生巽艮坤，不過陰生陽陽生陰，亦何所不可，而謂之謬耶？且參同契爲虞易所自出，旣考虞易，固不可不援引，若龍虎經之僞託，所說又不外參同，乃亦及之，則丹經充棟，孰不談納甲者。書以說經，而泛引方士爐火之術，殊於體裁未合。"玉縉案：此雖駁惠書，而於龍虎經頗見研究，迥非提要說之滑稽矣。

**易外別傳一卷**

後序稱是書附周易集說後，其子仲溫跋，亦云"易外別傳一卷，先君子之所著而附於周易集說後者，"今通志堂所刊集說，納喇性德序中雖稱易圖纂要一卷，易外別傳一卷附焉，而印本實無此卷，豈初鋟於木，後覺其不類而删之耶？

陸氏儀顧堂續跋元槧本跋云："前有至元甲申古吳石澗道人俞琰自序，卷終附元牝之門賦、水中金詩，後有至正丙申男仲溫跋，又林屋洞天石澗眞逸俞琰玉吾叟書玄同子跋。"玉縉案：提要所見似别一本。

## 道家類存目

**墉城集仙錄六卷**

記古今仙女凡三十七人。

瞿氏目錄有舊鈔本，云："所錄皆古之仙女，蓋意欲補葛氏神仙傳之遺，自聖母元君至西河少女，凡三十七人，以道藏目錄校之，增多昭靈李夫人、三元馮夫人、南極王夫人、女几、杜蘭香凡五人，似道藏所收尚非足本也。書中闌入舜二妃事，未復辨其非堯女，并舜亦非謚，詞旨錯雜，道家所記之書，語多荒幻，不足信也。"

**華山志一卷**

處一始末未詳？

案據劉大用序，處一字子淵。

**元品錄五卷**

當時虞集、楊維楨亟稱之。

玉縉案：其初以"風沙不憚五千里，將身跳入仙人壺"之句，爲吳全節所賞，而送之於翰林集賢嘗所往來者，詳陶宗儀輟耕錄漱芳亭條。

**至游子二卷**

前有嘉靖丙寅姚汝循序，謂"原書不著名氏"，考宋曾慥號至游子，慥嘗作集仙傳，蓋亦好爲道家言者，則似乎當爲慥作，然玉芝篇首引朝元子注曰："陳舉寶元人"，則明人所撰矣。

徐時棟煙嶼樓讀書志十五云："今案姚序，並無'曾慥號至游子'諸語，是或他人考證之說，偶然誤記爲姚序中語耳。惟據玉芝篇注定爲明人，則頗可怪，玉芝篇朝元子下注云：'陳舉，寶元中人'，寶元爲宋仁宗年號，下距高宗紹興六年作類說之曾慥，已九十餘年，然則慥作至游子，何爲不能引陳舉語耶？而存目云云者，蓋忘卻注中有一'中'字，遂誤以'陳舉'連'寶'字，以'陳舉寶'三字爲其人姓名，而以'元人'二字爲記時代，既引元人之說，則作者爲明人無疑，此非錯誤之可怪者乎？"玉縉案：徐訂陳舉爲姓名，寶元爲年號，甚覈。惟提要云姚序謂"原書不著名氏"，稱引已了，"考"字以下，皆提要語，文義甚明，徐偶未細閱，遂以爲他人考證之說非也。